a Susanna e Silvia

W0278244

GERMANIA
DEL SUD

Giorgio Motta
Giovanna Ferrando

Germ
del

ania
Sud

ClupGuide

Direttore editoriale: Gianni Morelli
Coordinamento redazionale: Teodoro Andreoli
Consulenza turistica: Clup Viaggi
Progetto grafico e copertina: Achilli & Piazza e Associati
Impaginazione elettronica: Francesca Casciaro
Editing: Passepartout
Progetto e realizzazione cartografica: Forgeo s.n.c. - Bollate
Fotolito: La Composizione - Milano
Foto di copertina: Amedeo Vergani
Disegni: Stefano Bonfatti

Giorgio Motta, Giovanna Ferrando
Germania del Sud

Copyright © 1995 CittàStudiEdizioni s.r.l.
ClupGuide di CittàStudiEdizioni s.r.l.
redazione: piazza Leonardo da Vinci 7, Milano
tel. (02) 70634844

ISBN 88-7005-955-3

Prima edizione: maggio 1995

Ristampa
V IV III II I 0 1995 1996 1997 1998 1999

È vietata la riproduzione, anche parziale, con qualsiasi mezzo effettuata, compresa la fotocopia, se non autorizzata.

Stampato presso A.G. Bianca & Volta, Truccazzano (MI)
per conto di CittàStudiEdizioni s.r.l., via P. Giuria 20, Torino

SOMMARIO

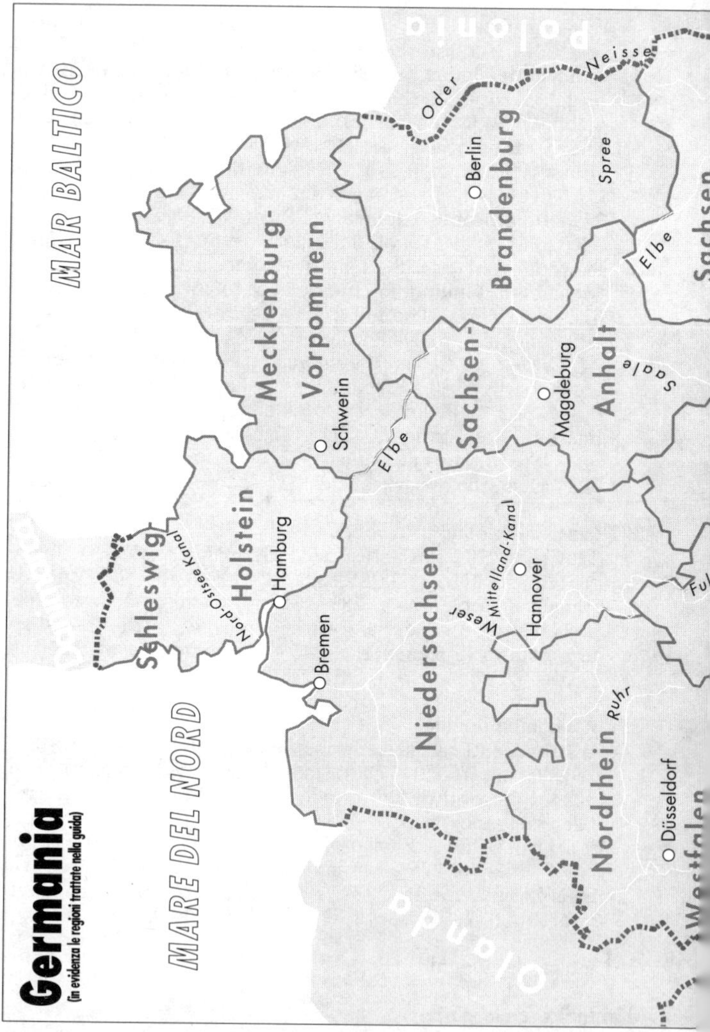
Germania
(in evidenza le regioni trattate nella guida)
MARE DEL NORD
MAR BALTICO
Polonia
Olanda
Oder
Neisse
Spree
Elbe
Saale
Weser
Mittelland-Kanal
Nord-Ostsee Kanal
Ruhr
Schleswig
Holstein
Mecklenburg-
Vorpommern
Brandenburg
Sachsen-
Anhalt
Sachsen
Niedersachsen
Nordrhein
Berlin
Schwerin
Hamburg
Bremen
Magdeburg
Hannover
Düsseldorf

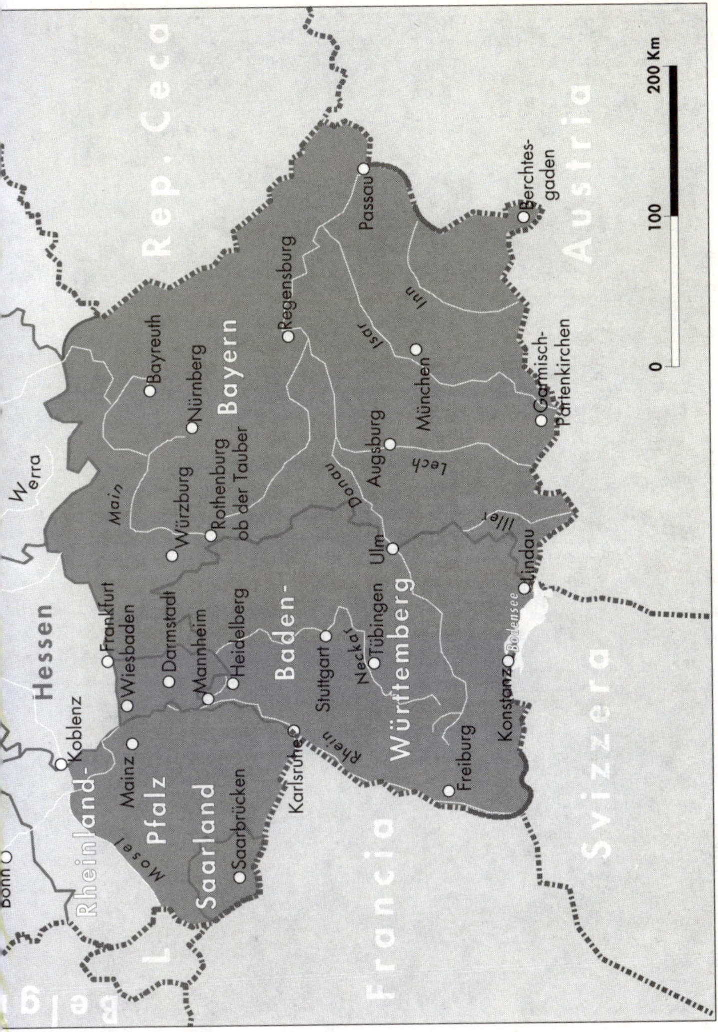
Rep. Ceca
Austria
Svizzera
Francia
L
Belg
Hessen
Rheinland-Pfalz
Saarland
Baden-Württemberg
Bayern
Bonn
Koblenz
Mainz
Saarbrücken
Wiesbaden
Frankfurt
Darmstadt
Mannheim
Heidelberg
Karlsruhe
Stuttgart
Tübingen
Freiburg
Konstanz
Bodensee
Lindau
Ulm
Würzburg
Rothenburg ob der Tauber
Nürnberg
Bayreuth
Regensburg
Augsburg
München
Passau
Berchtesgaden
Garmisch-Partenkirchen
Werra
Main
Mosel
Rhein
Neckar
Donau
Iller
Lech
Isar
Inn
0
100
200 Km

GERMANIA IN PRIMAVERA

di Paolo Hutter

Ho imparato ad amare la Germania dopo averne abbondantemente diffidato e tuttora questo amore è incerto e contraddittorio. Provate a trovarvi un sabato pomeriggio di pioggia in una città tedesca, con i negozi chiusi e poca gente per strada, e non è detto che il vostro walkman, sintonizzato sui canali di musica classica non stop, sia sufficiente a rimettervi di buon umore. Qualche ora dopo però rispunterà facilmente quella sottile eccitazione, quella sensazione di leggiadra austerità che vi fa sentire in fase di "accumulazione culturale" persino mentre cercate di decifrare il listino di un chiosco di *bockwurst*.

Credo che per buona parte degli italiani - anche relativamente giovani - la prima e inevitabile idea di Germania sia stata associata in qualche modo al nazismo. Non parlo solo dei nostri anziani, qualcuno dei quali ancora si spaventa a sentir parlare tedesco; ma anche dei giovani che semplicemente si sono sorbiti alla TV qualche decina di film sulla seconda guerra mondiale o i fumetti alla "Sturmtruppen".
Ricordo una delle mie prime sensazioni forti di Germania. Francoforte, aprile 1974, una domenica di primavera nello splendido parco centrale. Guardavo tra l'ammirato e il diffidente una combricola d'allegri vecchi che cinguettavano al caffè all'aperto, interrompendosi in religioso silenzio per ascoltare l'orchestra. Tutto era perfetto, ma io non mi toglievo dalla testa quella stupida storiella - non so se sia vera - sui contadini tedeschi che erano andati a protestare alla direzione di un Lager perché il fumo delle camere a gas uccideva le allodole. Nel cicaleccio dei graziosi pensionati del parco di Francoforte cercavo di discernere il piglio di qualche ex SS.
Ero a una conferenza europea di solidarietà col Cile, nelle mani di capelloni efficienti e implacabilmente cortesi nel loro pi-

gnolo rispetto delle forme assembleari. Di notte ci ospitavano nelle loro "comuni", dominate da donne seminude e determinate. Ma i post sessantottini tedeschi, così alternativi in tutti i dettagli, mi sembravano ancora un fatto marginale rispetto al corpo duro della Germania, quasi una corrente antitedesca.
I tempi bui della lotta al terrorismo tedesco divennero - grazie a un film piuttosto azzeccato - una triste "Germania in autunno". E i ragazzi della mia generazione preferivano guardare ad Amsterdam, Londra, Parigi.
Poi l'aria ha cominciato a cambiare e abbiamo cominciato ad accorgerci di tante altre cose. Quel Sessantotto tedesco non era poi stato così striminzito e si era riallacciato a correnti profonde della vita tedesca. Crescevano i Verdi, non si occupavano solo di allodole, si battevano contro centrali nucleari e piste aeroportuali, lanciavano la moda di mangiare *müsli* e di bere succhi di mela biologicamente coltivata. La Germania si riempiva di *Burgerinitiativen*, di comitati di cittadini, di biciclette e di isole pedonali. Heinrich Böll e Günter Grass parlavano a folle enormi di pacifisti. Nasceva il Nuovo Cinema Tedesco e nei film di Wenders e Fassbinder - anche negli episodi più ossessionati - ci sembrava di vedere un inedito mix di vita europea e americana, una modernità inattesa, modi di vivere nuovi, conflitti intriganti. Le città tedesche, anche le più piccole, cominciavano a riempirsi di luoghi e occasioni diverse, di locali alternativi o femministi o gay.
Il pericolo che la Germania diventasse una immensa distesa di villette unifamiliari recintate, di tante monadi unite solo dalla TV, era definitivamente scampato. A questo punto anche la cultura pietrificata nei palazzi, nelle chiese e nei musei, anche i centri storici minuziosamente salvati o recuperati, riacquistano nella Germania degli anni Ottanta un sapore di vitalità.

Chissà, forse il disgelo post nazista è cominciato veramente solo con la fine degli anni Settanta... E anche se il paesaggio delle città e delle campagne è ormai quello di una società industriale e postindustriale che ha messo le mani dappertutto, non è difficile ritrovare i segni di quando la Germania era così:
"I colli azzurrini di Svevia, così dolci e sereni, erano coperti di vigneti e di orti, e incoronati dai castelli: piccole città medioevali con il municipio dal tetto spiovente, e le fontane in cima alle quali, sorretti da pilastri e circondati da mostri vomitanti acqua, si ergevano duchi e conti baffuti che portavano nomi come Eberardo

il Beneamato o Ulrico il Terribile, figure comiche dall'atteggiamento rigido e dall'armatura pesante. Il Neckar scorreva lento attorno alle isole verdeggianti. Dal paesaggio emanava un senso di pace, di fiducia nel presente e di speranza nel futuro.
Il sabato Konradin e io prendevamo un accelerato per andare a passare la notte in una delle antiche locande rivestite in legno che abbondavano da quelle parti, dove, per una cifra modica, si trovavano camere pulite, ottimo cibo e vino locale. A volte andavamo nella Foresta Nera, dove i boschi scuri, odorosi di funghi e di resina, che colava dai tronchi in lacrime ambrate, erano intersecati da torrenti ricchi di trote, sulle cui rive sorgevano le segherie. Di tanto in tanto ci spingevamo fin sulla cima delle colline da cui, nell'azzurrina lontananza, il nostro sguardo abbracciava la valle del rapido Reno, le sagome color lavanda dei Vosgi e le guglie della cattedrale di Strasburgo." (da *L'amico ritrovato*, di Fred Uhlman).

Poco tempo fa una catena di episodi di aggressioni naziskin e razziste aveva prodotto in Europa una fase di allarme per la possibile rinascita del neonazismo come contraccolpo dell'unificazione tedesca. È stata un'analisi superficiale che ha fatto torto alla realtà attuale della Germania, e che infatti si è abbastanza sgonfiata.
È vero che i costi della unificazione hanno fatto definitivamente tramontare la fase di maggiore "pacchia" dello stato sociale e dei sussidi. È anche vero che è stato dato un deciso giro di vite al cosiddetto "diritto di asilo" e che persino nelle ricche regioni meridionali e occidentali della Germania è aumentata la disoccupazione. Ma visti dall'Italia del dopo Tangentopoli quasi tutti i problemi tedeschi sembrano comunque collocarsi in un'altra atmosfera. Più avanti? Più indietro? La differenza dall'Italia non è data tanto dalla maggiore ricchezza, dal maggiore prodotto interno lordo, ma soprattutto da un maggiore accordo sull'importanza dei diritti sociali.
Sì, è stato drasticamente ridotto l'ingresso degli stranieri, ma comunque decine di migliaia di persone all'anno vengono ancora accolte e mantenute dall'assistenza sociale come profughi in nome del diritto d'asilo. Ci sono state aggressioni razziste e ostacoli alla concessione della nazionalità tedesca ma comunque per ogni straniero extracomunitario che vive o lavora in Italia ce ne sono almeno cinque o sei in Germania e tutti vivono in alloggi decenti e i turchi hanno le loro scuole e i loro negozi.

È vero che il governo Kohl ha cominciato a tagliare i sussidi ma in Germania milioni di persone vengono aiutate con la *Sozialhilfe* (salario sociale) o col sussidio di disoccupazione. Gli affitti sono regolati dallo stato con una sorta di equo canone e ci sono moltissimi alloggi di proprietà pubblica in affitto. Lo stato finanzia la scuola pubblica dall'asilo nido all'università (compresa una valanga di borse di studio) e la Democrazia Cristiana non si sogna di spostare fondi per le scuole private o confessionali. Il federalismo è una realtà consolidata ma nessuna regione (Land) oserebbe rifiutarsi di finanziare le regioni più arretrate, quelle dell'Est, per le quali tutti si sono tassati. Kohl è stato accusato di favorire i ricchi perché ha diminuito dal 56 al 53% la quota da versare allo stato per i redditi più alti. Da noi si discute di cambiare la Costituzione verso il presidenzialismo; in Germania la nuova Costituzione dopo l'unificazione ha sancito i principî dell'emancipazione femminile, della tutela dell'ambiente e degli handicappati. Il governo è da anni, in termini tedeschi, di centrodestra ma non mette in discussione l'assistenza sanitaria o le pensioni per tutti, né l'aborto assistito in strutture pubbliche. Si è polemizzato sulle proprietà delle TV perché - udite udite - qualcuno sostiene che l'imprenditore Kirsch è amico di Kohl e possiede addirittura il 25% di due canali televisivi su otto... Il sistema elettorale è proporzionale, in Parlamento siedono cinque partiti e nessuno si sogna di dire che sono troppi e che bisognerebbe fare come in America. Naturalmente può anche darsi che tutto ciò sia destinato a cambiare e che prima o poi il peso del debito pubblico provochi degli sconvolgimenti. Ma per adesso c'è chi dice che la Germania è il paese più democratico d'Europa. Il che non significa il più avanzato in tutte le questioni. Ho già detto degli orari cortissimi dei negozi, frutto di conquiste sindacali dei sindacati del commercio e di una concezione familiare e casalinga, entrambe destinate a non reggere. Aggiungo anche che le politiche ambientali sono molto contraddittorie. Andare in treno costa di più che viaggiare in automobile, anche perché le autostrade sono gratis. E attorno all'isola pedonale del centro di Monaco c'è un ring intasato di auto. Ma nel centro della città, anche di notte, stazionano disordinate e pacifiche migliaia e migliaia di biciclette. Si va in centro con la metropolitana e poi si gira con la propria bicicletta. Sono legate con catene sottilissime. Da noi le avrebbero già tutte rubate.

INTRODUZIONE ALLA GERMANIA

L'UNITÀ RITROVATA

La divisione forzata e innaturale imposta ai tedeschi dopo il secondo conflitto mondiale si è ufficialmente conclusa il 3 ottobre 1990. Questa data segna quindi l'avvio di una nuova epoca per la storia della Germania, che si apre all'insegna dell'unità nazionale. Unità ritrovata quasi per caso, un sogno che era ormai divenuto utopia, e che solo una serie di coincidenze ha tramutato in realtà.

È un nuovo inizio, uno dei tanti nuovi inizi della storia tedesca: esattamente il quinto nel giro di poco più di un secolo. Cinque tentativi del popolo tedesco di darsi uno stabile ordinamento statale, rivelatisi invece effimeri nella loro durata. E la constatazione che nessun tedesco, in questi ultimi 120 anni, abbia potuto nascere, crescere e morire nello "stesso" stato, rende più che mai legittimo, ma allo stesso tempo inquietante, il dubbio riguardo alla stabilità della nuova risistemazione.

Il primo tentativo, miseramente fallito, di raggiungere l'unità nazionale risale al 1848. Il desiderio di cambiamento veniva dal basso, espressione di una reale e diffusa volontà popolare, ma la meta ambiziosa della costituzione di uno stato nazionale unitario su basi liberali si scontrò con le potenti forze reazionarie rappresentate dall'allora re di Prussia Federico Guglielmo IV. La sua decisione di rifiutare quella corona imperiale che, deposta nel 1806 da Francesco II d'Asburgo, gli veniva ora offerta da una delegazione del nuovo parlamento popolare con sede a Francoforte sul Meno, sancì il definitivo fallimento del tentativo rivoluzionario.

L'unità nazionale venne invece organizzata dall'alto: fu la creazione del Kaiserreich ad opera di Bismarck nel 1871. La Prussia era riuscita a coagulare attorno a sé tutti gli altri stati tedeschi, anche quelli del sud, per opporsi alla guerra che la Fran-

cia, sotto la guida di un Napoleone III più che mai bisognoso di successi, le aveva dichiarato.
La vittoria schiacciante della Prussia sancì la nascita del Kaiserreich, ufficialmente proclamato a Versailles il 18 gennaio 1871. La scelta di questa sede per le celebrazioni aveva un doppio significato. Da un lato voleva essere un atto di dimostrazione della potenza, ma anche dell'arroganza prussiana: non ci si accontentava di sconfiggere la Francia, la si voleva umiliare facendo del simbolo della grandezza francese il luogo di consacrazione della nuova Germania, finalmente unita. Dall'altro, l'incoronazione di Guglielmo I di Prussia a *Deutscher Kaiser* alla sola presenza dei suoi pari, cioè degli altri re e principi tedeschi che lo avevano posto al vertice del nuovo impero, era la chiara ed evidente dimostrazione di come si volesse escludere il popolo da tale atto. Non il popolo, ma i re tedeschi erano gli artefici dell'unità nazionale. Si trattò, in pratica, di una vera e propria "rivoluzione dall'alto".
L'ambizioso, vanitoso, nonché mediocre Guglielmo II, salito al trono nel 1888, si sbarazzò di lì a poco del vecchio Bismarck, da cui lo divideva non solo un salto generazionale ma anche una concezione diversa riguardo al ruolo della Germania nel mondo: appartiene al sovrano infatti la responsabilità di aver esasperato fino all'eccesso il sentimento nazionalistico tedesco, tramutandolo in pericolosa mania di grandezza.
Il Kaiserreich non sopravvisse al primo conflitto mondiale, che esso stesso aveva sì formalmente iniziato con la dichiarazione di guerra alla Russia e alla Francia, ma che vide la complicità di tutti gli stati europei. Neanche cinquant'anni di vita ebbe quindi il II Reich, che venne sepolto là dove era nato: a Versailles, dove la Francia, assieme agli alleati occidentali, impose nel giugno 1919 le condizioni di pace, durissime verso la Germania.
La Repubblica di Weimar fu quindi il risultato di una sconfitta militare parziale e di una rivoluzione di stampo bolscevico, iniziata nel novembre 1918 e poi soffocata. Il nuovo inizio non stava certo sotto una buona stella, i presupposti non erano tali da far pensare a una vita lunga e tranquilla.
Soprattutto il popolo non fu concorde nello scegliere il nuovo assetto. Fu una repubblica osteggiata, mal voluta, che ereditò l'apparato del vecchio Kaiserreich cercando di adeguarlo alla situazione contingente con continui e ripetuti compromessi. Una repubblica in cui molti cittadini non credevano, e che trovò una certa stabilità solo nel 1925, quando venne eletto Reichspräsident, con suffragio universale, il vecchio generale Paul von Hin-

denburg: figura emblematica dell'epoca che si era conclusa a Versailles e che ora molti rimpiangevano. Era in pratica una repubblica senza repubblicani, facile preda di avventurieri assetati di potere.
Hitler potè quindi proclamare la nascita di quella grande Germania che sarebbe dovuta durare oltre un millennio. Ma invece di mille anni, il III Reich di Hitler non ne durò che dodici. Non gloria e potenza, ma morte e distruzione ne furono l'eredità.
Con la fine della Germania nazista terminò anche, dopo settantaquattro anni di vita, l'unità tedesca.
Il nuovo inizio fu anche questa volta imposto dai vincitori i quali, nell'impossibilità di tenere il "bottino di guerra" tutto per sé, optarono per la spartizione.
Nacquero così nel 1949 la Bundesrepublik e la DDR, figlie adottive rispettivamente degli alleati occidentali e dell'Unione Sovietica. Ma a differenza dal primo dopoguerra, questa volta i vincitori-occupanti non furono osteggiati.
La Bundesrepublik vedeva nell'Occidente non solo l'alleato che l'avrebbe protetta contro l'influenza sovietica, ma soprattutto un modello da prendere come esempio. Non a caso Adenauer, il primo cancelliere, perseguì una politica di integrazione: solo un forte Occidente, di cui la Bundesrepublik avrebbe dovuto far parte a tutti gli effetti, quindi anche militarmente, avrebbe costretto l'Unione Sovietica a ritirarsi dalla DDR, rendendo così possibile la riunificazione.
Per i tedeschi della DDR era invece proprio l'Unione Sovietica il paese da imitare. "Imparare dall'Unione Sovietica significa imparare a vincere", diceva uno slogan propagandistico.
Nonostante la nascita dei due stati la questione tedesca rimaneva comunque aperta: la meta della riunificazione era saldamente ancorata in entrambe le Costituzioni - in ciascuna sulla base del proprio modello politico-sociale, logicamente.
La costruzione del muro nell'agosto del 1961 inflisse però un colpo quasi mortale a tale aspirazione. Fu uno choc terribile, dal quale sembrava impossibile riprendersi. Sia da una parte che dall'altra iniziò così a farsi largo l'idea che la divisione, scaturita come soluzione transitoria, potesse invece diventare definitiva.
Tale fu anche la convinzione che si diffuse nel 1972 quando la Bundesrepublik, sotto la guida del socialdemocratico Willy Brandt, artefice della Ost-Politik, stipulò con la DDR il Trattato base, con il quale la Bundesrepublik prendeva ufficialmente atto dell'esistenza di un altro stato tedesco riconoscendone la sovranità.

L'ammissione all'Onu nel 1973 di entrambi gli stati sembrò porre la parola fine alla questione tedesca.
Anche se per il governo di Bonn la riunificazione rimaneva sempre la meta da raggiungere, ben pochi, sia fra i cittadini comuni che fra i politici autorevoli, credevano ormai concretamente alla sua realizzazione. Non si riusciva a intravedere come essa sarebbe potuta avvenire e quali ne sarebbero state le eventuali conseguenze. Ci si era insomma abituati alla divisione, pur non volendo prenderne ufficialmente atto. Così si spiega, ad esempio, la risentita reazione del governo di Bonn quando nel 1984 Andreotti, allora ministro degli Esteri, disse in occasione di una Festa dell'Unità: "Ci sono due stati tedeschi e due devono rimanere". Tale affermazione fu interpretata come una inopportuna ingerenza in una questione strettamente interna. Ma, in fin dei conti, Andreotti non aveva fatto altro che esprimere ad alta voce ciò che tanti, o quasi tutti, ormai pensavano.
Ancora all'inizio del 1989 Honecker aveva affermato che il muro, e quindi la divisione, sarebbero durati per almeno altri cento anni. Mai profezia si sarebbe rivelata più inesatta. Nel momento in cui i cittadini della DDR si resero conto che l'Unione Sovietica non era più disposta a sostenere con i suoi carri armati il governo della SED, come per incanto si ruppe la diga che aveva fermato la loro voglia di cambiamento. Per quarant'anni l'ideologia del comunismo di stato e della divisione del mondo in blocchi contrapposti aveva sorretto la DDR. Quando questa venne a mancare, l'intera impalcatura inevitabilmente crollò nel giro di poco tempo.
La frase rivolta da Gorbaciov a Honecker in occasione dei festeggiamenti per il quarantesimo anniversario della DDR nell'ottobre 1989 - "La vita punisce chi arriva tardi" - fu interpretata dalle nuove forze di opposizione (Neues Forum, Demokratie jetzt) come il via libera verso il cambiamento.
Eppure anche la rivoluzione pacifica che ha portato alla riunificazione si è rivelata in parte una nuova rivoluzione dall'alto. Non tutti i tedeschi l'hanno voluta e hanno lottato per ottenerla, per molti si è trattato quasi di un regalo insperato fatto loro dalla storia. Sicuramente i cittadini della DDR trovarono il coraggio di prendere in mano il loro destino, quando divenne chiaro l'atteggiamento remissivo dell'Unione Sovietica di Gorbaciov. Ma forse, più che non l'idea della riunificazione, a spingere i cittadini della Germania Orientale nelle strade durante l'autunno del 1989 fu la richiesta di riforme, democrazia e li-

bertà. E tali rivendicazioni portarono con sé anche la conquista dello stato unitario.
L'unità politica si è concretizzata il 3 ottobre 1990. Tuttavia rimane ancora da superare quella divisione nella testa dei tedeschi - *die Mauer im Kopf,* il muro in testa - che li porta a dividersi in *Wessis* e *Ossis*.
Quarant'anni di appartenenza a due sistemi contrapposti non possono certo essere cancellati dall'euforia di una notte. Occorrerà parecchio tempo prima che i tedeschi riescano ad abbattere quel muro invisibile che ancora li divide, divenendo così veramente un unico popolo. Ed è proprio questa la grande sfida dei prossimi anni.

UNO STATO FEDERALE

Dopo la riunificazione e la scomparsa della DDR dalla scena internazionale, la nuova Germania ha mantenuto la denominazione di Repubblica Federale (Bundesrepublik Deutschland), che indicava prima unicamente lo stato tedesco occidentale. Il fatto risulta comprensibile se si considera che la riunificazione è avvenuta sulla base di una adesione, *Beitritt,* dei Länder orientali a quelli occidentali.
La nuova Germania ha quindi mantenuto una struttura federale. I sedici Länder che la costituiscono non sono delle semplici province, ma dei veri e propri stati con una loro sovranità e con una loro Costituzione.
Il federalismo ha in Germania una lunga tradizione, interrotta unicamente dai dodici anni della dittatura nazista. Per questa ragione, nel secondo dopoguerra, la decisione degli alleati occidentali di porre il federalismo come condizione essenziale per la costituzione di uno stato tedesco nella loro zona di influenza non fu sentita come una imposizione. E proprio questo spirito federale animava i membri del Consiglio parlamentare, l'organo che, insediatosi nel settembre 1948, aveva il compito di elaborare la Costituzione del nascente stato tedesco occidentale.
La suddivisione dei territori operata dagli alleati fu talvolta arbitraria, non tenne conto di tradizioni storiche e fu dettata dall'esigenza di rafforzare la rispettiva politica di occupazione. Se si escludono la Baviera e le città-stato Amburgo e Brema, i Länder, come sorsero nel 1949, sono per lo più entità geografiche artificiali, frutto di compromessi tra le potenze occupanti. Emble-

matico è il caso del Baden-Württemberg, in cui si sono uniti due stati che da sempre avevano avuto storie e destini disgiunti.
Il federalismo tedesco attribuisce allo stato centrale competenza esclusiva in materia di politica estera, difesa, sistema monetario, ferrovie, posta, traffico aereo, e parte del diritto tributario. Ai Länder compete invece la legislazione relativa all'educazione e alla politica culturale, oltre al diritto comunale e alla polizia. Così si spiega la peculiarità del sistema scolastico tedesco, che prevede differenze a volte considerevoli tra un Land e l'altro. Essendo l'educazione esclusiva competenza dei Länder, non esiste a livello federale un ministero dell'Istruzione. Questo comporta certamente vantaggi, come la possibilità di sperimentare modelli da proporre per una riforma su tutto il territorio nazionale, ma anche una serie di difficoltà per gli studenti che, cambiando residenza, devono confrontarsi con un sistema scolastico diverso.
Esiste poi un ambito di legislazione concorrente, in cui i Länder possono emanare leggi solo fino al momento in cui il governo centrale non regola gli oggetti in questione con apposite norme. È il caso del diritto penale, civile e del lavoro, del traffico stradale e della protezione ambientale. Occorre però notare come si vada sempre più delineando la tendenza a regolare uniformemente questi temi, sottraendoli alla competenza dei Länder.
Il *Bundesrat,* Consiglio federale, è l'organo rappresentativo dei sedici Länder che in questa sede collaborano sul piano legislativo e amministrativo. A differenza dei componenti del *Bundestag,* il Parlamento federale, eletti direttamente dal popolo, i membri del Bundesrat vengono delegati dai singoli Länder: è il *Landtag,* il Parlamento del Land, che sceglie i propri rappresentanti. Il numero di seggi che ogni Land ha a disposizione al Bundesrat dipende dal numero degli abitanti. Si va da un minimo di tre voti - Saarland - a un massimo di sei - Baviera. Ogni Land deve esprimere il proprio voto all'unanimità: tutti i suoi rappresentanti devono votare in maniera compatta.

SISTEMA POLITICO

Il sistema politico tedesco viene molto apprezzato per la stabilità che è in grado di assicurare. Infatti la Repubblica Federale non ha mai conosciuto nella sua storia crisi di governo o elezioni anticipate. Facendo tesoro della infelice esperienza di Weimar, si è infatti elaborato un sistema tale da garantire una solida guida del paese. Innanzitutto lo sbarramento del 5% per accedere al Bundestag consente di evitare l'eccessivo frazionamento del Parlamento. L'*Unione cristiano-democratica (CDU)*, il *Partito socialdemocratico (SPD)*, il *Partito liberaldemocratico (FDP)*, l'*Unione cristiano-sociale (CSU)*, - il partito democristiano bavarese - sono i quattro partiti da sempre rappresentati al Bundestag. Nel corso degli anni queste formazioni si sono alternate alla guida del paese, così che ogni partito si è trovato a occupare anche i banchi dell'opposizione.

Queste formazioni politiche nacquero tra il 1945 e il 1947 nella zona di occupazione occidentale, mentre in quella sovietica si era già creato, con la fondazione della SED nel 1946, un sistema monolitico che relegava gli altri partiti a un ruolo insignificante. Per la SPD si trattò della ricostituzione del partito che Hitler aveva proibito nel 1933; gli altri gruppi erano invece nuove creazioni. La CDU e la CSU rappresentano in parte la continuità del vecchio Zentrum della Repubblica di Weimar (il partito dei cattolici), ma ora sono composte e rappresentano cittadini sia cattolici che protestanti.

La scena politica tedesca si è ampliata nel 1983 quando il partito dei *Verdi* è entrato per la prima volta al Bundestag.

Il PDS, non quello della Quercia, ma il Partito del socialismo democratico - *Partei des demokratischen Sozialismus* -, è l'erede della vecchia SED, il partito di stato della DDR. Pur non affermandosi molto nella nuova Germania, è riuscito in occasione delle elezioni del dicembre 1990, le prime dopo la riunificazione, a entrare nel Bundestag grazie a una applicazione differente della clausola del 5% per il territorio della ex BRD e della ex DDR, attuata in via straordinaria.

Lo stesso dicasi per il raggruppamento *Bündnis 90*, Alleanza 90, che raccoglie i movimenti artefici della rivoluzione pacifica della ex DDR.

I tragici episodi di razzismo dell'estate 1992 hanno portato alla ribalta movimenti di destra, che sembrano aver trovato il loro portavoce nel partito dei *Republikaner*.

Le elezioni dell'ottobre 1994 hanno riconfermato la coalizione di governo CDU-CSU-FDP, anche se al Bundestag tale maggioranza dispone solo di una manciata di seggi in più rispetto all'opposizione (341 contro 331). Kohl, alla guida del paese dal 1982, si appresta a superare Adenauer, padre fondatore della Repubblica Federale Tedesca e cancelliere dal 1949 al 1963.

I Verdi fanno ormai frazione comune con il gruppo Bündnis 90; l'erede della SED, il PDS, ha aumentato la sua rappresentanza al Bundestag per via di una clausola che prevede che anche se un partito non riesce a superare lo sbarramento del 5% può essere presente al Bundestag se ottiene almeno tre mandati diretti. L'elettore ha infatti a disposizione due schede: con la prima dà la preferenza a un candidato della circoscrizione la cui elezione avviene con il sistema maggioritario, con la seconda scheda sceglie invece un partito, e in questo caso si applica la proporzionale. Il PDS, nonostante il 4,4% dei voti, ha ottenuto 4 mandati diretti che hanno fatto scattare il meccanismo proporzionale per i voti di lista effettivamente ottenuti. Risultato finale: 30 rappresentanti al Bundestag.
Un punto di forza della stabilità politica tedesca è costituito dal cosiddetto "voto di sfiducia costruttivo". La Repubblica Federale non ha conosciuto crisi di governo o elezioni anticipate perché non è semplice aprire una crisi. Il partito che nega il proprio appoggio al governo di cui fa parte dev'essere in grado di proporre un'alternativa: deve aver già pronto un nuovo governo e un nuovo cancelliere. Non ci sono quindi in Germania le cosiddette "crisi al buio", che possono creare pericolosi vuoti di potere. Anche in questo caso si è fatto tesoro dell'esperienza di Weimar, quando i partiti in opposizione tra loro erano concordi nel far cadere il governo, senza avere un comune programma alternativo per la formazione del nuovo gabinetto. Ne conseguivano allora lunghe e complicate gestioni, chiuse bruscamente dall'intervento del Reichspräsident, che aveva il diritto di nominare gabinetti presidenziali; questi però non disponevano di una maggioranza al Reichstag.
Un cambio di governo con l'ausilio del "voto di sfiducia costruttivo" è riuscito nel 1982. Il primo ottobre di quell'anno la CDU/CSU e la maggioranza della FDP espressero la loro sfiducia all'allora cancelliere Helmut Schmidt, che guidava una coalizione social-liberale (SPD/FDP); Helmut Kohl, presidente della CDU, venne eletto nuovo cancelliere.

ECONOMIA: IL MIRACOLO TEDESCO

La cosiddetta "*Stunde null*", l'ora zero, indica per i tedeschi il periodo più tragico della loro storia, vale a dire quello successivo alla fine del secondo conflitto mondiale. Morte, distruzione

e rovina erano l'eredità di quel Reich che Hitler aveva pronosticato sarebbe durato mille anni.
Milioni di abitazioni erano state distrutte, gran parte delle infrastrutture industriali, nonché fabbriche e impianti erano inagibili. Dappertutto macerie.
In Germania, come in altri paesi, si diffuse la convinzione che una nazione così duramente colpita non sarebbe mai più stata in grado di riprendersi. Una profezia che venne presto smentita dalla tenacia e dalla caparbietà tedesca. Neanche vent'anni più tardi il quadro che il paese offriva era tale da sconvolgere chi avesse vissuto il tragico periodo della "*Stunde null*". Nella Repubblica Federale erano sorti, a ritmo frenetico, palazzi, abitazioni, fabbriche, banche. L'offerta di beni di consumo non aveva nulla da invidiare a quella degli altri paesi industrializzati. Tra il 1950 e il 1964 la Repubblica Federale aveva triplicato il prodotto sociale lordo, incrementato di oltre il 2000% le riserve auree-valutarie e del 500% le esportazioni: un tasso di crescita doppio rispetto a quello degli Stati Uniti. Nel 1964 la Repubblica Federale era già al secondo posto della classifica mondiale sia per le esportazioni che per la produzione di automobili.
La ricostruzione era avvenuta in un modo così rapido e imprevisto da sbalordire l'opinione pubblica mondiale. Si parlò di "miracolo economico". Volontà, abilità, impegno e zelo dei tedeschi furono un presupposto fondamentale per tale sviluppo. Ma da soli ben difficilmente avrebbero dato il risultato che si è visto. Altri fattori resero possibile la ripresa economica.
Innanzitutto la politica di occupazione perseguita dagli alleati occidentali. L'acuirsi del contrasto Est-Ovest convinse gli Stati Uniti che il vero nemico non era rappresentato dalla ormai sconfitta Germania, quanto dall'Unione Sovietica, la cui influenza sulla DDR le apriva un varco verso il centro dell'Europa. Gli americani presero quindi a temere che il comunismo prendesse piede più facilmente in una Germania economicamente debole. Era quindi necessario creare un'economia forte e stabile, ma soprattutto elevare il più presto possibile il tenore di vita.
In questa ottica vanno viste la decisione degli alleati di rinunciare alle riparazioni di guerra che spettavano loro in base agli accordi di Potsdam, il piano Marshall, e la riforma valutaria del giugno 1948.
Già nel dicembre 1949 la Repubblica Federale, nata da pochi mesi, ricevette i primi aiuti americani rientranti nell'European Recovery Program, poi chiamato "piano Marshall" dal nome del

suo promotore, l'allora ministro degli Esteri americano George Marshall. Il piano consisteva in prestiti monetari (circa 1,5 miliardi di dollari come capitale iniziale per la ripresa dell'economia) e forniture di generi alimentari, materie prime ecc.
Con la riforma valutaria, attuata dagli americani per far fronte al mercato nero sempre più dilagante, si crearono le basi per una salda economia. La nuova moneta, il *Deutsche Mark* (DM), che sostituì l'ormai screditato *Reichsmark* (RM), privo di qualsiasi valore, acquistò presto credibilità sui mercati e garantì una buona capacità d'acquisto. Fu il presupposto essenziale per una veloce ripresa economica, favorita anche dall'assenza di spese militari nel bilancio della Repubblica Federale. La difesa era infatti compito esclusivo degli alleati: un'ingerenza e una limitazione della sovranità nazionale che vennero vissute come un peso, ma permisero di concentrare tutte le risorse economiche sugli investimenti. E i risultati non tardarono ad arrivare.
Anche la guerra di Corea, scoppiata nel 1950, finì per favorire l'industria tedesca, che si trovò in grado, grazie alla sua mano d'opera a basso costo rispetto alla concorrenza, di far fronte alla enorme domanda di acciaio e di attrezzature pesanti.
La Repubblica Federale poteva attingere a una vasta mano d'opera costituita dagli oltre dodici milioni di profughi provenienti dai territori a Est: Pomerania, Slesia e Prussia Orientale. All'inizio degli anni Cinquanta vivevano sul territorio tedesco occidentale più persone che nel periodo antecedente la guerra, e questo nonostante gli oltre sei milioni di morti. La mano d'opera eccedente facilitò non solo la ripresa ma anche una politica salariale estremamente competitiva rispetto a quella di altri paesi.
Inoltre l'industria tedesca aveva dovuto rinnovare dopo la distruzione i propri impianti, il che la pose, tecnicamente, in una posizione favorevole.
Occorre poi ricordare il forte spirito di cooperazione tra le parti sociali e la prudenza dei sindacati nel porre richieste salariali. All'inizio degli anni Sessanta i posti di lavoro nell'industria erano di gran lunga superiori alla mano d'opera. C'erano ad esempio ben 500.000 posti disponibili e solo 180.000 disoccupati. Inoltre, con la costruzione del muro di Berlino (agosto 1961), si era interrotto quel flusso di mano d'opera qualificata costituita dai tedeschi che fuggivano dalla DDR (circa 2,7 milioni dal 1949).
La Repubblica Federale sopperì a questa necessità chiamando lavoratori stranieri, detti "Gastarbeiter", da altri paesi quali Spagna, Grecia, Italia e, successivamente, anche dalla Turchia. Nes-

suno poteva allora prevedere le conseguenze di quella che si rivelò poi una vera e propria migrazione: oggi vivono nella Repubblica Federale oltre 5 milioni di immigrati.

L'economia della ex DDR

Fino alla metà degli anni Cinquanta l'Unione Sovietica considerò la DDR un oggetto di sfruttamento, da spremere fino all'ultimo per ottenere le riparazioni previste dal trattato di Potsdam: infatti la guerra aveva significato per l'Urss oltre 20 milioni di morti e un'economia completamente a pezzi. Ma in questo modo certamente non si favoriva la ripresa del paese.
Dal 1945 al 1953 la zona di occupazione sovietica prima, poi DDR, dovette cedere all'Unione Sovietica circa il 25% del proprio prodotto sociale lordo.
Ma a parte la politica di occupazione, la DDR si trovò fin dall'inizio in una posizione svantaggiata rispetto alla Repubblica Federale. È vero che il grado di industrializzazione della Germania centrale, quella che divenne poi DDR, corrispondeva alla fine della guerra a quello della zona occidentale. Ma è altrettanto vero che, mentre nel territorio della futura Repubblica Federale era concentrata l'industria di base e pesante, nella zona centrale c'era un'industria prevalentemente di trasformazione. Il grado di industrializzazione di tale zona dipendeva quindi dalle forniture provenienti dall'Ovest. Con la divisione, la DDR si trovò di fatto privata di tali forniture, con comprensibili conseguenze sull'economia generale del paese.
Dal 1949 al 1961 circa 2,7 milioni di cittadini lasciarono la DDR per cercare un futuro migliore nell'altra Germania, attratti dalle scintillanti vetrine che esibivano i frutti del "miracolo economico". Questa fuga di mano d'opera giovane e qualificata indebolì ulteriormente la già precaria economia della DDR. Fu così che la SED si vide costretta, per impedire un vero e proprio tracollo, a prendere quel drastico provvedimento che fu la costruzione del muro. E proprio a partire dal 1961 ebbe inizio il consolidamento economico del paese. Si parlò di vero e proprio "effetto muro", che permise alla DDR di diventare di lì a dieci anni non solo il numero uno dei paesi dell'Est, ma addirittura il decimo del mondo per industrializzazione.
Fino al crollo del regime comunista e alla riunificazione, la DDR riuscì a mantenere questa posizione di tutto rispetto nell'economia mondiale. Ma all'indomani della riunificazione i vizi strutturali derivati dalla lunga dipendenza economica emersero alla lu-

ce, caratterizzando un sistema produttivo seriamente dissestato. Lo stesso cancelliere Kohl, promettendo che nel giro di qualche anno la situazione si sarebbe "normalizzata" e che anche i cittadini dei nuovi Länder avrebbero goduto di un tenore di vita pari a quello dei loro connazionali occidentali, non aveva probabilmente ben chiara la reale situazione.
Il divario tra le due parti del paese è infatti ancora enorme; nei nuovi Länder il tenore di vita è più basso e il tasso di disoccupazione più alto, situazione che ha raffreddato i primi entusiasmi, lasciando la popolazione alle prese con enormi problemi sociali. Sul riequilibrio di tale divario e sulla possibilità di raggiungere un uniforme sviluppo fra le due parti del paese si giocano le possibilità di riuscita della riunificazione.

INFORMAZIONI UTILI

COME MUOVERSI

Treno

I collegamenti con l'Italia si svolgono attraverso l'Austria (linea Roma/Milano-Verona-Innsbruck-Monaco) o la Svizzera (linea Milano-Chiasso-Basilea-Friburgo-Mannheim-Hannover). I collegamenti diretti sono garantiti da treni *EuroCity* (EC) per i quali è necessario un supplemento, *Zuschlag*.
I collegamenti interni tra le maggiori città sono effettuati dagli *InterCity* (IC), anch'essi con supplemento: sono puntuali, offrono comfort e attrezzature d'alto livello, e hanno sempre una carrozza ristorante *(Speisewagen)*.
Arrivando alla stazione di Monaco vi capiterà di vedere un treno dalla sagoma futuristica, tutto bianco con la scritta ICE: è l'*InterCityExpress*, treno ad alta velocità (280 km/h) che collega, ad esempio, in sole 6 ore Monaco ad Amburgo. È senz'altro un po' caro, ma il comfort offerto non ha nulla da invidiare a quello di un aereo. Nel prezzo di prima e seconda classe è compreso uno snack con bevanda servito al posto e un quotidiano. La prenotazione è obbligatoria.
Dal 1988 circolano anche gli *Interregio-Züge* (IR): treni dalle carrozze bianche-blu, veloci, che offrono un buon comfort e collegano le principali città con cadenza regolare (ogni 2 ore). Supplemento obbligatorio.
Se non si hanno problemi di tempo e si vuole risparmiare, si può viaggiare con i *D-Züge* (Durchgehende Züge, simili ai nostri diretti), per i quali non è richiesto alcun supplemento.
Per collegamenti fino a 250 km ci sono gli *E-Züge* (Eilzüge, espressi).
A livello locale circolano i *Nahverkehrszüge*. Il comfort è modesto, ma la puntualità assicurata.

Dove il treno non arriva, soprattutto in campagna, la Deutsche Bundesbahn provvede con un servizio di autobus *(Bahnbus).*

Treno più bici. Non sorprendetevi se vedrete persone caricare la propria bici in treno. Tutti i convogli hanno infatti una carrozza apposita per tale scopo, a dimostrazione di come sia diffusa in Germania la cultura della bicicletta. Come uno si porta la valigia, così pure può portarsi la bici.

Quasi tutte le principali stazioni e quelle in zone turistiche offrono un servizio chiamato *"Fahrrad am Bahnhof"*, bici alla stazione, che dà la possibilità di noleggiare una bicicletta al prezzo di 10-12 marchi al giorno; mostrando il biglietto ferroviario si ha diritto a una riduzione.

Treno più auto. Se non volete rinunciare all'auto, portatevela appresso, ma sempre con il treno. Caricatela su uno dei cosiddetti *Autoreisezüge*, senz'altro un po' cari, ma che vi eviteranno lo stress di lunghe code in autostrada, soprattutto nei periodi di vacanza.

Biglietti. Per chi vuole girare la Germania in treno c'è *Euro Domino*, un biglietto turistico per i non residenti. Ha una validità di 3, 5 o 10 giorni e permette di circolare liberamente sulla rete ferroviaria senza dover pagare supplementi (c'è anche un Euro Domino per giovani fino a 26 anni). Indicativamente il prezzo parte dalle 300.000 lire italiane per il biglietto di tre giorni. Per raggiungere la Germania il possessore del biglietto usufruisce di uno sconto del 25% sui treni sia italiani che dei paesi di transito. In Italia la tessera Euro Domino può essere acquistata presso innumerevoli stazioni e agenzie di viaggi.

Interessante può essere il biglietto *Sparpreis*, un'offerta che vale solo per la rete ferroviaria tedesca. È un biglietto A/R a prezzo fisso per un viaggio con libera destinazione e validità di 2 mesi. È vantaggioso a partire dai 460 km.

C'è poi il *Super-Sparpreis*. Stessa offerta del precedente ma non si può viaggiare di venerdì e di domenica. È in vendita in molte stazioni e agenzie di viaggi.

Molto diffusa, anche se forse di poca utilità per il turista che si reca occasionalmente in Germania, più interessante per chi compie 2-3 volte l'anno percorsi di media lunghezza, è attualmente la *Bahncard* che offre il 50% di sconto sulle tariffe ordinarie. Vale un anno e costa 220 marchi (110 marchi per giovani da 18 a 22 anni e per ultrasessantenni; 50 marchi per bambini da 4 a 17 anni).

C'è poi una *Bahncard-famiglia:* vale anch'essa un anno, costa

110 marchi e dà diritto ad uno sconto del 50% per tutti i componenti del nucleo familiare (padre, madre e almeno un figlio). Altra possibilità è rappresentata dalla tessera *Zoom*, per minigruppi (2-5 persone, non deve essere necessariamente una famiglia) di cui almeno un componente con meno di 16 anni. Offre una riduzione del 25% dal secondo adulto in poi e del 50% per i giovani dai 4 ai 16 anni e vale sulle reti tedesche, italiane e di tanti altri paesi europei.
Pensato per i giovani al di sotto dei 26 anni, oltre al più famoso InterRail, è il *Tramper-Monatsticket*, che consente di viaggiare un mese intero in Germania. Ci sono due tipi di biglietto: uno che dà diritto a viaggiare anche con treni ICE (465 marchi), e un altro (ICE esclusi) per i meno i esigenti (350 marchi).
Per ulteriori informazioni rivolgersi alle *Ferrovie Federali Germaniche*, via San Paolo 12, Milano - tel. 02/862.131.

Auto
Provenendo dall'Italia, i valichi d'accesso più importanti sono Kiefersfelden/Kufstein (sull'autostrada Brennero-Innsbruck-Monaco), Lindau sul Lago di Costanza (lo si raggiunge seguendo l'itinerario Chiasso-San Bernardino-Coira-Bregenz), Costanza (itinerario Chiasso-Zurigo-Kreuzlingen) e Basilea (autostrada Chiasso-Gottardo-Lucerna).
Complessivamente la Germania dispone di circa 10.850 km di rete autostradale. Piacevole sorpresa: non è previsto, finora, alcun pedaggio, anche se prima o poi verrà introdotto qualcosa di simile al contrassegno in uso in Svizzera. Se non indicato, non c'è un limite massimo di velocità, nonostante verdi e ambientalisti si battano da tempo per l'introduzione del cosiddetto "Tempo/100". Una velocità indicativa di 130 km/h è comunque consigliata in autostrada e sulle superstrade.
Sulle altre strade il traffico è in genere abbastanza scorrevole. Vige un limite di 100 km/h sulle strade federali *(Bundesstraßen)* e provinciali *(Landstraßen)*, e di 50 km/h nei centri abitati.
È obbligatorio, inutile dirlo, usare la cintura di sicurezza, anche sui sedili posteriori, dove devono stare i bambini fino a 12 anni. Attenzione a non bere prima di mettersi al volante. La prova del palloncino, temutissima dai tedeschi, viene eseguita al minimo dubbio e guai a superare il limite di 0,8 per mille.
Noterete come gli automobilisti tedeschi usino spesso e volentieri i fari anabbaglianti: sono obbligatori dopo il tramonto, in caso di pioggia o nebbia. Ma anche se la visibilità è delle mi-

gliori, vi capiterà di vedere auto con i fari accesi: probabilmente perché state viaggiando su un tracciato impegnativo, ad esempio in montagna. Adeguatevi.

Soccorso stradale. In caso di guasti, incidenti o inconvenienti vari potete rivolgervi all'*ADAC*, l'Automobil club tedesco. Uffici ADAC sono presenti in quasi tutte le maggiori città.

Carburante. Per quanto riguarda la benzina sono ormai passati i tempi in cui costava meno che da noi. Gli aumenti introdotti dopo la riunificazione (una delle poche tasse imposte per finanziare la ricostruzione della ex DDR) e il cambio a noi sempre più sfavorevole, fanno sì che essa abbia raggiunto un prezzo ormai pari se non addirittura superiore al nostro. Il problema non si pone per il diesel, da sempre meno conveniente che in Italia. Molto diffusi i distributori self service *(SB, Selbst Bedienung)*.

Attenzione: in autostrada la benzina è più cara (fino a 20 Pfennig al litro). Vi conviene quindi fare il pieno prima di mettervi in viaggio o, se non avete fretta, uscite alla prima occasione. In quasi tutte le stazioni di servizio sono accettate le più diffuse carte di credito.

Parcheggio. Se volete raggiungere il centro di qualsiasi città in macchina, abbandonate l'idea di trovare il classico buco dove parcheggiare gratuitamente. Dappertutto i parcheggi sono a pagamento (giorni feriali dalle 8 alle 19). Se pensate di rimanere solo per poco, al massimo un paio d'ore, utilizzate le aree dotate di parchimetro. In molti casi, soprattutto quando si tratta di un ampio parcheggio, ci sono qua e là distributori di tagliandi da porre poi in evidenza all'interno del cruscotto. La cosa più pratica è scegliere un silos *(Parkhaus* o *Tiefgarage)*: è un po' più caro rispetto ai parcheggi all'aperto, ma non sarete assillati dall'idea di non riuscire a sbrigare tutto quello che vi siete riproposti entro un orario preciso. Tenete inoltre presente che più vi addentrate nel centro, più il parcheggio costerà caro. Le indicazioni (cartello blu con una P) sono chiare ed efficaci; recano la scritta *frei*, libero, nonché il numero di posti disponibili (se è pieno c'è scritto *besetzt*, occupato).

Mitfahrzentralen. Un'interessante opportunità, soprattutto per i più giovani, per muoversi in auto in Germania è rappresentata dalle cosiddette *Mitfahrzentralen*: sono centri che fanno da tramite tra chi, dovendo spostarsi in auto da una città all'altra, offre un passaggio e chi, appunto, lo cerca. Sono ormai presenti in tutte le maggiori città.

Aereo
Alitalia e *Lufthansa* collegano con numerosi voli giornalieri le principali città dei due paesi. Interessanti sono le tariffe PEX e Super-PEX (tra andata e ritorno deve esserci una domenica). Convenienti le tariffe per giovani (da 12 a 26 anni). Tutti gli aeroporti di linea tedeschi sono collegati ai mezzi di trasporto urbani; spesso dispongono di un servizio di trasporto proprio (bus navetta o, per città come Monaco, Francoforte e Stoccarda, metropolitana leggera).

Navigazione fluviale
La navigazione interna dispone di un'efficiente rete di vie d'acqua utilizzate per il trasporto sia di merci che di passeggeri. Il Reno è il fiume più trafficato, ma sono possibili crociere o gite anche sul Meno, il Danubio, la Mosella, il Neckar. Le escursioni in battello più interessanti sono segnalate nei vari itinerari.

DOVE DORMIRE

La scelta della sistemazione per la notte non rappresenta un problema. Alberghi, di lusso e non, pensioni e locande sono sparse un po' in tutto il paese. Indipendentemente dal prezzo e dal numero di stelle che li classifica (5 stelle: superlusso; 1 stella: semplice) una cosa li accomuna: sono puliti, decorosi, accoglienti, ben riscaldati in inverno e con una abbondante prima colazione. Qualche problema può creare al turista italiano il fatto che i letti non hanno le tradizionali coperte ma il piumone. Altro inconveniente può essere dovuto alla mancanza di persiane o tapparelle (cosa molto diffusa in Germania). Ci sono in compenso spessi tendoni scuri che vanno tirati con cura la sera per non essere svegliati alle prime luci del giorno.

Garni e Gasthöfe
Un'alternativa economica agli hotel sono i cosiddetti *Garni* (meublé che non offrono servizio ristorante) o le pensioni, per lo più a conduzione familiare. Ci sono poi i *Gasthöfe* o *Gasthäuser*, che nella traduzione italiana suona come "locande", che molte volte non hanno nulla da invidiare ai classici alberghi. Non hanno solitamente molte camere in quanto l'attività principale è quella di ristorante. Si mangia decisamente bene, le porzioni sono abbondanti e il menu tipicamente regionale.

Camere private

Se vi trovate in località turistiche e non avete prenotato, non preoccupatevi: fate un giro nei dintorni e dove vedete la scritta "*Zimmer frei*" posta davanti a case private entrate. Avrete sempre piacevoli sorprese e in più spenderete poco.

Ostelli

Gli ostelli della gioventù non godono da noi di buona fama. Ciò induce quindi il turista italiano a non prendere in considerazione questa possibilità di pernottamento. In Germania, invece, gli *Jugendherbergen* sono tutta un'altra cosa: semplici, decorosi, puliti e molto spesso situati in edifici storici. Si trovano un po' dappertutto, anche in località minori, e offrono ospitalità sia a giovani che ad adulti e a gruppi familiari. Occorre però essere in possesso dell'apposita tessera internazionale (rilasciata in Italia dal CTS). Per ulteriori informazioni rivolgersi all'*Ente Nazionale Germanico per il Turismo*, via Negri, Milano - tel. 02/877.323 o direttamente al *Deutsches Jugendherbergswerk*, Postfach 1455, 32756 Detmold (tel. 0049/5231/74.010).

Campeggi

Chi viaggia in camper, tenda o roulotte trova in Germania oltre 2000 campeggi, ben attrezzati e per lo più situati in zone paesaggisticamente molto interessanti.
Per informazioni rivolgersi al *Deutscher Camping-Club*, Mandlstraße 28, 80802 München, che pubblica anche una guida dettagliata ed esauriente (prezzo: DM 21,80).

Castelli

Per il turista alla ricerca di qualcosa di un po' particolare va ricordato che esistono alcune catene di hotel particolarmente sciccosi non tanto per il comfort offerto, che si può più o meno trovare in tutti gli alberghi da 4 o 5 stelle, quanto perché ricavati da antiche residenze, palazzi e castelli.
Una di queste associazioni è *Gast im Schloß*, ospite al castello. I prezzi non sono impossibili come si potrebbe credere a prima vista. E anche se in taluni casi possono apparire un po' esagerati, pensate all'unicità della sistemazione. Per informazioni: *Gast im Schloß*, Postfach 120620, 68057 Mannheim.
Altre associazioni sono quelle dei *Romantik Hotels* (Hörsteiner Straße 34, 63791 Karlstein/Main) e dei *Silencehotels* (Haubachstraße 80, 22765 Hamburg).

Informazioni e prezzi

Un consiglio per quando si arriva in una città: rivolgetevi subito al *Verkehrsamt/Verkehrsverein*, ufficio del turismo. Si garantisce un'organizzazione perfetta. Non solo sarete riempiti di depliant e materiale informativo ma, a vostra richiesta e secondo le vostre tasche, potrete farvi aiutare nella ricerca di una sistemazione, se non l'avete già (talvolta è richiesto per questo servizio un piccolo contributo).
Gli hotel indicati nelle singole città sono stati raggruppati secondo le quattro categorie sottoelencate. I prezzi, che sono indicativi e variano da città a città, si intendono per una camera doppia con bagno e colazione.

standard	fino a 120 DM
comfort	fino a 180-200 DM
supercomfort	fino a 250-300 DM
lusso	oltre i 300 DM

A TAVOLA CON I TEDESCHI

Dimenticate tutti i pregiudizi e i luoghi comuni. Non è vero che i tedeschi mangiano solo würstel, patate e crauti. La loro cucina è molto varia, robusta e con spiccate caratteristiche regionali (prevale il pesce al nord, e la carne di maiale al sud). È un po' pesante per via dell'eccessivo uso di grassi animali (soprattutto burro) e della predilezione per la carne di maiale.
Impossibile soffermarsi sulle molteplici varietà di *Schinken*, prosciutti e *Würstel*. Ogni località/regione ha un suo tipo speciale. Fate un giro in un qualsiasi supermercato o macelleria per farvi un'idea.
Particolari sono i *Weißwürste* di Monaco (würstel bianchi perché fatti, diversamente dagli altri, di carne di vitello), i *Bratwürste* di Norimberga o i *Frankfurter*.
Se siete in difficoltà con il menu e volete evitare sorprese, ordinate una *Wiener Schnitzel*, la nostra cotoletta alla milanese, servita sempre con abbondante contorno di patatine e insalata mista, oppure un *Rumpfsteak* (costata di manzo). Altrimenti, per rimanere in tema di carne, cercate nel menu sotto la dicitura *Braten* (arrosto): le eventuali sorprese saranno sempre molto piacevoli.

GLOSSARIO GASTRONOMICO

Tagessuppe	zuppa del giorno
Gulaschsuppe	zuppa gulasch
Nudelsuppe	pastina in brodo
Zwiebelsuppe	zuppa di cipolle
Grillhähnchen	pollo arrosto
Wiener Schnitzel	cotoletta alla viennese
Schweinebraten	arrosto di maiale
Kalbsbraten	arrosto di vitello
Rumpfsteak	costata di manzo
Spieß	spiedino
Schweinshaxen	stinco di maiale arrosto
Grillplatte	piatto di grigliata mista
Gemischter Aufschnitt	affettato misto
Käsebrot	fetta di pane con formaggio
Wurstbrot	fetta di pane con salumi
Forelle	trota
Lachs	salmone
Lachsforelle	trota salmonata
Karpfen	carpa
Seezunge	sogliola
Kartoffelsalat	patate in insalata
Gemischter Salat	insalata mista
Pommes	patatine fritte
Erbsen	piselli
Grüne Bohnen	fagiolini
Öl und Essig	olio e aceto
Salz und Pfeffer	sale e pepe
Obstsalat	macedonia di frutta
Gemischtes Eis	gelato misto
Kuchen	dolce
Torte	torta
Kaffee	caffè

A parte i nostri consigli su dove mangiare nelle singole città (ristoranti e locali tipici sono indicati di volta in volta), tenete presente che dove c'è un Rathaus c'è quasi sempre un Ratskeller, taverna del municipio. Qui andate sul sicuro: ambiente piacevole, prezzi contenuti (circa 30 DM per un secondo con contorno, dolce e birra), cucina locale e piatti standard.

Un altro nome che può tornare utile e che ritroverete in molte città è *Wienerwald*. Non proprio tedesco, si dirà. Infatti questa catena di ristoranti si è diffusa prima in Austria e successivamente in Germania. Sono locali semplici ma accoglienti, ideali per un pranzo senza grandi pretese. Il piatto forte è pollo e patatine con tutte le variazioni del caso. È un buon indirizzo se avete bimbi al seguito: i camerieri sono sempre molto gentili con i più piccoli. Chiedete tranquillamente *Kinderportionen*, porzioni per bambini, e nessuno vi guarderà storto (questo vale in tutti i ristoranti tedeschi).

In Germania si sono diffusi gli *Steakrestaurants*, ristoranti che offrono piatti di carne di provenienza argentina. Due le catene più diffuse: *Churrasco* e *Maredo*.

Ma torniamo alle varie specialità; molto ampia la gamma delle *Suppen* (minestre): *Leberknödelsuppe* (zuppa di gnocchi di mollica di pane e fegato), *Gulaschsuppe, Tomatencremesuppe* (crema di pomodoro), *Zwiebelsuppe* (zuppa di cipolle), *Gemüsesuppe* (zuppa di verdura), tanto per citarne alcune.

Caratteristici del sud, soprattutto della Baviera, sono i cosiddetti *Knödel*, canederli preparati in vari modi, in genere con pane o semolino, e serviti come contorno. In Svevia sono sostituiti dagli *Spätzle*, gnocchetti di pasta all'uovo conditi con cipolla e formaggio.

Un giro in una qualsiasi *Bäckerei* (panetteria) vi darà l'idea della molteplicità dei tipi di pane: nero o bianco, in grosse forme o piccoli panini *(Brötchen* o *Semmeln)*, con varie spezie, dal *Kümel* (cumino), al sesamo, al *Mohn* (seme di papavero). Tipiche bavaresi sono le *Brezeln*, ciambelle salate a forma di "biscotti della nonna". Ottime per accompagnare una birra o per uno spuntino.

Al ristorante, se volete del pane, dovete chiederlo espressamente *(Brot, bitte)*. E quando pagate dite quanto ne avete consumato. Il cameriere ve lo metterà in conto. Strano? Non proprio se tenete presente che in Germania non esiste un fisso per pane e coperto.

Quasi tutte le *Bäckereien* sono anche *Konditoreien* (pasticcerie). Ce n'è per tutti i gusti: dal tradizionale *Apfelstrudel*, alla *Käse-*

torte (torta di ricotta), alla *Schwarzwälder Kirschtorte* (torta di cioccolato con ciliege e tanta panna montata) e tantissime altre specialità ancora.
C'è poi tutta una serie di paste tipo *Krapfen*, che al sud si chiamano *Berliner*, *Kipferl* (cornetti) o *Schnitte* (fette). Lasciatevi tentare!

Bevande
Non pensate che in Germania si beva sempre e solo birra. C'è dell'ottimo vino, soprattutto nelle valli del Reno e della Mosella. Sono in genere vini più leggeri dei nostri e quindi fate attenzione, perché l'effetto si sente sempre dopo. Altre regioni famose per il loro vino sono il Pfalz, il Baden, la Franconia e il Lago di Costanza.
Al ristorante si servono in genere singole caraffe. Il prezzo vi sbalordirà: per 1/4 di vino *(Viertel)* si spendono circa 6-7 marchi.
Se siete astemi e bevete solo acqua minerale tenete presente che per una bottiglietta (0,25 cl) si pagano tranquillamente 3 marchi o più. Meglio dunque una bella birra, eventualmente senza alcol *(alkoholfreies Bier)*.

Una pubblicità di birra che rappresenta il re bavarese Ludwig II

Come cavarsela al ristorante

Haben Sie Platz für vier Personen?
Avete posto per 4 persone?
Ist dieser Tisch frei?
È libero questo tavolo?
Die Speisekarte, bitte!
Il menu, per favore!
Bringen Sie mir bitte ein Wiener Schnitzel.
Mi porti per favore una cotoletta alla viennese.
Ich möchte einen Schweinebraten.
Vorrei un arrosto di maiale
Für meine Frau einen Kalbsbraten.
Per mia moglie un arrosto di vitello.
Für die Kinder ein halbes Grillhähnchen mit Pommes.
Per i bambini mezzo pollo arrosto con patatine.
Als Beilage hätte ich gern einen gemischten Salat.
Come contorno vorrei una insalata mista.
Zu trinken ein Viertel Weißwein, ein Bier, und eine Flasche Mineralwasser.
Da bere un quarto di vino, una birra e una bottiglia di minerale.
Fräulein/Herr Ober, ich möchte bitte zahlen.
Signorina/Cameriere, il conto, per favore.
Danke, der Rest ist für Sie.
Grazie, tenga il resto.

INFORMAZIONI PRATICHE

Documenti

I cittadini della Comunità Europea per entrare in Germania hanno bisogno solamente della carta d'identità.
La carta verde non è necessaria per le auto provenienti dalla maggior parte dei paesi europei, tra cui l'Italia; vale in pratica la normale assicurazione verso terzi. La carta verde è invece necessaria per raggiungere la Germania, perché si attraversano la Svizzera o l'Austria.

Soldi

La moneta locale è il *Deutsche Mark, DM*, suddiviso in 100 *Pfennig*. In circolazione ci sono banconote da 10, 20, 50, 100, 500 e 1000 marchi e monete da 1, 2, 5 marchi e da 1, 2, 5, 10, 50 Pfennig.
Si possono importare ed esportare senza limitazioni sia marchi,

sia valute estere, sia altri mezzi di pagamento. Quasi ovunque potete pagare con carta di credito.
Le **banche** sono aperte nei giorni feriali (escluso il sabato) dalle 8.30 alle 13.00 e dalle 14.30 alle 16.00 (giovedì fino alle 17.30). Gli uffici di cambio alla stazione o all'aeroporto sono aperti tutti i giorni, domenica compresa, dalle 6.00 alle 22.00.

Trasporti urbani

Non vi passi per la testa l'idea di salire su un mezzo pubblico senza biglietto (in tedesco si dice *schwarzfahren*, viaggiare in nero): i controlli sono frequenti e le scuse addotte dicendo di essere straniero o facendo finta di non capire faranno sorridere il controllore che vi appiopperà senza indugi una bella multa di almeno 50 marchi (varia da città a città, a Monaco, ad esempio, è di 60 marchi).
I biglietti si acquistano ai distributori automatici che si trovano a ogni fermata. Sul tram e sul bus si acquista il biglietto anche dal conducente. Per la metropolitana *(U-Bahn)* dovete fare il biglietto al distributore automatico prima di oltrepassare la zona di accesso ai treni. Non dimenticate poi di obliterarlo con la macchinetta apposita *(Entwerter)*. Nelle maggiori città c'è anche la *S-Bahn, Schnellbahn,* una metropolitana leggera che collega le zone periferiche con il centro e fa parte della rete urbana.
Prezzi e modalità dei biglietti variano da città a città. Una corsa singola costa dai 2,50 ai 3 marchi. Dappertutto ci sono biglietti giornalieri o con validità di 2-3 giorni. Per informazioni rivolgetevi al *Verkehrsamt* della singola città.

Posta

Gli uffici postali sono generalmente aperti da lunedì a venerdì con orario 8.00-18.00; sabato fino alle 12.00. La posta centrale *(Hauptpost)* e gli uffici postali presso le stazioni delle maggiori città sono aperti fino a sera tardi e anche di domenica.
Per la corrispondenza diretta in Italia si applica la tariffa interna, cioè 1 marco per lettere fino a 20 grammi e 80 Pfennig per le cartoline.

Telefono

Si può telefonare da qualsiasi ufficio postale. Comunque le cabine telefoniche sono numerosissime e si trovano un po' dappertutto. I telefoni funzionano con monete da 10 Pfennig, 1 marco e 5 marchi: non danno resto, quindi è consigliabile non inse-

rire mai una moneta da 5 marchi da sola. Il costo di uno scatto è di 30 Pfennig, ma in albergo vengono addebitati normalmente 60 Pfennig a scatto. Molto diffusi, e destinati ad aumentare ulteriormente di numero, sono i *Kartentelefone*, telefoni a scheda. Si può acquistare la *Telefonkarte* in qualsiasi ufficio postale; è disponibile da 12 o 50 marchi.
Il prefisso dalla Germania per l'Italia è 0039, dall'Italia per la Germania 0049. Per telefonare in Italia e addebitare la chiamata al ricevente *(Telefongespräch zu Lasten des Empfängers)* fate il numero 01.308.00.039. Niente paura: l'operatore parla italiano.

Uffici del turismo
In qualunque località arriviate, rivolgetevi subito all'ufficio informazioni, *Tourist Information*, contrassegnato da una *I*. Tali uffici si chiamano anche *Verkehrsamt* (Ente per il turismo) o *Verkehrsverein* (Pro loco). Qui troverete depliant, cartine, elenchi di alberghi, programmi delle manifestazioni ecc. Nelle maggiori città l'ufficio informazioni organizza anche visite guidate *(Stadtrundgang)*.
Prenotandosi si può avere una guida personale che parla italiano a completa disposizione. Il prezzo, in questo caso, si aggira più o meno sui 100 marchi per un giro turistico di due ore.

Negozi
In genere fanno orario continuato dalle 9.00 alle 18.30. Il giovedì è consentita l'apertura fino alle 20.30. Il sabato sono aperti solo fino alle 14.00. Fa eccezione il primo sabato di ogni mese, quando i negozi sono aperti fino alle 18.00 (tale giornata è detta "*langer Samstag*", sabato lungo). Chiusura totale domenica e nei giorni di festa, anche nelle località turistiche, sia d'estate che d'inverno. Nei piccoli centri i negozi rimangono spesso chiusi dalle 13 alle 15. Gli esercizi all'interno delle stazioni ferroviarie, sia alimentari che di altri generi, sono invece aperti fino a tarda sera e anche di domenica e nei giorni festivi.
Se acquistate capi di abbigliamento tenete presente che la taglia tedesca è una taglia in meno rispetto a quella italiana (la 40 tedesca è la nostra 42).

Farmacie
Sono aperte secondo i normali orari dei negozi. Presso ogni farmacia c'è poi l'indicazione di quelle che osservano il turno notturno e festivo.

Musei
L'ingresso è quasi sempre a pagamento. L'orario varia da museo a museo e da città a città, ma in genere va dalle 10 alle 16-17. In genere è prevista almeno un'apertura serale alla settimana, quasi sempre il giovedì. Il lunedì tutti i musei sono chiusi.

Giornali italiani
Nelle grandi città e nei maggiori centri turistici si trovano senza problemi quotidiani italiani del giorno. Se non volete perdere tempo cercando qualche edicola del centro, recatevi subito alla stazione: qui trovate sempre "Corriere della Sera", "Repubblica" e l'immancabile "Gazzetta dello Sport".

Ristoranti
In genere si può pranzare dalle 12.00 alle 14.00 e cenare dalle 18.00 alle 22.00. Al di fuori di tali orari vengono serviti piatti freddi. Molti locali non si attengono a questi orari e portano la scritta *durchgehend warme Küche*, la cucina funziona sempre.

Indirizzi utili
Ente Nazionale Germanico per il Turismo, via Negri, Milano - tel. 02/877.323.
Ferrovie Federali Tedesche, via San Paolo 13, Milano - tel. 02/862.131.
Ambasciata della Repubblica Federale Tedesca, via Po 25/C, 00198 Roma - tel. 06/860.341-869.341.
Consolati generali della Repubblica Federale:
Milano, via Solferino 40 - tel. 02/655.44.34.
Genova, via San Vincenzo 4/28 - tel: 010/590.841.
Napoli, via Crispi 69/1 - tel. 081/683.393.

DOVE IMPARARE IL TEDESCO

Un soggiorno in una bella località abbinato a un corso di lingua è un'idea per una vacanza diversa.
Questi corsi, organizzati soprattutto nel periodo estivo da università e scuole di lingua, prevedono 2-3 settimane di corso con 4-5 lezioni al giorno in piccoli gruppi; attività pomeridiane (visite culturali, sport ecc.); escursioni nei dintorni; sistemazione in pensionato, in famiglia (più consigliabile se si vogliono sfruttare al massimo le possibilità di conversazione) o in albergo.
Certamente ci sono in Italia molte agenzie che vendono pac-

chetti "tutto compreso"; il nostro consiglio è però di organizzarvi da soli un corso ad hoc, secondo le vostre esigenze. Non solo sarete più soddisfatti, ma scoprirete poi di aver risparmiato una bella cifra.

Il primo passo da fare è contattare direttamente alcune università tedesche che organizzano corsi estivi di lingua (vedi elenco più avanti). Niente paura: se siete totalmente a digiuno di tedesco scrivete tranquillamente in inglese. Se invece, oltre a non sapere il tedesco, non ve la cavate neppure con l'inglese, trascrivete quanto segue:

Sehr geehrte Herren, da ich nächsten Sommer einen Sprachkurs in Deutschland besuchen möchte, bitte ich Sie, mir Informationsmaterial zu schicken. Ich danke Ihnen und verbleibe mit freundlichen Grüßen. (Egregi Signori, avendo intenzione di frequentare l'estate prossima un corso di tedesco in Germania, Vi pregherei di inviarmi materiale informativo. Vi ringrazio e porgo cordiali saluti).

- Akademisches Auslandsamt der *Universität Heidelberg*, Postfach 105760, D-69047 Heidelberg - tel. 06221/542.338.
- Lektorat für Deutsche Sprache und Internationale Programme an der *Universität Tübingen*, Internationaler Sommerkurs, Brunnenstraße 30, D-72074 Tübingen - tel. 07071/295.408, fax 07071/295.408.
- *Universität Bayreuth*, Fachgebiet Deutsch als Fremdsprache, Postfach 101251, D-95440 Bayreuth - tel. 0921/553.617, fax 0049/921/553.641.
- Deutschkurse für Ausländer bei der *Universität München*, Adelheidstraße 13/B, D-80798 München - tel. 089/271.26.42, fax 089/271.19.36.
- Akademisches Auslandsamt der *Universität Freiburg*, Internationale Sommerkurse, Werthmannplatz, D-79098 Freiburg im Breisgau - tel. 0761/203.42.43, fax 0761/203.43.77.
- *Universität Stuttgart*, Akademisches Auslandsamt, Internationaler Sommersprachkurs, Postfach 106037, D-70049 Stuttgart.

Ci si può rivolgere anche a scuole specializzate in corsi per stranieri. Di seguito alcuni indirizzi:

- *Sprachforum Augsbruger Deutschkurse*, Schloß Pfersee, Stadtberger Straße 21, D-86157 Augsburg - tel. 0821/525.944, fax 0821/433.781.

- *Sprachinstitut Bamberg*, Hoffmannstraße 2, D-96047 Bamberg - tel. 0951/24.235, fax 0951/26.639.
- *Sprachendienst Konstanz*, Wallgutstraße 3, D-78462 Konstanz - tel. 07531/15.846, fax 07531/25.989.
- *Lindauer Sprachinstitut Dialoge*, Bürsterstraße 5, D-88131 Lindau - tel. 08382/26.626, fax 08382/6596.
- *DiD-Deutsch-Institut der Europasprachschulen*, Hauptstraße 26, D-63811 Stockstadt/Main - tel. 06027/20.090, fax 06027/200.913.

C'è poi il *Goethe-Institut* con tutte le sue filiali in Germania. La sede centrale è a Monaco, Helene-Weber-Allee 1.
Le sedi in Italia sono a Genova, Milano, Napoli, Palermo, Roma, Torino e Trieste; potete rivolgervi qui per informazioni ed eventuali iscrizioni.

GUIDA ALLA GUIDA

Molto spesso, nella descrizione delle varie città, abbiamo preferito mantenere la terminologia tedesca invece di ricorrere alla traduzione italiana. Questo per due motivi. Il primo, puramente didattico, mira a un primo approccio diretto con il tedesco. Il secondo è più pratico: se siete in una città e volete recarvi al municipio, è utile sapere che questo si dice *Rathaus*.

Glossario

Abtei	abbazia
Allee	viale
Altstadt	città vecchia, centro storico
Autobahn	autostrada
Bahnhof	stazione
Hauptbahnhof	stazione centrale
Berg	monte
Brücke	ponte
Brunnen	fontana
Bundesstraße	strada federale (corrisponde alla nostra strada statale)
Burg	fortezza
Denkmal	monumento
Dom	duomo
Festung	fortezza
Fußgängerzone	zona pedonale

Galerie	galleria
Garten	giardino
Gasse	vicolo, stradina
Gebäude	edificio
Justizgebäude	palazzo di giustizia
Kunstgebäude	palazzo dell'arte
Gemütlich	accogliente, confortevole
Glockenspiel	carillon
Halle	salone, padiglione
Sporthalle	palazzo dello sport
Kunsthalle	palazzo dell'arte
Haus	casa
Fachwerkhaus	casa a graticcio
Giebelhaus	casa a frontone
Kaufhaus	grandi magazzini
Hof	cortile
Kapelle	cappella
Kirche	chiesa
Dreifaltigkeitskirche	chiesa della SS. Trinità
Klosterkirche	chiesa conventuale
Pfarrkirche	parrocchiale
Stiftskirche	collegiata
Wallfahrtskirche	santuario
Kloster	monastero, convento
Kneipe	taverna, pub
Mauer	muro
Stadtmauer	mura cittadine
Münster	cattedrale, duomo
Museum	museo
Palast, Palais	palazzo
Park	parco
Platz	piazza
Marktplatz	piazza del mercato
Opernplatz	piazza dell'opera
Rathausplatz	piazza del municipio
Theaterplatz	piazza del teatro
Rathaus	municipio
Altes Rathaus	vecchio municipio
Neues Rathaus	nuovo municipio
Residenz	residenza
Sammlung	raccolta, collezione
Säule	colonna

Schloß	castello
See	lago
Stadt	città
Freie Reichsstadt	libera città imperiale
Stift	convento, monastero
Straße	strada
Hauptstraße	strada principale
Theater	teatro
Tal	valle
Tor	porta della città
Turm	torre, campanile
Wald	bosco, foresta
Weg	via, strada, cammino
Wanderweg	sentiero
Radwanderweg	tracciato ciclabile

J.W. Goethe

INTRODUZIONE AGLI ITINERARI

Definire in un paese così esteso come la Germania il Sud, e quindi anche il Nord, non è impresa semplice. Fino al 1990 si parlava di Germania Occidentale (Bundesrepublik) e Orientale (DDR), ma anche allora il Nord e il Sud non avevano linee di demarcazione ben precise.
Per motivi diremmo tecnici, ma tutto sommato anche culturali, abbiamo tracciato un confine "naturale" che divide la Germania trasversalmente. Risultano quindi incluse in questa guida la Baviera e il Baden-Württemberg, la zona dell'Assia a sud del Meno, quella parte della Renania-Palatinato delimitata dal corso della Mosella e dal Reno e tutto il minuscolo Saarland.
La Baviera e il Baden-Württemberg fanno la parte del leone: non solo sono tra i Länder più estesi, ma ospitano anche un numero infinito di città e cittadine di grande interesse. I due capoluoghi, Monaco e Stoccarda, sono trattati molto dettagliatamente, con tutte le informazioni - pratiche, culturali e di costume - indispensabili sia per una breve visita turistica, che per un soggiorno più prolungato.
È stato riservato molto spazio anche alle altre due grandi città descritte in questa guida, Norimberga e Francoforte, entrambe, per motivi diversi, molto amate dai visitatori italiani.
Le altre località, scelte in base alla loro valenza culturale e paesaggistica, sono state inserite nelle varie zone geografiche, e organizzate secondo uno schema ben preciso: il centro principale, con un'introduzione storico-culturale, la visita della città, le curiosità e le informazioni utili (alberghi, ristoranti ecc.); e le località nei dintorni, immediati e non, che meritano sicuramente una visita e/o un itinerario turistico da seguire completamente o in parte. Questi itinerari sono stati spesso estrapolati dalle numerose *touristische Straßen*, strade turistiche, che si snodano nella Germania del Sud.

Due parole sulla terminologia utilizzata per indicare chiese, monumenti e altro. Abbiamo preferito ricorrere alla denominazione tedesca, anche se può avere un effetto un po' "estraniante" per i non addetti ai lavori (cfr. "Informazioni utili, *Guida alla Guida*"). D'altra parte, una volta in loco, sarebbe stata ancor più fuorviante la sola traduzione italiana.
La scelta delle località è stata dettata dal nostro gusto personale, anche se non abbiamo trascurato le classiche mete turistiche. Abbiamo presentato, però, anche centri meno noti, in zone poco battute dal turismo tradizionale.
Operare una scelta è sempre difficile e limitante; si vorrebbe comprendere tutto, non escludere niente. Naturalmente questo non è stato possibile, altrimenti ne sarebbe uscito un volume di chissà quante pagine. Ma, credeteci, selezionare le località più interessanti nella Germania del Sud, così densa di storia e di cultura, è stato davvero arduo.

DA NON PERDERE

Un viaggio nella Germania del Sud può soddisfare interessi culturali di ogni genere. Per orientarsi tra le varie località, ecco alcuni suggerimenti tematici.
Città. Chi ama le grandi città, il fascino del moderno unito ad angoli pieni di atmosfera, non può tralasciare Monaco, Norimberga e Francoforte.
Chi, invece, preferisce città più piccole, ma con tradizioni storiche ineccepibili, non ha che l'imbarazzo della scelta. Si va dalle antiche città universitarie di Heidelberg, Friburgo e Tubinga, ai borghi medievali di Rothenburg ob der Tauber o Nördlingen, in Baviera, a Schwäbisch Hall, Bad Wimpfen, Rottweil nel Baden-Württemberg. Per gli amanti della mondanità chic, un solo suggerimento: Baden-Baden.
Arte. Chi è interessato a particolari periodi di storia dell'arte può scegliere tra le cattedrali romaniche di Magonza, Spira, Worms, Treviri e Bamberga, quelle gotiche di Friburgo, Ulm e Ratisbona, e il fascino barocco di Würzburg e Bamberga. Augusta con il Rathaus è la città rinascimentale per eccellenza. Il rigore neoclassico è invece ben rappresentato a Karlsruhe. Per gli appassionati dello Jugendstil: Darmstadt.
Castelli e abbazie. La Germania del Sud è anche molto ricca di castelli e abbazie. E qui la scelta si fa davvero difficile.

Tra i "castelli-rocca" non perdete la magia medievale, anche se in effetti si tratta di costruzioni dell'Ottocento, della Burg Hohenzollern nel Giura Svevo e del castello di Ludwig a Neuschwanstein in Alta Baviera. Ma anche altre rocche meno conosciute meritano una visita: quella di Norimberga, la Veste Coburg a Coburgo, l'immensa Burghausen in Alta Baviera, Burg Trausnitz a Landshut, la pittoresca Burg Lichtenstein nel Giura Svevo.
I "castelli-residenza" sono sparsi ovunque. Qualche nome: Monaco, Würzburg, Stoccarda; e poi ancora il castello di Ludwigsburg nei pressi di Stoccarda, di Rastatt vicino a Baden-Baden e quello non molto lontano di Bruchsal.
Quanto alle abbazie con struttura medievale ben conservata suggeriamo quelle di Maulbronn, nei dintorni di Pforzheim, di Bebenhausen nei pressi di Tubinga, l'abbazia benedettina di Groß-Comburg a Schwäbisch Hall, e Kloster Eberbach vicino a Wiesbaden.
Natura. Per gli amanti delle bellezze naturalistiche, tutta l'Alta Baviera offre non poche attrattive: la Zugspitze a Garmisch-Partenkirchen, il Watzmann nei dintorni di Berchtesgaden, una serie infinita di piccoli laghi tra cui spiccano il Königssee, il Tegernsee e il grande Bodensee, Lago di Costanza. Per gli amanti dello sci la località più innevata è Reit im Winkl.
Nel Baden-Württemberg, la Foresta Nera è la zona di maggior interesse naturalistico con lo splendido lago Schluchsee e i vari rilievi.
La valle del Reno e della Mosella uniscono la bellezza del paesaggio con la suggestione di castelli e antichi borghi.
Folclore. Dal punto di vista del folclore, Oktoberfest a parte, quasi tutte le località che citiamo offrono manifestazioni varie, accompagnate dalle immancabili bande musicali e con possibilità di assaggiare le specialità gastronomiche, i vini e la birra. Tutte hanno origini saldamente radicate nella storia, ma ci vorrebbe una guida speciale per poterle elencare.

Prosit!

BAVIERA

"Freistaat Bayern", libero stato di Baviera, è la scritta del cartello che accoglie il visitatore in questo Land tedesco, come se si trattasse di uno stato indipendente e sovrano.
Ed effettivamente i bavaresi hanno una lunga storia di autonomia e indipendenza alla quale sono molto legati - fino al 1918 qui regnò la famiglia dei Wittelsbach, quella di re Ludwig - così come alle loro tradizioni culturali e religiose.
Questo atteggiamento, unito al loro carattere tendenzialmente aperto e gioviale, li distingue dagli abitanti degli altri Länder. Si potrebbe quasi dire che c'è un soffio di mediterraneità che arriva fin qui, cui si aggiunge un qualcosa di austriaco.
L'orgoglio nazional-regionale dei bavaresi ha perfino una espressione politica: la CDU, Unione cristiano-democratica, diffusa in tutta la Germania, diventa in Baviera CSU, Unione cristiano-sociale. E a un leader storico di questo partito, Franz Joseph Strauß, scomparso nel 1988, è stato dedicato il nuovo aeroporto di Monaco (inaugurato nel 1991).
La Baviera, a causa di queste peculiarità, rappresenta, soprattutto per noi italiani, lo stereotipo di tutta la Germania. Nel nostro immaginario i Lederhosen e i Dirndl, l'Oktoberfest e la Hofbräuhaus di Monaco sono espressione dell'"essere tedesco".
Si tratta di luoghi comuni difficili da sfatare anche per la vicinanza della Baviera all'Italia: a poche ore di viaggio da Milano, rappresenta una delle mete preferite del turista italiano che si reca in Germania. E non senza ragione.
Le vette alpine dell'Oberbayern (Alta Baviera) con gli innumerevoli laghi e stazioni sciistiche, la foresta bavarese a est, verso la Boemia, le numerose città grandi e piccole di antiche origini e tradizioni, i castelli da fiaba e le residenze principesche, nonché Monaco, vitalissima e affascinante capitale di questo Land, sono ottime ragioni per un viaggio in Baviera in ogni stagione.

Baviera
Eder
Fulda
Thüringen
Hessen
Werra
Vogels Berg
Saale
Mulde
Elbe
Erz Gebirge
Fichtel Gebirge
Franken Wald
Main
Coburg
Würzburg
Franken
Bayreuth
Rep. Ceca
Weiden
Nürnberg
Rothenburg ob der Tauber
Regensburg
Fränkische Alb
Bayerischer Wald
Donau
Stuttgart
Neckar
Ostbayern
Ingolstadt
Isar
Passau
Augsburg
Freising
Allgäu/ Bayerisch-Schwaben
Donau
Memmingen
Oberbayern
Inn
MÜNCHEN
Bodensee
Bad Tölz
Rosenheim
Lech
Kempten
Lindau
CH
Bertchesgaden
Garmisch-Partenkirchen
Austria
0
50
100 km

E di turismo vive infatti buona parte degli abitanti, la cui tradizionale ospitalità contribuisce al successo turistico della Baviera. Le strutture ricettive sono di standard elevato.
La Baviera, il più ampio dei Länder tedeschi (70.500 kmq, 11.200.000 ab.), con una densità decisamente bassa rispetto al resto della Germania, è una regione molto industrializzata.
L'aspetto economico-industriale non dirà probabilmente molto al turista italiano in procinto di organizzare un viaggio in Baviera e alle prese con i tanti possibili itinerari, dall'intrigante percorso della Romantische Straße a quello alpino della Deutsche Alpenstraße. Eppure l'economia è un aspetto fondamentale della Baviera e ne fa il Land più ricco della Germania. Pensiamo ad esempio alla BMW di Monaco, alla Siemens di Erlangen, all'industria metalmeccanica o alle tradizionali fabbriche di giocattoli di Norimberga.
Per orientarsi nel territorio bavarese è bene tenere presente che geograficamente il Land è divisibile in quattro regioni:

- Alta Baviera, Oberbayern
- Algovia-Svevia, Allgäu-Schwaben
- Franconia, Franken
- Baviera Orientale, Ostbayern

L'**Oberbayern**, la parte meridionale della Baviera, offre un affascinante paesaggio di cime alpine (Zugspitze, 2962 m, la più alta vetta della Germania), di laghi (il Chiemsee è il più grande di tutta la Baviera; ma il Königssee, nei pressi di Berchtesgaden, è senz'altro il più suggestivo), e di romantici castelli (il nome di re Ludwig la dice lunga).
Facilmente raggiungibile dal Brennero, attraversando l'Austria, è il paradiso di moltissimi turisti, non solo amanti della montagna, ma anche interessati a visite culturali e mondane.
L'**Allgäu**, nella parte sud-occidentale della Baviera, presenta aspetti paesaggistici molto simili al vicino Oberbayern. Di particolare interesse sono la cittadina di Lindau im Bodensee, che costituisce lo sbocco bavarese sul Lago di Costanza, e i maestosi castelli del re Ludwig.
Lo **Schwaben** unisce al tradizionale paesaggio alpino interessanti tracce storiche dell'antica Baviera.
Il **Frankenland** è la regione settentrionale della Baviera. Si dice che concentri in sé tutte le caratteristiche del territorio tedesco: selvagge montagne rocciose, vigneti, boschi, laghi balneabili, castelli, fortezze e bellissime città: Norimberga, Würzburg, Bamberga. Un'immagine che spiega l'interesse di tanti tu-

risti per questa zona, che offre molteplici itinerari sia culturali che gastronomici.
L'**Ostbayern** presenta una grande varietà di scenari naturali, divisi dall'asse mediano del Danubio. A sud di questo vi è una zona, *Niederbayern*, dove ancora forti e radicate sono la cultura e la tradizione contadine. Landshut, antica città medievale, merita senz'altro una visita.
A nord del Danubio troviamo la regione dell'*Oberpfalz* (Alto Palatinato), percorsa da vari affluenti del Danubio e caratterizzata dalla particolare presenza di formazioni carsiche.
A est si trova il *Bayerischer Wald* (foresta bavarese), con il primo parco nazionale tedesco, creato nel 1970.
Importanti città storiche di origine romana sorsero proprio lungo la linea del Danubio: Regensburg, Straubing, Passau, solo per citarne alcune.

TIPICAMENTE BAVARESE

Birra. È la bevanda nazionale bavarese. Viene ancor oggi prodotta in base al *Reinheitsgebot* (legge di genuinità) del 1516 secondo il quale si possono utilizzare solo acqua, orzo e luppolo; quindi niente conservanti o altri intrugli chimici. Oltre al tradizionale *Faßbier* o *Lagerbier*, una birra chiara e leggera con gradazione alcolica intorno ai 3-4 gradi, c'è una serie di birre più forti, come ad esempio il *Märzbier* o il *Bockbier*. Un discorso a parte merita il *Weißbier*, detto anche *Weizenbier*. Ha un colore un po' torbido e viene servito non nei tradizionali boccali ma in bicchieri alti e slanciati e spesso con una fetta di limone. Per la produzione si usa grano *(Weizen)* invece dell'orzo. Ha un sapore particolare che non sempre piace. Va comunque provato.
Le unità di misura bavaresi per la birra sono la *Maß*, corrispondente a 1 litro, e la *Halbe*, 1/2 litro. Chi non si fida della propria capacità di reggere così tanta birra può chiedere semplicemente *ein kleines Bier*, pari a 0,3 litri.
Biergarten. È una vera e propria istituzione bavarese, in particolare di Monaco. Si tratta di un giardino annesso a una Kneipe o a un Gasthof, nel cui mezzo troneggiano uno o più castagni. In estate, o comunque appena c'è bel tempo, i bavaresi sentono un irrefrenabile bisogno di stare all'aperto, sorseggiando birra e sgranocchiando una *Brezel*.
Brezel. È una specie di ciambella salata a forma di "biscotto del-

la nonna". Si presta molto bene per uno spuntino o per accompagnare la birra, soprattutto se ci si cimenta con una Maß. Sempre presente sui tavoli dei vari ristoranti e Biergärten.
Dirndl. Colorato costume tradizionale indossato da signore e ragazzine in occasione di feste particolari o anche semplicemente per andare in chiesa alla domenica.
Föhn. Vento caldo secco, proveniente da sud, che spira soprattutto in Alta Baviera. È accompagnato da cielo azzurro e limpido. Causa spesso noiosi mal di testa.
Fasching. Così si chiama il carnevale in Baviera. Inizia subito dopo l'Epifania e dura fino al mercoledì delle ceneri. In queste settimane balli e feste non si contano. Ogni organizzazione e associazione (dai pompieri agli studenti) organizza il proprio Festball.
Grüß Gott. Forma di saluto (letteralmente "saluta Dio") che sostituisce il consueto *Guten Tag*. Espressione della religiosità molto radicata in Baviera, è usato in ogni momento del giorno e con qualsiasi tipo di persona.
Lederhose. Sono i tradizionali pantaloni corti in pelle con pettorina, indossati dal tipico bavarese. Possono essere un'idea per un originale regalo o souvenir. Non fate però l'errore di indossarli e travestirvi da bavarese: apparireste ridicoli e, quel che più conta, irritereste i locali!
Maibaum. L'albero di maggio è una specie di albero della cuccagna, immancabile in ogni paesino: è il simbolo della primavera e della fertilità. La tradizione vuole che i ragazzi cerchino di rubare il Maibaum del paese vicino, una sorta di sfida che viene ancor oggi presa molto sul serio.
Oktoberfest. Grande festa popolare che si svolge annualmente a Monaco. Dura due settimane (l'ultima di settembre e la prima di ottobre) e attira ogni anno circa 6 milioni di turisti, che consumano circa 6 milioni di litri di birra.
Wittelsbach. La ex casa regnante: dapprima duchi, poi principi elettori e infine re di Baviera. La monarchia terminò nel 1918 con il crollo del Kaiserreich. L'ultimo regnante, Ludwig III, andò in esilio e morì in Ungheria nel 1921.

IL BAROCCO IN BAVIERA

Il barocco è, in campo religioso, lo stile della Controriforma: nacque dal Concilio di Trento (1545-1563) per riconquistare, attraverso le sue forme ricche e piene di effetti, i fedeli alla chiesa

cattolica. Non si può comunque trascurare l'aspetto "politico" del barocco, legato all'assolutismo dei vari principi e duchi. Per il sovrano assolutista lo sfarzo barocco doveva impressionare i sudditi, definire chiaramente chi aveva il potere e chi no: il Re Sole in Francia era l'esempio da imitare.
Lo stile barocco come mezzo di propaganda attecchì facilmente nella Germania meridionale anche per motivi storico-politici. La Guerra dei Trent'anni aveva devastato tutto il territorio tedesco e alla pace del 1648 seguì un periodo di grande ricostruzione realizzato nel nuovo stile che si andava allora affermando, il barocco appunto.
Nato in Italia all'inizio del XVII sec. come sviluppo, forse anche degenerazione, delle forme rinascimentali, il barocco si diffuse fin quasi alla fine del XVIII sec. praticamente in tutta la Germania meridionale. Era una filosofia, un modus vivendi, lo stile imperante. Ecco quindi chiese con campanili a cipolla, cupole riccamente stuccate e affreschi che esprimono una voglia di vivere molto terrena. L'esaltazione dell'eroe, sia spirituale che laico, ne rappresenta il tema centrale. Il tutto coinvolge a tal punto l'osservatore che questo non è più distaccato e oggettivo, ma partecipe dell'opera d'arte.
Il barocco raggiunge questo scopo attraverso il movimento delle forme e i contrasti artistici, che riflettono quelli concettuali. La luce, o meglio, la luminosità, diventa elemento plastico. Tutti i contrasti convergono, infine, in quella che in tedesco si definisce *Gesamtkunstwerk*, opera d'arte totale, l'ideale barocco. I confini tra architettura, scultura e pittura vengono superati. Gli elementi architettonici dipinti all'interno di una chiesa confondono realtà e apparenza: il cielo dipinto in una cupola con figure che si affacciano a una balaustra, anch'essa dipinta, alludono a spazi infiniti, celesti. Gli altari diventano palcoscenici per scenografie e gruppi statuari che attualizzano l'atto sacro.
Questo fenomeno artistico non si manifesta in modo uniforme, ma con caratteristiche regionali; il più significativo in territorio tedesco è il barocco bavarese.
Importanti esponenti furono i due fratelli Asam, cui si deve un numero incredibile di chiese: Cosmas Damian (1688-1739), pittore e architetto, ed Egid Quirin (1692-1750), scultore e stuccatore, lavorarono per lo più insieme e furono molto richiesti in Baviera, Boemia e Svizzera. Cosmas Damian aveva ammirato i capolavori barocchi nella Roma del tempo e al ritorno in patria, nell'Alto Palatinato, iniziò a far suo quanto aveva apprezzato

delle opere italiane. I Benedettini stimavano molto i fratelli Asam, e affidarono loro incarichi importanti come il rifacimento della chiesa abbaziale di Weltenburg, che li resero famosi anche oltre confine. Gli interni delle loro chiese, sia rifatti in forme barocche che realizzati ex novo, mostrano la fusione perfetta delle varie parti architettoniche, pittoriche e scultoree. Luce e colore sono utilizzati consapevolmente come elementi di fusione.
Citare anche solo alcune delle opere degli Asam è rischioso, tanto vasta fu la loro attività. Oltre alla già citata abbazia di Weltenburg nell'Alto Palatinato ricordiamo, seguendo il nostro gusto personale, la chiesa abbaziale di Aldersbach, anch'essa nell'Alto Palatinato, il duomo di Freising nell'Alta Baviera, il gioiello della Ursulinenkirche a Straubing e la St.-Johann-Nepomuk-Kirche, detta anche Asamkirche, a Monaco.
Un'altra famiglia di artisti barocchi è quella, forse meno conosciuta, dei Dientzenhofer, ben 5 fratelli, tutti architetti, che singolarmente o in varie combinazioni furono attivi pressapoco nello stesso periodo degli Asam e nella stessa zona.
Ma erano "soltanto" architetti, per cui dovettero collaborare con altri artisti, talvolta con gli stessi Asam, per realizzare "l'opera d'arte totale".
Gli abati, veri e propri signori nelle loro abbazie, diedero ai Dientzenhofer numerosi incarichi nella foga ricostruttiva che fece seguito alla Guerra dei Trent'anni. Ma questi architetti si occuparono anche di edifici non religiosi: un esempio per tutti è lo splendido castello di Pommersfelden in Franconia, opera di Johann Dientzenhofer.
Artisti competenti nello stile del tempo, i Dientzenhofer realizzarono capolavori privilegiando energiche forme in movimento, ambienti dinamicamente collegati e aggiungendo sempre elementi nuovi, personali, specialmente nelle strutture di base (ad esempio la Kappel, nei pressi di Waldsassen, con la singolare forma centrale a trifoglio).
Alcune opere dei fratelli Dientzenhofer, suggerite sempre tenendo presente il nostro gusto personale, sono: la Karmelitenkirche a Straubing, splendido connubio di gotico e barocco (Wolfgang D.), la basilica di Waldsassen (Georg D.), la Michaelskirche di Bamberga (Leonhard D.), la chiesa abbaziale di Banz, in Franconia (Johann D.).
Parlando di barocco non si può dimenticare un nome importante, l'architetto Balthasar Neumann (1687-1753), un altro protagonista dell'arte barocca nella Germania del sud. La sua attività

principale si svolse a Würzburg, sotto l'ala protettiva del vescovo-principe Philipp Franz von Schönborn che gli affidò, tra l'altro, la costruzione della Residenz. Delle sue opere citiamo il santuario di Vierzehnheiligen a Staffelstein, in Franconia, e quello "zur Heiligsten Dreifaltigkeit" a Gößweinstein, nella Svizzera Francone. Neumann dimostrava ovunque il proprio talento, la propria creatività: una maestosa scalinata, dei campanili particolari, una curiosa cappella. Sempre, però, la genialità si manifestava nella sintesi stilistica finale della costruzione.
Johann Michael Fischer (1692-1766) fu architetto e artefice di numerose chiese e abbazie. Iniziò con il progetto del campanile della Heilig-Grab-Kirche a Deggendorf (1723), ma presto la sua fama si estese nel Württemberg, in Austria e nell'Alto Palatinato. Tra le tante opere da lui progettate ricordiamo le chiese di Ottobeuren e di Zwiefalten, in Alta Svevia, che sono considerate i suoi capolavori.
Del rococò, tarda derivazione del barocco, citiamo Dominikus e Johann Baptist Zimmermann, della scuola di Wessobrunn, artefici di quei gioielli architettonici che sono la Wieskirche di Steingaden in Algovia e la chiesa di Steinhausen in Alta Svevia.
Molti altri furono gli artisti impegnati a progettare, decorare, affrescare chiese e residenze nobiliari nella Germania meridionale, alcuni anche italiani, ma la Rivoluzione francese era alle porte. Napoleone con la secolarizzazione dei conventi avrebbe poi tolto ogni potere agli abati e ai vescovi-mecenati, aprendo così una nuova epoca.

MONACO, la metropoli cordiale

Da non perdere:
- Marienplatz e tutta la zona pedonale
- Asamkirche, gioiello barocco
- Residenz e castello di Nymphenburg, dimore dei Wittelsbach
- Alte Pinakothek, il meglio della pittura europea dal XIV al XVIII secolo
- Englischer Garten con sosta a un Biergarten
- Olympiaturm con vista della città da 290 m d'altezza
- Maximilianstraße, la via più esclusiva per lo shopping

Si parla spesso di München come del paradiso della Germania. Forse è un po' esagerato, ma stando al crescente numero di turisti e visitatori si può certamente dire che c'è qualcosa di vero in tale affermazione.

Monaco è una città di contrasti: metropoli (1.300.000 ab., terza città dopo Berlino e Amburgo) e provincia (i tedeschi del nord la chiamano non senza un tono di distacco *Millionendorf*, cioè paesotto con un milione di abitanti); polo industriale (BMW innanzitutto, ma non solo) e centro turistico di prim'ordine; efficienza e precisione unite a giovialità (non a caso è soprannominata "Weltstadt mit Herz", la metropoli col cuore).

Il suo nome è legato alla centenaria tradizione dei Wittelsbach, la dinastia che regnò in Baviera fino al 1918, ma anche a Hitler, che fece di Monaco la culla del nazionalsocialismo. È la città della birra, dei Lederhosen, delle bande zum-pa-pa; ma anche, per lo meno fino alla riunificazione, la *heimliche Hauptstadt*, la capitale segreta della Germania.

Monaco è una città giovane, grazie alla rinomata università dove studiano più di 100.000 studenti.

È una città verde, con parchi e giardini innumerevoli, primo fra tutti l'Englischer Garten; culturalmente viva, perché arte, musica e spettacolo sono qui di casa.

Proprio per questi motivi rappresenta per molti tedeschi la città ideale, di sogno, dove trasferirsi a vivere e lavorare.

Il pensiero del turista va inevitabilmente alla Oktoberfest. Ma nel calendario delle manifestazioni questa è solo una delle tante opportunità che la città offre.

OKTOBERFEST
La più grande sagra popolare della Germania

Se chiedete a un abitante di Monaco un parere sull'Oktoberfest, molto probabilmente vi sentirete rispondere che questa fiera del kitsch è roba da turisti e che loro, i monacensi, non ci vanno o ci sono stati un'unica volta, tantissimi anni fa.
Eppure è un'impresa trovare un tavolo libero in uno dei tanti tendoni allestiti per l'occasione sulla Theresienwiese (da cui l'espressione *auf die Wiesn gehen*, andare all'Oktoberfest): sono infatti da tempo prenotati dai locali. Stando alle statistiche circa l'80% degli oltre 6 milioni di visitatori è di Monaco o dintorni. Numerosissimi, tuttavia, anche gli stranieri, italiani al primo posto.
Nonostante il nome, l'Oktoberfest si svolge prevalentemente in settembre, dura due settimane e si conclude la prima domenica di ottobre.
Tutto inizia con la sfilata dei vivaci carri delle birrerie che, tirati da cavalli e accompagnati dal suono delle bande di ottoni, si avviano dal centro verso la Theresienwiese. Qui, alle 12 precise, il sindaco apre ufficialmente la prima botte di birra esclamando "Ozapft is!", è aperta. Per tutto il giorno gruppi folcloristici animano le vie della città: è un susseguirsi di Dirndl, Lederhosen e dei caratteristici cappelli con le piume. Un odore di pollo arrosto, spiedini di pesce e würstel si diffonde e pervade l'atmosfera mischiandosi al suono delle bande zum-pa-pa e al frastuono dei tanti divertimenti da luna-park.
L'Oktoberfest ha una lunga tradizione: risale al 12 ottobre 1810 quando, per il matrimonio dei principe Luigi con Teresa di Sassonia-Hildenburghausen, venne organizzata una festa su un grande prato alle porte della città. Gruppi folcloristici bavaresi resero omaggio alla coppia; cavalieri organizzarono una corsa a cavallo meritandosi poi un fragoroso applauso. Il tutto piacque così tanto che i cittadini chiesero al principe di ripetere i festeggiamenti in occasione del primo anniversario. Da allora in poi la festa si ripete ogni anno, anche se la maggior parte dei turisti ne ignora ormai l'origine.

Non meno famoso è il *Fasching*, carnevale: balli e feste danzanti che si susseguono a ritmo frenetico fino al mercoledì delle ceneri. E poi i vari festival d'estate (Filmfest e gli Opernfestspiele), per non parlare del caratteristico *Auer Dult*, mercatino tipicamente bavarese che si svolge tre volte l'anno (maggio, luglio/agosto e seconda metà di ottobre).
Si diceva dell'intensa vita culturale. Monaco è tra le città tedesche più ricche di musei, gallerie e collezioni d'arte. Fra tutti spiccano la Alte e la Neue Pinakothek, il Deutsches Museum, il Bayerisches Nationalmuseum.
Molto interessanti sono anche gli avvenimenti culturali: teatro, concerti, balletto, opera: c'è solo l'imbarazzo della scelta.
Per chi ama la vita notturna basta un nome: Schwabing, il quartiere dei divertimenti e degli artisti, con le famose Ludwigstraße e Leopoldstraße: ovunque Kneipen, caffè e locali notturni.
C'è poi la Monaco moderna, sviluppatasi negli ultimi vent'anni sulla spinta delle Olimpiadi del 1972, di cui l'Olympiaturm, la torre olimpica, è diventata il simbolo. Dall'alto dei suoi 290 m si scopre l'incanto di un paesaggio unico: a sud, a neanche 100 km, le Alpi e tutt'intorno la città e il villaggio olimpico.
E il fascino di Monaco consiste anche nel potersi ritrovare, con solo mezz'ora di macchina, immersi nella natura, tra laghi, prati e boschi. Insomma i vantaggi della metropoli e l'idillio rurale a portata di mano.

In giro per il centro

Il giro a piedi della città che qui proponiamo occupa circa mezza giornata.
Nostro punto di partenza è *Karlsplatz*, chiamato anche Stachus dal nome della locanda *Stachusgarten* situata un tempo dove oggi sorge il grande magazzino Kaufhof.
Il **Karlstor**, ciò che resta della vecchia fortificazione del XIV sec., segna l'ingresso della zona pedonale, la prima della Germania, creata alla fine degli anni Sessanta. Da notare, verso la parte nord della piazza, l'imponente *Palazzo di Giustizia* in stile rinascimentale-barocco, ma risalente solo all'Ottocento.
Attraversato il Karlstor ci si trova nella *Neuhausertraße*. Subito, sulla sinistra, sorge la *Bürgersaalkirche* che il turista distratto potrebbe facilmente non vedere perché inserita, quasi soffocata, tra gli altri palazzi. Appena entrati ci si trova nel cosiddetto sotterraneo dove è situata la tomba di padre Rupert Mayer, figura simbolo della resistenza al regime nazionalsocialista, beatificato

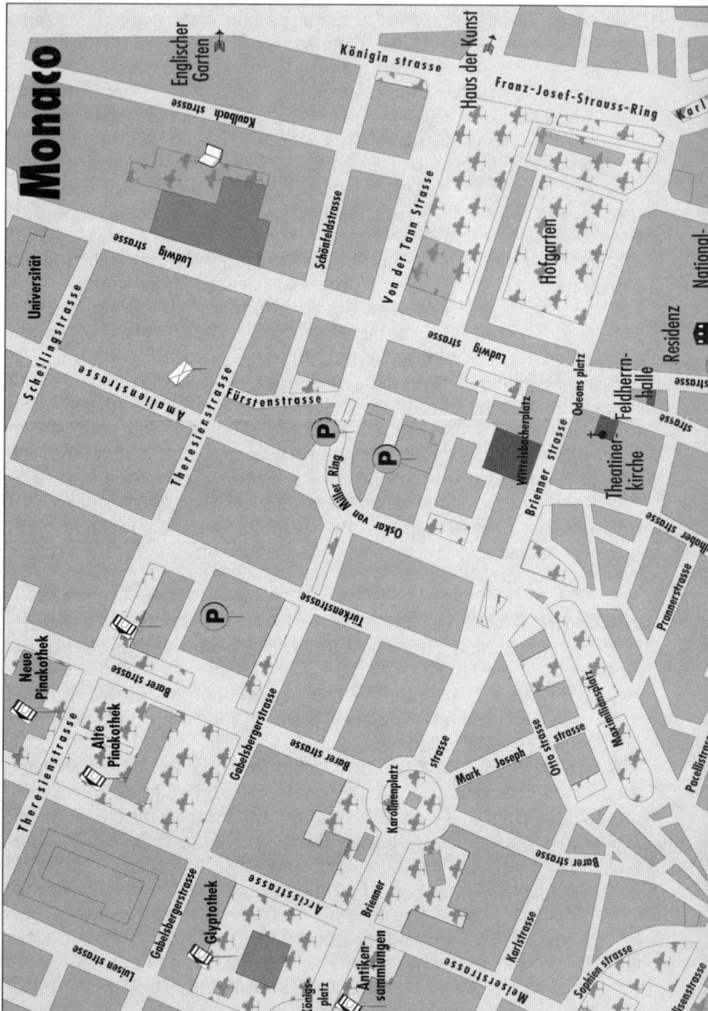
Monaco
Englischer Garten
Königin strasse
Haus der Kunst
Franz-Josef-Strauss-Ring
Kaulbach strasse
Universität
Ludwig strasse
Schönfeldstrasse
Von der Tann Strasse
Hofgarten
National-
Residenz
Schellingstrasse
Amalienstrasse
Theresienstrasse
Fürstenstrasse
Ludwig strasse
Odeons platz
Feldherrn-halle
Theatiner-kirche
Wittelsbacherplatz
Brienner strasse
Oskar von Miller Ring
Türkenstrasse
Prannerstrasse
Neue Pinakothek
Alte Pinakothek
Barer strasse
Gabelsbergerstrasse
Maximiliansplatz
Otto strasse
Max Joseph strasse
Karolinenplatz
Pacellistrasse
Barer strasse
Arcisstrasse
Brienner
Theresienstrasse
Glyptothek
Gabelsbergerstrasse
Luisen strasse
Antiken-sammlungen
Königs-platz
Meiserstrasse
Karlstrasse
Sophien strasse
Elisenstrasse

Deutsches Museum
Zweibrückenstrasse
Liebherr strasse
Thierschstrasse
Thomas Wimmer Ring
Ring
Rudolfstrasse
Wurzerstrasse
Marstallstr.
Mars
Stollberg strasse
Hildegardstrasse
Herrnstrasse
Marienstrasse
Isartor
Isartor platz
Morassistrasse
Erhardtstrasse
Kohlstrasse
Rumford strasse
Baader platz
Westenriederstrasse
Hofbräuhaus
Maximilian strasse
Pfister strasse
Ledererstrasse
Sparkassenstrasse
Alter Hof
Burgstrasse
Im Tal
Heiliggeist-kirche
Frauenstrasse
Buttermelcherstrasse
Baader strasse
Rumford strasse
Klenze strasse
Dienerstrasse
Altes Rathaus
Neues Rathaus
Viktualien-markt
Bachstrasse
Gärtner platz
strasse
Wein strasse
Marien platz
St. Peter
Petersplatz
Maffeistrasse
Frauenkirche
Cornelius
Klenze strasse
Müller strasse
Blumen strasse
Fraunhoferstrasse
Frauenplatz
Kaufingerstrasse
Fürstenfelderstrasse
St. Jacobs-platz
Unterer Anger
Oberanger
Michaels-kirche
Neuhauser Strasse
Altheimer Eck
Hackenstrasse
Sendlinger strasse
Asamkirche
Damenstiftstrasse
Blumen strasse
Blumen strasse
Müller strasse
Holzstrasse
Bürgersaal-kirche
Karlstor
Herzog Wilhelm Strasse
Herzog Wilhelm Strasse
Pestalozzi strasse
Thalkirchner strasse
Hauptbahnhof
Karlsplatz
Sonnenstrasse
Sonnenstrasse
Lindwurm strasse
0
200
400 m

nel 1987 da papa Woytila. All'ingresso, una scala posta sulla destra conduce al piano superiore dove c'è la chiesa vera e propria. Notevole l'oratorio *(Betsaal)* barocco perfettamente restaurato (visita durante i giorni feriali dalle 11 alle 13).
Proseguendo, ancora sulla sinistra, si incontra la *Michaelskirche*, dalla bella facciata in stile rinascimentale. Voluta dal duca Wilhelm V nel XVI sec. per cercare di arginare il dilagare del protestantesimo, è a navata unica fiancheggiata da una serie di cappelle. Nella cripta sotterranea, *Fürstengruft*, situata sotto il coro (aperta solo da maggio a ottobre), è sepolto, assieme ad altri rappresentanti della casa dei Wittelsbach, Ludwig II.
Poco più avanti, sempre sulla sinistra, all'angolo con la Augustinerstraße, c'è il *Deutsches Jagd- und Fischereimuseum* (Museo della caccia e della pesca).
Continuando per la Augustinerstraße si arriva alla **Frauenkirche**. È una chiesa tardogotica (1468-1488) il cui nome per esteso è *Dom zu unserer lieben Frau* (duomo di Nostra Signora). Con le

Neues Rathaus

sue due caratteristiche torri (99 m) a forma di cipolla è un po' il simbolo di Monaco. La chiesa fu danneggiata dai bombardamenti del 1944; i lavori di ricostruzione si conclusero abbastanza in fretta nel 1953. Originarie sono unicamente le vetrate del coro (XV sec.) e, nella parte sud della navata laterale, il monumento funerario di Ludovico il Bavaro (imperatore dal 1314 al 1347), sopra il quale è stato successivamente eretto (1619-1622) un baldacchino in marmo nero. Nella cripta posta sotto l'altare ci sono altre tombe dei Wittelsbach. È possibile salire, con l'ascensore, in cima a una delle due torri da dove si gode un bel panorama su tutto il centro storico.

Prendendo una delle tante stradine a sud o a ovest della Frauenkirche si arriva al **Marienplatz**, il centro della città. Era originariamente la piazza del mercato, frequentata dai contadini che vendevano i loro prodotti. Il **Neues Rathaus**, in stile neogotico, costruito tra il 1867 e il 1908, troneggia imponente sul lato sud della piazza. La facciata, lunga quasi 100 m, è decorata da ritratti di regnanti bavaresi, allegorie, maschere e figure mitologiche. Ogni giorno il Marienplatz è punto di ritrovo di turisti e curiosi richiamati dal famoso *carillon*, il più grande della Germania, che risuona dall'alto della torre del Neues Rathaus alle 11 e, in estate, anche alle 12 e alle 17. Le 32 figure, in grandezza naturale, rievocano il torneo medievale tenutosi sul Marienplatz in occasione delle nozze del duca Wilhelm V nel 1568, nonché i balli popolari per festeggiare la fine della peste nel 1517. È possibile, e consigliabile, salire sulla torre.

A est del Neues Rathaus si trova l'*Altes Rathaus* (1470). Distrutto durante la seconda guerra mondiale, venne rifatto solo in parte. Oggi ospita un divertente museo di giocattoli.

Nelle immediate vicinanze, nella strada *Im Tal* che porta all'Isartor, si trova la *Heiliggeistkirche* che, assieme alla Frauenkirche e a St. Peter, è tra le più antiche chiese di Monaco. Già nel 1208 sorgeva qui infatti una cappella in stile romanico. La versione attuale, rococò, risale al periodo 1724-1730.

In mezzo al Marienplatz si erge la *Mariensäule*, voluta dal principe elettore Massimiliano I nel 1638 come ringraziamento per il fatto che Monaco fosse stata risparmiata, durante la Guerra dei Trent'anni, dalla distruzione.

A sud del Marienplatz, leggermente arretrata, si trova la *chiesa di St. Peter*. Anch'essa, sorta originariamente come cappella romanica, ha acquisito nel corso dei secoli un po' tutti gli stili, dal gotico, al barocco, al rococò. Distrutta dalla guerra venne rico-

struita così com'era in origine. Particolarmente caratteristico è il campanile (96 m), chiamato *Alter Peter* (possibilità di salita). Quasi sempre alla domenica musiche di Mozart e Haydn accompagnano la messa che diventa così un momento di incontro anche per i non credenti.
Rimanendo in tema di chiese, una nota particolare merita la *St.-Johann-Nepomuk-Kirche*, detta anche **Asamkirche** dal nome dei suoi costruttori, i fratelli Asam. Si trova un po' fuori mano rispetto all'itinerario qui proposto, ma vale senz'altro la pena fare una piccola deviazione. Si trova infatti nella Sendlinger Straße, che si diparte in direzione sud rispetto al Marienplatz. Interessante la sua storia. Lo scultore Egid Quirin Asam acquistò tra il 1729 e il 1733 quattro case nella Sendlinger Straße: ne adibì una, al numero 61, a sua abitazione, due alla costruzione di una chiesa, mentre la quarta avrebbe dovuto ospitare la canonica. Si trattava in pratica di una chiesa "privata", la cui costruzione iniziò nel 1733 e che i fratelli Asam finanziarono di tasca propria. Poterono così concepirla e arredarla a loro piacimento, senza attenersi a ordini o direttive di superiori. L'interno, molto stretto (solo 9 m) e molto alto (28 m), colpisce per l'imponenza e lo sfarzo delle decorazioni, statue, rilievi, stucchi in un riflesso di colori oro e rosso-bruno.
Riprendiamo il giro dal Marienplatz. Dal Neues Rathaus, prendendo la *Burgstraße*, situata a destra rispetto alla facciata principale, si arriva all'*Alter Hof*, la prima residenza dei Wittelsbach (1255). A partire dal 1385, da quando cioè iniziò la costruzione della nuova Residenz, l'Alter Hof fu utilizzato come sede dell'amministrazione, e oggi ospita gli uffici della finanza. Dopo varie distruzioni e ricostruzioni oggi è rimasta solo un'ala gotica con il cosiddetto *Affenturm* (1470).
Nelle immediate vicinanze dell'Alter Hof, e precisamente alla fine della Pfisterstraße, si trova l'*Hofbräuhaus*, la famosa birreria. Venne fatta costruire dal duca Wilhelm V nel 1598 ed è ora di proprietà del Land bavarese. Per farsi un'idea delle dimensioni e del numero di persone che la frequentano basta pensare che in media vengono serviti tra gli 8000 e i 10.000 litri di birra al giorno. Al primo piano c'è un buon ristorante, un po' caro, con tipiche specialità bavaresi. Meno raffinata l'atmosfera nella taverna al pianoterra dove si respira la tipica *Hofbräuhaus-Luft*, un miscuglio di fumo di sigarette, arrosto e birra.
Lasciato l'Alter Hof e proseguendo in direzione Hofgarten (il giardino di corte) si incrocia la **Maximilianstraße**, la strada più chic

ed esclusiva di Monaco. Vale senz'altro la pena fare un giro, anche solo per dare un'occhiata. Guardando verso la fine della strada si intravede, al di là dell'Isar, il fiume che attraversa Monaco, il *Maximilianeum*, sede del Landtag, il parlamento bavarese.

Attraversata la Maximilianstraße ci si trova su *Max-Joseph-Platz*. Nel mezzo, il monumento che Ludwig I fece erigere in onore di suo padre Max I Joseph, il primo re di Baviera (prima di lui i Wittelsbach avevano semplicemente il titolo di principi elettori). La piazza è chiusa dalla Residenz a nord e dal Nationaltheater a destra.

Il *Nationaltheater* sorse per desiderio di Max I Joseph. Terminato nel 1818, venne distrutto nel 1823 da un incendio. La ricostruzione avvenne a tempo di record, così che nel 1825 ci fu la nuova inaugurazione. Destino simile nel 1943, quando fu distrutto dai bombardamenti alleati. La tentazione di costruire qualcosa di moderno fu molto forte, ma alla fine si optò per una soluzione classicheggiante che riprendesse l'antica costruzione: anche oggi, come allora, spicca il portico con colonne in stile greco.

La **Residenz** fu il castello e la residenza dei Wittelsbach. La costruzione, iniziata nel 1385, si è poi protratta per secoli, così che i vari stili sono un po' tutti rappresentati: dal rinascimento, al barocco, al rococò fino al neoclassico. È costituita da tre complessi principali: quello che dà sulla Residenzstraße, detto *Maximilianische Residenz*, quello a nord, che dà sull'Hofgarten, chiamato *Festsaalbau*, e infine quello a sud, verso il Max-Joseph-Platz, detto *Königsbau*.

Da qui si ha accesso alle sale della Residenz che costituiscono il cosiddetto *Residenzmuseum*. Da segnalare: il vestibolo, la galleria degli antenati, il Porzellankabinett, l'Antiquarium (ampia sala rinascimentale adibita oggi a luogo di ricevimento per incontri politici ad alto livello), la Porzellankammer e le sale dei Nibelunghi.

Meritevole di una visita è pure la *Schatzkammer*, la sala del tesoro di corte, sempre nel Königsbau. Sono esposte preziose opere di oreficeria dal Medioevo all'epoca barocca.

Assolutamente da vedere all'interno (entrata da Residenzstr. 1) è l'*Altes Residenztheater*, detto *Cuvilliés-Theater* dal nome dell'architetto che lo fece costruire (1751-1753). Era il teatro di corte, in splendido stile rococò, piccolo ma estremamente suggestivo. Si salvò dai bombardamenti della seconda guerra perché precedentemente smontato e messo al sicuro.

Da ricordare inoltre, sempre all'interno della Residenz, la raccolta di arte egizia *(Staatliche Sammlung ägyptischer Kunst*, entrata dalla Hofgartenstr.) e quella di monete antiche *(Staatliche Münzsammlung*, entrata dalla Residenzstr.).
Proseguendo per la Residenzstraße si arriva all'*Odeonsplatz* dominato da due costruzioni: la Feldherrnhalle (loggia dei marescialli) e la Theatinerkirche.
La *Feldherrnhalle*, una costruzione a tre arcate con statue di tre condottieri bavaresi, venne ultimata nel 1844 sul modello della Loggia dei Lanzi di Firenze. Qui si concluse, il 9 novembre 1923, il tentativo di colpo di stato di Hitler grazie all'intervento delle truppe regolari.
Di fianco sorge la **Theatinerkirche**, del XVII sec., che richiama nello stile tante chiese barocche di Roma. È opera di architetti italiani, mentre la facciata a torri, ultimata solo nel 1768, è di Cuvilliés. L'interno, a tre navate (o meglio, una navata centrale con cappelle laterali tra loro comunicanti), spicca per le decorazioni a stucco e per l'importante cupola sulla crociera. Sotto l'altare un'altra cripta dei Wittelsbach (chiusa da novembre a aprile).
Vale la pena fare una capatina al vicino *Wittelsbacher Platz*, una piazza circondata sui quattro lati da bei palazzi rinascimentali, con al centro la statua di Massimiliano I a cavallo.
Dall'Odeonsplatz si diparte la *Ludwigstraße*. Proseguendo in questa direzione si arriva all'*Università* (1835-1839), al *Siegestor* (Arco della vittoria, per celebrare la vittoria nelle guerre napoleoniche, 1814-1815) e al quartiere di *Schwabing*, un tempo frequentato da pittori e artisti, e oggi frenetico punto di ritrovo con i suoi innumerevoli caffè, ristoranti, Kneipen, locali notturni e discoteche.
A sinistra dell'Odeonsplatz, lungo la Briennerstraße, si prosegue fino al *Maximiliansplatz* (nonostante il verde, le statue di Goethe e Schiller, e gli imponenti palazzi circostanti, non vale la pena di fermarsi più di tanto: troppo il traffico di passaggio) per arrivare nuovamente al Karlstor.
Se volete fare un giro turistico in pullmann ci sono due possibilità. La *Kleine Rundfahrt* (giro breve) dura circa un'ora; tutti i giorni alle 10, 11.30 e 14.30; prezzo: 15 DM. La *Große Rundfahrt* (giro lungo), con villaggio olimpico e salita sull'Olympiaturm, ha una durata di circa due ore e mezzo; tutti i giorni alle 10 e 14.30.
Informazioni e prenotazioni: *Münchner Stadt-Rundfahrten*, Arnulfstr. 8 (lato nord della stazione) - tel. 120.42.48.

Alla scoperta della Monaco verde

Englischer Garten. Un giardino inglese nella capitale bavarese? Strano? Non più di tanto se si tiene presente che il nome si riferisce allo stile del giardino voluto nel 1789 dal principe elettore Karl Theodor e pensato non tanto per uso privato quanto come luogo di incontro per tutti i sudditi, ricchi o poveri che fossero (forse già una reazione-prevenzione in seguito alle notizie "rivoluzionarie" provenienti da Parigi?).
Certo, per quanto riguarda l'estensione (367 ettari, 5 km di lunghezza e quasi 2 di larghezza) non può competere con un Central Park di New York. Ma il fascino di un parco non si misura solo dalla sua estensione. Anzi.
Attraversato da diversi rami dell'Isar, l'Englischer Garten ha il suo punto di maggior attrattiva nella parte nord: qui si trova infatti il *Kleinhesseloher See*, un laghetto dove cigni e anatre sono di casa. Sulle rive, l'immancabile Biergarten e la possibilità di noleggiare barche a remi. D'inverno se siete dotati di pattini potete dilettarvi sul ghiaccio.
Punto centrale del parco è il *Chinesischer Turm*, una pagoda in legno a più piani. Il Biergarten ai suoi piedi è senz'altro il più famoso di tutta la città. Poco distante si trova il *Monopteros*, un piccolo tempio circolare in stile classico, eretto in cima a una collinetta. Un'ultima annotazione: non stupitevi se d'estate vi capiterà di imbattervi in passeggiatori nudisti. Alcune parti dell'Englischer Garten sono infatti destinate a questo scopo.
Hofgarten. È il giardino, in stile francese, della Residenz, situato nella parte nord, nel complesso Maximilianische Residenz. Voluto come parco pubblico dal duca Maximilian I che fece costruire anche i portici *(Arkaden)* che circondano il giardino su due lati, risale al 1613. Nel mezzo c'è il *Brunnentempel*, un tempio rotondo alla cui sommità è posta una statua della Bavaria.
Theresienwiese. Questa enorme distesa, situata nella parte sud-occidentale della città, è raggiungibile partendo da Sendlinger-Tor-Platz, prendendo prima la Nußbaumstraße e proseguendo poi lungo la Beethovenstraße. È qui che si svolge l'Oktoberfest. L'ampio prato è tagliato in due dalla Matthias-Pschorr-Straße alla cui fine si erge la gigantesca statua in bronzo della Bavaria (circa 30 m). Al suo interno, 126 gradini conducono fino alla testa della statua da dove, guardando attraverso gli occhi, si ha una suggestiva vista della città. Alle spalle si trova la *Ruhmeshalle*, un tempio neoclassico voluto da Ludwig I in onore di tutti gli eroi bavaresi.

Olympiapark. In direzione nord rispetto al centro si trovano gli impianti sportivi costruiti in occasione dei XX Giochi olimpici del 1972. Sono sorti su una superficie di circa 3 kmq che ai tempi dei Wittelsbach era adibita a luogo per esercitazioni militari e, successivamente, a partire dagli anni Venti, a campo d'aviazione. Divenne poi luogo di raccolta delle macerie della seconda guerra mondiale e fu trasformato per le olimpiadi in un magnifico parco (raggiungibile con le linee U2, U3).
Al suo centro si trovano un laghetto artificiale e l'*Olympiaturm*, la torre olimpica alta 290 m, sulla cui cima si trova un ristorante girevole.
Suggestivo è l'*Olympia Stadion* con la caratteristica, e per l'epoca pionieristica, copertura, dove gioca il mitico *FC Bayern.*
Altri impianti sono la Halle principale, usata soprattutto per convegni e congressi, la piscina olimpica *(Schwimmhalle)*, il palazzetto del ghiaccio *(Eissportstadion)*, e il velodromo *(Radsportstadion)*. Sono previste visite guidate: informazioni e punto partenza presso la cassa dell'Olympia Stadion.
Tierpark Hellabrunn. È lo zoo di Monaco e si trova nella parte sud della città, sulla riva destra dell'Isar. È l'unico "zoo geografico" del mondo. Infatti gli animali sono suddivisi non per specie, come avviene normalmente in tutti gli altri zoo, ma a seconda dei loro paesi d'origine. Non ci sono gabbie, ma grandi recinti all'aperto dove gli oltre 5000 animali presenti nello zoo si muovono liberamente.
Schloßpark Nymphenburg. Il castello di Nymphenburg è situato nella parte occidentale della città, facilmente raggiungibile prendendo dalla stazione la Dachauerstraße fino a Stiglmaier-Platz e proseguendo poi lungo la Nymphenburger Straße.
In stile barocco, il castello venne costruito sotto il regno di quattro differenti principi, tra il 1664 ed il 1758, e servì come residenza estiva dei Wittelsbach. Fu un regalo del principe elettore Ferdinando Maria alla moglie Henriette Adelaide di Savoia per la nascita del figlio successore al trono, Max Emanuel. Il castello principale, il parco con i vari padiglioni nonché la scuderia (oggi museo delle carrozze) sono accessibili al pubblico.
Nella parte posteriore del castello si estende il parco (circa 200 ettari), in stile inglese, diviso in due da un canale lungo quasi 6 km alla cui estremità si trova una cascata. Qua e là nel parco sono disposte diverse costruzioni. A sinistra del canale si incontra l'*Amalienburg* (1734-1739), un piccolo castello per la caccia, bellissimo esempio di rococò, costruito da Cuvilliés.

Più spostata verso l'interno del parco, sempre sulla sinistra del canale, la *Badenburg* (1719-1721), la prima piscina riscaldabile della società di corte. Notevoli i vari stucchi nonché la preziose tappezzerie cinesi in carta.
Dall'altra parte del canale, vicino al Kleiner See, si trova la *Pagodenburg*, un piccolo castello costruito tra il 1716 e il 1719. Anche qui le decorazioni interne sono, secondo il gusto del tempo, in stile cinese.
Ancora sulla destra del canale si trova la *Magdalenenklause*, finta rovina di un eremo che il principe elettore Max Emanuel si fece costruire in età evanzata come luogo di meditazione.

Kultura, Kultura e ancora Kultura
Dopo Berlino, Monaco è la città tedesca con il maggior numero di musei e gallerie. Ce ne sono infatti ben 50, stando alle fonti ufficiali.
L'Odeonsplatz è un buon punto di partenza per raggiungere le maggiori gallerie, collezioni d'arte e musei.
Prendendo la Briennerstraße si arriva, dopo circa 1 km, a Königsplatz. E qui c'è solo l'imbarazzo della scelta. Da una parte la *Glyptothek* (sculture romane e greche), dall'altra la *Antikensammlung* (collezione di antichità varie). Insieme costituiscono la più ricca raccolta di arte antica in Germania.
Poco distante la *Stätdische Galerie in Lehnbachhaus* (Galleria comunale nella Villa Lenbach) offre uno spaccato dell'arte figurativa di Monaco dal gotico al moderno.
Più a nord la *Alte Pinakothek* (Pinacoteca antica) raccoglie collezioni di quadri dal Medioevo al XIX sec. È tra le sei maggiori gallerie del mondo e rappresenta una tappa obbligatoria per ogni visitatore, anche se frettoloso. La *Neue Pinakothek* (Pinacoteca moderna) espone quadri del XIX e XX sec. ed è situata proprio di fronte.
Riprendendo Odeonsplatz come punto di riferimento e andando in direzione est si arriva, dopo aver attraversato l'Hofgarten, nella Prinzregentenstraße. Qui, al n. 1, troviamo l'*Haus der Kunst*, (Casa dell'arte) che ospita anche la *Staatsgalerie Moderner Kunst* (Galleria nazionale di Arte Moderna): opere del XX sec., con particolare riferimento alle correnti espressionistiche. Al n. 3, invece, il *Bayerisches Nationalmuseum* (Museo nazionale bavarese) espone opere dell'arte e dell'artigianato artistico di nove secoli, dal Medioevo ai nostri giorni.
Tra i tanti musei disseminati un po' dappertutto va citato in pri-

mo luogo il *Deutsches Museum*, situato su un'isola in mezzo all'Isar. È uno dei maggiori musei della scienza e della tecnica del mondo.
Non distante, lungo la Maximilianstraße, il *Völkerkundemuseum* (Museo nazionale di etnologia) raccoglie oggetti che illustrano tradizioni e cultura dei popoli extraeuropei.
Il *BMW-Museum* è situato nelle immediate vicinanze degli impianti olimpici. Per tutti gli appassionati di automobilismo, e non, assolutamente da non perdere. Il *Siemens-Museum* ripercorre la storia dell'elettrotecnica, dell'elettronica e della microelettronica dagli inizi alle prospettive per il futuro.
Per chi cerca qualcosa di un po' particolare segnaliamo il *Museum für erotische Kunst*, raccolta di arte erotica di diverse epoche e culture (Odeonsplatz 8/1).
E la lista potrebbe continuare e creare non poco imbarazzo nella scelta. Il nostro consiglio: Alte e Neue Pinakothek, Residenzmuseum, Deutsches Museum.
Alte Pinakothek. Capolavori della pittura europea dal XIV al XVIII secolo. Si va dai vecchi maestri olandesi (Roger van der Weyden), ai tedeschi (Grünewald, Dürer, Holbein il vecchio), agli italiani (Giotto, Leonardo, Tiziano, Tintoretto, Raffaello), agli olandesi e fiamminghi (Rembrandt, Rubens, van Dyck), ai francesi (Boucher, Poussin), agli spagnoli (Velazquez, el Greco, Murillo). Rimarrà purtroppo chiusa per restauri fino al 1998. Alcune delle opere più significative sono visitabili nella vicina Neue Pinakothek (Barer Str. 27).
Neue Pinakothek. Pittura e scultura europea del XVIII e XIX secolo. Dalla scuola preromantica (Caspar David), a quella paesaggistica di Monaco, al Biedermeier, ai realisti francesi e tedeschi. Da non perdere le sale dedicate agli impressionisti francesi: Manet, Monet, Renoir, Cézanne (Barer Str. 29).
Residenzmuseum. Si tratta delle sale della Residenz. Essendo talmente numerose sono stati organizzati due giri: uno al mattino (fino alle 12.30) e un altro al pomeriggio. Tra le sale più belle ci sono la Ahnengalerie, la Galleria degli antenati, che raccoglie 121 ritratti della casa dei Wittelsbach, l'Antiquarium, la più importante costruzione rinascimentale profana in Germania, il Pozellankabinett di Cuvilliés, le Kurfürstenzimmer, le sale dei principi, le Nibelungensäle e tante altre ancora (Max-Joseph-Platz 3).
Deutsches Museum. Sono 55.000 mq di esposizione dedicati ai più svariati settori dell'ingegno umano: aeronautica, automobili-

smo, ferrovia, sistemi di comunicazione, chimica, elettronica, ottica e cinematografia. Un consiglio: scegliete i settori che più vi interessano altrimenti, girando a zonzo, metterete a dura prova la resistenza delle vostre gambe (Isarinsel, Ludwigsbrücke).

Shopping e souvenir

Monaco non è solo arte e cultura. E non è nemmeno famosa solo per le diverse attrazioni turistiche fin qui descritte. Anche lo shopping, grazie al numero di negozi esistenti, contribuisce a creare il fascino della città. E certamente molti, turisti e non, si recano a Monaco innanzitutto per fare acquisti.

Monaco non è solo la "Weltstadt mit Herz", ma è anche una "Modestadt", una città della moda, la più importante della Germania dopo Düsseldorf. Una passeggiata per le vie del centro basta per capire che la moda qui non è solo made in Italy o made in Paris. C'è infatti un vero e proprio Münchner Stil fatto di loden verdi, Trachten e Dirndl, i tipici abiti folcloristici adattati alle esigenze quotidiane.

La via più esclusiva è senz'altro la Maximilianstraße: boutique, gioiellerie, pelliccerie. I nomi più prestigiosi *(Yves Saint Laurent, Gucci, Valentino, Bulgari)* hanno qui un loro negozio.

Altra zona molto chic è quella delimitata dalla Theatinerstraße, dalla Perusastraße e dalla Residenzstraße: moda, gallerie d'arte, profumerie si susseguono una dopo l'altra rendendo particolarmente vivi i vari *Passagen* (gallerie) che collegano tra di loro le strade sopra citate.

Non meno raffinata è la zona pedonale da Karlsplatz fino al Marienplatz, lungo la Neuhauserstraße e la Kaufingerstraße.

Ricca di negozi, soprattutto di souvenir e oggetti un po' kitsch, è la strada che collega il Marienplatz all'Isartor, chiamata Tal.

Dal Marienplatz, in direzione opposta rispetto alla Theatinerstraße, si diparte la Sendlingerstraße che arriva fino al Sendlinger Tor: è un buon indirizzo per acquisti vari. All'altezza della Asamkirche c'è poi un Passage, l'Asampassage appunto, che collega la Sendlingerstraße con la Kreuzstraße: è una vera e propria isola di negozi, caffè, Kneipen e locali vari.

Per chi cerca qualcosa di particolare, Schwabing è il quartiere ideale, in particolare quella parte compresa tra la Türkenstraße, (fermatevi in una delle tante Kneipen), la Schellingstraße e la Fürstenstraße. Soprattutto negozi di moda giovane e tanti *second hand shops*.

Se siete amanti dei grandi magazzini, oltre a tutti quelli del cen-

tro, vi consigliamo l'*Olympia-Einkaufszentrum* (Hanauerstr., zona Olympiapark). Costruito nel 1972 è stato completamente rinnovato nel 1994. Il design è modernissimo, con molto vetro. Ci sono ben 100 negozi oltre a vari grandi magazzini (Kaufhof, Karstadt, C&A, Woolworth).
Infine un paio di indirizzi per i buongustai: per le Delikatessen rivolgetevi a *Käfer*, Prinzregentenstraße 73 oppure a *Dallmayr*, Dienerstraße 14/15. Non male il reparto culinario del grande magazzino *Kaufhof* al Marienplatz.
Se volete visitare un mercato molto caratteristico e respirare allo stesso tempo un'aria veramente münchnerisch, allora recatevi al *Viktualienmarkt*, il più grande e vecchio mercato di Monaco. "Viktualien" è infatti una parola antica, oggi non più usata, per *Lebensmittel*, generi alimentari. C'è di tutto. Si svolge tutti i giorni sulla piazza omonima, nelle immediate vicinanze del Marienplatz.

Informazioni

Prefisso telefonico: 089
Fremdenverkehrsamt, Sendlinger Str. 1, 80313 München.
Le due filiali in città sono presso l'Hauptbahnhof (uscita sud verso la Bayerstr.) - tel. 239.12.56 e all'aeroporto Franz Joseph Strauss - tel. 985.928.15.
Consolato generale d'Italia: Möhlstr. 3 - tel. 418.00.30.

Come arrivare

Auto. Dal Brennero o dalla Svizzera (Chiasso, Coira, Lindau, Memmingen).
Treno. Linea Milano/Roma-Verona-Brennero-Innsbruck-Monaco
Aereo. Collegamenti diretti dalle principali città italiane. Si atterra al nuovo aeroporto Franz Joseph Strauss collegato con il centro dalla linea metropolitana U8. C'è anche un servizio Lufthansa-Airport-Bus che collega l'aeroporto con la stazione centrale.

Trasporti

A Monaco ci si può muovere in **tram**, **bus**, **U-Bahn** (metropolitana) e **S-Bahn** (Schnellbahn, una specie di metropolitana leggera). Il sistema è veramente efficiente e vi permette di arrivare ovunque in maniera veloce e comoda.
Tuttavia l'acquisto del biglietto può creare qualche problema. Infatti, il sistema di trasporti urbani di Monaco *(MVV, Münchner Verkehrs- und Tarifverbund)* è forse unico, nella sua complessità, in Germania.

Non c'è un biglietto che valga per l'intera rete (a meno che non si acquisti una Tageskarte, giornaliero) e il prezzo dipende quindi da dove si vuole andare.
La città è divisa in zone e si paga a seconda del numero delle zone percorse.
Dopo aver acquistato presso uno dei tanti distributori automatici di colore blu onnipresenti (accettano moneta e banconote) una *Streifenkarte*, biglietto con più strisce, bisogna obliterare 2 *Streifen* per ogni zona entro la quale ci si muove. Dando un'occhiata alla mappa della rete dei trasporti posta accanto a ogni distributore di biglietti potrete contare le zone (rappresentate da cerchi concentrici). In genere tutto quello che può interessare al turista si trova all'interno della zona 0000, quindi vi basteranno 2 Streifen.
Se pensate di usare i mezzi occasionalmente (un solo viaggio) potete acquistare un biglietto singolo *(Einzelfahrkarte)*.
Per tragitti brevi, fino a due fermate, c'è la *Kurzstreckenfahrkarte* (oppure obliterate solo una Streife se avete la Streifenkarte).
Complicato? Forse, ma tenete presente che una eventuale multa è di 60 marchi, e i controlli sono molto frequenti. Per tram e bus potete acquistare il biglietto anche dal conducente.

Dove dormire
Scegliere l'albergo per il pernottamento senza qualche piccolo suggerimento o consiglio diventa alquanto problematico. Provate a sfogliare la lista degli hotel e pensioni che trovate al Verkehrsamt: vi sentirete disarmati. E non è nemmeno facile consigliare.
Purtroppo Monaco è una città cara, una delle più care di tutta la Germania. Di conseguenza è difficile stare sotto i 100 DM per una camera decorosa.
Vi indichiamo subito l'albergo dove gli autori soggiornano regolarmente quando si trovano nella capitale bavarese:
Hotel Kraft (comfort), Schillerstr. 49 - tel. 594.823-24, fax 523.28.56; nei pressi della stazione, ma in posizione tranquilla. Abbondante buffet self-service a colazione. Ambiente e camera confortevoli.
Altri nostri suggerimenti:
Hotel Haberstock (standard), Schillerstr. 4 - tel. 557.855, fax 523.47.34; in centro, vicino a Karlsplatz.
Hotel Pension Am Karlstor (standard), Neuhauser Str. 34 - tel. 593.596, fax 550.36.71; semplice, in centro, nella zona pedonale.

Stefanie (standard), Türkenstr. 35 - tel. 284.031-33; non lontano dai grandi musei Alte e Neue Pinakothek.
Dachs (comfort), Amalienstr. 12 - tel. 282.086, fax 280.829; nel quartiere di Schwabing. Decisamente consigliabile per famiglie con bambini.
Hotel Hahn (comfort), Landsberger Straße 117 - tel. 502.70.37, fax 504.586; stile bavarese. Non proprio in centro ma comunque ben collegato.
Hotel Hauser (comfort), Schellingstr. 11 - tel. 281.006, fax 281.198; vicino all'università e all'Englischer Garten.
Hotel Jedermann (comfort), Bayerstr. 95 - tel. 533.617, fax 536.506; a 5 minuti dalla stazione. Familiare e accogliente.
Metropol (comfort), Bayerstr. 43 - tel. 530.764; vicino alla stazione, grande e confortevole.
Hotel Schlicker (comfort), Tal 8 - tel. 227.941, fax 296.059; un Garni in pieno centro, conduzione familiare.
Hotel An der Oper (supercomfort), Falkenturmstr. 10 - tel. 290.02.70, fax 290.027.29; vicino non solo all'Opera ma anche all'Harry's New York Bar.
Hotel Budapest (supercomfort), Schwanthalerstr. 36 - tel. 551.110, fax 551.119.92; zona fiera, non lontano dalla Theresienwiese, dove si svolge l'Oktoberfest. Sappiatevi quindi regolare.
Hotel Concorde (supercomfort), Herrnstr. 38 - tel. 224.515, fax 228.32.82; in centro, ma in una zona tranquilla (anche se la Hofbräuhaus non è lontana).
Hotel Drei Löwen (supercomfort), Schillerstr. 8 - tel. 551.040, fax 551.049.05; in centro, tra la stazione e Karlstor.
Hotel Excelsior (supercomfort), Schützenstr. 11 - tel. 551.370, fax 551.371.21; vicino alla stazione. Non grandissimo ma comunque di classe.
Eden-Hotel Wolff (supercomfort), Arnulfstr. 4 - tel. 551.150, fax 551.155.55; di fronte alla stazione. Atmosfera tipica bavarese.
Hotel Bayerischer Hof (lusso), Promenadeplatz 2/6 - tel. 212.09.00, fax 212.09.06; in centro, vicino alla Frauenkirche. Raffinato, esclusivo e chi più ne ha più ne metta.
Hotel Palace (lusso), Trogerstr. 21 - tel. 470.50.91, fax 470.50.90; situato nel bel quartiere di Bogenhausen, vicino al Maximilianeum, il parlamento bavarese. L'albergo è arredato in stile Luigi XVI.
Hotel Vier Jahreszeiten (lusso), Maximilianstr. 17 - tel. 230.390, fax 230.396.93; un indirizzo esclusivo per l'hotel più esclusivo di Monaco.

Ostelli e alberghi giovanili
CVJM-Jugendgästehaus, Landwehrstr. 13 - tel. 552.14.10; di un'associazione cristiana giovanile. Una sistemazione semplice ed economica, anche per i non più giovani. Camere singole e a più letti.
Haus International, Elisabethstr. 87 - tel. 120.060, fax 120.062.51; uno dei più famosi centri giovanili in Germania, con piscina e discoteca. Camere singole e a più letti. In una camera a 3 letti si spendono circa 40 DM a testa (colazione compresa).
DJH Jugendherberge, Wendl-Dietrich-Str. 2 - tel. 131.156; grande ostello con oltre 500 posti. Pernottamento sui 20 DM. È necessario essere in possesso della tessera internazionale.
DJH Jugendgästehaus, Miesingstr. 4 - tel. 723.65.60; anche per questo ostello (circa 350 posti) occorre munirsi della tessera internazionale.
Campeggi
München-Thalkirchen, Zentralländstr. 49 - tel. 723.17.07, fax 724.31.77; a sud della città, nei pressi dell'Isar. Aperto da metà marzo a fine ottobre.
München-Obermenzing - tel. 811.22.35; nella zona nord-ovest della città. Aperto da metà marzo a fine ottobre.

Dove e cosa mangiare
Monaco è sì Weißwürste (quasi un'eccezione nella ricca gamma dei würstel, perché fatti al 50% di carne di vitello e particolarmente delicati nel sapore), Leberkäs (un miscuglio di diversi tipi di carne servito a fette, caldo o freddo), Wurstsalat (una specie di savoiarda), Schweinsbraten (arrosto di maiale) e Kartoffelknödel ("gnocconi" di patate). E fin qui tutto secondo il tradizionale cliché. Ma dando un'occhiata al menu in uno degli innumerevoli ristoranti e Gasthäuser vi accorgerete di come sia varia la gamma dei piatti di carne e di pesce (soprattutto di acqua dolce e proveniente dai numerosi e limpidi laghi dell'Oberbayern).
Qui di seguito alcuni indirizzi: è una scelta ristretta, fatta sulla nostra esperienza. Potete andare sul sicuro senza preoccuparvi troppo del borsellino (25-30 DM per un piatto unico abbondante con contorno e birra).
A Monaco ci sono circa 500 locali italiani. Volutamente in questa guida li tralasciamo.
Augustiner Großgaststätten, Neuhauserstr. 16; situata nella zona pedonale, molto frequentata quindi da turisti, ma non per que-

sto da evitare. Anzi, nella bella stagione sedetevi nel cortile interno, è veramente molto suggestivo.
Ratskeller, Marienplatz 8; grande, ma allo stesso tempo piacevole e accogliente.
Bratwurst-Herzl, Heiliggeiststr. 3; un locale dove si respira un'atmosfera caratteristica. Abbastanza alla buona, famoso soprattutto per le citate specialità (Weißwürste, Leberkäs, Tellerfleisch, carne fredda da affettare). Quasi sempre molto affollato.
Weißes Bräuhaus, Tal; si trova nelle immediate vicinanze del Marienplatz, direzione Isartor. Atmosfera tipica. Qui si mangia uno dei migliori Semmelknödel ("gnocconi" di pane) che si possa trovare in città.
Donils Wurstkuchl, Weinstr. 1 (Marienplatz); specialità bavaresi. Scelta limitata che non delude tuttavia i buongustai.
Weinstadl, Burgstr. 5; in centro, di fianco al Neues Rathaus. Locale non grandissimo, gemütlich. Cucina tipica bavarese.
Augustiner Keller, Arnulfstr. 52; situato nei pressi della stazione, è famoso soprattutto per il suo Biergarten.
Hirschgarten, Hirschgartenallee 1; il più grande, il più tipico, forse il più bello dei Biergärten di Monaco. Qui è tutto self-service: dalla birra (non meno di un litro, la solita Maß), alla carne (pollo, polpette varie), ai formaggi.
Due indirizzi in centro per chi è un po' stufo della cucina bavarese e vuol ritornare a un gusto più tradizionale.
Churrasco, Tal; è uno steak-restaurant con carne importata direttamente dall'Argentina. Qui andate sul sicuro e lasciatevi pure tentare dal Salat-Büffet.
Marché, Neuhauserstr.; una concezione diversa dal solito ristorante. È come trovarsi a un mercato. Si passa da uno stand all'altro, si sceglie cosa mangiare (ad esempio il tipo e la quantità di carne, che viene poi cucinata sotto i vostri occhi) e si cerca un angolino gemütlich dove sedersi.
Citiamo anche, per onore al merito, i tre più esclusivi ristoranti di Monaco, con menu attorno ai 150 DM. Se il vostro borsellino ve lo permette...
Aubergine, Maximiliansplatz 5; *Le Gourmet*, Hartmannstr. 8; e *Tantris*, Johann-Fichte-Straße 7.

Cafés

Molte volte, dopo un'abbondante colazione in albergo e stanchi per il lungo camminare, si ha magari voglia non tanto di un ricco pranzo, quanto piuttosto di sedersi comodamente in un bel

caffè e gustare, oltre che un buon dolce, l'atmosfera particolare del locale. Qui di seguito alcuni consigli:
Café Glockenspiel, Marienplatz 28; stile Kaffehaus, ottima vista sul carillon del Neues Rathaus.
Café am Dom, Marienplatz (entrata dalla Rosenstr.); situato al 5° piano. Piccolo, gemütlich e per questo quasi sempre affollato.
Café Rischart, Marienplatz 18; grande, con varie sale e vista sul Neues Rathaus.
Café Hag, Residenzstr. 26; fondato nel lontano 1825. Decisamente un bell'ambiente.
Café Feldherrnhalle, Theatinerstr. 38; molto gemütlich. Molte le specialità della casa.
Café Mörth, Platzl; di fronte all'Hofbräuhaus. Bella atmosfera.
Café Extrablatt, Leopoldstr. 7; in stile Parigi anni Venti. Molto chic, abbastanza esclusivo, bella gente. Potrebbe essere un'idea per la sera.

Vita notturna

Ce n'è per tutti i gusti, ma proprio per tutti! Difficile quindi dare dei consigli generici in proposito. Dipende un po' dalle vostre abitudini.
Harry's New York Bar, Falkenturmstr. 9; punto di incontro di "bellone" e "ricconi". Vedere e non toccare.
Madrigal, Herzog-Rudolf-Str. 1; ritrovo dei vip della città.
Nachtcafé, Maximilianplatz 5; buona musica, in genere jazz e rock, eseguita da piccoli ma esperti complessi. Notevole la lista delle bevande. Possibilità di mangiare (cucina sul raffinato). Aperto fino alle 5.00 del mattino.
Schumann's, Maximilianstr. 36; uno dei migliori american-bar di Monaco. Specialità: Bloody Mary. Spesso frequentato da vip.
Wunder Bar, Hochbrückenstr. 3; uno dei punti di ritrovo preferiti dai nottambuli locali. Cocktail e musica anni Quaranta e Cinquanta fino alle 3 del mattino. Il cartello posto all'entrata "Einlass vorbehalten", ingresso a discrezione, dà già l'idea di una certa esclusività.

Se fate un giro a Schwabing vi consigliamo:

Alfonso's Live-Music-Pub, Franzstr. 5; il nome dice già tutto. Il programma cambia spesso. I posti a sedere non sono moltissimi, quindi meglio prenotare (tel. 338.835).
Alter Simpl, Türkenstr. 57; accogliente locale con tradizione quasi centenaria, non molto grande, dove trovarsi per scambiare quattro chiacchiere. Buona cucina fino a notte inoltrata.

Schwabinger Weißbierhaus, Herzogstr. angolo Apianstr. 7; ampia Kneipe. D'obbligo assaggiare il Weißbier.

Per gli amanti del jazz

Allotria, Türkenstr. 33; caratteristica Jazz-Kneipe, sempre molto affollata.

Unterfahrt, Kirchenstr. 96; ogni sera si esibiscono complessini e gruppi vari, locali e non.

Se vi può interessare, ogni venerdì e sabato vengono organizzate serate che prevedono una cena in un tipico ristorante bavarese, la visita di un locale notturno e la salita sull'Olympiaturm. Prezzo: 100 DM. Il tutto dura dalle 19.30 fino a mezzanotte circa. Informazioni e prenotazioni: *Münchner Stadt-Rundfahrten*, Arnulfstr. 8 (lato nord della stazione) - tel. 120.42.48.

Discoteche

P1, Prinzregentenstr. 1; una delle discoteche più "in", se non addirittura la più "in" in assoluto di Monaco. Posto per al massimo 300 persone, 4 bar, disk-jockey professionisti. In estate possibilità di ballare all'aperto con vista sull'Englischer Garten: viene infatti allestita una grande terrazza che rimane aperta fino alle 3 del mattino. L'ingresso non è assicurato per tutti. Bisogna convincere il portiere con un look adeguato. Attenzione: all'indirizzo indicato trovate la Staatsgalerie Moderne Kunst. Niente panico. Prendete la scala che scende verso l'Englischer Garten e siete arrivati.

Cadillac, Theklastr. 1; l'impressione è di trovarsi a New York. Non solo per il tipo di musica (rap, soul, reggae) ma anche per il pubblico: uomini di colore in compagnia di bionde locali. Grande pista, locale di ampio respiro.

Canterville, Rosenheimerstr. 34; sebbene situata di fronte all'Hilton dall'esterno non è molto invitante. Una discoteca per i non più giovanissimi.

Concerti. I *Münchner Philarmoniker* sono di casa al Gasteig, un modernissimo Kulturzentrum la cui architettura ha fatto discutere non poco. L'acustica del Großer Saal, così dicono gli esperti, non è proprio eccezionale. Informazioni e biglietti: Rosenheimerstr. 5

Le altre due orchestre di Monaco sono il *Bayerischer Staatsorchester*, che si esibisce di solito alla Staatsoper, e il *Symphonieorchester des Bayerischen Rundfunks*, l'orchestra sinfonica della radio bavarese (molto apprezzati dal pubblico sono i suoi Sonntagskonzerte, i concerti domenicali, al Gasteig).

Altro indirizzo per gli amanti della musica classica è l'*Herkules-*

saal della Residenz (Residenzstr. 1, entrata Hofgartenstr.). Tenete presente che i concerti iniziano un po' prima che da noi, alle 20. Se arrivate in ritardo dovrete aspettare l'intervallo.
Cinema. Anche per chi non sa una parola di tedesco il cinema IMAX rappresenta un vero e proprio avvenimento. Si tratta di film-documentari che vi daranno l'impressione di essere anche voi partecipi dell'avventura. C'è uno schermo gigantesco, gli effetti sonori sono eccezionali, qualcosa di simile alle rappresentazioni tridimensionali. Vale veramente la pena.
IMAX, Forum der Technik, Museumsinsel 1 (nei pressi del Deutsches Museum).

I DINTORNI DI MONACO

Dachau

Dachau (37.000 ab.) è raggiungibile in auto percorrendo la Dachauerstraße (inizia proprio in centro, sulla sinistra rispetto alla stazione) o con la S-Bahn (linea 2, si prosegue poi col bus 722). È tristemente famosa per il campo di concentramento costruitovi dai nazionalsocialisti nel 1933; le baracche però sono state tutte demolite all'inizio degli anni Sessanta.
La prima immagine che si ha appena entrati è quella di un'enorme distesa vuota. La ricostruzione di un'unica baracca è stata eseguita in modo volutamente asettico, con giacigli, tavoli e panche che sembrano innocui prodotti di artigianato locale. Intatti sono invece rimasti gli agghiaccianti forni crematori e le camere a gas. In questo lager persero la vita 50.000 persone fra ebrei, detenuti politici, omosessuali e prigionieri di guerra.
Il museo (ingresso gratuito) più che una testimonianza della vita nel campo è una ricostruzione del periodo del nazionalsocialismo con particolare riferimento ai lager.
Informazioni: *Verkehrsamt*, Konrad-Adenauer-Str. 3, 85211 Dachau - tel. 08131/84.566.

Freising

La cittadina (35.000 ab.), circa 30 km in direzione nord-est da Monaco, raggiungibile con la S-Bahn (capolinea della linea 1) o in auto percorrendo la B11, lega il suo nome e la sua storia alla diocesi che venne fondata nel lontano 739. Simbolo di Freising e sua maggiore attrazione turistica è il duomo con le due torri *(Mariendom*, il nome per esteso è *Dom St. Maria und St. Korbinian).*

Si trova su una collinetta che sovrasta la città (Domberg). Si tratta di una costruzione romanica risalente al 1205, a tre navate a sala, più volte modificata nel corso dei secoli. Entrando si rimane colpiti dall'imponenza e dallo sfarzo barocco: artefici dei magnifici affreschi e stucchi sono i fratelli Asam. Sotto il coro si trova una cripta romanica dove, oltre alla tomba di St. Korbinian, patrono della diocesi, c'è la celebre *Bestiensäule*, interessante esempio di scultura medievale: una colonna di pietra con scolpiti vari animali, draghi, mostri e uomini attorcigliati. Bello il chiostro (XV sec.) con stucchi e affreschi di Johann Baptist Zimmermann. Sulla piazza del duomo si affaccia anche la *Johanneskirche*, basilica gotica a tre navate (1319-1321).
C'è poi la *Residenz*, residenza dei principi-vescovi, che ospita oggi il *Diözesanmuseum*, il più bel museo tedesco di arte cristiana.
Informazioni: *Stadtverwaltung*, Obere Hauptstr. 2, 85354 Freising - tel. 08161/54.122.

Schleißheim

Il centro (10.000 ab.), 15 km circa a nord di Monaco, è raggiungibile percorrendo la B13 o con la S-Bahn (linea 1, stazione Oberschleißheim).
Divenne verso la fine del XVI sec. una delle residenze estive dei Wittelsbach. Nel 1623 Massimiliano I iniziò a edificare l'*Altes Schloß*; ricostruito in seguito alla distruzione del 1944, è stato definitivamente ultimato solo nel 1986.
Di fronte sorge il *Neues Schloß*, iniziato nel 1701: concepito come struttura a quattro ali, ne venne però realizzata solo la parte centrale.
La facciata è lunga ben 330 m. È uno dei capolavori del barocco europeo, opera dell'italiano Zuccalli. Al primo piano si trova la *Staatsgalerie*, dedicata in particolare alla pittura barocca del XVII e XVIII secolo.
Nel parco, a circa 1 km di distanza, sorge un altro castello, più piccolo, *Lustheim*. È anch'esso opera di Zuccalli (1684-1688), e ospita un'interessante collezione di porcellane Meißner.
Informazioni: *Gemeindeverwaltung*, Freisinger Str. 15, 85764 Oberschleißheim - tel. 089/315.61.30.

Starnberger See

A soli 20 minuti di macchina, raggiungibile anche con la linea S6, lo Starnbergersee è, non a caso, chiamato la "Badewanne", la vasca da bagno degli abitanti di Monaco. Lo splendido pae-

saggio che lo circonda, la limpidezza delle sue acque, le vaste dimensioni (21 km di lunghezza, 5,5 km di larghezza, il più grande lago della Baviera dopo il Chiemsee), le eccellenti infrastrutture, contribuiscono a farne la meta ideale per una scampagnata fuori città.
Il modo migliore per gustare e conoscere il lago e le varie cittadine che vi si affacciano è fare un giro in battello. A voi la scelta: la Große Rundfahrt di 3 ore o la Kleine Rundfahrt di un'oretta.
Lo Starnbergersee richiama inoltre alla mente la figura di Ludwig II. Infatti in queste acque venne ritrovato morto (suicidio o incidente?) il 13 giugno 1886.
Il centro più importante è **Starnberg** (18.000 ab.), situato nella parte più a nord. Fino al XIX sec., quando il lago si chiamava ancora Würmsee, Starnberg era un tranquillo paesino di pescatori. A poco a poco si trasformò, diventando una località turistica, quando alcune famiglie ricche di Monaco iniziarono a costruirvi, all'inizio del Novecento, belle ville dove passare weekend ed estate.
Da vedere sono senz'altro lo *Schloß*, del XVI sec., una delle residenze estive dei Wittelsbach, oggi sede di uffici amministrativi, e la *Pfarrkirche St. Joseph* del 1764, bell'esempio di rococò (notevoli l'altare e il pulpito opera di Ignaz Günther).
Informazioni: *Fremdenverkehrsverband*, Kirchplatz 3, 82319 Starnberg - tel. 08151/13.008.

Ammersee

Un po' più piccolo dello Starnberger See, meno esclusivo e mondano, l'Ammersee offre un contatto più diretto con la natura. Ragion per cui gli snob che affollano lo Starberger See lo chiamano, non senza ironia, "Bauernsee", il lago dei contadini.
Facilmente raggiungibile da Monaco (circa mezz'ora di macchina; la linea S5 arriva a Herrsching, la località principale sulla riva orientale), offre anch'esso ottime possibilità balneari. Le sue acque sono pulitissime. Anche qui potete concedervi un giro in battello.
Informazioni: *Verkehrsamt*, Bahnhofplatz 2, 82211 Herrsching - tel. 08152/5727.

ALTA BAVIERA

Da non perdere:
- Da Garmisch alla Zugspitze
- Mittenwald e Oberammergau: le belle case con facciate dipinte
- Linderhof e Herrenchiemsee: i castelli di Ludwig
- Chiemsee, il più grande dei laghi bavaresi
- Benediktbeuren e la sua abbazia benedettina
- Da Berchtesgaden al Kehlsteinhaus, il nido delle aquile
- Giro in battello sul Königssee

GARMISCH-PARTENKIRCHEN, metropoli delle Alpi

Adagiata ai piedi delle Alpi, Garmisch-Partenkirchen (27.000 ab.) è senz'altro la più famosa e la più chic delle località sciistiche tedesche, con chilometriche piste da discesa e da fondo. La si raggiunge facilmente da Monaco (circa 150 km) percorrendo l'autostrada A95, dall'Italia via Innsbruck.
Situata in un'ampia conca a 720 m di altezza, circondata da imponenti cime tra cui svetta la *Zugspitze* (2963 m, la montagna più alta della Germania), conserva ancora, poco lontano dalla centrale e affollata Zugspitzstraße, angoli tranquilli e idilliaci da paesino di montagna. Chi rifugge la vita del centro fatta di negozi e locali può scegliere uno dei quartieri più periferici (ad esempio Kainzenbad, Kammersbach).
Le due località Garmisch e Partenkirchen, alla confluenza dei fiumi Partnach e Loisach, hanno avuto una storia ben distinta e si sono sviluppate quasi ignorandosi con spirito campanilistico fino al 1935, anno in cui si sono "forzatamente" fuse per poter ospitare, l'anno dopo, i Giochi olimpici invernali. Garmisch è senz'altro la più cittadina delle due. Qui si trova il Kurhaus: oltre che località turistica invernale, Garmisch è anche un rinomato luogo di cure termali. La ferrovia rappresenta la linea di confine che divide le due località, nel cui mezzo si trova la stazione.

Da vedere

A Garmisch, sulla piazza centrale, il Marienplatz, si trova la *Neue Pfarrkirche St. Martin*, la nuova parrocchiale, edificio barocco del 1730-1733, opera di Joseph Schmuzer. Un po' più a nord, spostata rispetto al centro, c'è invece la *Alte Kirche St. Martin*, la vecchia chiesa di Garmisch, un gioiellino gotico a due navate del 1280 e ampliata nel XV sec. Notevoli all'interno le vetrate e gli affreschi.

Dal Marienplatz (bella la *Alte Apotheke*, la vecchia farmacia, del 1790), procedendo verso est lungo la via Am Kurpark si arriva alla *Spielbank*, il casinò, e quindi al *Kurpark* con Kurtheater e Kongreßhaus.

La via principale di Partenkirchen è la *Ludwigstraße*, fiancheggiata da suggestive e pittoresche facciate. Meritevoli di una visita sono senz'altro gli impianti olimpici.

A sud di Partenkirchen c'è l'Olympia-Skistadion con il trampolino che ospita ogni anno una prova del Torneo internazionale dei quattro trampolini (le altre prove si svolgono a Oberstdorf, Innsbruck e Bischofshofen).

L'*Olympia-Eisstadion*, in zona centrale, è uno dei più grandi palazzi del ghiaccio d'Europa, con una capienza di 12.000 spettatori.

Come salire sulla Zugspitze

La *Bayerische Zugspitzbahn*, la cui stazione si trova accanto a quella ferroviaria, porta con un trenino a cremagliera fino a quota 2580 (si percorrono circa 20 km in 75 minuti; negli ultimi 4,5 km, in cui vengono superati 1000 m di dislivello, si passa attraverso un tunnel). Da lì una funivia porta in 4 minuti sulla cima della Zugspitze.

L'altra possibilità, più veloce, è rappresentata dalla funivia *(Eibsee-Seilbahn)* che parte dall'Eibsee, un piccolo lago a 1000 m d'altezza, a poco più di 10 km da Garmisch. Impiega solo 10 minuti e si arriva direttamente in cima dove vi aspetta, oltre all'incantevole vista, un piacevole ristorante.

La combinazione ideale sarebbe di salire con la Zugspitzbahn e scendere in funivia. È un'escursione veramente unica anche se il tutto vi costerà un po' caro (nell'estate 1993 gli autori hanno pagato 63 DM a testa).

Si può salire anche dal versante austriaco e precisamente da Ehrwald-Obermoos con la *Tiroler Zugspitzbahn* (circa 15 minuti).

C'è poi la possibilità di arrivarci a piedi! Delle tre vie, quella che passa per il Reintal e lo Schneeferner è "abbastanza" accessibile: sempre che abbiate già una certa esperienza di alpinismo, siate dotati di una adeguata attrezzatura e di resistenza fisica (ci si impiega, minuto più, minuto meno, 10 ore).

Informazioni

Prefisso telefonico: 08821
Verkehrsamt, Richard-Strauß-Platz, 82467 Garmisch-Partenkirchen - tel. 1806, fax 18.055.

Dove dormire

Abbiamo provato per voi:
Gasthof Fraundorfer (comfort), Ludwigstr. 24, Partenkirchen - tel. 2176, fax 71.073; nel centro del paese. Bellissima facciata decorata. Ha una tradizione che risale al lontano 1820. Tipicamente bavarese come pure il ristorante.
Altri nostri suggerimenti:
Gästehaus Martina (standard), Achenfeldstr. 24, Garmisch - tel. 50.900, fax 59.701; conduzione familiare, vicina alla stazione. Anche appartamenti.
Gästehaus Kornmüller (standard), Höllentalstr. 36, Garmisch - tel. 3557, fax 57.426; conduzione familiare, in centro ma in posizione tranquilla. Anche appartamenti.
Hotel Garmischer Hof (comfort), Chamonixstr. 10, Garmisch - tel. 51.091, fax 51.440; meublé, in centro, non lontano dal Kurpark, dalla Zugspitzbahn e dal Kongreßzentrum. Bella vista.
Hotel Roter Hahn (comfort), Bahnhofstr. 44, Garmisch - tel. 54.065, fax 54.067; meublé, vicino alla stazione. Offre anche piscina e giardino.
Hotel Edelweiß (comfort), Martinwinklerstr. 17, Partenkirchen - tel. 2454; meublé familiare in stile bavarese. Zona centrale.
Hotel Wittelsbach (supercomfort), von Brugstr. 24, Garmisch - tel. 53.096, fax 57.312; zona centralissima vicino al Kurpark. Piscina, sauna. Vista sulla Zugspitze.
Posthotel Partenkirchen (lusso), Ludwigstr. 49, Partenkirchen - tel. 51.067-68, fax 78.568; un edificio che è anche un pezzo di storia di Partenkirchen. Vi soggiornò spesso Ludwig II.
Campeggio. *Campingplatz "Zugspitze",* strada B24 in direzione Grainau. Aperto sia in estate che in inverno - tel. 3180.

Dove mangiare

Gasthof zum Lamm, Am Marienplatz, Garmisch; locale accogliente, con atmosfera. Cucina casalinga.
Gasthof Fraundorfer, Ludwigstr. 24, Partenkirchen; tipico locale bavarese; serate musicali con l'Edelweiß-Duo.
Gasthof zum Rassen, Ludwigstr. 45, Partenkirchen; ottima cucina bavarese in un ambiente caratteristico.

I DINTORNI DI GARMISCH-PARTENKIRCHEN

Ettal

Per raggiungere Ettal si prende da Garmisch-Partenkirchen la B2 fino a Oberau e da qui la B23; dopo circa 15 km, di cui gli ultimi particolarmente ricchi di tornanti, si giunge all'abitato. Ettal (950 ab.) lega il suo nome alla famosa abbazia benedettina del XIV secolo. Si narra che nel 1330 l'imperatore Ludovico il Bavaro fece ritorno da Roma dopo essere stato coinvolto in difficili battaglie: felice di aver finalmente raggiunto l'amato suolo bavarese diede il via, in segno di ringraziamento, alla costruzione dell'abbazia.

Imponente la facciata della *Klosterkirche*, sulla quale svetta la cupola fiancheggiata da due torri con coperture diverse. La costruzione originaria gotica a pianta centrale venne poi, quasi superfluo dirlo, ampiamente rifatta in forme barocche nel 1700 (anche la costruzione della cupola è di questo periodo). Il maggior artefice di questa trasformazione architettonica fu, assieme a Joseph Schmuzer, l'italiano Enrico Zuccalli. All'interno spicca il maestoso affresco della cupola (431 figure su una superficie di 1300 mq), opera di Zeiller. Sull'altar maggiore si trova una statua marmorea della Madonna con Bambino, opera italiana del XIV sec., probabilmente di Andrea Pisano, che Ludovico il Bavaro aveva portato con sé da Roma. Notevole la tribuna dell'organo (Zimmermann).

Un'ala dell'abbazia ospita un prestigioso collegio. In un'altra i monaci si dilettano a produrre birra e un liquore d'erbe di montagna, l'Ettaler-Klosterlikör.

Informazioni: *Gemeindeverwaltung*, Ammergauer Straße 8, 82488 Ettal - tel. 08822/534.

Oberammergau

Proseguendo da Ettal lungo la B23 e prendendo poi la deviazione sulla destra si arriva, dopo pochi chilometri, a Oberammergau (5000 ab.). È una tappa obbligata lungo la *Deutsche Alpenstraße*, itinerario che attraversa orizzontalmente la Baviera per 400 km circa, partendo da Berchtesgaden sul Königssee, a est, fino a Lindau im Bodensee. La cittadina è famosa in tutto il mondo per i suoi *Passionsspiele*, rappresentazioni teatrali che fanno rivivere la passione e morte di Cristo.

L'origine risale al 1633, quando il paese venne colpito da una terribile epidemia di peste. Gli abitanti fecero allora un voto: se

la peste fosse cessata lasciandoli in vita avrebbero organizzato, in segno di riconoscenza, dei Passionsspiele ogni dieci anni. Così fu. L'anno dopo si svolse la prima rappresentazione, e da allora la promessa viene fedelmente mantenuta (i prossimi si svolgeranno nel 2000). Dal 1930 i Festspiele si svolgono nel Passionsspielhaus, in grado di ospitare 4700 spettatori.
Ma già prima dei Passionsspiele Oberammergau era famosa nel mondo cattolico per le sculture in legno a soggetto religioso prodotte dagli intagliatori locali, detti "Herrgottsschnitzer". Una tradizione, anche questa, che viene coltivata e continuata con passione (c'è ad esempio una scuola per intagliatori). Una visita all'*Heimatmuseum* (Dorfstr.) dà un'idea dell'abilità di questi artisti del legno.
L'elemento architettonico più originale del paese sono le facciate delle case riccamente decorate da affreschi *(Lüftlmalerei)*. Solo un'altra località, Mittenwald, può competere in questo campo. La casa più suggestiva è il *Pilatus-Haus* (Ludwig-Thoma-Straße) opera del maestro Frank Zwinck (1784). Qui si trova anche una delle più grandi botteghe di intagliatori. Degna di nota è anche la *Pfarrkirche St. Peter und Paul.*
Informazioni: *Verkehrsbüro*, Eugen-Pabst-Str. 9/A, 82487 Oberammergau - tel. 08822/1021.

Tipica decorazione dell'Alta Baviera (Lüftlmalerei)

Schloß Linderhof

Da Ettal, seguendo prima la B23 e prendendo poi la deviazione sulla sinistra, dopo circa 10 km di una suggestiva strada in mezzo a una riserva naturale si giunge a Schloß Linderhof, un altro dei castelli di Ludwig II. È più piccolo, più intimo, più vivibile rispetto a Neuschwanstein o Herrenchiemsee.
Costruito tra il 1869 e il 1879 sul modello del Petit Trianon di Versailles, fu l'unico a essere ultimato mentre Ludwig era ancora in vita, e quello in cui l'eccentrico monarca soggiornava più volentieri.
Consigliabile una visita agli sfarzosi interni. Appena entrati, nel vestibolo sorretto da colonne di marmo, c'è una statua di Luigi XIV a cavallo, il famoso Re Sole che con il suo stile di governo rappresentava per Ludwig il modello da imitare. Al piano superiore le stanze: la camera da letto con un grandioso affresco sul soffitto, la stanza degli specchi, la sala da pranzo con il famoso "tavolino, apparecchiati", un tavolo direttamente collegato, tramite un meccanismo, alla cucina sottostante.
Nei bei giardini, ornati da statue, tempietti e piccole cascate, due curiosità: la *Venusgrotte* con un piccolo lago sul quale Ludwig si faceva portare in una barca a forma di conchiglia per dare da mangiare ai cigni (voleva essere la ricostruzione di una scena del Tannhäuser di Wagner), e un *chiosco moresco*, costruito da un architetto berlinese in occasione dell'Esposizione mondiale di Parigi del 1867, indubbiamente elemento di contrasto con il bosco bavarese dello sfondo. Ma sono proprio questi particolari che meglio chiariscono l'eccentricità di Ludwig.

Mittenwald

Altra tappa obbligata della Deutsche Alpenstraße, a circa 20 km in direzione sud-est da Garmisch-Partenkirchen, è Mittenwald (8500 ab.) che conserva intatto il suo fascino di tipico paesino bavarese di montagna. Grazie anche al fatto di trovarsi in una posizione un po' isolata, lontano dalla trafficata B2 (quella che porta a Innsbruck).
Anche questo centro è famoso per le suggestive facciate delle case: le più belle sono, come a Oberammergau, opera di Frank Zwinck (1750-1792). Tra le tante meritano una nota particolare lo *Schlipferhaus* (Goethestr. 23) e in genere tutte quelle che danno sull'Obermarkt, tra cui il *Gasthaus Alpenrose*.
Simbolo del paese è la *Pfarrkirche St. Peter und Paul*, opera di Joseph Schmuzer. Mittenwald è inoltre famosa per la produzio-

ne di violini, grazie anche alla qualità del legno e alla tradizione del lavoro di intaglio. Matthias Klotz (1653-1753), la cui statua si trova accanto alla chiesa, introdusse questa attività artigianale che egli stesso aveva appreso durante un soggiorno a Cremona presso Nicola Amati.
Consigliabile una visita al *Geigenbaumuseum*, Museo dei violini, presso la chiesa.
Informazioni: *Kurdirektion*, Dammkarstr. 3, 82841 Mittenwald - tel. 08823/1051.

Murnau

Situata a circa 25 km da Garmisch in direzione nord-est, Murnau (11.000 ab.) è una tipica cittadina dell'Oberbayern. Basta fare quattro passi lungo la *Marktstraße* (suddivisa in Unterer e Oberer Markt) per farsene un'idea: belle case dal frontone decorato in cui predominano i colori rosa, verde e blu. Il tutto è ancor più suggestivo nei giorni di festa, quando un po' dappertutto sventolano le bandiere con i colori bavaresi bianco e blu. Oltre al *Rathaus*, decorato da un affresco raffigurante Ludovico il Bavaro, e alla *Pfarrkirche St. Nikolaus* (1717-1734), opera di Enrico Zuccalli, la cosa senz'altro più interessante è il *Gabriele-Münter-Haus*, oggi museo (Kottmüllerallee 6). Gabriele Münter (1877-1962), assieme a Vassilij Kandinskij (1866-1944) di cui fu a lungo compagna, fu una delle maggiori esponenti del cosiddetto Blauer Reiter, il Cavaliere azzurro, noto gruppo di pittori avanguardisti. Nella casa di Gabriele Münter e di Kandinskij, dal 1909 al 1914 sede del movimento, si possono ammirare dipinti dei due artisti.
Informazioni: *Verkehrsamt*, Kohlgruber Str. 1, 82418 Murnau - tel. 08841/2074.

BAD TÖLZ, non solo terme

Bad Tölz (13.600 ab., 700 m) è un'importante cittadina dell'Oberbayern, situata quasi ai piedi delle Alpi. È un rinomato centro termale e di villeggiatura sia estiva che invernale. L'Isar divide in due la città: sulla riva destra la pittoresca Altstadt, la città vecchia, con le belle case dalle facciate dipinte (lo stile è quello tipico della zona, la Lüftlmalerei) e dall'altra il Badeteil, il quartiere delle cure sviluppatosi nel corso del Novecento. Entrambe la parti, Altstadt e Badeteil, sono caratterizzate da ampie zone pedonali. La circonvallazione, inaugurata nel 1985 per distogliere il traffico dal centro storico, contribuisce enormemente ad accrescere l'interesse turistico della città. Lasciate dunque la macchina in un parcheggio e avventuratevi a piedi alla scoperta di questa simpatica località.

Da vedere

L'*Isarbrücke*, ponte sul fiume Isar, è il punto centrale della città. Da una parte inizia la caratteristica *Marktstraße* fiancheggiata dalle tipiche case affrescate, la maggior parte risalente al XVIII secolo. Il *Rathaus*, seppur recente (1903), si inserisce perfettamente in questa architettura. Dal 1982 ospita l'*Heimatmuseum*, dedicato all'artigianato locale del legno; una particolarità sono i cosiddetti "Tölzer Kästen", i caratteristici armadi dalle ante dipinte. In fondo alla Marktstraße c'è la statua di Kaspar Winzerer, condottiero nativo del luogo, che lega il suo nome alla battaglia di Pavia del 1525. La *Pfarrkirche Mariae Himmelfahrt*, poco distante, è una chiesa a sala tardogotica (1453-1466). Ancora sulla riva destra, spostata verso est, la *Mühlfeldkirche* è una chiesa barocca (1735-1737), opera di Schmuzer. Sempre sulla riva destra dell'Isar c'è il Kalvarienberg, collinetta panoramica con un santuario dalle caratteristiche torri (1723-1732); si sale (15 minuti dall'Isarbrücke) percorrendo una Via Crucis con interessanti cappelle.
Dall'altra parte dell'Isar la *Badstraße* conduce invece agli impianti termali, tutti raggruppati tra il Kurpark e la Ludwigstraße (*Kurgarten* con Trinkhalle, *Kurpark* con Kurhaus).

Informazioni

Prefisso telefonico: 08041
Städtische Kurverwaltung, Ludwigstr. 11, 83646 Bad Tölz - tel. 70.071-72, fax 70.075.

Dove dormire

Abbiamo provato per voi:
Hotel Kolbengarten (comfort), Fröhlichgasse 5 - tel. 9067, fax 9069; ai piedi del Kalvarienberg, nella Altstadt vicino all'Isar. In stile liberty con sempre tanti fiori ai balconi. Le camere sono molto confortevoli (chiedetene una con balcone) e arredate con gusto.
Altri nostri suggerimenti:
Marienhof (standard), Bergweg 3 - tel. 6028, fax 73.643; in zona molto tranquilla, a conduzione familiare.

Hotel Gasthof-Pension am Wald (comfort), Austr. 39 - tel. 9014, fax 72.632; dal nome si capisce che non è proprio in centro, sono comunque solo 10 minuti dalla zona pedonale. Conduzione familiare. Arredamento stile bavarese. Piscina.
Hotel Bellaria (supercomfort), Ludwigstr. 22 - tel. 80.080, fax 800.844; di fronte al Kurhaus. Camere e suite con mobili in stile. Oltre 100 anni di tradizione. Piscina, sauna, solarium.
Hotel Jodquellenhof (lusso), Ludwigstr. 13 - tel. 5090, fax 509.441; vicino al Kurgarten. Ambiente veramente raffinato. Piscina termale.
Campeggi
Stallauer Weiher (circa 4 km a ovest del paese), Stallau 148 - tel. 8121.
Arzbach (circa 5 km a sud), Alpenbadstr. - tel. 08042/8408.

Dove mangiare
Gasthof Zantl, Salzstr. 31; nella Altstadt. Locale accogliente con antiche tradizioni (dal 1743). Cucina tipica bavarese.

I DINTORNI DI BAD TÖLZ

Benediktbeuren
Con la sua abbazia benedettina del 739, Benediktbeuren si trova circa 20 km in direzione sud-ovest da Bad Tölz. Nel Medioevo fu un importante centro culturale: qui ad esempio i monaci trascrissero i famosi *Carmina burana*, raccolta di canti latini e tedeschi poi musicati dal compositore Carl Orff nel 1937.
Il complesso attuale, che si sviluppa attorno a due cortili, è il risultato delle modifiche apportate in epoca barocca. La *Klosterkirche St. Benedikt* (1680-1683) fu una delle prime chiese barocche dell'Oberbayern. L'interno risente fortemente di influssi italianeggianti; gli affreschi e gli stucchi della volta sono opera di Johann Georg Asam, padre dei famosi fratelli.
La *Anastasiakapelle* (1751-1758), a sinistra del coro, colpisce per la sfarzosità delle decorazioni rococò. Si tratta di un ovale di piccole dimensioni, opera di Johann Michael Fischer. L'affresco della cupola è invece di Jakob Zeiller. Dopo la secolarizzazione (1803) parte dell'abbazia fu adibita a vetreria dove il fisico ed astronomo J. Fraunhofer (1787-1826) lavorò e fece esperimenti.
Informazioni: *Verkehrsamt*, Prälatenstr. 5, 83671 Benediktbeuren - tel. 08857/248.

Kochelsee e Walchensee

Proseguendo per altri 10 km da Benediktbeuren si arriva a **Kochel** (4200 ab., 610 m s.l.m.) sull'omonimo lago, inseparabile dall'altro laghetto, il Walchensee. A Kochel, oltre alla bella *parrocchiale St. Michael* (XVII sec.), la maggiore attrazione è il *Franz-Marc-Museum*. Inaugurato nel 1986 il museo è dedicato al pittore Franz Marc (1880-1916) che fu, assieme a Gabriele Münter e Vassilij Kandinskij, uno degli esponenti di primo piano del gruppo d'avanguardia Blauer Reiter. Fanz Marc visse a lungo a Kochel dove è anche sepolto.
Se volete dedicarvi ad attività balneari, Kochel offre qualcosa di particolare con il suo impianto chiamato "Trimini", posto sulla riva nord del lago: diverse piscine, all'aperto e al chiuso, e uno scivolo di ben 160 m.
Da Kochel, lungo la Kesselbergstraße (6 km di tornanti e curve), si sale al **Walchensee**. Posto a 802 m, circondato da boscosi pendii, è senz'altro uno dei più suggestivi laghetti di montagna di tutta la Baviera, meta di scatenati surfisti che, grazie al vento sempre impetuoso, trovano qui un luogo ideale per praticare il loro sport. L'acqua pulitissima, di un blu intenso, non è così fredda come si potrebbe pensare (si tenga inoltre presente che il Walchensee raggiunge una profondità di 192 m). La B11 lo costeggia solo sulla riva occidentale; se volete farvi un'idea di tutto il lago potete avventurarvi in un giro completo, logicamente a piedi (6-7 ore). La piccola isola di *Sassau* è riserva naturale.
I due centri maggiori sono *Dorf Walchensee* a sud (550 ab.), da dove una funivia porta allo *Herzogstand* a quota 1731: meravigliosa vista sulle Alpi e i laghi bavaresi, e *Urfeld* a nord.
Informazioni: *Verkehrsamt Walchensee*, 82432 Walchensee - tel. 08858/714.

Tegernsee

A poco più di 15 km in direzione sud-est da Bad Tölz si trova il Tegernsee, un bel laghetto alpino sul quale, a differenza della maggior parte dei laghi dell'Oberbayern, si affacciano numerosi insediamenti. Ciononostante le sue acque sono, al solito, chiare e pulitissime, grazie all'impianto di canalizzazione che corre tutto attorno, costruito già nel 1963, quando gli scarichi provenienti dai vari paesini cominciavano a creare problemi ambientali. Quasi tutti concordano nel ritenere questo, assieme al Königssee, il più bel lago della Baviera. Per questa fama è da sempre meta di un turismo particolarmente chic.

La località principale è **Tegernsee** (4200 ab.), sulla riva orientale, rinomato luogo di villeggiatura estiva e invernale, nonché centro di cure termali. L'antica abbazia benedettina del 746 fu quasi completamente distrutta dopo la secolarizzazione; ciò che rimase fu successivamente ristrutturato (1817-1820) e trasformato in castello dai duchi di Baviera, ramo secondario della dinastia dei Wittelsbacher. Il castello, *Herzogliches Schloß*, ospita oggi un ginnasio, un museo e l'"Herzogliches Brauhaus Tegernsee", una piccola fabbrica di birra (visita obbligata al Bräustüberl).
La *Klosterkirche St. Quirin*, basilica a tre navate originariamente gotica, fu successivamente rifatta in forme barocche; gli affreschi del soffitto sono opera di Johann Georg Asam.
Se volete dedicarvi alla vita balneare, la zona migliore per una nuotata è l'Halbinsel Point, a sud del paese. Se invece preferite fare una passeggiata e godervi un bel paesaggio salite al Großer Parapluie o, per i più allenati, al Neureuth (1264).
Informazioni: *Kuramt*, Haus des Gastes, Hauptstr. 2, 83684 Tegernsee - tel. 08022/180.140.

CHIEMSEE, il mare della Baviera

Prendendo da Monaco l'autostrada A8 per Salisburgo, sempre molto trafficata, noterete sulla sinistra, dopo circa 80 km, un lago di grandi dimensioni: è il Chiemsee. Con i suoi 80 kmq (18 km di lunghezza e 14 di larghezza) è il lago più grande della Baviera, non a caso soprannominato "Bayerisches Meer". Meta prediletta di velisti e surfisti, è accogliente anche per gente più tranquilla che si accontenta di un giro in barca o in bici: fantastica la ciclabile che costeggia per intero il lago, 68 km in tutto. Se non l'avete con voi, potete facilmente noleggiare una bici in una delle maggiori località
La canalizzazione lungo le rive del lago, ultimata nel 1990, ha fatto sì che la qualità delle acque migliorasse notevolmente.
Un altro modo per conoscere il Chiemsee, oltre al già proposto giro in bici, è la *Seerundfahrt*, giro su un battello della Chiemseeflotte (partenza da Prien, località Stock; durata 3 ore).

Da vedere

Delle tre isole del lago, la più grande, *Herrenchiemsee*, è quella che attrae il maggior numero di turisti: qui infatti Ludwig II fece costruire uno dei suoi castelli da fiaba, lo **Schloß Herren-**

chiemsee. Anche questo, iniziato nel 1878, sarebbe dovuto diventare una nuova Versailles, ma non venne ultimato. Nel 1885, quando era stato completato solo il corpo centrale (20 delle 70 stanze previste), i lavori si interruppero per mancanza di fondi. Il fatto che il castello non sia stato terminato non toglie comunque nulla all'imponenza e allo sfarzo della costruzione. Una visita guidata vi condurrà tra le stanze più suggestive: la sala degli specchi, la camera da letto, la sala consiliare. Ludwig vi dimorò in tutto solo 9 giorni, e ciò la dice lunga sulla eccentricità (pazzia?) di questo monarca. L'isola è raggiungibile in battello da Prien-Stock. Nel castello si trova anche il *König-Ludwig-Museum*, che mostra oggetti vari appartenuti al re o in qualche modo legati alla sua vita (il suo abitino di battesimo, disegni e modelli dei suoi castelli, l'impronta del viso presa dopo la morte).
Originariamente l'isola era abitata da monaci agostiniani che vi avevano edificato un'abbazia, quasi completamente distrutta dopo la secolarizzazione. Ne rimane solo il cosiddetto *Altes Schloß*, l'ala est, con il Kaisersaal e la sala della ex biblioteca. Ma i turisti, tutti presi dal castello di Ludwig, quasi neanche se ne accorgono.
L'isola *Frauenchiemsee*, detta più comunemente *Fraueninsel*, sebbene più piccola, non ha nulla da invidiare alla sorella maggiore. Il nome le deriva dal convento di monache benedettine fondato nel 766, tuttora ben conservato e abitato dalle religiose che vi hanno aperto una scuola di economia domestica e per maestre d'asilo.
La *Klosterkirche*, costruzione romanica del 1000, assunse l'attuale struttura tardogotica tra il 1472 e 1476. Il campanile, staccato, venne ultimato in più fasi (la parte superiore nel 1395 e la caratteristica copertura solo nel 1626).
Fate quattro passi per l'isola (in 20 minuti la vedrete tutta), e gustatevi l'atmosfera tutta particolare che le regalano le tipiche case di pescatori circondate da tigli secolari. Tappa obbligata è l'*Inselwirt*, caratteristico locale con Biergarten. La Fraueninsel è raggiungibile in battello da Gstadt.
La terza isola, la più piccola, è la *Krautinsel*: non è abitata e quindi nemmeno visitabile.

Prien

Grazie alla favorevole posizione che la rende facilmente raggiungibile sia in auto (A8 uscita Bernau) che in treno (linea Monaco-Salisburgo), Prien (9000 ab.) è il punto di riferimento per la maggior parte dei gitanti ed escursionisti che vogliono raggiungere il Chiemsee. Da vedere sul Marktplatz la parrocchiale *Mariae Himmelfahrt*, tardogotica (1472), con un campanile a punta molto slanciato e due piccole torri a cipolla. Il rifacimento barocco interno (affreschi e stucchi) è opera di Zimmermann. Il porto si trova a circa 2 km, in località Stock. Il collegamento è assicurato in estate da un vecchio trenino a vapore chiamato *Feuriger Elias*, il focoso Elias (ci mette 8 minuti per compiere il tragitto).

Seebruck

Località molto frequentata dai velisti grazie al suo ampio porto, Seebruck (1550 ab.) è situata nella parte più a nord del lago. Interessante il *Römermuseum*, che raccoglie reperti dell'epoca celtica e romana della zona; notevoli i bei pavimenti in mosaico.

Chieming

È una simpatica località (2200 ab.) di villeggiatura, sulla riva orientale, che ha saputo mantenere l'originario carattere rurale. Bella la passeggiata lungo il lago dalla quale si gode una suggestiva vista fino alle Alpi. Da provare un giro in mongolfiera, *Ballonfahrt*: informazioni presso Norbert Schneider, Isinger Str. 22, 83339 Chieming/Stöttham - tel. 08664/463.

Informazioni

Kurverwaltung, Rathausstr. 11, 83209 **Prien** - tel. 08051/69.050.
Verkehrsamt, Am Anger, 83358 **Seebruck** - tel. 08667/7133.
Verkehrsamt, Hauptstr. 20, 83339 **Chieming** - tel. 08664/245.

Dove dormire

Abbiamo provato per voi:
Seehotel Feldhütter (comfort), Seestr. 101, 83209 Prien - tel. 08051/4321, fax 08051/2542; sul lago, ambiente curato. Annesso un bel Biergarten e un ristorante con cucina regionale. Possibilità noleggio bici.
Altri nostri suggerimenti:
Gasthof-Pension Goriwirt (standard), 83339 Chieming-Egerer - tel. 08664/225, fax 08664/280; non proprio sul lago (circa 20 minuti a piedi). Bello il Biergarten annesso. Non male la cucina.
Gästehaus Vier Jahreszeiten (comfort), Irmingardstr. 4, 83339 Chieming - tel. 08664/1600, fax 08664/1641; solo 6 camere. Vicinanze lago, ambiente curato. Sauna e solarium. Possibilità noleggio bici.

Hotel Post (comfort), Ludwig-Thoma-Str. 8, 83358 Seebruck - tel. 08667-216, fax 08667/1343; in centro, a conduzione familiare. Ambiente tradizionale.
SeeHotel Wassermann (supercomfort), Ludwig-Thoma-Str. 1, 83358 Seebruck - tel. 08667/8710, fax 08667/871.498; in posizione centrale ma tranquilla. Ambiente raffinato.
Hotel-Restaurant-Café Luitpold am See (supercomfort), Seestr. 110, 83209 Prien - tel. 08051/609.100, fax 08051/609.175; ampio, confortevole. Grande terrazzo sul lago. Provate anche il Restaurant-Café.
Yachthotel Chiemsee (lusso), Harrasser Str. 49, 83209 Prien - tel. 08051/6960, fax 08051/5171; drettamente sul lago con darsena privata. Piscina, sauna, solarium. Nell'albergo c'è anche un piacevole ristorante con vista sul lago.
Campeggi
Camping Hofbauer, Bernauerstr. 110, 83209 Prien - tel. 08051/4136.
Camping Lambach, 83358 Seebruck-Lambach - tel. 08667/7889.
Möwenplatz-Chieming, Hauptstr. 3, 83339 Chieming - tel. 08664/653.

ESCURSIONI NEL CHIEMGAU

Rosenheim

Posta sulle rive dell'Inn, Rosenheim (56.000 ab.) è il centro più importante del Chiemgau, cioè della zona circostante il Chiemsee. È una cittadina industriale (legname) situata in una posizione strategica, all'incrocio dell'asse ovest-est (Monaco-Salisburgo) con quello nord-sud (Monaco-Innsbruck-Brennero). E fu proprio questa posizione che favorì sin dal Medioevo scambi e commerci (sale e legname trasportati soprattutto per via fluviale).
È una cittadina di provincia che ha tuttavia uno spirito molto aperto. Vi ha sede una scuola di fama europea unica nel suo genere, la *Ingenieurschule für Holztechnik* che si occupa del legno e della sua lavorazione. Punto centrale della Altstadt è il *Max-Josefs-Platz*.
Da vedere c'è: l'*Heiliggeistkirche*, del 1449, con le caratteristiche torri a cipolla, fatta costruire dal facoltoso fabbricante di birra Hans Stier; e il *Mittertor*, del XIV sec., l'unica porta cittadina rimasta, che ospita oggi l'*Heimatmuseum*.
Informazioni: *Fremdenverkehrsamt*, Kufsteiner Str. 4, 83022 Rosenheim - tel. 08031/300.110.

Altötting
Circa 40 km a nord del Chiemsee, raggiungibile da Seebruck percorrendo la B299, Altötting (12.000 ab.) è essenzialmente un luogo di pellegrinaggi mariani. L'attrazione principale è il *Kapellplatz*, un'ampia piazza che raccoglie diverse chiese: la *Gnadenkapelle*, o *Heilige Kapelle*, dell'VIII sec. con successiva aggiunta di un piedicroce gotico del XV sec., che ospita la *Schwarze Madonna*, venerata statuetta lignea del 1300; e la *parrocchiale St. Philipp und Jakob*, tardogotica (1489-1511), a tre navate a sala.
Informazioni: *Verkehrsbüro*, Kapellplatz 2/A, 84503 Altötting - tel. 08671/8068.

Burghausen
A pochi chilometri di distanza da Altötting, sul confine austriaco, sorge Burghausen (18.000 ab.). Come già dice il nome stesso, la cittadina è caratterizzata da un'imponente *Burg*, fortezza che si erge su una collina. Con i suoi 1030 m da sud a nord, è la più lunga di tutta la Germania, forse d'Europa.
Da una parte scorre il fiume Salzach, che segna appunto il confine con l'Austria, e dall'altra si estende un minuscolo quanto pittoresco laghetto, il *Wöhrsee*. La Burg, iniziata nel XII sec. dai duchi di Baviera e successivamente ampliata, è circondata da mura di fortificazione con varie torri di guardia. All'interno si snoda un'unica strada che attraversa ben sei cortili. L'idea di edificare la fortezza in questo modo, quasi a segmenti, la fornirono i crociati di ritorno dalla Terra Santa: laggiù avevano a loro spese constatato come fosse difficile espugnare un castello costituito da più cortili interni.
La parte principale, l'Herzogsbau, si trova quindi in fondo, ultimo dei sei cortili (Burghausen aveva la fama di essere inespugnabile ed in effetti non venne mai conquistata). Ai piedi della Burg, sulle rive della Salzach, si trova lo Stadtplatz con il *Rathaus* e l'ex palazzo governativo dei principi elettori (Kurfürstliches Regierungsgebäude). Tra le chiese principali la *parrocchiale di St. Jakob* (XIV-XVI sec., successivamente rinnovata) e la *Jesuitenkirche St. Joseph* (1630-1631) con il collegio dei Gesuiti.
Informazioni: *Verkehrsamt*, Rathaus, Stadtplatz 112, 84489 Burghausen - tel. 08677/2435.

Reit im Winkl
Posta sul confine austriaco, circa 30 km a sud del Chiemsee e raggiungibile percorrendo la B305, Reit im Winkl (2800 ab.) è

una delle principali stazioni invernali della Germania e dispone di eccellenti infrastrutture. È soprannominata "Deutschlands Schneedorf Nr. 1", il primo paese della neve della Germania, anche se si trova a soli 695 m di altezza. Nonostante il boom turistico, Reit è riuscita a tener viva la sua tradizione di paese di montagna. Le varie costruzioni alberghiere si inseriscono bene nell'architettura rustica. Numerose sono le case con le tipiche facciate affrescate.
Informazioni: *Verkehrsamt*, Rathausplatz 1, 83242 Reit im Winkl - tel. 08640/80.020.

BERCHTESGADEN, uno splendido scorcio di Alpi

Occupa la punta sud-orientale della Germania, quasi uno sconfinamento tedesco in territorio austriaco. È caratterizzata da un suggestivo paesaggio alpino con imponenti vette (su tutte spicca il Watzmann con i suoi 2713 m), da un incantevole laghetto, il Königssee, e da un parco naturale (Nationalpark Berchtesgaden). È il Berchtesgadener Land.
Se da Kitzbühel (Austria) si vuole raggiungere Salisburgo si deve passare per una ventina di chilometri in territorio tedesco. Questa strada, la B21, che segue il corso del fiume Saalach, rappresenta per così dire il confine nord-occidentale del Berchtesgadener Land, circondato interamente dall'Austria.
La zona è, a ragione, una delle più amate dai tedeschi, ideale per vacanze estive ma soprattutto invernali. Innumerevoli sono le possibilità di escursioni, trekking, alpinismo e sci. Sia principianti che professionisti trovano qui discese preparate alla perfezione; i fondisti hanno solo l'imbarazzo della scelta.
Capoluogo della regione è **Berchtesgaden** (7700 ab.), adagiata in una conca, a soli 540 m di altitudine ma circondata da imponenti vette: il già citato *Watzmann* (2713 m), l'*Untersberg* (1972 m), l'*Höher Göll* (2523 m) e l'*Hochkalter*.
Tappa conclusiva della Deutsche Alpenstraße, Berchtesgaden è indubbiamente una delle più belle località di villeggiatura e anche di cure termali.
La storia di questa cittadina inizia attorno all'anno 1000, quando un uomo di nome Perther costruì una casa. In tedesco antico casa si diceva *Gaden*; tutta la zona fui quindi chiamata Perthergaden. Poi arrivarono i monaci agostiniani che fondarono un'abbazia.

Da vedere

Sin dal Medioevo la fortuna di Berchtesgaden fu legata al sale, estratto dalle vicine miniere. Allora il sale era usato soprattutto per conservare i cibi, ed era quindi un bene prezioso, per il quale valeva la pena dichiarare guerra al vicini. Ancor oggi si può visitare il *Salzbergwerk*, la miniera di sale con le sue 5 gallerie sovrapposte unite da scivoli. Vestiti da minatori si scende con un trenino elettrico fino a un piccolo lago che si attraversa con una zattera. Gli scivoli portano poi in profondità a una caverna dove è allestito un museo: vale senz'altro la pena.

Attorno al *Marktplatz* e nelle vie attigue (Metzegerstr. e Weihnachtsschützenstr.) spiccano le tipiche case dalle facciate affrescate e abbellite da stucchi. Un'attenzione particolare merita il *Gasthaus zum Hirschen* (oggi sede di una Sparkasse), i cui affreschi del 1600 raffiguranti scimmie travestite vogliono essere un'allegoria dei vizi umani.

Lo *Schloß* è un'antica abbazia passata dopo la secolarizzazione ai Wittelsbach, che ne fecero un castello da caccia. Il principe ereditario Ruprecht vi abitò dal 1923 al 1955, lo restaurò e ne fece un museo che custodisce sculture dell'epoca tardogotica/rinascimentale, mobili, arazzi e un'interessante galleria.

La *Stiftskirche St. Peter und Johannes*, la collegiata, è una basilica romanica a tre navate: la sua costruzione, iniziata verso il 1100, è concomitante a quella dell'abbazia. Fu successivamente rifatta in stile gotico. Gli stalli del coro sono del XV sec., mentre l'altar maggiore è opera rinascimentale. La caratteristica copertura a punta dei due campanili fu aggiunta solo nel XIX secolo.

Per godersi un bel panorama non è necessario fare estenuanti passeggiate o scalate impegnative. C'è infatti la possibilità di salire in funivia sull'*Obersalzberg* (1020 m), un ampio altopiano dove Hitler fece costruire il suo fortificatissimo ritiro. Non cercatelo: è stato fatto saltare nel 1952.

Da qui si può salire ancora, e precisamente al *Kehlsteinhaus*, il famoso "nido delle aquile". Ci si arriva con dei bus che percorrono (solo da maggio a ottobre) una strada privata ricavata tra le rocce, la Kehlsteinstraße, originariamente chiamata Hitlerstraße, voluta appunto da Hitler e fatta costruire a costi altissimi. Questa tortuosa strada conduce, dopo aver passato 5 tunnel e superato 700 m di dislivello, a una piattaforma da dove un ascensore, pure scavato nella roccia, porta dopo 120 m al Kehlsteinhaus, oggi un accogliente caffè-ristorante con splendida terrazza. Si è a quota 1834 e il panorama è veramente imponente.

Informazioni
Prefisso telefonico: 08652
Kurdirektion, Königsseer Str. 2, 83471 Berchtesgaden - tel. 5011.

Dove dormire
Abbiamo provato per voi:
Hotel Watzmann (comfort), Franziskanerplatz 2 - tel. 2055, fax 5174; in centro, vicino al Kurhaus e alla zona pedonale. Le camere sono curate e confortevoli. L'arredamento è in stile bavarese con mobili in legno intarsiato. Da provare anche il ristorante. Parcheggio.
Altri nostri suggerimenti:
Hotel-Pension Binderhäusl (standard), Am Wemholz - tel. 5429; in posizione centrale, non molto distante dalla stazione. Semplice, familiare, senza grandi pretese.
Hotel Hainberg (comfort), Waltenberger Str. 5 - tel. 62.031; un po' fuori mano. Arredato con gusto, ottimo servizio, atmosfera gemütlich e familiare. Sauna e solarium.
Hotel Weiherbach (comfort), Weiherbachweg 6 - tel. 62.093, fax 64.944; non proprio in centro. Piscina, giardino. Pista da fondo vicinissima.
Alpenhotel Kronprinz (supercomfort), Am Brandholz - tel. 6070, fax 607.120; posizione centrale ma molto tranquilla. Bella vista sul Watzmann. Buon ristorante con specialità bavaresi.
Hotel Geiger (lusso), Berchtesgadener Str. 103/115 - tel. 5055, fax 5058; in località Stanggaß, ricavato da un'antica fattoria. Totalmente immerso nel verde. Veramente riposante e accogliente.
Campeggi
Campingplatz Allweglehen, Untersalzberg - tel. 2396.
Campingplatz Grafenlehen, Königssee - tel. 4140.
Campingplatz Mühlleiten, Königssee - tel. 4584.

I DINTORNI DI BERCHTESGADEN

Königssee
Il più bello in assoluto di tutti i laghi alpini bavaresi. La sua posizione - circondato da ripide pareti che in alcuni punti richiamano alla mente i fiordi norvegesi - è veramente incantevole. È lungo circa 8 km, largo 1,2 e nel punto più profondo raggiunge i 190 m. Tutta la zona circostante, il *Nationalpark Berchtesgaden*, è sotto tutela ambientale, così che non stupisce più di tanto la limpi-

dezza delle sue acque dal caratteristico colore verde-azzurro. Il lago si raggiunge da Berchtesgaden percorrendo la B20, detta anche Königsseer Straße, fino al paesino di Königssee. Da qui si può solo proseguire in barca o a piedi: bello il sentiero che porta in circa 20 minuti al famoso *Malerwinkel*, l'angolo dei pittori, che ha ispirato generazioni di artisti. Il giro del lago (con battello a motore elettrico) dura circa un'ora e porta alla scoperta degli angoli più suggestivi; è anche l'unico modo per raggiungere la *cappella St. Bartholomä* (1697). Con la sua caratteristica pianta a trifoglio e il tetto con le cupole a cipolla è un po' il simbolo di tutto il Berchtesgadener Land. Di fronte alla cappella c'è lo *Jagdschloß*, castello di caccia del 1709 che ospita oggi un Gasthaus dove vale la pena fare una sosta. Specialità: pesce, naturalmente. Da qui un sentiero porta in circa un'ora al *santuario St. Johann und Paul* che, sebbene sia del 1617, è in stile gotico.
Il giro del lago prosegue da St. Bartholomä fino a *Saletalm*, la

La cappella St. Bartholomä

punta più a sud. Da qui, sempre a piedi, si arriva in circa 15-20 minuti a un incantevole, piccolissimo laghetto, l'*Obersee*.
L'alternativa al giro in battello sul Königssee può essere, sempre partendo dal paesino di Königssee, un'escursione in funivia allo *Jenner* (1874), magnifico punto panoramico.

Bad Reichenhall

Circa 20 km a nord di Berchtesgaden, nelle immediate vicinanze del confine austriaco, sulle rive del fiume Saalach, sorge Bad Reichenhall (18.000 ab.). È un importante centro termale (acque con alta concentrazione di sale) posto in una conca circondata da imponenti vette (Berchtesgadener Alpen).
Il lussuoso Hotel Axelmannstein (Salzburgerstr. 2/4) è un po' il simbolo della belle époque di fine Ottocento, periodo in cui Bad Reichenhall visse il suo massimo splendore. Ma ancor oggi milioni di persone afflitte da disturbi reumatici, di circolazione, respiratori ecc. affollano gli impianti di cura.
Bad Reichenhall deve la sua fortuna al sale. E in effetti il nome è emblematico: "Reich an Hal", cioè ricco di sale (*Hal* era in tedesco antico la parola per "sale"). Fu questo il motivo per cui sia la città che tutta la zona circostante (più o meno tutto il Berchtesgadener Land) furono oggetto di feroci contese tra gli allora duchi di Baviera e i vescovi della vicina Salisburgo.
Tutte le strade del centro portano al Kurgarten, la zona termale con l'*Altes Kurhaus*. Di fronte, dall'altra parte della Wittelsbacherstraße, il moderno *Kurgastzentrum*, curioso edificio inaugurato nel 1988 che riunisce i vari uffici amministrativi, un teatro, il casinò, diverse sale Tv e di lettura, negozi, un caffè e un ristorante.
Senz'altro da vedere è la *Alte Saline* (Salinenstr.) con il *Quellenhaus*, la casa delle fonti. L'edificio, oggi museo, racchiude gli impianti per il pompaggio delle acque. Nella parte sotterranea si visitano le gallerie ricoperte di marmo da dove sgorgano le fonti.
La via mondana e per lo shopping è la *Ludwigstraße*, che collega la Salinenstraße con la Salzburgerstraße.
Una nota merita la *Münsterkirche St. Zeno*, situata a nord della città alla fine della Salzburgerstraße: è una chiesa romanica del XII sec. rimaneggiata in stile tardogotico dopo l'incendio del 1512. Bello il portale romanico in marmo: nel timpano un rilievo della Madonna con San Zeno e San Ruperto, i patroni della città. Accanto alla chiesa il chiostro (XIV sec.).
Informazioni: *Kurverwaltung*, Wittelsbacherstr. 15/17, 83435 Bad Reichenhall - tel. 08651/3003.

ALGOVIA E SVEVIA BAVARESE

Da non perdere:
Augusta:
- Rathaus, un capolavoro rinascimentale
- Duomo, con le vetrate più antiche di tutta la Germania
- Fuggerei, le prime case popolari della storia

Nei dintorni di Augusta:
- Landsberg am Lech: lo spettacolare Rathaus

Nella parte meridionale dell'Algovia:
- Wieskirche di Steingaden, il trionfo del barocco
- Neuschwanstein, castello di Ludwig

AUGUSTA, duemila anni di storia

Augsburg (260.000 ab.), terza città della Baviera dopo Monaco e Norimberga, capoluogo amministrativo della Svevia, vanta antichissime origini. Nel 1985 si sono infatti svolte le celebrazioni per i suoi 2000 anni.
Nel 15 a.C. - sotto l'impero di Augusto - i romani fondarono un accampamento che divenne col tempo una prospera città dal nome *Augusta Vindelicum*.
Visse il periodo di massimo fulgore nel XV e XVI sec. La posizione estremamente favorevole facilitò infatti scambi e commerci con l'Italia; la via Claudia la collegava a Venezia e, da lì, all'Oriente. Nacque così una classe patrizia di commercianti e banchieri che influenzò con il proprio operato lo sviluppo della città. A partire dal 1276 Augusta si fregiò del titolo di libera città imperiale.
Due le famiglie che più di altre lasciarono un'impronta: i Fugger, influenti banchieri, una della famiglie più ricche d'Europa, e i Welser, ricchi commercianti.
Per farsi un'idea di quanto facoltosi fossero i Fugger basta pensare che imperatori come Massimiliano I e Carlo V chiesero loro prestiti per rimettere in sesto le casse dell'impero. Furono anche i pionieri di quella che nel XIX sec. venne definita "politica sociale". Fecero infatti costruire le prime "case popolari" della storia: la cosiddetta Fuggerei, un complesso di oltre 100 abitazioni per ospitare i poveri della città. Prezzo dell'affitto: 1

fiorino all'anno (al cambio odierno qualcosa come 1,71 marchi). Nel 1500 Augsburg era una della maggiori città tedesche, e non a caso l'imperatore ne fece una delle sue sedi preferite. Qui si tennero diversi Reichstage (Diete imperiali): storico rimase quello del 1555, che sancì la libertà di religione (Pace di Augusta) riconoscendo il diritto di ogni principe a scegliere la fede dei propri sudditi. Fu in pratica il riconoscimento ufficiale del protestantesimo, posto così sullo stesso piano della religione cattolica. Augsburg divenne un importante punto di riferimento culturale del Rinascimento tedesco. Qui architettura, musica e pittura erano di casa. La Guerra dei Trent'anni pose fine a questo periodo di fulgore.
Nel 1805 Augsburg passò al neonato regno di Baviera, perdendo il titolo di libera città imperiale.
Danneggiata nell'ultimo conflitto, Augsburg è oggi una moderna città industriale e uno dei centri pulsanti dell'economia bavarese. Da ricordare anche che Augsburg diede i natali a Bertold Brecht (1898-1956); la Brechthaus si trova in Auf dem Rain 7.

In giro per il centro
L'arteria principale che attraversa il centro storico da nord a sud è costituita da tre vie allineate: *Hoher Weg, Karolinenstraße* e *Maximilianstraße*.
Punto centrale di questo asse è il Rathausplatz, sul quale si affaccia il **Rathaus**, vero capolavoro dell'architettura rinascimentale profana, opera di Elias Holl (1615-1620). Sulla facciata principale, coronata da un frontone, spiccano vari ordini di finestre e le due torri a cipolla. Col suo sfarzo, di cui testimonia all'interno il Goldener Saal, sala dorata (visita a pagamento), la costruzione voleva in qualche modo essere espressione del potere acquisito dalla borghesia.
Accanto si erge il *Perlachturm*, una torre di 70 m che è, con il Rathaus, il simbolo di Augsburg. La torre, collegata alla piccola *chiesa di St. Peter* del XII sec., fu successivamente ampliata e rifatta in forme barocche. È possibile salire in cima (260 gradini) da dove si gode un'incantevole vista sulla città.
In mezzo alla piazza il bell'*Augustusbrunnen*, fontana con la statua dell'imperatore Augusto eretta nel 1594 in occasione delle celebrazioni per i 1600 anni dalla fondazione della città.
Proseguendo in direzione nord, dopo aver percorso la Karolinenstraße e l'Hoher Weg, si giunge all'**Hoher Dom**, costruzione romanica bicefala, successivamente rifatta in stile gotico. L'aspetto

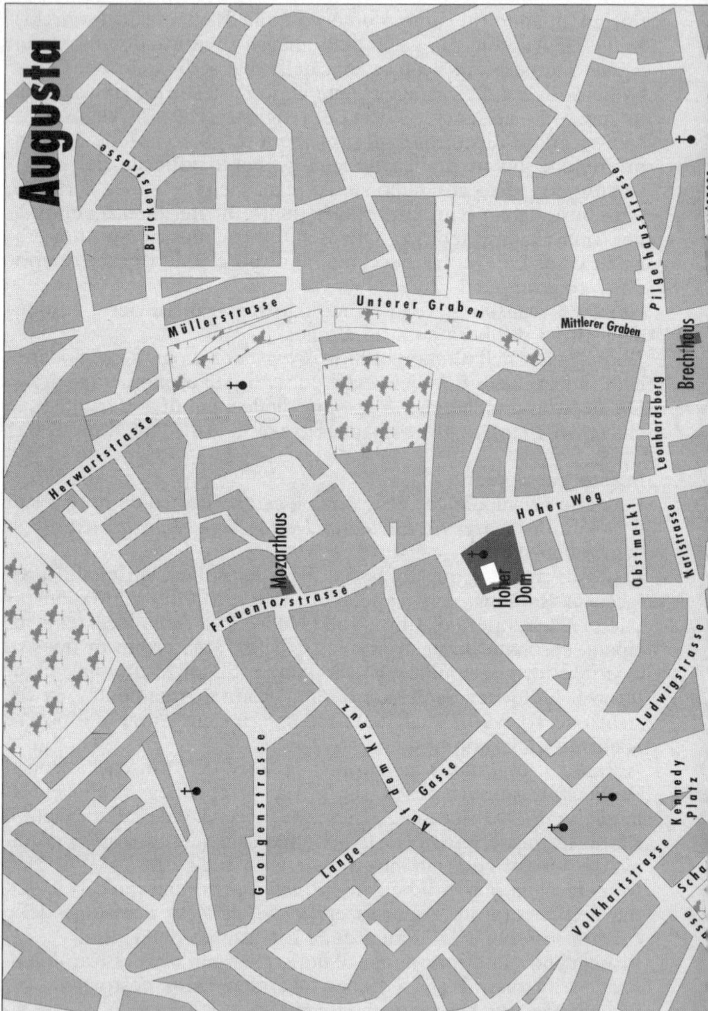
Augusta
Brückenstrasse
Müllerstrasse
Unterer Graben
Mittlerer Graben
Pilgerhausstrasse
Brechthaus
Leonhardsberg
Herwartstrasse
Mozarthaus
Frauentorstrasse
Hoher Weg
Hoher Dom
Obstmarkt
Karlstrasse
Ludwigstrasse
Kennedy Platz
Volkhartstrasse
Georgenstrasse
Auf dem Kreuz
Lange Gasse

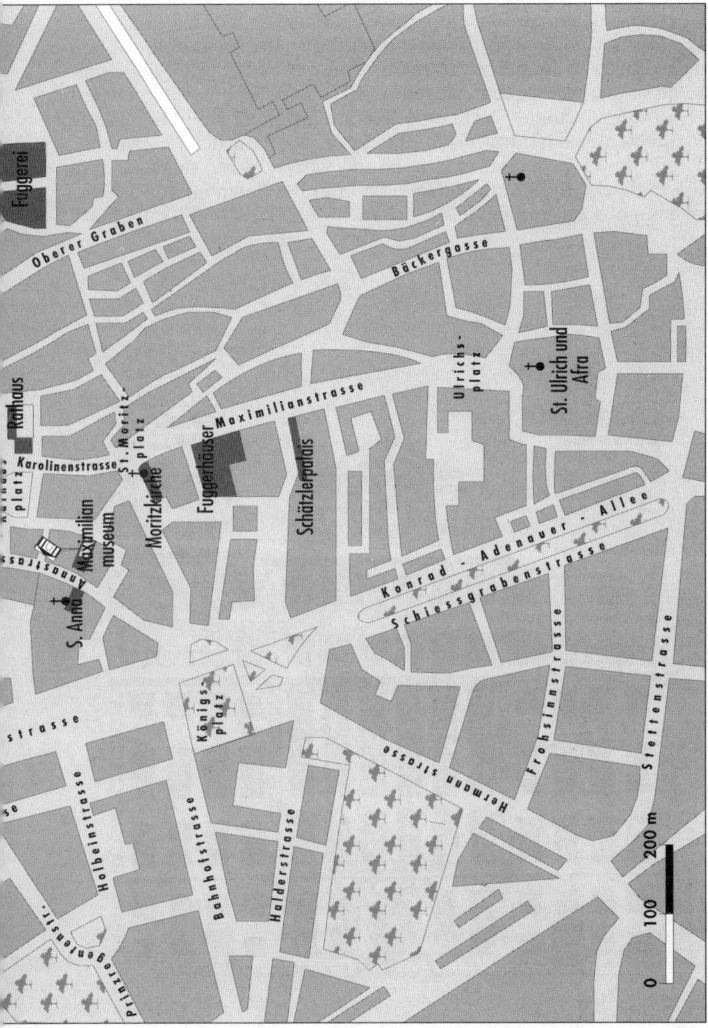
Fuggerei
Oberer Graben
Bäckergasse
Rathaus
Karolinenstrasse
St. Moritz-platz
Moritzkirche
Fuggerhäuser
Maximilianstrasse
Schätzlerpalais
Ulrichs-platz
St. Ulrich und Afra
Maximilian museum
Annastrasse
S. Anna
Konrad - Adenauer - Allee
Schiessgrabenstrasse
Königs-platz
Frohsinnstrasse
Stettenstrasse
Hermann strasse
Bahnhofstrasse
Halderstrasse
Holbeinstrasse
Prinzregentenstr.
0
100
200 m

esterno è di dimensioni imponenti: ben 113 m di lunghezza. Notevoli i portali, in particolare il cosiddetto *Marien-Portal*, sul lato sud, ornato da numerose statue e statuette. All'interno, nella parte alta della navata centrale, cui si affiancano due navate per parte, spiccano cinque bellissime vetrate originali del 1130 (dette Prophetenfenster), tra le più antiche in assoluto della Germania. Attenzione a non confonderle con le vetrate poste dietro il coro orientale che ornano le cappelle centrali del deambulatorio. Spicca nel coro est una crocefissione in bronzo del 1962. Dalla parte

Augusta, il Rathaus

opposta, nel coro occidentale, si trova invece un altare in bronzo del XV sec., sul cui lato sinistro ci sono un ciborio dell'XI sec. e una cattedra vescovile in pietra del 1100. Davanti all'altare, un fonte battesimale in pietra sul quale pende un lampadario in bronzo del XV sec. Belli, inoltre, gli stalli, anch'essi del XV sec.
Sotto il coro si trovano due cripte: la prima a 4 navate dalla quale si accede poi all'altra, a tre navate; da notare, in quest'ultima, una Madonna con Bambino e, sul pavimento, una lapide commemorativa del vescovo Simpert (morto nell'807).
Il duomo sorge esattamente dove si insediarono i romani. Ne è testimonianza il *Römermauer*, a sud del duomo, nel Fronhof: si tratta di un museo all'aperto che raccoglie reperti dell'antica Augusta imperiale.
L'estremità opposta dell'arteria Hoher Weg-Karolinenstraße-Maximilianstraße è delimitata dall'Ulrichsplatz, sul quale sorgono la piccola Ulrichskirche e la cattedrale St. Ulrich und Afra. Prima però di raggiungerla è consigliabile fare un paio di deviazioni prendendo come punto di riferimento il centrale Rathausplatz.
La prima deviazione porta alla **Fuggerei** (dal Perlachturm si prende la Perlachgasse e si prosegue lungo la Barfüsserstraße e la Jakoberstraße): si tratta di una vera e propria "città nella città" con tre portoni che si chiudono puntualmente alla sera come succedeva nelle città medievali. È un complesso di 53 case per un totale di 106 mini-appartamenti (c'è anche una chiesetta, la Markuskirche, e una fontana), fatto costruire nel 1516 da Jakob Fugger per ospitare i poveri della città che dovevano però essere rigorosamente di fede cattolica. Oggi come allora la Fuggerei è abitata dai moderni poveri della nostra società: sono quasi tutti pensionati (per accedervi occorre fare domanda alla Fondazione Fugger). La pigione è, come si è già accennato, puramente simbolica: un fiorino all'anno (1,71 DM). I beneficiari devono però ricordarsi di recitare quotidianamente un *Padre nostro*, possibilmente nella Markuskirche, per l'anima del pio fondatore. La casa al n. 3 della Mittlere Gasse è adibita a museo: è in pratica una mini-abitazione aperta al pubblico.
Nella *Annastraße*, centro della zona pedonale, c'è la **chiesa di St. Anna**, evangelica, del 1321 ma ampliata verso la fine del XV secolo. Vi si accede dal chiostro. L'interno, rifatto in forme barocche verso la metà del Settecento (belli gli stucchi rosa-bianchi alle pareti e al soffitto e il pulpito del 1682), custodisce preziosi dipinti di Lucas Cranach il Vecchio sull'altare e nel coro a est, e i

due ritratti di Lutero e Giovanni Federico di Sassonia ai lati. Ma la maggiore attrattiva di questa chiesa protestante è, stranamente, la *Fuggerkapelle*, la cappella funeraria dei Fugger, cattolicissimi, un vero gioiello del primo Rinascimento tedesco, situata sul lato opposto rispetto al coro. La fece costruire Jakob Fugger all'inizio del 1500. La sua tomba, con quella del fratello Ulrich e di altri membri della famiglia, si trova dietro l'altare. La Fuggerkapelle rimane ancor oggi proprietà della famiglia Fugger.
Su lato sinistro rispetto al coro c'è la *Goldschmiedkapelle*, suggestiva cappella del XV sec. con affreschi gotici.
Ancora da vedere, in una stanza attigua alla chiesa, la cosiddetta *Lutherstiege*, scala di Lutero, allestita nel 1983 per celebrare il 500° anniversario della sua nascita. Viene ricordata l'opera del riformatore e in particolare il suo colloquio con un messaggero del papa, il cardinale Cajaten, nel 1518 (Lutero si trovava allora ad Augusta).
Dal Maximilianmuseum, ritornando verso la Maximilianstraße, si giunge al St. Moritz-Platz con la *Moritzkirche*, dell'XI sec., quasi completamente rifatta dopo i gravi danni subiti nell'ultima guerra. L'ingresso è un po' nascosto dai numerosi chioschi che affollano la facciata. Poco è rimasto all'interno della sfarzosa decorazione barocca.
La Maximilianstraße diventa da qui particolarmente elegante ed è abbellita da due fontane: il Merkurbrunnen all'inizio e, più avanti, l'Herkulesbrunnen. I Fugger avevano qui la loro dimora e infatti, ai numeri 36 e 38, troviamo i *Fuggerhäuser*, un insieme di più case patrizie tra loro collegate: il vero centro finanziario, potremmo quasi dire la Wall Street del tempo (belli i cortili interni con arcate). Oggi c'è la *Fürst Fugger Privatbank* e l'immancabile Keller. Poco più avanti, al n. 46, il bellissimo *Schätzlerpalais* (1765-1770), palazzo rococò del banchiere Liebert von Liebenhofen; particolarmente sfarzoso, all'interno, il Festsaal, adibito oggi a sala per concerti. È il luogo senz'altro più adatto per ospitare la *Deutsche Barockgalerie*, dedicata alla pittura tedesca dei secoli XVI-XVIII, e la Staatsgalerie, pittura del XV sec. (Dürer, Hans Holbein il Vecchio ecc.). Con un solo biglietto si visitano lo Schätzlerpalais e le due gallerie.
Prima di arrivare alla cattedrale St. Ulrich und Afra, alla fine della Maximilianstraße, vale la pena di fermarsi al n. 83, al ristorante *Welser-Kuche*. Qui vengono servite specialità sveve cucinate secondo ricette originali del XV-XVI sec., e i camerieri indossano costumi del tempo; c'è posto per solo 85 persone, apre

alle 19,30 e viene servita una cena con più portate. Prenotare con largo anticipo.
La **cattedrale St. Ulrich und Afra** è preceduta dalla piccola *Pfarrkirche St. Ulrich*, evangelica, del 1457, concepita come Predigtsaal, sala per le prediche dell'antica abbazia benedettina.
La cattedrale, cattolica, è una costruzione tardogotica del XV sec. di notevoli dimensioni, dominata dalla caratteristica torre a cipolla. Nell'interno, a tre navate, spiccano tre magnifici altari rinascimentali (1604-1607) posti nel coro. Notevole anche il pulpito della navata centrale (1608) sulla quale si affaccia maestoso l'organo. Sotto il coro c'è la cripta con i sarcofaghi di St. Afra, una delle prime martiri morta nel 304, e St. Ulrich, vescovo di Augusta, morto nel 973 e beatificato vent'anni più tardi. La tomba di St. Ulrich è un vero capolavoro rococò. Nella navata destra spiccano quattro cappelle: particolarmente bella la *Simpertkapelle*, con la tomba del santo vescovo Simpert, chiusa da una imponente volta.
Notevole, infine, la cancellata barocca in ferro battuto che separa il vestibolo nella parte posteriore della costruzione dalla basilica vera e propria.

Informazioni

Prefisso telefonico: 0821
Verkehrsverein Augsburg, Bahnhofstr. 7, 86150 Augsburg - tel. 502.070.
Tourist-Information, Am Rathausplatz, 86150 Augsburg - tel. 502.070.

Dove dormire

Abbiamo provato per voi:
Dom-Hotel (comfort), Frauentorstr. 8 - tel. 153.031, fax 510.126; confortevole, in centro, vicino al duomo. Forse troppo vicino: le campane vi sveglieranno infatti di buon'ora.
Altri nostri suggerimenti:
Georgrast (standard), Georgenstr. 31 - tel. 313.051; meublé situato nella parte nord della città vicino a St. Georg. Senza grandi pretese.
Hotel Post (comfort), Fuggerstr. 5/7 - tel. 36.044, fax 33.664; confortevole, in centro, vicino al Königsplatz. Ristorante e terrazza.
Hotel am Rathaus (supercomfort), Hinterer Perlachberg 1 - tel. 509.000, fax 517.746; meublé storico in posizione centralissima. Tranquillo. Ricco buffet a colazione.

Inter City Hotel (supercomfort), Halderstr. 29 - tel. 50.390, fax 503.99.99; di recente costruzione, vicino alla stazione. Ambiente piacevole.
Steinberger Drei Mohren Hotel (lusso), Maximilianstr. 40 - tel. 50.360, fax 157.864; un indirizzo elegante per un hotel di classe.
Ostello. *Jugendherberge*, Pfaffenkeleler 3 - tel. 33.909.
Campeggio. *Augusta am Autobahnsee*, Mühlhauser Str. 54, uscita autostrada Augsburg-Ost - tel. 714.121.

Dove mangiare

Ratskeller, Rathausplatz 2; nello storico municipio. Andate sul sicuro: cucina sveva, bavarese e internazionale.
Fuggerkeller, Maximilianstr. 38; nel Fuggerhaus. Ampia scelta di vini.
König von Flandern, Karolinenstr. 12; la prima locanda-birreria della città. La birra viene ancora prodotta in proprio. Scelta ristretta.

Una gita nei dintorni

Percorrendo da Augusta la B17 in direzione sud si giunge, dopo circa 40 km, a **Landsberg am Lech** (20.000 ab.), situata sulla riva destra del fiume Lech, nell'Alta Baviera.
La città raggiunse il suo massimo splendore nel periodo barocco. E non è un caso che proprio Dominikus Zimmermann, il celebre costruttore della Wieskirche, fu borgomastro della città dal 1749 al 1753. E si vede. Il *Rathaus*, con la facciata riccamente decorata di stucchi, opera di Zimmermann, vale di per sé una gita a Landsberg. Ma tutto l'*Hauptplatz*, ornato dal Marienbrunnen e sul quale si affaccia il Schöner Turm, torre bella, è suggestivo.
A nord della piazza sorge la *Pfarrkirche Mariae Himmelfahrt*, tardogotica, ma poi riccamente decorata in forme barocche. Bello, all'interno, l'altare del rosario (Rosenkranzaltar), opera di Zimmermann.
Non lontano c'è poi la *Johanniskirche*, con un interno tutto rococò sempre di Zimmermann.
La vista più suggestiva sulla città si ha dal *Bayertor* (1425), una delle più belle porte gotiche di tutta la Germania.
Nella prigione di Landsberg soggiornò nel 1924 Adolf Hitler, condannato, dopo il suo tentativo di colpo di stato del novembre 1923, a 5 anni di reclusione. Venne scarcerato dopo 9 mesi. Nel frattempo aveva scritto *Mein Kampf*.

MEMMINGEN, centro industriale e atmosfera antica

Da non perdere:
- Marktplatz con Rathaus e Steuerhaus
- Giro per la Altstadt lungo lo Stadtbach

Nei dintorni:
- Ottobeuren e la sua splendida basilica barocca

Vivace centro commerciale della Svevia bavarese, Memmingen (40.000 ab.) rivela in ogni angolo della Altstadt tracce di un passato importante.
Le sue origini sono sicuramente legate a un villaggio alemanno, ma fu il duca Welf VI a fondare intorno al 1160 una città che potesse fungere da centro commerciale e da deposito lungo la "strada del sale". Memmingen rivela dunque già dalla fondazione la sua vocazione ai traffici e ai commerci, favorita anche dalla strategica posizione lungo antiche vie di collegamento ai piedi delle Alpi. Nel 1268 la città ottenne il titolo di Freie Reichsstadt. Visse poi un lungo periodo di splendore, dal XIV al XVI sec., come testimoniano i vari edifici dell'epoca. La città venne cinta da mura con torri e porte, di cui restano notevoli tracce.
In seguito decadde, e solo dopo l'annessione alla Baviera, nel 1803, i cittadini riscoprirono il loro talento nel commercio e nell'imprenditoria partecipando attivamente alla rivoluzione industriale della regione.
Ancor oggi Memmingen è un centro industriale importante ma, quel che più interessa, ha saputo mantenere integro l'aspetto dell'antica città imperiale.

In giro per il centro

Caratteristico è lo *Stadtbach*, angusto fiumiciattolo che attraversa la Altstadt: anticamente doveva provvedere, se così si può dire, alla pulizia dell'abitato. Seguendone il corso attraverso i pittoreschi vicoli, ad esempio dal Marktplatz in direzione sud verso il quartiere dei conciatori, si ha un'idea del fascino medievale della città.
Il fulcro della vita cittadina è ancor oggi il *Marktplatz:* splendide case sveve con alti frontoni circondano la piazza, caratterizzata dal bel *Rathaus* del 1589 con decorazioni rococò del 1785,

e dallo *Steuerhaus* (1495, casa del dazio), con facciata dipinta e belle arcate.
A ovest del Marktplatz, alla fine della Zangmeisterstraße, si nota il massiccio *Westertor*, torre del XVII sec. che fa parte delle fortificazioni. Nelle vicinanze, al n. 8, c'è l'*Hermannsbau*, altro splendido edificio del XVIII sec., parte del quale ospita lo *Städtisches Museum*. Vicino, quasi di fronte, si erge la *St. Martinskirche*, evangelica, tardogotica, cui si lavorò fino al XV sec. All'interno, affreschi del XV-XVI sec., e splendidi stalli del coro, opera degli artisti locali Heinrich Stark e Hans Herlin (1501-1507).
Dal Marktplatz lo Stadtbach ci conduce in direzione sud verso i quartieri più caratteristici di Memmingen, come il *Weinmarkt*, dove un tempo risiedevano le corporazioni; bella la Kramerzunft, la sede della corporazione dei bottegai.
La Kramerstraße, con i suoi caratteristici portici, è la piacevole zona pedonale.
Proseguendo invece lungo lo Stadtbach si arriva allo Schrannenplatz. Poco lontano si trova una curiosità di Memmingen, il *Siebendächerhaus*, la casa dei sette tetti (1601) nel quartiere dei conciatori (Lindentorstr. 7). La struttura con il caratteristico tetto a più spioventi è dovuta proprio alla sua originaria funzione: i conciatori, infatti, stendevano sui 7 spioventi le pelli ad asciugare.
Dallo Schrannenplatz pochi passi ancora, sempre lungo lo Stadtbach, e raggiungiamo la chiesa più antica di Memmingen, la *Frauenkirche*, consacrata nel 1460. Si tratta di una basilica a pilastri, dal soffitto piatto, con splendidi affreschi di epoca gotica attribuiti alla scuola degli Strigel, pittori locali molto noti nel XV secolo.
Siamo praticamente giunti all'estremità meridionale della Altstadt: il *Kempter Tor*, poco distante dalla Frauenkirche, conclude il nostro giro.

Informazioni
Prefisso telefonico: 08331
Städtisches Verkehrsamt, Ulmer Straße 9, 87700 Memmingen - tel. 850.172.

Dove dormire
Abbiamo provato per voi:
Hotel Falken (comfort), Roßmarkt 3/5 - tel. 47.081, fax 47.086; meublé in posizione centralissima, in edificio storico. Accogliente. Tutte le camere sono con bagno. Garage privato. Ricco buffet a colazione.

Altri nostri suggerimenti:
Hotel Adler (comfort), Maximilianstr. 3 - tel. 87.015, fax 48.540; in centro, vicino alla zona pedonale. Buffet a colazione. Garage.
Park-Hotel an der Stadthalle (supercomfort), Ulmer Str. 7 - tel. 9320, fax 48.439; posizione centrale, nei pressi del Marktplatz. Sauna e solarium. Annessi ristorante e Biergarten.
Ostello. *Jugendherberge*, Kempter Str. 42 - tel. 494.087.

I DINTORNI DI MEMMINGEN

Una decina di chilometri a sud-est di Memmingen sorge la cittadina di **Ottobeuren** (8000 ab.), centro di cure Kneipp, nota soprattutto per la splendida basilica. Fa parte di un'*abbazia benedettina* del 764, tuttora funzionante nonostante alterne vicende storiche, fra le quali la secolarizzazione del 1803.
La struttura attuale risale al XVIII sec.; dapprima si completarono gli edifici dell'abbazia (1711-1725), in seguito si iniziarono i lavori per la costruzione della chiesa. Tra il 1737 e il 1766 venne così edificata una delle più suggestive chiese barocche di tutta la Germania meridionale. Direttore dei lavori fu il geniale architetto monacense Johann Michael Fischer, e i migliori artisti dell'epoca collaborarono all'allestimento interno.
La facciata, chiara, convessa, stretta fra due esili torri, spicca maestosa sul paesaggio circostante. Ma è l'interno che lascia letteralmente senza fiato: l'unica grande navata è tagliata a metà da un lungo transetto con cupola semicircolare sulla crociera. Architettura, scultura e pittura si fondono armoniosamente. I magnifici stucchi e alcuni gruppi scultorei sono di Johann Michael Feichtmayr; gli affreschi sono dei tirolesi Johann Jakob e F.A. Zeiller. Di questi ultimi notevole è la raffigurazione della discesa dello Spirito Santo nella cupola della crociera.
In questa esplosione di barocco si nota il crocefisso del ciborio (XII sec). Dietro questo si apre il coro con stalli magnificamente arricchiti da rilievi in legno dorato, opera di Joseph Christian il Vecchio. Sopra gli stalli due preziosi organi barocchi (1757-1766) del maestro Karl Riepp. Un terzo organo, moderno, del 1957, dà sulla navata.
Dal coro si passa all'abbazia vera e propria, con tre grandi cortili interni e saloni stuccati e affrescati da Zimmermann e Amigoni. Da menzionare il chiostro, la sala capitolare, la sala del teatro, il Kaisersaal, con ritratti degli imperatori d'Asburgo, e la

sala della biblioteca. È possibile accedere a questi saloni prendendo parte a una visita guidata al *Klostermuseum*.
Molto conosciuti i concerti d'organo, *Ottobeurer Konzerte*, che si tengono ogni estate nella basilica e nel Kaisersaal.
Informazioni: *Kurverwaltung*, Marktplatz 14, 87724 Ottobeuren - tel. 08332/6817.

METE NELL'ALGOVIA

Kempten

Capitale dell'Algovia (61.000 ab.), situata sulla riva sinistra del fiume Iller, è una delle città più antiche della Germania. La *Cambodunum* dei romani, fondata nel I sec. d.C. su un insediamento celtico, era una città modello che si sviluppava attorno a un grande foro circondato da imponenti costruzioni. Non potevano mancare le terme e un grande campo per esercitazioni sportive di vario genere.
Non è da molto che gli abitanti e la città di Kempten hanno per così dire riscoperto questo prezioso passato. Di recente istituzione è, ad esempio, l'*Archäologischer Park Cambodunum*, che sorge in posizione rialzata rispetto alla città, dall'altra parte del fiume. Si tratta di una parziale ricostruzione, su fondamenta originarie, del settore della città romana dedicato ai templi.
La città medievale, sviluppatasi attorno a un'abbazia benedettina dell'VIII sec., ottenne nel 1289 il titolo di città imperiale. La storia di Kempten fu caratterizzata da continui contrasti tra i potenti principi-abati dell'abbazia benedettina e la città stessa, guidata da un'agiata classe patrizia. Durante la Guerra dei Trent'anni le due parti non andarono molto per il sottile (già nel 1525 la città aveva abbracciato la Riforma) e si annientarono a vicenda.
Alla fine del conflitto, dei 6000 abitanti ne sopravvissero poco più di 900.
Nel 1803 la città imperiale e il principato degli abati passarono alla Baviera, fatto che pose definitivamente fine agli attriti e alle divisioni che per secoli avevano caratterizzato la storia di Kempten.
La visita può cominciare dalla *Residenz* (Residenzplatz), sede ufficiale dei principi-abati, e abbazia benedettina; è un imponente palazzo barocco con due cortili interni, la cui costruzione iniziò nel 1651. La disastrosa Guerra dei Trent'anni si era appena conclusa, l'abbazia era gravemente danneggiata. Fu così che i prin-

cipi-abati pensarono di costruire qualcosa di maestoso per riaffermare la loro supremazia in città. Fu successivamente ornata e abbellita da artisti della Wessobrunner Schule, la famosa scuola del barocco bavarese.
Oggi è sede amministrativa. I giardini sono delimitati a nord da una bella *Orangerie* (1780).
La *St.-Lorenz-Basilika*, attigua alla Residenz, è la prima grande chiesa barocca della Germania meridionale costruita dopo la Guerra dei Trent'anni (1652-1674). Gli architetti, Beer e Serro, sono gli stessi della Residenz. All'esterno spicca la grandiosa facciata a due torri e l'imponente cupola. Ricca decorazione interna con pregevoli stucchi e affreschi.
Nel *Rathaus* (Rathausplatz) colpisce la facciata, certamente particolare, frutto di un singolare mix di stili. La costruzione originaria gotica del 1474 venne rimaneggiata secondo il gusto rinascimentale nel XVI sec. Rïtocchi sono stati effettuati anche recentemente.
Sul Rathausplatz c'è il *Rathausbrunnen*, fontana rinascimentale del 1601.
St. Mang, chiesa gotica a tre navate del 1426, dal 1525 parrocchiale evangelica, si affaccia sul St.-Mang-Platz. Fu riccamente decorata in forme barocche nel XVIII secolo.
La *Fischerstraße* è il centro della zona pedonale. Lo *Zumsteinhaus* (Residenzplatz 31) è il più bel palazzo patrizio in stile classicheggiante della città (1805). Ospita il *Römisches Museum*, il museo di reperti romani, e il *Naturkunde-Museum*, museo di scienze naturali.
Informazioni: *Verkehrsverein Kempten e.V.*, Im Rathaus, 87435 Kempten - tel. 0831/252.52.37.

Füssen

Situata ai piedi delle Alpi, a circa 100 km in direzione sud-ovest da Monaco, sulla riva sinistra del fiume Lech, nelle immediate vicinanze del confine austriaco (Tirolo), Füssen (13.000 ab.) è punto d'arrivo (o di partenza) della *Romantische Straße* e tappa obbligatoria di un altro itinerario suggestivo: la Deutsche Alpenstraße che da Lindau porta a Berchtesgaden.
La neve, sempre assicurata da dicembre a marzo, e una perfetta serie di infrastrutture sciistiche ne fanno una rinomata stazione di villeggiatura invernale. Ma anche in estate i vari laghi - Forggensee, Weißensee e Hopfensee - offrono innumerevoli possibilità. Il più grande è il *Forggensee*, lago artificiale creato

nel 1954 (12 km di lunghezza e 4 km di larghezza, per estensione il quarto della Baviera) che si presta per piccole crociere in battello, incantevoli giri in bici e tutti gli sport acquatici.
E per chi vuole rigenerarsi, Füssen offre un'ampia gamma di cure termali. In località *Bad Faulenbach* sgorga infatti un'acqua sulfurea, ricca di calcio, dagli effetti miracolosi.
Ma il nome di Füssen è indissolubilmente legato a due castelli: Neuschwanstein, il più famoso, frutto dei capricci dell'eccentrico e senz'altro un po' pazzo Ludwig II, e Hohenschwangau, a pochi passi di distanza, fatto costruire dal padre di Ludwig, Massimiliano II (il che fa pensare che la mania di erigere sempre nuove residenze fosse in qualche modo ereditaria in casa Wittelsbach). Neuschwanstein si trova circa 4 km a est di Füssen, sulla destra rispetto alla B17 che porta a Steingaden.

Neuschwanstein: il castello da fiaba di Ludwig II

Se si chiede a un bavarese un giudizio su Ludwig II, molto probabilmente ci si sente rispondere che, in fondo in fondo, non era pazzo ma solo un po' strano ed eccentrico.
Questo è il minimo che si possa dire di un monarca che dilapidò le finanze per assecondare la sua mania di costruire un castello dopo l'altro. Neuschwanstein è senz'altro il più conosciuto, ma non meno imponenti sono Linderhof (vicino a Garmisch-Partenkirchen) e Herrenchiemsee (sul Chiemsee).
Quando ncl 1886 Ludwig chiese al parlamento bavarese di farsi carico dei suoi debiti (13 milioni di marchi), lo fecero visitare da quattro psichiatri che lo dichiararono pazzo. Fu arrestato e rinchiuso in un castello, non uno dei suoi, Schloß Berg, sul Lago Starnberg nelle immediate vicinanze di Monaco. Il 16 giugno 1886 la tragedia: Ludwig e il medico messogli accanto per tenere sotto controllo il suo stato di salute mentale partirono per una passeggiata lungo il lago dalla quale non tornarono più. Il mistero avvolge ancor oggi la vicenda. L'ipotesi più probabile è quella del suicidio, anche se i bavaresi tendono a minimizzare i lati oscuri e a glissare sull'intera vicenda della morte misteriosa.
Da piccolo, mentre suo padre Massimiliano II regnava a Monaco, Ludwig trascorse molto tempo con la madre nel *castello di Hohenschwangau*, costruzione in stile neogotico che sovrasta l'Alpsee (possibilità di visita). Fu durante questi ripetuti soggiorni che maturò la decisione di costruire qualcosa di maestoso, di imponente e di romantico allo stesso tempo.
Salito al trono appena diciottenne, nel 1864, trovò ben presto

noiosi gli impegni legati al suo nuovo ruolo, e vi si sottrasse fuggendo in un mondo tutto personale, fantastico, fatto di musica (era un grandissimo ammiratore di Wagner), di arte e bellezza; lontano da Monaco per rifugiarsi, solitario, tra le Alpi. Nel 1869 iniziò a realizzare il suo progetto a poco più di 1 km di distanza da Hohenschwangau. Ne uscì una costruzione originalissima, romantica, ispirata a una Ritterburg medievale, fatta di torri e pinnacoli che svettano verso il cielo; una macchia chiara, marmorea, che domina dall'alto. Un castello che dopo 17 anni, quando Ludwig morì, non era ancora finito e nel quale l'eccentrico monarca risiedette solo saltuariamente e per brevi periodi. Neuschwanstein era inadatto per viverci, per governare, per alloggiarvi una corte. Ma tutti questi erano in fondo aspetti secon-

Il castello di Neuschwanstein

dari. L'importante per Ludwig era creare qualcosa che riproducesse nella realtà il suo mondo di sogni e raffinata bellezza.
Ogni anno milioni di turisti si inerpicano lungo la strada che porta al castello, sopportano pazientemente lunghissime attese, accettano di pagare un ingresso non certo a buon mercato pur di non perdere la visita guidata ai fiabeschi saloni.
Ma anche solo dall'esterno il castello di Neuschwanstein è una gioia per gli occhi: d'estate fanno da sfondo il verde dei boschi e l'azzurro del lago sottostante; d'inverno la neve, sempre abbondante, e le slitte enfatizzano ancor più la magia del luogo.
Informazioni: *Kurverwaltung*, Augsburger-Tor-Platz 1, Postfach 1165, 87629 Füssen - tel. 08362/7077.

Steingaden

Prendendo da Füssen la B17 in direzione Schongau si giunge, dopo circa 20 km, a Steingaden (2500 ab.). Il paesino di per sé non offre gran che, eccezion fatta per la bella *Klosterkirche St. Johannes Baptist*, romanica, del XII sec. L'interno, a tre navate, fu riccamente decorato in forme barocche nella seconda metà del Settecento. Furono all'opera artisti della Wessobrunner Schule.
Ma a pochi chilometri, nel mezzo di un'ampia distesa, c'è quella che può essere considerata l'espressione più sublime del rococò tedesco, il capolavoro in assoluto di Domenico Zimmermann: la **Wieskirche**. L'origine della chiesa è legata all'apparizione di Cristo a una contadina. Sul luogo, "in der Wies", cioè in mezzo al prato, l'abate di Steingaden pensò di edificare una chiesa. I lavori, iniziati nel 1746, si conclusero otto anni più tardi.
L'esterno, semplice e lineare, dai tenui colori giallo e bianco, non lascia minimamente supporre lo sfarzo dell'interno: affreschi, stucchi, statue si fondono in un tutt'uno armonicamente legato dalla luce e dai colori.
La ricchezza delle decorazioni rende quasi difficile riconoscere la struttura architettonica dell'edificio stesso. La parte centrale è rappresentata da un ovale (29 m di lunghezza e 24 di larghezza), circondato da 8 colonne doppie e sovrastato da una bassa copertura a volta con splendidi affreschi - opera di Johann Baptist Zimmermann, fratello del costruttore - che sembrano protendersi verso il cielo. È preceduta da un vestibolo, mentre nella parte posteriore, chiusa dal campanile, si trova un coro stretto e allungato, circondato da un deambulatorio.
Informazioni: *Verkehrsamt*, Krankenhausstr. 1, 86989 Steingaden - tel. 08862/200.

Kaufbeuren
Circa 45 km a nord di Füssen, al centro dell'Algovia orientale, nella valle del Wertach, Kaufbeuren (41.000 ab.) è una ridente cittadina che vanta una storia più che millenaria. Libera città imperiale dal 1268, conserva ancora parte delle antiche mura del XV sec. e ben 5 torri. Le strette vie del centro, fiancheggiate da belle case patrizie, contribuiscono a mantenere vivo il fascino medievale. Simbolo della città è la *Fünfknopfturm*, Torre cinque pomelli, del 1420. All'interno 87 gradini portano alla stanza del guardiano, ancor oggi abitata. Spiccano sulla facciata gli stemmi delle potenze centrali alleate della prima guerra mondiale: Germania, Austria-Ungheria, Turchia e Bulgaria.
Nei pressi della centrale Kaiser-Max-Straße si trova la *parrocchiale St. Martin*, costruita come basilica romanica, rifatta in stile gotico nel 1438-1543 e successivamente arricchita di elementi barocchi. A tre ampie navate, custodisce fra altri importanti tesori artistici anche quattro statue lignee di santi (1480) collocate su mensole nel coro, originariamente parte dell'altar maggiore, e, su un altare laterale, l'Adorazione dei Magi dell'artista locale Hans Kels (1525).
Il *Rathaus*, situato alla fine della Kaiser-Max-Straße, costruito tra il 1879 e il 1881 in stile neorinascimentale, si fonde armonicamente nell'urbanistica della città.
Informazioni: *Tourist Information*, Kaiser-Max-Straße 1 - Rathaus, 87600 Kaufbeuren - tel. 08341/40.405.

La Wieskirche

NORIMBERGA, ritorno al Medioevo

Da non perdere:
- Hauptmarkt con Frauenkirche e Schöner Brunnen
- Giro per la Burg, la fortezza che domina dall'alto la città
- Albrecht-Dürer-Haus
- Germanisches Nationalmuseum, un must per capire la cultura e lo spirito tedesco
- Christkindlmarkt: il più famoso dei mercatini natalizi

Nürnberg (500.000 ab.), seconda città della Baviera, capoluogo della Franconia, è famosa in tutto il mondo per i suoi giocattoli e il tradizionale Christkindlmarkt, il più rinomato mercatino natalizio dell'intera Germania.
Ma il nome di Norimberga rievoca inevitabilmente il periodo dell'immediato dopoguerra, che vide la città teatro dei famosi processi condotti dalle potenze vincitrici contro i maggiori responsabili nazisti. Processi che non a caso si svolsero proprio qui. Norimberga era stata infatti una roccaforte nazista: dal 1933 al 1938 aveva ospitato tutti i congressi del partito di Hitler.
Il nome di Norimberga è anche legato alle tristemente famose "Leggi di Norimberga" del 1935, con le quali iniziò di fatto la discriminazione razziale nei confronti degli ebrei.
Tutti questi avvenimenti costituiscono il capitolo forse più conosciuto della storia della città: quello che meno le fa onore.
Ma Norimberga vanta antiche origini: la sua fondazione risale all'XI secolo, quando attorno alla Burg, la fortezza situata su una collina, si sviluppò un agglomerato di commercianti che fece di *Nourenberc*, come si chiamava allora, un importante centro di scambi.
Ma la vera ascesa iniziò verso il XIII sec., dopo il conferimento del titolo di libera città imperiale. Commercio e artigianato caratterizzarono tutto il periodo successivo, e fino al XVI sec. gli imperatori risiedettero a Norimberga, che fu sede di numerose Diete imperiali. La famosa *Bolla d'oro* emanata da Carlo IV nel 1356 vincolava ogni futuro imperatore a tenere la prima Dieta imperiale del proprio governo a Norimberga: decisione che faceva della città una delle capitali imperiali, assieme a Francoforte e Aquisgrana.
La presenza dell'imperatore fu un fattore di grande richiamo.

Dal XIV al XVI sec. Norimberga divenne un importante centro di artisti e inventori. Tra i tanti spiccano i nomi del pittore Albrecht Dürer, del poeta Hans Sachs, dello scultore Veit Stoß; e ancora di Martin Behaim, il costruttore del primo mappamondo, e di Peter Henlein, l'ideatore del primo orologio tascabile. Nel 1525 Norimberga abbracciò la Riforma e divenne il maggior centro luterano dell'intera Franconia.
L'epoca d'oro finì all'inizio del 1600, in concomitanza con la Guerra dei Trent'anni. Ma non fu solo questo conflitto la causa della decadenza della città: la scoperta dell'America aveva aperto nuove vie commerciali e favorito lo sviluppo di altri centri. Iniziò co-

Frauenkirche e Schöner Brunnen

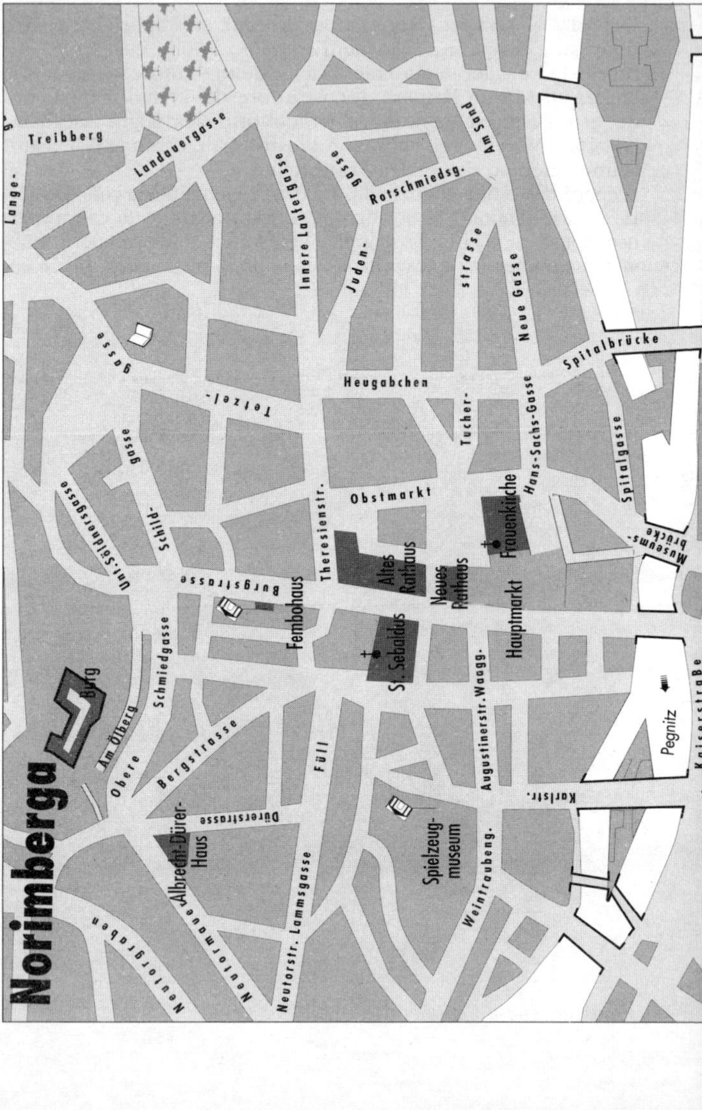
Norimberga
Burg
Am Ölberg
Obere
Schmiedgasse
Bergstrasse
Albrecht-Dürer-Haus
Dürerstrasse
Neutormauer
Neutorgraben
Neutorstr.
Lammsgasse
Füll
Fembohaus
Burgstrasse
Schild-
gasse
Unt. Söldnersgasse
Tetzel-
gasse
Treibberg
Lange-
Landauergasse
Innere Laufergasse
Juden-
gasse
Rotschmiedsg.
Am Sand
strasse
Neue Gasse
Heugabchen
Theresienstr.
Obstmarkt
Altes Rathaus
Neues Rathaus
St. Sebaldus
Hauptmarkt
Frauenkirche
Tucher-
Hans-Sachs-Gasse
Spitalbrücke
Spitalgasse
Museums-brücke
Augustinerstr.
Waagg.
Spielzeug-museum
Weintraubeng.
Karlstr.
Pegnitz
Kaiserstraße

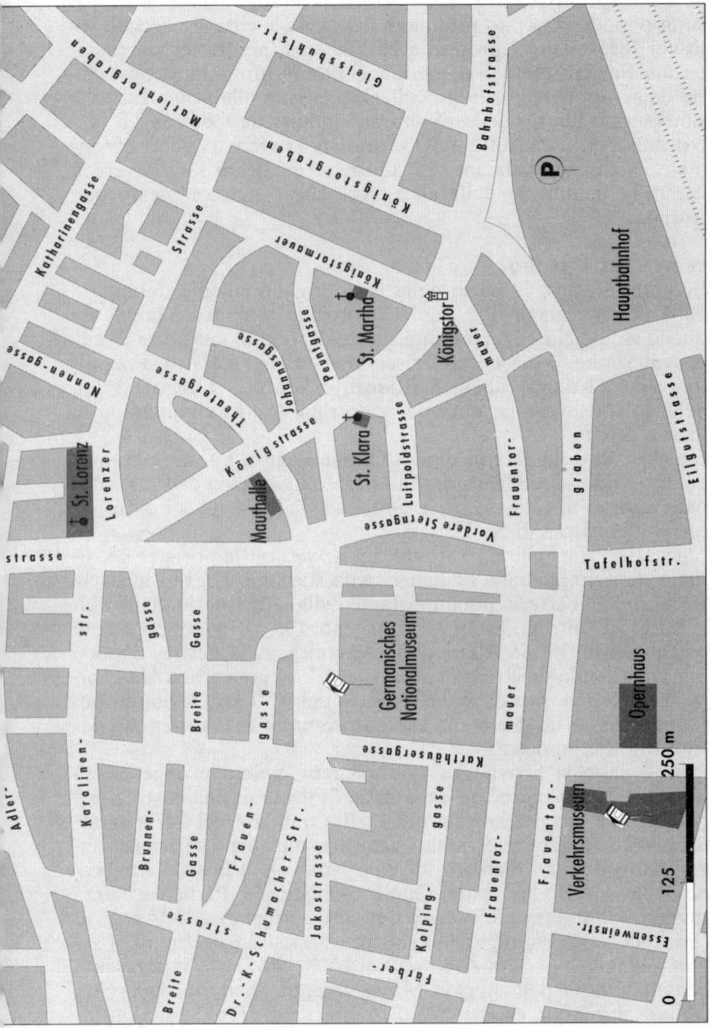
Marientorgraben
Gleissbühlstr.
Bahnhofstrasse
Königstorgraben
P
Katharinengasse
Strasse
Königstormauer
St. Martha
Königstor
Hauptbahnhof
Peuntgasse
Johannesgasse
Theatergasse
Nonnengasse
mauer
St. Klara
Luitpoldstrasse
Königstrasse
Frauentor-
graben
Eilgutstrasse
St. Lorenz
Lorenzer
strasse
Mauthalle
Vordere Sterngasse
Tafelhofstr.
str.
gasse
Gasse
Breite
gasse
Germanisches Nationalmuseum
mauer
Opernhaus
Karthäusergasse
Adler-
Karolinen-
Brunnen-
Gasse
Frauen-
Dr.-K.-Schumacher-Str.
Jakostrasse
Kolping-
gasse
Frauentor-
Frauentor-
Verkehrsmuseum
250 m
125
0
Essenweinstr.
Färber-
strasse
Breite

sì un periodo di sonno profondo, dal quale la città si risvegliò solo nel 1835 quando, proprio a Norimberga, nel frattempo passata alla Baviera (1806), venne inaugurata la prima linea ferroviaria della Germania: il treno collegava la città alla vicina Fürth, e simboleggiò l'inizio della rivoluzione industriale tedesca.
Norimberga fu distrutta al 90% durante la seconda guerra mondiale. Nella ricostruzione si è tuttavia cercato di far rivivere il carattere medievale della città, cosa che è nel complesso ben riuscita.

In giro per il centro

Il centro storico, la parte della città originariamente delimitata dalle mura, è ancor oggi ben riconoscibile, circondato com'è da quelle strade che formano una specie di rombo, una sorta di circonvallazione, il cui nome finisce in -Graben (fossato): Frauentorgraben, Königsgraben, Spittlertorgraben ecc. Lungo i 5 km della ex-fortificazione muraria, sono rimaste una cinquantina di torri e 5 porte.
La Altstadt è tagliata in due dal fiume Pegniz. La metà a nord, quella a ridosso della Burg, è la parte più vecchia e si è sviluppata attorno alla chiesa di St. Sebaldus; l'altra è invece sorta attorno alla chiesa di St. Lorenz.
L'accesso principale è costituito dal *Königstor*, la porta reale, situata nelle immediate vicinanze della stazione. Da qui inizia la *Königstraße*, l'arteria più importante della parte meridionale della città. Percorrendola in direzione nord si arriva, dopo essere passati davanti a *St. Martha*, chiesa gotica, sulla destra, e, poco più avanti, sulla sinistra, a *St. Klara*, anch'essa gotica, alla *Mauthalle*, l'antico deposito di grano, edificio del XVI sec. divenuto poi l'ufficio del dazio. Le merci che entravano in città dovevano pagare qui una imposta.
Proseguendo si arriva alla **Lorenzkirche**, chiesa evangelica, la principale della parte sud della città. Si tratta di una costruzione gotica a tre navate, iniziata nel 1280 e ultimata nel 1477, caratterizzata da una facciata molto slanciata sulla quale spicca un magnifico rosone del diametro di 9 m. Notevole il portale con scene della vità di Gesù e del Giudizio universale. Particolarmente suggestivo l'interno: le vetrate del coro risalgono al XV sec.; al centro del coro, vero gioiello gotico, è appeso l'*Engelsgruß*, il saluto dell'angelo, opera dello scultore Veit Stoß, che rappresenta l'annunciazione dell'angelo a Maria; accanto all'altar maggiore un ciborio alto 20 m, capolavoro di Adam Krafft (1493-1495).

A sinistra della chiesa c'è il *Tugendbrunnen*, la fontana delle virtù (1585-1589), rappresentate da 7 figure in bronzo.
Attraversata la Museumsbrücke e percorsa la Plobenhofstraße si arriva all'**Hauptmarkt**, la piazza più importante di Norimberga, sul cui lato est si erge la **Frauenkirche**, chiesa di Nostra Signora, cattolica. Si tratta di una costruzione gotica a sala, a tre navate, del XIV sec., che venne rasa al suolo nel 1945 e successivamente ricostruita. Tutti gli ornamenti all'interno provengono da altre chiese della città oggi non più esistenti. Tra tutti spicca il *Tucher-Altar*, dipinto di un ignoto pittore locale del XV sec., posto in fondo alla navata sinistra. All'esterno, sulla facciata principale, da notare il bel frontone filigranato dove è posto il *Michaelschörlein*, una specie di carillon collegato al grande orologio. Le figure rappresentano i 7 principi elettori che passano davanti all'imperatore, e il meccanismo si mette in moto tutti i giorni alle 12. Sull'Hauptmarkt, di fronte alla chiesa, si trova il *Schöner Brunnen*, la bella fontana, risalente al 1385-1396 ma modificata così tante volte nel corso dei secoli che molto probabilmente oggi nessun pezzo è originario. D'obbligo la foto con la Frauenkirche sullo sfondo.
Dietro la fontana c'è il Neues Rathaus (1955). Nelle immediate vicinanze, e precisamente sul Rathausplatz, in direzione nord verso la Burg, si trovano la chiesa St. Sebaldus, evangelica, e l'Altes Rathaus, il vecchio municipio.
La **Sebalduskirche**, la chiesa principale della parte nord della Altstadt, è una basilica tardoromanica (1230-1273) cui sono state aggiunte nel 1309 le due navate laterali. La chiesa ha poi via via acquisito elementi gotici. Caratteristica è la struttura bicefala. Assolutamente da vedere all'interno sono il *Sebaldus Grab*, la tomba di San Sebaldo, nel coro est, opera di Peter Vischer che vi lavorò per ben 11 anni, dal 1508 al 1519; e la *crocefissione*, posta sopra l'altar maggiore, opera di Veit Stoß. Belle le vetrate (XIV-XVI sec.) del coro.
La parte più vecchia dell'*Altes Rathaus* risale alla prima metà del XIV sec.; venne poi ampliato nel 1515 e ultimato nel 1616-1622. Si tratta comunque di una ricostruzione del dopoguerra. Da visitare le antiche prigioni (Lochgefängnisse).
Al numero 15 della Burgstraße, la strada che dal Rathausplatz porta alla fortezza, si trova il cosiddetto *Fembohaus*, forse la più bella casa della vecchia Norimberga, un edificio patrizio in stile rinascimentale della fine del XVI sec., oggi Stadtmuseum.
Proseguendo per la Burgstraße si arriva alla **Burg**, la fortezza,

un ampio complesso la cui costruzione iniziò verso il 1050. Le torri, le mura, l'atmosfera medievale che vi si respira ne fanno il monumento più importante di Norimberga, un po' il simbolo della città stessa. È suddivisa in due edifici: la Burggrafenburg a est e la Kaiserburg più verso ovest.
Venendo dalla Burgstraße si entra nella *Burggrafenburg*, la parte più vecchia, residenza dei Salii e poi dei castellani degli imperatori; nel cortile si trova il Tiefer Brunnen, un pozzo profondo ben 50 m. La *Kaiserburg*, residenza imperiale, venne costruita ai tempi del Barbarossa. Al pubblico è accessibile il Kaisersaal, sala imperiale, e la cappella romanica (XI sec., a due piani e tre

La Burg

navate). D'obbligo salire sul *Sinwellturm*, la caratteristica torre rotonda. C'è poi un terzo blocco, staccato dalla Burg vera e propria, costituito dalla *Kaiserstallung*, l'ex-granaio, oggi ostello della gioventù; si trova, venendo dalla Burgstraße, sulla destra, prima di entrare nella Burggrafenburg.
A sud della Burg, e precisamente all'angolo tra il Platz beim Tiergärtentor e la Dürer-Straße si trova l'**Albrecht-Dürer-Haus**, una bella casa a graticcio del 1456-1460 dove visse tra il 1509 e il 1528 il famoso pittore. Completamente rifatta dopo la seconda guerra mondiale, fa parte oggi dei musei cittadini. L'accurata ricostruzione all'interno dà un'idea del tempo in cui visse e operò l'artista. Si possono ammirare alcune opere grafiche originali e copie di famosi dipinti.

Musei

Germanisches Nationalmuseum. La fondazione risale al 1852. L'edificio è costituito in parte da un'antica certosa del XIV-XV sec. e in parte da costruzioni del XX sec. (l'ultimo ampliamento è del 1993). È il più grande museo dedicato all'arte e alla cultura tedesca: offre un'immagine dello sviluppo artistico dall'antichità al XX sec., con reperti dell'epoca romana, dei longobardi, costumi regionali, una preziosissima raccolta di strumenti musicali, pittura tedesca con capolavori di Dürer ecc. (Kornmarkt 1, ingresso principale dalla Kartäusergasse).
Spielzeugmuseum. Nella città dei giocattoli non può certo mancare un museo dei giocattoli. Si tratta di una ricca collezione di varie epoche e paesi che affascina piccoli e non più piccoli (Karlstr. 13, più o meno dietro la Sebalduskirche).
Verkehrsmuseum. Il museo dei trasporti è quasi interamente dedicato alla storia della ferrovia e della posta. Come già detto, nel 1835 venne infatti inaugurato il primo tratto ferroviario da Norimberga a Fürth. Nel museo si può ammirare la ricostruzione fedele di quel treno storico. C'è poi una serie di modelli (scala 1:10) e plastici vari. Il museo dispone inoltre di una ricchissima collezione di francobolli composta da oltre 50.000 esemplari (Lessingstr. 6, al di fuori della Altstadt, nei pressi della stazione, di fronte all'Opernhaus).

Norimberga è anche...

Christkindlmarkt. Il mercatino natalizio più famoso di tutta la Germania si svolge nel periodo dell'Avvento sull'Hauptmarkt, davanti alla Frauenkirche. Sulle bancarelle oggetti artigianali, soprattut-

to in legno, e dolciumi vari. Si gironzola tra un sorso di Glühwein, vin brulé con tanta cannella, e un assaggio di Lebkuchen.
Lebkuchen. È il dolce tipico natalizio, una specie di pane speziato. Lo si trova comunque in qualsiasi periodo dell'anno. Il nome ("Leben", vita, e "Kuchen", dolce) allude a un'antica leggenda secondo la quale una fanciulla malata tornò alla vita dopo aver mangiato questo dolce preparato da un fornaio locale.
Nürnberger Rostbratwürste. Sono le famose salsicce alla brace: piccole, vengono di solito servite (non meno di 6 per volta) nei tradizionali piatti di stagno. Come contorno, insalata di patate (Kartoffelsalat) o crauti (Sauerkraut).
Karpfen blau. In tutti i menu dei numerosi locali troverete sempre questa specialità. Si tratta di una carpa impanata in farina bianca e poi fritta.
Handwerkerhof. È il cortile degli artigiani, nei pressi del Königstor. Tra torri e vecchie mura si trovano laboratori, officine, negozi artigianali. Si possono osservare gli artigiani al lavoro e acquistare oggetti vari. Fate un giretto e troverete senz'altro qualcosa per un souvenir originale.
Porto. Norimberga è anche una città "portuale". Il porto è situato sul Main-Donau-Kanal ed è raggiungibile percorrendo il Frankenschnellweg, una specie di superstrada.

Informazioni

Prefisso telefonico: 0911
Tourist-Information, Am Hauptmarkt (Rathaus), 90403 Nürnberg - tel. 23.360.
Consolato generale d'Italia, Gleißbühlstr. 10, 90402 Nürnberg - tel. 204.721.

Come arrivare

Auto. Dal Brennero in direzione Monaco, si segue poi la A9.
Treno. Il modo più semplice è via Monaco.
Aereo. C'è un collegamento diretto *Alitalia* da Milano. Dalle altre città si cambia a Francoforte.

Dove dormire

Abbiamo provato per voi:
Hotel Victoria (comfort), Königstr. 80 - tel. 203.801, fax 227.432; meublé nel cuore della città. Accogliente e ben curato. Possibilità di parcheggio nelle vicinanze.
Altri nostri suggerimenti:

Pfälzer Hof (standard), Am Gräslein 10 - tel. 221.411, fax 221.469; meublé in posizione centrale, vicinanze Germanisches Museum. Senza grandi pretese.
Bayerischer Hof (comfort), Gleißbühlstr. 15 - tel. 23.210, fax 232.15.11; costruzione moderna, in posizione centrale, a 200 m dalla stazione.
Hotel Prinzregent (comfort), Prinzregentenufer 11 - tel. 533.107, fax 556.236; bella posizione, di fronte al Wöhrder Wiese (jogging al mattino?) e non lontano dal centro.
Romantik Hotel am Josephsplatz (comfort), Josephsplatz 10 - tel. 241.156, fax 243.165; posizione centrale. È associato ai RomantikHotels, il che è sempre una garanzia. Sauna.
Altea Hotel Carlton (supercomfort), Eilgutstr. 13/15 - tel. 20.030, fax 200.35.32; vicinanze Opernhaus, a 200 m dalla stazione. Sauna e solarium. Da provare il ristorante e la Weinstube. Possibilità di parcheggio di fronte.
Loew's Hotel Merkur (supercomfort), Pillenreuther Str. 1 - tel. 440.291, fax 459.037; dietro la stazione. Piscina, sauna, solarium. Ricchissimo buffet a colazione. Parcheggio e garage propri. Piacevole anche il ristorante.
Grand-Hotel (lusso), Bahnhofstr. 1 - tel. 23.220, fax 232.24.44; posizione centralissima, di fronte alla stazione, alle porte della Altstadt. Tutti i comfort di un hotel di prima categoria.
Per gruppi:
Jugend-Hotel Nürnberg, Rathsbergerstr. 300 - tel. 521.60.92, fax 521.69.54; un po' fuori, a nord-est rispetto al centro. Camere con più letti, con e senza bagno. Una soluzione economica per gente senza pretese.
Ostello. *Jugendherberge*, Kaiserstallung, Burg 2 - tel. 221.024.
Campeggio. *Campingplatz im Volkspark Dutzendteich* - tel. 811.122.

Dove mangiare

Tra le innumerevoli possibilità (girando per la Altstadt si ha veramente l'imbarazzo della scelta), due indirizzi dove assaggiare specialità di Norimberga.
Heilig-Geist-Spital, Spitalgasse 16; sistemato nel suggestivo complesso che fu l'ospizio cittadino, direttamente sulla Pegniz. È famoso soprattutto per le sue specialità di pesce (Karfpen blau e altre variazioni). Ampia scelta anche per chi non ama il pesce.
Bratwurst-Häusle, Rathausplatz 1; il luogo migliore per assaggiare i migliori Rotbratwürste della città. Ampia scelta, cucina regionale.

DA DÜRER AD HANS HOLBEIN IL GIOVANE

Il passaggio dal gotico al rinascimento nella pittura tedesca

L'artista tedesco più significativo del periodo tra il XV e il XVI sec. fu senz'altro **Albrecht Dürer** (1471-1528), nativo di Norimberga.
Nelle sue opere, siano esse pitture o xilografie, rivitalizzò gli elementi del gotico, infondendovi lo spirito dell'arte rinascimentale italiana che aveva avuto modo di ammirare e studiare durante i suoi soggiorni in Italia, dove si stavano riscoprendo i tesori dell'antichità classica; l'uso della prospettiva scientifica e la conoscenza dell'anatomia umana avevano aperto nuovi orizzonti in campo sia architettonico che figurativo.
Dürer mediò la sua origine nordica, riconoscibile nel gusto del macabro, del fantastico, del visionario, con queste nuove scoperte culturali. Diede vita ai propri personaggi studiando il corpo umano secondo i canoni della bellezza classica; rappresentò fedelmente la natura e i paesaggi in cui ambientare le scene bibliche per renderle così più umane, più persuasive.
Il suo nuovo stile venne apprezzato; Dürer lavorò per la ricca borghesia di Norimberga e Francoforte e perfino per l'imperatore Massimiliano I.
Della stessa epoca di Dürer fu il pittore **Matthias Grünewald** di Aschaffenburg, il cui vero nome probabilmente era Mathis Gothard Nithardt. Di lui sappiamo poco o niente; restano però i suoi quadri che lo mostrano meno innovativo di Dürer, più legato alla tradizione religiosa tardogotica. Infatti l'arte è, nelle opere di Grünewald, funzionale all'evangelizzazione cristiana, illustrazione delle verità della Chiesa, e non ricerca della bellezza ideale, così propria dell'arte rinascimentale.
Il terzo illustre tedesco della generazione di Dürer fu **Lucas Cranach** (1472-1553), nativo di Cronach da cui derivò il nome. La sua carriera di artista fu spettacolare: da figlio di pittore in una piccola cittadina francone, a pittore di corte dei principi elettori di Sassonia, a imprenditore-borgomastro di Wittenberg. Scoprì e apprezzò le bellezze del nord della Germania, con le antiche foreste e i paesaggi romantici, che

rappresentò nelle proprie tele con una precisione innovatrice nella pittura del tempo.
La Riforma rappresentò un momento di svolta non solo per il pensiero filosofico e religioso, ma anche per l'arte. Molti protestanti infatti erano contrari a statue e quadri nelle chiese: li consideravano un segno di idolatria papista. Così i pittori delle regioni protestanti persero la principale fonte di sostentamento, la pittura di pale d'altare. Ripiegarono dunque sulla ritrattistica.
Maestro in questo campo fu **Hans Holbein il Giovane** (1497-1543). Nativo di Augusta, si trasferì presto a Basilea, città aperta alle nuove correnti culturali, dove dipinse mirabili soggetti religiosi, operando una mediazione fra la tradizione gotica e i nuovi princìpi rinascimentali. Ma la tempesta della Riforma interruppe la sua attività e lo costrinse a riparare in Inghilterra; qui non sfuggì ai tumulti riformisti, ma riuscì a diventare pittore di corte di Enrico VIII e, come tale, dipinse nobili e regnanti. I suoi ritratti, estremamente realistici, dove nulla è lasciato al caso, diedero il via a un filone pittorico che fu l'unico a sopravvivere alla Riforma.

I DINTORNI DI NORIMBERGA

Erlangen

A 19 km in direzione nord da Norimberga si trova Erlangen (102.000 ab.), una città a dimensione d'uomo come si intuisce subito dal gran numero di ciclisti che affollano le strade.
La politica comunale degli ultimi anni ha infatti sviluppato un concetto urbanistico che potrebbe riassumersi nel motto: "Via l'auto dal centro", e i risultati sono sotto gli occhi di tutti. Erlangen è soprattutto una città universitaria di antiche tradizioni: la fondazione dell'Università (oggi la seconda per grandezza e importanza di tutta la Baviera) risale infatti al 1743. La massiccia presenza di studenti fa quindi di Erlangen una città giovane, vivace, con tante opportunità culturali e per il tempo libero.
Lo sviluppo industriale ha avuto inizio con l'insediamento degli ugonotti, che verso la fine del 1600 fecero di Erlangen un importante centro tessile. Oggi è soprattutto l'industria elettrotecnica a essere fortemente rappresentata. Un nome per tutti: Siemens, che ha qui la sede principale.

La città è costituita da due parti: la Altstadt, del XIV sec., e la Neu-Erlangen, in stile barocco, costruita a partire dal 1686 dagli ugonotti che, scappati dalla Francia, trovarono una nuova patria. La parte vecchia si concentra attorno al Martin-Luther-Platz. Quella nuova è caratterizzata da una struttura a scacchiera con strade perpendicolari tra loro ed edifici tutti uguali. È la tipica città costruita a tavolino e pianificata quindi in ogni dettaglio.
Punto di partenza del giro della città è l'*Hugenottenplatz*, davanti alla *Hugenottenkirche* costruita tra il 1686 e il 1693. Proseguendo lungo la Hauptstraße e passando davanti al *Palais Stutterheim*, palazzo nobiliare di inizio Settecento, si giunge allo *Schloßplatz*. Di fronte, ornato da una bella fontana, il Paulibrunnen, c'è il Marktplatz.
Il castello, costruzione barocca del primo XVIII sec., è dal 1825 sede dell'amministrazione universitaria. Il monumento in mezzo allo Schloßplatz raffigura il margravio Friedrich von Bayreuth, fondatore dell'Università. La parte più bella del castello è costituita dallo *Schloßgarten*, un magnifico parco in stile inglese situato nella parte posteriore; degna di nota l'*Hugenottenbrunnen*, la fontana degli ugonotti. Tutt'intorno sorgono gli edifici dei vari istituti universitari.
Proseguendo lungo la Hauptstraße si arriva al Martin-Luther-Platz, dove si trova la *Altstädter Kirche*, costruita tra il 1709 e il 1721 al posto della vecchia chiesa del XIV sec., distrutta in parte durante la Guerra dei Trent'anni e poi dal terribile incendio del 1706. Di fronte c'è l'*Altstädter Rathaus*, il municipio della vecchia Erlangen, oggi museo civico.
Non molto distante si trova il Theaterplatz, sul quale si affaccia il *Markgrafentheater*, bellissimo teatro barocco che ancor oggi ospita varie rappresentazioni.
Ritornando verso il castello merita una visita l'*Orangerie* (1705-1706), utilizzata oggi per concerti e mostre; vi si visita la Gemäldesammlung, una raccolta di pregevoli quadri.
Informazioni: *Touristinformation*, Rathausplatz 1, 91052 Erlangen - tel. 09131/25.074.

Ansbach

Capoluogo della Franconia centrale, Ansbach (40.000 ab.) è situata a circa 40 km in direzione sud-ovest da Norimberga, all'incrocio fra la B13 e la B14.
Fu dal 1460 al 1791 città-residenza dei margravi di Brandeburgo-Ansbach. A loro si devono i tanti edifici rococò che fanno

di Ansbach la "Stadt des fränkischen Rokokos", la città del rococò francone.
Vi si svolgono importanti manifestazioni musicali come la *Bachwoche*, la settimana dedicata a Bach (ogni due anni alla fine di luglio) e i *Rokokospiele*, festival del rococò (tutti gli anni all'inizio di luglio).
La *Markgräfliche Residenz*, edificio barocco dell'inizio del XVIII sec., residenza dei margravi, è uno dei più importanti palazzi di tutta la Franconia, oggi sede del governo regionale. Si possono visitare 27 stanze; tra queste, il Festsaal, lo Spiegelkabinett (gabinetto degli specchi), il Gobelinzimmer (sala degli arazzi), il Kachelsaal (sala rivestita di piastrelle in ceramica).
A sud-est del castello, separato dalla Promenade, la strada principale della città, si estende l'*Hofgarten*, il giardino di corte. All'ingresso spicca l'imponente *Orangerie*, lunga ben 102 m (1726-1734), da dove inizia un ampio viale fiancheggiato da tigli.
Nella Altstadt il punto centrale è rappresentato dal *Johann Sebastian-Bach-Platz* e dal *Martin-Luther-Platz*. A ben guardare, più che di una piazza, si tratta di una lunga via abbastanza tortuosa dove originariamente si svolgeva il mercato. Gli edifici più importanti sorgono proprio nel mezzo, dove le due piazze si incontrano.
Su tutti spicca la *St.-Gumbertus-Kirche*, chiesa evangelica, ben riconoscibile per i suoi tre campanili. All'interno, in fondo, la *Schwanenritterkapelle* (cappella dell'Ordine del Cigno) racchiude lastre tombali di cavalieri dell'Ordine.
Di fronte alla chiesa sorgono lo Stadthaus e il Rathaus.
Informazioni: *Städtisches Verkehrsamt*, Rathaus, Martin-Luther-Platz 1, 91522 Ansbach - tel. 0981/51.243.

FRANCONIA

Si dice che la Franconia - la parte settentrionale della Baviera, confinante con l'Assia a ovest, con la Sassonia e la Turingia a nord, con l'Alto Palatinato a est, e con le altre regioni della Baviera a sud - raffiguri, in miniatura, la Germania intera. Numerosi e vari sono infatti i paesaggi che qui si possono incontrare: dalle zone vinicole del Fränkisches Weinland alle rocce "alpine" della Svizzera Francone (Fränkische Schweiz), dai boschi del Fichtelgebirge e del Frankenwald ai laghi del Neues Fränkisches Seenland, dalle grotte carsiche del Giura Francone (Franke-

nalb) e della Fränkische Schweiz, ai castelli e alle rocche sparsi un po' su tutto il territorio. Infine, per completare l'immagine della "Germania in formato ridotto", non mancano città e cittadine di storiche tradizioni: Norimberga, Bamberga, Würzburg, Rothenburg ob der Tauber, Coburgo, tanto per fare alcuni nomi. Si tratta di città concentrate in un'area relativamente ridotta, distanti pochi chilometri l'una dall'altra.
"Andar per città" è quindi un must, magari sulle orme dei grandi artisti, il cui nome è indissolubilmente legato a questa o a quella città francone: Wagner a Bayreuth, l'intarsiatore Tilmann Riemenschneider a Rothenburg, l'architetto barocco Balthasar Neumann a Würzburg, Albrecht Dürer a Norimberga e così via.
Le città sono una meta appetibile per un soggiorno in Franconia, ma anche chi apprezza l'aspetto naturalistico e paesaggistico, e cerca vacanze meno culturali e più salutari, ha solo l'imbarazzo della scelta. Due esempi particolarmente interessanti in questo senso sono la Svizzera Francone e il parco naturale dell'Altmühltal (Naturpark Altmühltal).
Non azzardatevi a dire o pensare che, semplicemente per il fatto di far parte del Land della Baviera, i franconi siano bavaresi. Assolutamente falso. Storicamente fu solo nel 1803 che le varie Reichsstädte e Margrafschaften franconi si integrarono nel neonato regno di Baviera. Molte di queste città e zone abbracciarono fin dal XVI sec. la Riforma, mentre altre furono sedi vescovili di notevole importanza. Insomma, il regno di Baviera, voluto da Napoleone e suggellato dal Congresso di Vienna, risultava quanto mai eterogeneo. Le differenze interne alla regione si accentuarono ulteriormente durante il Novecento, perché proprio in molte città franconi furono ospitati i "Vertriebene", quei cittadini tedeschi che abitando al di là della Oder-Neiße-Linie, furono costretti, alla fine della seconda guerra mondiale, ad abbandonare i loro territori.

FRÄNKISCHE SCHWEIZ

Ricordo quando, molti anni fa, alle prime armi con il tedesco e la Germania, mi trovavo nella zona di Norimberga e di Erlangen; alcuni amici avevano organizzato una gita domenicale nella Fränkische Schweiz. La denominazione Svizzera Francone mi lasciava alquanto perplessa: cosa aveva a che fare la Svizzera con la parte settentrionale della Baviera?

Il mistero si risolse in loco, viaggiando per questa splendida zona: le rocce dall'inusitato aspetto alpino con macchie verdi di abeti ricordavano molto da vicino il paesaggio svizzero.
Esiste però anche una motivazione più culturale, che scoprii qualche tempo dopo la mia prima esplorazione, grazie a miei studi letterari. I due grandi poeti romantici Tieck e Wackenroder, berlinesi, ma iscritti per un paio di semestri presso la (allora) neonata università di Erlangen, erano rimasti molto colpiti da questa regione compresa tra le città di Bamberga, Norimberga e Bayreuth. Il fiume Wiesent, che si snoda lento, dominato da speroni rocciosi con le immancabili rovine di castelli, non poteva non toccare la sensibilità romantica dei due, che tuttavia non disprezzavano neppure le ottime trote del fiume. E dato che allora (fine XVIII sec.) la Svizzera, quella vera, con i suoi monti, le sue valli, i suoi boschi era considerata la meta ideale e idealizzata, ecco che molte altre regioni, anche lontane dalle Alpi, vennero ribattezzate "Svizzera". In Germania, ad esempio, già dal XVIII sec. la zona montuosa dell'Elba era conosciuta come "Sächsische Schweiz", la Svizzera Sassone.
Fu quasi naturale ribattezzare il Müggendorfer Gebürge in Fränkische Schweiz; tra l'altro, esistono anche delle affinità geologiche tra questi rilievi, ultime propaggini del massiccio del Giura, e la Svizzera alpina, dove il Giura incomincia.

Un itinerario

Il cuore della Fränkische Schweiz è proprio la valle della Wiesent, *Wiesenttal*, che si snoda da Forchheim, a ovest, fino a Pottenstein, a est. La B470, che percorreremo lungo l'itinerario suggerito, è praticamente parallela al corso del fiume e quindi davvero suggestiva.
Forchheim (30.000 ab.), punto di partenza dell'itinerario, a nord di Norimberga e di Erlangen, è una città molto antica, che fu residenza imperiale (Pfalz) già nel IX sec. Ottenne il titolo di città verso il 1300 e fu in seguito baluardo difensivo del vescovado di Bamberga fino a quando, nel 1803, passò al regno di Baviera. Oggi è un centro industriale collegato al Main-Donau-Kanal.
Fulcro della città è il Rathausplatz, sul quale si affacciano lo splendido edificio del *Rathaus* (1491) e altre belle case a graticcio.
Importante è anche la parrocchiale gotica *St. Martin* (XIV-XV sec., parzialmente decorata in forme barocche nel XVIII sec.) con tavole gotiche della Passione.
Ebermannstadt (5.700 ab.), 13 km da Forchheim, è un'antica

località sulla Wiesent con belle case a graticcio. Da menzionare la *Marienkapelle* con decori barocchi, tra cui la Strahlenmadonna, Madonna dei raggi, opera dello scultore Theiler, nativo di qui (1748-1826). Una fortezza, *Burg Feuerstein*, sovrasta la cittadina.

Da Ebermannstadt incomincia il tratto più suggestivo dell'itinerario con rocce, acque chiare, romantiche rovine e grotte: la *Binghöhle*, una delle grotte più pittoresche, si trova proprio a un paio di chilometri da Ebermannstadt, in località Streitberg. Qui la valle della Wiesent è particolarmente suggestiva, sormontata dalle rovine della *Burg Neideck* e della *Streitburg*, che facevano parte in epoca medievale di un imponente sistema di fortezze.

Streitberg, con la vicina Muggendorf, costituisce la località Wiesenttal.

Gößweinstein (4.000 ab.), a una quindicina di chilometri da Ebermannstadt, è famosa per il santuario barocco della Trinità, *Basilika zur Heiligen Dreifaltigkeit*, che Balthasar Neumann progettò per conto del vescovo-principe di Bamberga von Schönborn (1730-1739). Imponente l'altar maggiore con l'incoronazione di Maria (XVI sec.) e belli gli stucchi. Oltre al santuario, Gößweinstein ospita una *Burg* originaria dell'XI sec., rifatta nel XIX sec. in stile neogotico.

Tüchersfeld, 3 km da Gößweinstein, è il villaggio forse più fotografato di tutta la Svizzera Francone: le case, infatti, fanno tutt'uno con le imponenti rocce, un vero "Felsendorf", villaggio di roccia. Addossato a questi speroni di roccia, uno splendido edificio a graticcio, ben restaurato, ospita oggi il *Fränkische-Schweiz-Museum*.

Pottenstein (5.000 ab.) è un'altra località che racchiude parecchie caratteristiche della Svizzera Francone. Sovrastata dall'immancabile *Burg*, da cui si gode un bel panorama, è ricca di case a graticcio, quasi tutte edificate nel XVIII sec., dopo che un incendio aveva distrutto gran parte delle costruzioni precedenti. Vi è anche la pregevole parrocchiale tardogotica, *St. Bartholomäus*, del XIV sec. e poi decorata in forme barocche.

Non lontano da Pottenstein si trova la *Teufelshöhle*, la famosa "grotta del diavolo", una delle più visitate: è lunga ben 1,5 km e presenta spettacolari stalattiti e stalagmiti, un vero palazzo sotterraneo (la visita guidata dura circa un'ora).

Informazioni: *Tourismus-Zentrale Fränkische Schweiz*, Oberes Tor 1, 91320 Ebermannstadt - tel. 09194/8101.

ROTHENBURG OB DER TAUBER, città museo

Da non perdere:
- Giro delle mura lungo il camminatoio di ronda
- Marktplatz, centro della zona pedonale con il Rathaus
- Chiesa St. Jakob con l'Heilig-Blut-Altar, il capolavoro di Riemenschneider
- Kriminal- und Foltermuseum, il famoso museo di criminologia e tortura
- Plönlein, l'angolo più fotografato della città

Nei dintorni:
- Dinkelsbühl, un'altra Rothenburg
- Nördlingen, città cinta da mura nel mezzo di un cratere

Rothenburg ob der Tauber (12.000 ab.), situata nella valle della Tauber, e precisamente nella parte sud-occidentale della Franconia, è una delle mete più popolari per i turisti che amano tuffarsi nel passato e assaporare un'atmosfera medievale. Arroccata su uno sperone roccioso al di sopra della Tauber, è riuscita a evitare nel corso della storia incursioni e attacchi nemici, ma non può sottrarsi oggigiorno alle schiere di visitatori da "escursione-di-un-giorno" dotati di macchine fotografiche e cineprese sempre in azione, che disturbano un po' l'immagine realmente fuori dal tempo di Rothenburg. D'altra parte, la sua posizione strategica, vicina a centri di grande interesse, fa sì che molti turisti e studenti che si trovano nelle vicine Würzburg e Norimberga dedichino almeno una mezza giornata alla visita di questa città veramente unica.
Bisognerebbe concedersi un po' più di tempo, pernottare almeno una notte, per godersi in silenzio, alla sera, il caratteristico intreccio di viuzze circondate e protette da mura perfettamente conservate, munite di splendide porte e torrioni.
Sono proprio queste mura a rendere Rothenburg così particolare. Si può farne il giro lungo i vari camminatoi e ammirare dall'alto il panorama della città: facciate rinascimentali, case a graticcio, insegne in ferro battuto, fontane e torri.
La Rote Burg, rocca rossa, da cui la città prese in seguito il nome, esisteva già nel X sec. ma fu nei due secoli successivi che, con gli imperatori svevi, Rothenburg iniziò ad acquisire importanza.
Nel 1274, periodo di massimo splendore economico, ottenne il

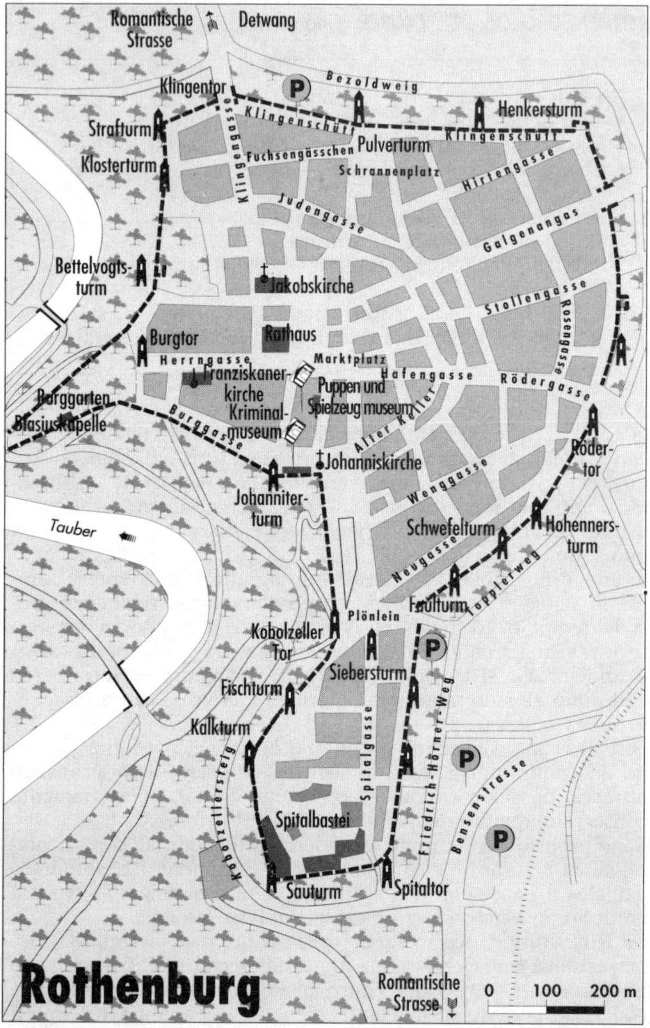

Romantische Strasse
Detwang
Klingentor
Bezoldweig
Henkersturm
Strafturm
Klingenschütt
Klingengasse
Fuchsengässchen
Pulverturm
Klosterturm
Schrannenplatz
Hirtengasse
Judengasse
Galgenangas
Bettelvogts-turm
Jakobskirche
Stollengasse
Rosengasse
Burgtor
Rathaus
Herrngasse
Marktplatz
Hafengasse
Rödergasse
Franziskaner-kirche
Puppen und Spielzeug museum
Burggarten
Blasiuskapelle
Kriminal-museum
Burggasse
Alter Keller
Röder-tor
Johanniskirche
Wenggasse
Johanniter-turm
Tauber
Schwefelturm
Hohenners-turm
Neugasse
Topplerweg
Faulturm
Plönlein
Kobolzeller Tor
Siebersturm
Fischturm
Kalkturm
Spitalgasse
Friedrich-Hörner-Weg
Bensenstrasse
Kobolzellersteig
Spitalbastei
Sauturm
Spitaltor
Rothenburg
Romantische Strasse
0
100
200 m

titolo di Freie Reichsstadt. Il benessere di cui godevano i cittadini è ancor oggi visibile nei molti edifici medievali giunti intatti sino ai nostri giorni. Infatti, dopo un ulteriore periodo di ricchezza in epoca rinascimentale, la città subì gli effetti della Guerra dei Trent'anni rimanendo esclusa dai traffici commerciali. Ma proprio questa fu la sua fortuna. Nulla dell'antica struttura fu alterato; i vari conflitti la lasciarono miracolosamente illesa così che la città scoprì in tempi più recenti la propria vocazione turistica. Già nell'Ottocento i "talent scout romantici" l'avevano scoperta e ne avevano fatto il simbolo stesso del Medioevo tedesco. Oggi Rothenburg vive praticamente di turismo.

In giro per il centro

Dimenticate (cioè, parcheggiate) la vostra auto fuori dalle mura: circolare e parcheggiare in centro è difficile, se non impossibile e oltretutto senza senso. Rothenburg è la città medievale tedesca "tout court" e mal si concilia con il traffico automobilistico. Vi sono molti parcheggi al di fuori delle mura in prossimità delle porte principali, e proprio da una di queste si può iniziare il giro della Altstadt, o meglio, il giro delle mura.

La porta più famosa è forse lo *Spitaltor*, a sud, che prende il nome dall'imponente complesso, **Spitalbastei**, con ponte levatoio e doppio giro di mura: una vera roccaforte. Fu terminato nel XVII sec. e un giro lungo il camminatoio di ronda, che è percorribile, dà un'idea dell'inespugnabilità di questo bastione.

Da qui, risalendo la Spitalgasse si giunge al **Plönlein**, la piazzetta più fotografata di Rothenburg, un suggestivo crocevia di strade fiancheggiate da case a graticcio. Qui si trovano a breve distanza l'uno dall'altro il *Siebersturm* (1385), il *Kobolzeller Tor* (1360 circa), una delle fortificazioni più interessanti della città con le prigioni, il *Kohlturm* e, poco più in là, la parte più interna dello Spitalbastei.

Un altro tratto di mura da non perdere è quello, nella parte occidentale, che delimita il *Burggarten*, un magnifico giardino situato sullo sperone roccioso che sovrasta la Tauber (splendido il panorama), dove un tempo sorgeva la residenza imperiale degli Hohenstaufen. La *Blasiuskapelle* (XIII sec.), a struttura quadrata, che si trova qui, faceva probabilmente parte di questa rocca imperiale.

Dalla parte opposta della Altstadt, a est, ecco il **Rödertor**, con bastioni e torre. La torre, con il piccolo ufficio dei dazi e la casa del guardiano, risale al XIV sec. Da notare la curvatura del

passaggio, che aveva la funzione di impedire che dall'esterno si sparasse attraverso la porta.
Nella parte nord delle mura incontriamo il **Klingentor**, con i suoi bastioni e addirittura una chiesetta incorporata, la *Wolfgangskirche*, denominata anche Schäferkirche, perché costruita da una confraternita di pastori (Schäfer) all'inizio del XV sec. La particolarità di questa chiesa sta nel fatto che è fortificata con casematte sotterranee dalle quali si raggiunge con una scala a chiocciola il sottotetto e da lì il camminatoio di ronda. All'interno della chiesa, volte a costoloni e pregevoli altari del XV e XVI sec.
Le due attrattive principali situate all'interno delle mura, nel cuore della città, sono il Rathaus e la Jakobskirche, a poca distanza l'uno dall'altra.
Il **Rathaus** esibisce un piacevole assemblaggio di stili: la parte che dà sul Marktplatz è di chiara impronta rinascimentale (XVI sec.), con splendido bugnato e bovindo angolare. La parte che dà invece sulla Herrngasse è gotica (XIII sec.), sormontata da un'esile torre alta 60 m (vi si può salire, entrata dal Marktplatz): un vero e proprio edificio bifronte. Sulla piazza, è da ricordare la *Ratstrinkstube*, l'antica taverna del consiglio municipale (XV sec.), situata proprio di fianco al Rathaus, con orologio incastonato nel frontone (XVII sec.) che raffigura il leggendario Meistertrunk. Il termine *Meistertrunk*, caratteristico di Rothenburg, che potremmo tradurre come "bevuta magistrale", si rifà a un episodio del 1631: durante la Guerra dei Trent'anni il borgomastro Nusch, ottemperando al diktat del generale svedese Tilly, bevve "eroicamente" più di tre litri d'un sol fiato, salvando così la città dalla distruzione. Verità o leggenda? In ogni caso, il vino di questa zona è tutt'altro che disprezzabile.
Ritorniamo al Marktplatz, dove si trova un altro edificio degno di nota, il *Fleisch-und-Tanzhaus*, del 1240, originariamente emporio dei macellai, con annessa anticamente una sala da ballo al primo piano: si spiega così la curiosa denominazione (casa del macello e della danza). Di fronte al Fleisch-und-Tanzhaus si trova il *Georgsbrunnen*, la più grande fontana della città, del 1608.
La *Herrngasse*, che costeggia un lato del Rathaus, è incorniciata da splendidi palazzi con alti frontoni; lungo la Herrngasse sorge la *Franziskanerkirche*, protogotica, del 1285, la più antica della città, oggi evangelica. Chiude la via a ovest il *Burgtor*, del 1360, con curiosa maschera all'esterno dalla cui bocca si gettava pece bollente sugli eventuali nemici.
La chiesa più nota, l'altro edificio-simbolo di Rothenburg, è la

Jakobskirche, evangelica (Rothenburg abbracciò la Riforma nel 1544). Si tratta di una imponente basilica gotica, a tre navate, la cui costruzione iniziò nel 1311. La parte più antica è il coro orientale, stretto tra due torri quadrate; l'estremità occidentale forma un secondo coro, sotto cui passa la Klingengasse. All'interno, un capolavoro di Riemenschneider, l'*Heilig-Blut-Altar*, altare del Preziosissimo Sangue (1505), detto anche dell'Ultima Cena, situato al centro del coro occidentale. Nel coro orientale, l'altare dei dodici apostoli di Herlin (1466) e un ciborio gotico del 1400. Nella navata laterale settentrionale due altari, opere giovanili di Riemenschneider.

Il Plönlein

LA GUERRA DEI TRENT'ANNI

Il tentativo da parte della Chiesa di arginare la progressiva espansione della Riforma e riconquistare territori perduti, finì per degenerare in quel conflitto dalle dimensioni europee che fu la Guerra dei Trent'anni (1618-1648). La Francia e la Svezia si schierarono dalla parte protestante, la Spagna e l'Inghilterra da quella cattolica. Furono trent'anni di devastazione, distruzione e morte. Alla fine, più per stanchezza che per convinzione, si arrivò alla stipulazione della pace di Westfalia (1648), che ribadì il principio già sancito dalla pace di Augusta (1555): la facoltà dei principi di scegliere la religione dei loro sudditi. Il risultato politico del conflitto fu la frantumazione del Sacro Romano Impero della Nazione Tedesca in circa 1800 territori, di fatto autonomi.
La Germania era ormai una sorta di federazione di piccoli stati sovrani che avevano il diritto di stipulare autonomamente trattati anche con altre potenze. Ma al di là di un formale riconoscimento dell'autorità imperiale, ormai indebolita, e di una lingua comune, quasi nulla accomunava i singoli stati e i relativi principi.

Svariati e anche particolari sono i musei della città, anch'essa in un certo senso museo. Una curiosità un po' macabra è sicuramente il *Kriminalmuseum*, alloggiato nell'edificio dell'antico monastero che si trova vicino alla Johanniskirche: illustra la storia della giustizia, del diritto e della tortura nel corso dei secoli. Ricordiamo anche il *Puppen- und Spielzeugmuseum*, museo delle bambole e dei giocattoli, forse non così noto come quello di Norimberga, ma che costituisce la più grande collezione privata di questo genere in Germania (Hofbronnengasse 13).
A **Detwang**, sobborgo a nord, nell'antica *chiesa St. Peter und Paul*, fondata nel 968, si trova un importante altare di Riemenschneider, l'*Heiligkreuzaltar* (altare della Santa Croce), del 1510. Il capolavoro, intagliato nel legno, è degno delle opere maggiori del grande artista: le figure intorno alla croce sono incredibilmente espressive, realistiche in ogni minimo particolare (informarsi bene sugli orari di apertura della chiesa).

Informazioni
Prefisso telefonico: 09861
Fremdenverkehrsamt, Marktplatz, 91541 Rothenburg ob der Tauber - tel. 40.492, fax 86.807.

Dove dormire
Abbiamo provato per voi:
Hotel Glocke (comfort), Am Plönlein 1 - tel. 3025, fax 86.711; posizione centralissima, ricco buffet a colazione. Possibilità di parcheggio nel garage privato. Non male la Weinstube e il ristorante annessi.
Altri nostri suggerimenti:
Gasthof Linde (standard), Vorm Würzburger Tor 12 - tel. 7444, fax 6038; appena fuori le mura, facilità di parcheggio. Tutte le camere sono con bagno. Ricco buffet a colazione. Annessi un Biergarten e un ristorante.
Hotel Spitzweg (comfort), Paradeisgasse 2 - tel. 6061, fax 2692; meublé in posizione centralissima, ma tranquilla. Buffet a colazione. Tutte le camere sono con bagno.
Romantik Hotel Markusturm (supercomfort), Rödergasse 1 - tel. 2098, fax 2692; è associato ai Romantik Hotels. Sauna, ricco buffet a colazione. Buon ristorante e Weinstube.
Hotel Eisenhut (lusso), Herrngasse 3-7 - tel. 7050, fax 70.545; è associato agli hotel Gast im Schloß. Occupa quattro belle case patrizie di antichissima data. Suggestiva atmosfera. Ristorante.
Ostello. *Jugendherberge Roßmühle*, Mühlacker 1 - tel. 4510.
Campeggi
Campingplatz Tauber-Romantik - tel. 6191.
Campingplatz Tauber-Idyll - tel. 3177.
Situati entrambi nel sobborgo di Detwang, a nord della città.

I DINTORNI DI ROTHENBURG

Rothenburg è un ottimo punto di partenza per escursioni nella valle della Tauber. Discendendo il corso del fiume si incontrano due cittadine che meritano una nota particolare: Creglingen e Weikersheim.

Creglingen
Caratteristico borgo medievale con case a graticcio ben conservate, Creglingen (5000 ab.) viene ricordata in molti libri d'arte

perché nella Herrgottskirche è ospitato il famoso *Marienaltar* di Riemenschneider. La chiesa, del 1384, di forme gotiche, con un bel portale, si trova in una valle laterale della Tauber, a 1 km circa dal centro di Creglingen.
È decisamente curioso il fatto che un'opera così importante si trovi in una chiesa periferica. Si tratta, secondo alcuni, del capolavoro del maestro di Würzburg: tutto intagliato in legno di tiglio, raffigura l'incoronazione della Vergine.
Il legno prende vita nelle mani dell'artista; i personaggi sono raffigurati con estrema precisione e naturalezza. Il baldacchino che sovrasta le figure è così finemente lavorato da sembrare quasi un pizzo.
Poco distante un curioso museo dedicato al ditale: il *Fingerhut-Museum*.
Informazioni: *Verkehrsamt*, 97993 Creglingen - tel. 07933/70.111.

Weikersheim
La località (7.400 ab.) è nota per il famoso castello, residenza dei nobili Hohenlohe. L'antica Burg assunse la forma attuale di ispirazione rinascimentale negli anni 1546-1610. Si possono visitare gli interni: notevole il Rittersaal con stucchi del 1600. Da menzionare anche il bel parco del castello, in stile barocco, ornato da fontane e statue.
Informazioni: *Verkehrsamt*, Marktplatz, 97990 Weikersheim - tel. 07943/7272.

A SUD DI ROTHENBURG, un tratto della Romantische Straße

Questo itinerario di circa un centinaio di chilometri è parte della Romantische Straße, sicuramente la strada turistica più famosa di tutta la Germania.
Qui ne suggeriamo solo il tratto centrale, consapevoli del fatto che di rado il turista si impegna in stakanovistici viaggi per seguire interamente gli itinerari che le guide turistiche diligentemente propongono. La Romantische Straße, lo ricordiamo, è lunga oltre 300 km e collega Würzburg, a nord, in Franconia, con Füssen, a sud, in Algovia. La parte che abbiamo scelto, da Rothenburg a Donauwörth, ci sembra particolarmente significativa perché permette di scoprire e visitare centri non grandissimi, ma sempre molto interessanti e ricchi di suggestioni medievali, come ad esempio Dinkelsbühl e Nördlingen.

TILMAN RIEMENSCHNEIDER

Tilman Riemenschneider nacque intorno al 1460 a Heiligenstadt e fu attivo soprattutto nell'area francone.
Nel 1483 era apprendista pittore a Würzburg; divenne maestro qualche anno dopo, prese la cittadinanza di Würzburg e ne divenne addirittura borgomastro. Ma venne coinvolto nei tumulti della rivolta dei contadini; lo incarcerarono e torturarono. Morì a Würzburg nel 1531. Queste brevi note biografiche evidenziano la grande passione civile che gli fece vivere le vicende della sua epoca in prima persona.
Molte chiese in Franconia, anche se umili o in posizione periferica, ospitano i suoi bellissimi altari intagliati nel legno, magnifica espressione dell'arte tardogotica tedesca.
La parte centrale dell'altare (reliquiario) illustra con grande evidenza il tema. I personaggi sono sempre resi con estrema precisione didattica, basta osservare attentamente le espressioni dei visi, le pieghe degli abiti, i movimenti del corpo. Intorno alle figure, un vero e proprio "pizzo in legno" fa da cornice alla scena. Le portelle laterali si collegano solitamente alla rappresentazione centrale, talvolta con figure a tutto tondo, altre volte a rilievo.
Riemenschneider si dimostra così erede dei maestri delle grandi cattedrali, splendido interprete del gotico nordico che tendeva a conciliare le nuove tendenze artistiche con l'antico fine didascalico-religioso.

Da Rothenburg a Schillingsfürst

A Rothenburg imbocchiamo la B25, ci allontaniamo dal fiume Tauber, attraversiamo la regione della Frankenhöhe e, dopo circa 20 km, una breve deviazione sulla sinistra ci porta a **Schillingsfürst**. Qui spicca il maestoso castello dei principi Hohenlohe-Schillingsfürst, costruito tra il 1723 e il 1750 secondo i canoni di un nobile palazzo spagnolo. La struttura tardobarocca, a tre ali, è veramente imponente. All'interno del castello si possono visitare i consueti saloni di rappresentanza con mobili, porcellane, quadri, arazzi, armi.
Informazioni: *Verkehrsamt*, Anton-Roth-Weg 9, 91583 Schillingsfürst - tel. 09868/800.

Da Schillingsfürst a Feuchtwangen
Riprendiamo la B25 e, dopo aver percorso pochi chilometri, raggiungiamo l'antica Freie Reichsstadt di Feuchtwangen.
Feuchtwangen (10.500 ab.), sulla Sulzach, merita sicuramente una sosta anche breve soprattutto per il *Marktplatz*, altrimenti detto "Salone delle feste della Franconia" per la sua imponenza. Tutto circondato da case a graticcio, ospita il *Rathaus* barocco, l'antica fontana *Röhrenbrunnen* e l'abside della *Stiftskirche*. Quest'ultima, con parti romaniche e gotiche, racchiude uno splendido coro ligneo, forse di Jörg Syrlin, e un notevole altar maggiore con Madonna di Wohlgemut, il maestro di Dürer. Collegato alla chiesa è il *chiostro* romanico che ricorda la fondazione stessa della città, concomitante alla costruzione di un'abbazia benedettina dell'VIII secolo. Il chiostro ospita durante i mesi estivi spettacoli teatrali all'aperto.
Informazioni: *Verkehrsbüro*, Marktplatz 1, 91555 Feuchtwangen - tel. 09852/90.444.

Da Feuchtwangen a Dinkelsbühl
La tappa successiva è di circa 12 km: il nostro itinerario è sempre più un affascinante viaggio nel Medioevo.
Dinkelsbühl (10.500 ab.), sulla Wörnitz, è un'antica cittadina sul confine svevo-francone. Prima di entrare nella Altstadt, conviene parcheggiare in uno dei grandi parcheggi al di fuori delle mura.
L'inconfondibile aspetto medievale, rimasto praticamente inalterato nel corso dei secoli, è enfatizzato dalla cinta delle mura (XIII-XIV sec.), lambite per un tratto dalla Wörnitz, con torri (ben 18) e porte. Insomma, il tempo sembra essersi fermato a Dinkelsbühl e gli abitanti, orgogliosi di questo, fanno di tutto per tenere vive le antiche tradizioni con manifestazioni folcloristiche che rimandano a episodi veramente accaduti nei secoli scorsi.
Una passeggiata nel centro, che ha superato indenne anche l'ultimo conflitto, permette di rendersi conto che la città, antica Freie Reichsstadt, ha conosciuto grazie ai commerci e all'artigianato un lungo periodo di splendore, soprattutto in epoca medievale. Il benessere di cui godevano i cittadini si concretizzò nella costruzione delle mura e della *Georgskirche* (1448-1499), splendida chiesa tardogotica a sala, con un imponente tetto che contrasta con il campanile di dimensioni ridotte. La Georgskirche si trova sul Marktplatz che, con il Weinmarkt, raccoglie altri notevoli edifici: il *Deutsches Haus* (1440), con alto frontone, oggi caratteristico albergo, la *Schranne* (XVII sec., antico magazzino) e la *Gu-*

stav-Adolf-Haus (XVII sec.). Sul Weinmarkt e sul Marktplatz si trovano gli alberghi più simpatici della cittadina. Ma è lungo le mura che si respira l'atmosfera romantica così tipica di Dinkelsbühl. Ricordiamo in particolare le 4 porte: il *Rothenburger Tor*, a nord, che offre una veduta della parte più suggestiva delle mura; il *Wörnitz Tor*, a sud-est, che permette di passare sull'isolotto della Wörnitz da cui si ha la panoramica sulla Kleine Bastei (piccola bastia), sul Bäuerlin-Turm e sul mulino della città; il *Nördlinger Tor*, a sud; il *Segringer Tor*, a ovest, forse la porta più bella, con caratteristico tetto a cipolla.
Informazioni: *Städtisches Verkehrsamt*, Marktplatz, 91550 Dinkelsbühl - tel. 09851/90.240.

Da Dinkelsbühl a Nördlingen

Proseguendo il nostro viaggio verso sud, sempre lungo la B25, abbandoniamo la Wörnitz ed entriamo nella conca del Ries, un enorme cratere di 25 km di diametro, formatosi in seguito alla caduta di un meteorite 15 milioni di anni fa. I geologi ritengono che si tratti del cratere meteoritico meglio conservato della terra, ricco di interessante materiale roccioso. Una curiosità: gli astronauti americani dell'Apollo 14 e 17 si addestrarono, nell'agosto del 1970, proprio qui.
La località più significativa del Ries è Nördlingen, tappa obbligata della Romantische Straße, che raggiungiamo dopo aver percorso una trentina di chilometri da Dinkelsbühl.
Nördlingen (20.000 ab.) è famosa soprattutto per le spettacolari mura cittadine; vanta infatti un'intatta cerchia medievale, interamente percorribile, con ben 5 porte e 11 torri. Nella storia della città ricordiamo i romani, insediatisi tra il I e il III sec. d.C., e gli alemanni, della cui presenza testimonia il nome stesso in "-ingen" della città.
Nel 1215 Nördlingen divenne libera città imperiale; la prima Pfingstmesse, fiera di Pentecoste, nel 1219 è una prova dell'importanza della città nei traffici medievali.
Fino al XVI sec., grazie anche alla favorevole posizione geografica, Nördlingen fu un centro commerciale internazionale. Bestiame e cereali provenienti dalla fertile regione del Ries e prodotti artigianali di vario genere consolidarono il benessere della città, che si tradusse nella costruzione di edifici ancor oggi ben inseriti nella struttura medievale.
Fatale fu la Guerra dei Trent'anni: per la città iniziò un lento declino. Nel 1803 Nördlingen passò alla Baviera.

Per visitare la città ci sono vari punti di partenza: naturalmente possiamo incominciare la visita della città dal Marktplatz, com'è consuetudine per queste cittadine tedesche, oppure dalle mura. Tre chilometri di passeggiata che si possono percorrere lungo il Graben, il fossato che fiancheggia le mura, o lungo il camminatoio di ronda, o all'interno delle mura stesse.
Le 5 porte e le 11 torri sono di origine medievale ma con arricchimenti stilistici diversi. Ben si riconoscono gli elementi rinascimentali del *Löpsinger Tor* (nord-est) o del *Reißturm*. Il *Reimlinger Tor* (sud-est) ha un curioso tetto spiovente per facilitare l'emissione del fumo proveniente dalla polvere da sparo o da eventuali incendi. Del XVI sec. è la *Alte Bastei* che, concepita come deposito di armi, ospita oggi spettacoli all'aperto.
Da qualsiasi punto delle mura si guardi verso la città spiccano ovunque le tipiche costruzioni a graticcio. Ma il punto migliore per godere della vista, non solo sulla Altstadt, ma su tutta la conca del Ries è il campanile della St. Georgskirche, familiarmente chiamato "Daniel", alto 90 m (350 gradini), vero e proprio simbolo della città. Dalla cima del Daniel i cosiddetti "Türmer", i guardiani della torre, scandiscono quotidianamente da oltre 500 anni il loro tradizionale grido "So G'sell so" (liberamente traducibile come: Tutto bene, cittadini).
La *St. Georgskirche*, evangelica, chiesa tardogotica costruita per volere dei cittadini stessi tra il 1430 e il 1505, è una delle più grandi chiese a sala della Germania meridionale. Nell'interno, a tre navate, spicca l'altar maggiore (XV sec.), con figure attribuite a Nicolaus Gerhaert von Leyden.
La St. Georgskirche si trova sul Marktplatz. Sempre su questa piazza, centro della circonferenza formata dalle mura, si notano il *Rathaus*, costruzione del XIII sec., fin dal 1382 sede del consiglio cittadino, con una bella scalinata esterna in pietra del 1618, e il *Tanzhaus*, edificio di rappresentanza decorato con una statua dell'imperatore Massimiliano I, benefattore della città.
Tutt'intorno al Marktplatz sorgono poi i vari edifici della Altstadt, di impronta gotica e rinascimentale, in pietra o a graticcio, quasi tutti antecedenti la Guerra dei Trent'anni. Alcuni di questi furono modernizzati nel XIX sec. con frontoni a volute rotonde e a chiocciola.
Tra i tanti edifici ricordiamo le *Gerberhäuser*, case dei conciatori, situate lungo il fiume Eger che entra in città dall'Oberer Wasserturm ed esce dall'Unterer Wasserturm, testimonianza di un'attività artigianale ancor oggi molto viva; e il *Klösterle*, ori-

ginariamente (XIII sec.) chiesa di un'abbazia domenicana, trasformato quindi in granaio dopo la Riforma. Oggi è un centro della vita culturale cittadina.
In un edificio dell'antico Spital (Baldingerstr.) si trova lo *Stadtmuseum* che ricostruisce, nella sezione dedicata alla geologia, la storia del Ries; altri reperti, quali il calco in bronzo di un cranio umano ritrovato nella grotta di Ofnet presso Holheim, il "suonatore di flauto" romano e l'altare gotico di Herlin, fanno di questo museo uno dei più ricchi e interessanti di tutta la regione.
Informazioni: *Verkehrsamt*, Marktplatz 2, 86720 Nördlingen - tel. 09081/4380.

Da Nördlingen ad Harburg

Lasciamo Nördlingen e proseguiamo in nostro itinerario attraverso il Ries; seguiamo per un tratto la Wörnitz e raggiungiamo il confine meridionale del Ries, che qui acquista le caratteristiche tipiche del paesaggio della landa. Dopo una ventina di chilometri siamo ad **Harburg** (5.600 ab.), in felice posizione tra la Wörnitz e le alture del Giura. Imponente troneggia da uno sperone roccioso la *Harburg*, appunto, risalente al XII-XIII sec., già proprietà del casato svevo degli Hohenstaufen. Si tratta di un castello che ben rappresenta l'antica cultura cavalleresca. Tutto il complesso della Burg è ben conservato, con ampio cortile, torre di guardia, residenza principesca, biblioteca con oltre 140.000 volumi, Schloßkirche St. Michael (XIV sec., decorata in epoca barocca) e mura con camminatoio di ronda in legno. All'interno delle sale principesche sono ospitate ricche collezioni di miniature, dipinti, arazzi, visitabili insieme alla biblioteca e alle strutture stesse del castello. Da ricordare anche che parte del castello è adibita a hotel (Burgschenke Harburg).
Il paese vero e proprio è assai caratteristico, col suo *Rathaus* a graticcio e l'antico ponte di pietra sulla Wörnitz.
Informazioni: *Stadtverwaltung*, Schloßstr. 1, 86655 Harburg - tel. 09003/1011.

Da Harburg a Donauwörth

La B25 attraversa in un tunnel la collina dove si erge il castello di Harburg e prosegue lungo la valle della Wörnitz, attraversando le alture del Giura. In breve giungiamo a **Donauwörth** (18.000 ab.), antica città situata sulla confluenza della Wörnitz con il Danubio.
La posizione strategica per quanto riguarda il traffico sia fluvia-

le che terrestre, fece di Donauwörth fin dall'antichità un importante centro commerciale, tanto che nel XIV sec. ottenne il titolo di Freie Reichsstadt. Il fatto di essere un'importante cittàguado sul Danubio, tra Norimberga e Augusta, se comportò dei vantaggi, fu anche causa di distruzione più volte nel corso della storia, in particolare durante l'ultimo conflitto.
L'arteria storica della città, che attraversa il centro, è la *Reichsstraße*, anticamente parte della già ricordata via commerciale tra Augusta e Norimberga, fiancheggiata da molte case patrizie con pregevoli frontoni. Lungo questa strada sorge la *parrocchiale Mariae Himmelfahrt*, chiesa gotica a sala del XV sec. Più a ovest, in posizione rialzata, incontriamo un'altra chiesa, la *Heilig-Kreuzkirche*, già chiesa di un'abbazia benedettina. Barocca (1717-1720), con slanciato campanile, è opera di Joseph Schmuzer della scuola di Wessobrunn; ricchi stucchi e affreschi ne decorano l'interno.
Altri importanti edifici laici di Donauwörth sono: il *Fuggerhaus* (XVI sec.), il *Deutschordenshaus* e il *Rathaus* (XIII-XIV sec.). Da ricordare anche parti delle fortificazioni, ancora conservate, con torrioni; tra questi il *Riedtor* (XIII sec.), nei pressi della Wörnitz, e il Färbertor.
Informazioni: *Verkehrsamt*, Rathausgasse 1, 86609 Donauwörth - tel. 0906/789.145.
Ci allontaniamo da Donauwörth attraversando il famoso ponte sul Danubio: siamo nella pianura sveva-bavarese e dopo circa 50 km raggiungiamo la splendida città di Würzburg.

Nördlingen

WÜRZBURG, i vescovi e il barocco

Da non perdere:
- Residenz, sontuosa dimora dei vescovi-principi, capolavoro di Neumann
- Festung Marienberg, l'antica fortezza che domina la città dall'alto
- Duomo, con le caratteristiche quattro torri, luogo di sepoltura dei vescovi-principi
- Castello di Veithöchheim con il bel giardino rococò

Nei dintorni:
- Aschaffenburg, una città bavarese ma non troppo
- Schloß Mespelbrunn, un castello sull'acqua

Würzburg (128.000 ab.), capoluogo dell'Unterfranken, città barocca per eccellenza, si trova in una suggestiva posizione: attraversata dal Meno, circondata da vigneti e dominata dall'imponente Festung Marienberg, la fortezza che fu fino al 1730 sede dei Fürstbischöfe, i vescovi-principi.

Già dal 742 Würzburg, che allora si chiamava *Castellum Virtebuch*, era sede vescovile. Al tempo dei Salii e degli Svevi vennero costruite numerose chiese, tra cui il duomo, inaugurato nel 1187. Fu poi lo stesso Barbarossa a conferire ai vescovi della città il titolo nobiliare.

Il tardo Medioevo fu caratterizzato da un contrasto sempre più aspro tra i vescovi e una cittadinanza che, grazie alla favorevole posizione geografica di Würzburg, punto nodale di vie commerciali molto frequentate, era diventata sempre più benestante e quindi battagliera.

Durante la rivolta dei contadini (1525) la città si schierò dalla parte dei poveri, che cercarono inutilmente di impossessarsi della fortezza dei vescovi.

In seguito il principe-vescovo Julius Echter (1573-1617), che si potrebbe definire oggi un fondamentalista cattolico, allontanò i protestanti dalla città e diede il via alla costruzione di numerosi edifici. Questo fu solo l'inizio di un'intensa attività edilizia che fece di Würzburg la capitale del barocco; tale fermento ebbe il suo punto di massimo fulgore all'inizio del XVIII sec., quando i vescovi-principi della casa Schönborn progettarono la costruzione di una nuova residenza. I tempi in cui c'era biso-

gno di difendersi racchiudendosi nella fortezza erano ormai passati. Perché allora continuare a stare arroccati, quasi in disparte, invece di scendere in città?
Fu così che il vescovo-principe Johann Philipp Franz convocò nel 1719 l'architetto Balthasar Neumann e lo incaricò di costruire un castello degno di sé, e che potesse dare ulteriore sfarzo alla città. Il risultato finale fu una maestosa costruzione dalle dimensioni eccezionali (167 m di lunghezza, 92 di profondità, 360 sale): un castello barocco che non aveva nulla da invidiare a quello di Versailles. Seguì la secolarizzazione (1803), l'occupazione napoleonica (Würzburg aderì alla Confederazione Renana e fu governata dal 1806 al 1814 dall'arciduca Ferdinando di Toscana) per poi passare nel 1815 definitivamente alla Baviera.
L'ultima guerra danneggiò gravemente la città, soprattutto a causa del terribile bombardamento del 16 marzo 1945. Ciononostante si è riusciti, con un paziente e fedele lavoro di ricostruzione, a ridare alla città il suo originario splendore barocco.

In giro per il centro

Il nucleo della Altstadt è delimitato dal Meno a ovest, dalla *Juliuspromenade* a nord, dalla *Neubaustraße* a sud e dalla *Theaterstraße* e *Balthasar-Neumann-Promenade* a est. A ben guardare si tratta di un pentagono che richiama nella forma il caratteristico cappello a punta dei vescovi. E, guarda caso, la punta di questo cappello indica il luogo dove si trova la residenza dei vescovi-principi.

Würzburg, Festung Marienberg

Come già ricordato, la **Residenz** fu costruita su progetto di Neumann dal 1720 al 1744, quando i vescovi-principi decisero di lasciare la Festung Marienberg. È un capolavoro del barocco e uno dei maggiori castelli d'Europa. Si tratta di un edificio a 3 corpi che si articola attorno a cortili interni. Imponente, nella parte centrale, lo *scalone d'onore* (Treppenhaus), coronato da un gigantesco affresco del Tiepolo del 1753 (540 mq) che raffigura gli dei dell'Olimpo e allegorie dei continenti: i quali, allora, si pensava fossero solo quattro, non essendo ancora stata scoperta l'Australia. Tra le numerose sale, notevoli sono il *Weißer Saal*, sala bianca, con stucchi di Bossi; il *Kaisersaal*, sala imperiale, anch'essa stuccata da Bossi e con un affresco del Tiepolo; il *Paradezimmer*, vera e propria esaltazione del rococò.
Nell'ala sud si trova la *Hofkirche* (accesso dal Residenzplatz),

sempre di Neumann. Anche qui troviamo notevoli stucchi di Bossi e affreschi del Tiepolo.
Merita una nota anche l'*Hofgarten*, lo stupendo giardino di corte, ornato da diverse statue tra cui il famoso gruppo di putti di P. Wagner. Imponente la bella cancellata in ferro battuto.
Dalla Residenz, seguendo la Hofstraße, si giunge al **duomo**, dedicato a St. Kilian, distinguibile per le caratteristiche 4 torri. Si tratta di una delle maggiori chiese romaniche della Germania: iniziato nel 1040 e consacrato nel 1187, venne poi abbondantemente decorato in stile barocco nel XVIII secolo. Gravemente danneggiato nell'ultima guerra, fu ricostruito mantenendo l'originaria struttura esterna. Nell'interno, a 3 navate, sono custodite le tombe dei vescovi. Degne di nota quella di Rudolf von Scherenberg (1499) e Lorenz von Bibra (1519), opera di Riemenschneider, nella navata centrale, 6° e 7° pilastro a sinistra. Alla fine del transetto sinistro, quasi un prolungamento dello stesso, c'è la *Schönbornkapelle*, la cappella funeraria degli Schönborn, realizzata da Neumann. Dal transetto destro si accede invece al chiostro con la *Sepulturkapelle*, cappella gotica a due navate della metà del XV secolo.
Poco distante, a sinistra del duomo, c'è la *Neumünsterkirche*, basilica romanica dell'XI sec., originariamente bicefala. Il coro a ovest è stato sostituito all'inizio del 1700 da un'imponente facciata barocca, opera di Dientzenhofer, e da una cupola. All'interno spiccano, nella rotonda centrale, l'altar maggiore dei fratelli Zimmermann (1724) c una Madonna di Riemenschneider (1493).
Dalla navata nord si ha accesso al *Lusamgärtlein*, ciò che resta del chiostro romanico; qui si trova la tomba di Walther von der Vogelweide, il maggior esponente del Minnesang, la poesia d'amore medievale tedesca, morto a Würzburg intorno al 1230.
Punto centrale della zona pedonale è il *Marktplatz*, sul quale si affaccia la *Marienkapelle*, chiesa tardogotica a tre navate iniziata nel 1377 e conclusa con la costruzione del campanile nel 1481. Venne in gran parte ricostruita dopo l'ultima guerra. All'interno, vicino al portale che dà sul Marktplatz, c'è la tomba di Balthasar Neumann (1687-1753). Tra le numerose tombe di cittadini illustri e cavalieri franconi spicca quella di Konrad von Schaumberg (1499), opera di Riemenschneider.
Dietro la Marienkapelle si erge il cosiddetto *Haus zum Falken*, casa dei falchi, una delle più belle case patrizie della città, caratterizzata da una suggestiva facciata a stucchi (1752). Qui si trova oggi il Verkehrsamt.
A sud del Marktplatz c'è l'*Altes Rathaus*, un complesso di co-

struzioni di epoche diverse. La parte più vecchia, detta "Grafeneckart" (XII-XIII sec.), è sovrastata da una torre: nel sotterraneo si trova il Ratskeller, che merita una visita non solo per l'ottima cucina, ma anche per i locali artisticamente decorati. Davanti c'è la famosa fontana barocca *Vierröhrenbrunnen*, la fontana delle quattro canne, del 1765.
L'*Alte Mainbrücke*, costruito fra il 1473 e il 1543 e decorato verso il 1730 con 12 statue di santi, conduce dall'altra parte della città. Qui sorge, sul Marienberg, l'imponente **Festung Marienberg**, fortezza che insieme alla Residenz simboleggia la città di Würzburg. Come si è già ricordato, i vescovi-principi vi risiedettero finché non fu ultimata la Residenz.
La costruzione di questa prima sede vescovile iniziò verso il 1200. Il progetto originario venne in seguito più volte ampliato e rimaneggiato; finché, dopo la Guerra dei Trent'anni, durante la quale il re svedese Gustavo Adolfo la espugnò, fu trasformata in fortezza. Alle mura e alle numerose torri si aggiunsero imponenti bastioni (1650-1710). Nello Zeughaus, l'arsenale, costruzione barocca di inizio 1700, si trova il *Mainfränkisches Museum*, dedicato all'arte francone del Medioevo: molte le opere di Riemenschneider, fra le quali il gruppo *Adamo ed Eva* che ornava il portale della Marienkapelle sul Marktplatz.
Nel cortile centrale, oltre alla *Marienkapelle*, di forma circolare, c'è il *Brunnenhaus*, edificio rinascimentale con un pozzo profondo 106 m. Nell'ala sud della Festung è stato recentemente inaugurato il *Fürstenbaumuseum*, dedicato alla storia della città.
Il pendio a sud, quello che dà sulla Leistenstraße, è tutto rico-

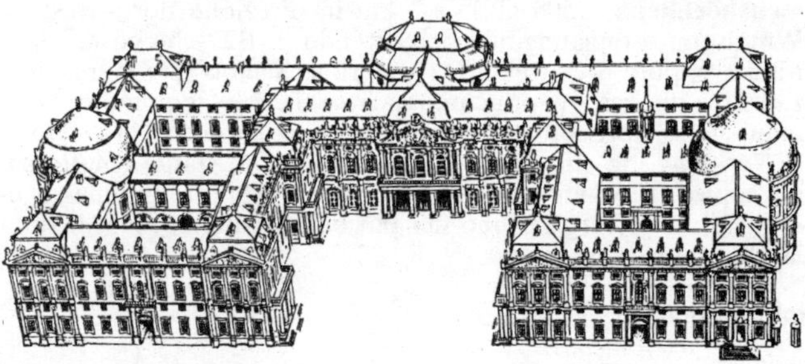

Würzburg, Residenz

perto da vigneti che producono uno dei vini più rinomati della zona, il *Leisten*, appunto.
Sempre a sud c'è un'altra collina, Nikolausberg, sulla quale si trova la cosiddetta *Käppele* (1747-1750), un piccolo santuario barocco con campanili a cipolla, opera di Neumann. Notevoli le decorazioni interne. Ci si arriva attraversando il Meno dalla Ludwigsbrücke, prendendo la Nikolausstraße e percorrendo poi una scalinata con diverse cappellette, le cui statue raffigurano le varie stazioni della Via Crucis.

Ancora da vedere

Il *Juliusspital* (Juliuspromenade) è una maestosa costruzione voluta dal vescovo Julius Echter nel 1576 e successivamente decorata in forme barocche. Nella parte centrale (Fürstenbau) si trova una caratteristica farmacia in stile rococò che svolge regolarmente servizio. Da non perdere, al n. 19 della Juliuspromenade, le *Julius-Spital-Weinstuben*, le cantine della casa vinicola Julius-Spital (possibilità di degustazione).
Ai piedi della Festung Marienberg si trova *St. Burkard*, basilica romanica dell'XI sec. con transetto e coro gotici. Nell'interno, a tre navate, una Madonna di Riemenschneider (transetto destro).
Nella Neubaustraße si incontra il maestoso complesso rinascimentale della *Alte Universität*, costruito per ospitare l'università fondata nel 1582 da Julius Echter. Custodisce la Universitätsbibliothek e ospita ancora la facoltà di legge, mentre le altre facoltà sono sistemate nei nuovi edifici della parte est della città. Nell'ala sud c'è la *Neubaukirche* (1586), una delle maggiori chiese rinascimentali tedesche.
Veitshöchheim (9500 ab.), a 7 km in direzione nord-ovest da Würzburg, è raggiungibile percorrendo la B27 che costeggia il Meno, oppure in battello. Da vedere lo *Schloß* (1683), residenza estiva dei vescovi-principi. Anche qui c'è lo zampino di Neumann, che riprogettò il castello in stile barocco (1749-1753). L'*Hofgarten*, in stile francese, con numerose statue (molte sono copie, gli originali sono conservati al Mainfränkisches Museum di Würzburg), è uno dei più bei giardini rococò di tutta la Germania.

Informazioni

Prefisso telefonico: 0931
Fremdenverkehrsamt, Haus zum Falken, Oberer Markt, 97070 Würzburg - tel. 37.335.

Dove dormire

Abbiamo provato per voi:
Hotel Urlaub (comfort), Bronnbachergasse 4 - tel. 54.813, fax 59.646; in centro, non lontano dal Marktplatz. Ricco buffet a colazione. Sauna. Non male il ristorante. Carina la Weinstube sistemata in una cantina a botte.
Altri nostri suggerimenti:
Hotel Stift Haug (standard), Textorstr. 16 - tel. 53.393, fax 53.345; meublé in posizione centrale vicino alla chiesa da cui prende il nome. Ambiente familiare. Non tutte le camere sono con bagno. Buffet a colazione.
Hotel Franziskaner (comfort), Franziskanerplatz 2 - tel. 15.001, fax 57.743; posizione centrale, a pochi passi dal duomo. Da provare il ristorante annesso "Klosterschänke".
Pannonia Hotel am Meinufer (supercomfort), Dreikronenstr. 27 - tel. 41.930, fax 419.34.60; dall'altra parte del Meno, vicino all'Alte Mainbrücke. Bella vista. Da provare il ristorante (specialità ungheresi).
Hotel Schloß Steinburg (supercomfort), Auf dem Steinberg - tel. 93.061, fax 97.121, in località Unterdürrbach, 3 km in direzione nord. La posizione è fantastica. Inoltre l'albergo è associato ai Gast im Schloß.
Ostello. *Jugendherberge*, Burkerderstr. 4 - tel. 42.590.
Campeggio. *Campingplatz Kalte Quelle* - tel. 65.598; in località Heidingsfeld.

Dove mangiare

Assolutamente da provare è il *Ratskeller*, il ristorante dell'Altes Rathaus (Langgasse 1). Si mangia bene (specialità della Franconia) in un ambiente molto gemütlich dove i vari locali sono artisticamente decorati.
Non male è inoltre il *Weinrestaurant*, Haus des Frankenweins (Kranenkai 1). Il nome è di per sé un programma: casa del vino della Franconia.

I DINTORNI DI WÜRZBURG

Aschaffenburg

Porto fluviale sul Meno, Aschaffenburg (61.000 ab.), circa 60 km a ovest di Würzburg, è una piacevole città a misura d'uomo, situata nella regione dello Spessart. Rappresenta, proprio grazie

alla sua posizione, il punto di incontro culturale ed economico della Franconia e della regione del Reno-Meno.
Anche la storia della città è strettamente collegata alla sua posizione: qui, lungo il Meno, correva infatti una parte del *limes aqueo* dei romani. Dopo i romani si succedettero alemanni e franchi. Ma furono i vescovi, più tardi principi-elettori di Magonza, a caratterizzare le vicende della città. Ne furono infatti i padroni incontrastati dal 1000 circa fino alla secolarizzazione del 1803. In taluni periodi Aschaffenburg fu addirittura la seconda residenza degli arcivescovi di Magonza.
Altre tappe storiche quali la rivolta dei contadini e la Guerra dei Trent'anni la segnarono profondamente. Passò, infine, al regno di Baviera e re Luigi I la apprezzò a tal punto da denominarla "la Nizza della Baviera". Un ultimo capitolo, tragico, fu il secondo conflitto mondiale, che recò notevoli danni alla città.
Il panorama del centro cittadino è fortemente caratterizzato da una costruzione rossiccia, quadrangolare, sulla riva destra del Meno: si tratta dello *Schloß Johannisburg*, imponente castello rinascimentale fatto edificare da un vescovo elettore tra il 1605 e il 1614, al posto di un'antica Burg distrutta da un incendio. Di questa precedente costruzione è rimasta la torre di guardia, incastonata in una delle quattro ali del castello; ai quattro angoli si ergono altrettante torri quadrangolari, a più piani. Il castello, completamente distrutto nel 1945, ospita, dopo la ricostruzione, la *Schloß Galerie*, con opere di Lucas Cranach e di altri maestri del XVII e XVIII secolo.
Se lo Schloß Johannisburg rappresenta il potere temporale dei vescovi-principi, la *Stiftskirche St. Peter und Alexander* ne rappresenta quello spirituale. Le sue origini risalgono a quasi 1000 anni fa e conserva parti sia romaniche che gotiche. La chiesa, a cui si accede da una doppia scalinata barocca, caratterizza con la sua mole imponente e un solo campanile tutta la Altstadt. Il timpano del portale principale, tardoromanico, rappresenta Cristo circondato dai santi patroni. Un vestibolo basso con colonne tardoromaniche introduce alla basilica, che presenta pianta a croce, tre navate e soffitto a volte barocche. Nell'interno da notare soprattutto la predella con il Pianto di Cristo, opera di Grünewald (1520 circa), nella prima cappella laterale a sud.
Notevole anche il chiostro sul lato sinistro della chiesa, con 64 capitelli tardoromanici e gotici; nell'antica casa capitolare è alloggiato lo *Stiftsmuseum*: reperti preistorici e di epoca romana, arte sacra medievale, ceramiche franconi.

A parte il castello e la Stiftskirche, Aschaffenburg offre anche piacevoli vie con belle case a graticcio franconi e strade ideali per lo shopping, come la zona pedonale della Herstallstraße. Proprio lì accanto, ancora in pieno centro cittadino, si trova il suggestivo e romantico *parco Schöntal*, con stagni e le rovine della chiesa del Santo Sepolcro.
Poco fuori dal centro, per gli amanti delle auto da corsa, un museo tutto particolare: l'*Automuseum Rosso Bianco Collection* (Obernauerstr. 125).
Tre chilometri a sud-ovest della Altstadt incontriamo il *castelletto di Schönbusch* (XVIII sec.); magnifico il giardino all'inglese, opera di Sckell, uno dei primi in Germania, con tempietti, laghetti, labirinto e padiglioni vari.
Informazioni: *Tourist Information*, Dalbergstr. 6, 63739 Aschaffenburg - tel. 06021/30.426.

Schloß Mespelbrunn

A una quindicina di chilometri da Aschaffenburg, lungo la B8 in direzione sud-est, si trova Schloß Mespelbrunn. È una classica immagine da cartolina, immortalata nei puzzle da 1500 pezzi e in molti depliant turistici. Si tratta infatti di un castello rinascimentale decisamente accattivante: circondato dai boschi dello Spessart, in mezzo a un piccolo lago, sembra fatto apposta per far sognare schiere di turisti. Inconfondibile l'alta e rotonda torre di guardia che si riflette nel lago, fiancheggiata da un frontone rinascimentale a gradoni. L'inizio della costruzione è databile intorno al 1430, ma la maggior parte del castello fu edificata tra il 1551 e il 1559.
È possibile visitarne alcune sale, come il Rittersaal, lo Speisesaal e la Schloßkapelle. Tutti gli ambienti conservano gli arredi originari.
Informazioni: *Verkehrsverein*, Hauptstr. 173 - tel. 06092-319.

Miltenberg

A ovest di Würzburg, raggiungibile percorrendo un tratto della A3 in direzione di Aschaffenburg e costeggiando poi il Meno, si trova Miltenberg (9500 ab.), cittadina francone piena di atmosfera. Raggiunse già verso il XIII sec. un notevole benessere economico in quanto era posto di dogana dei vescovi-principi di Magonza. Caratteristica la struttura: si adagia infatti lungo la stretta riva del Meno, sovrastata dalla Mildenburg, fortezza del XIII secolo. Il centro della città è il *Marktplatz*, incorniciato da antiche case a graticcio con bella fontana rinascimentale del 1583: è uno degli angoli più fotografati di tutta la Germania meridionale, rimasto praticamente inalterato nei secoli. Da notare l'*Altes Rathaus* del XV secolo.

Anche sulla *Hauptstraße* si affacciano splendide case a graticcio, con bovindi e frontoni.

In particolare l'*Hotel zum Riesen* (dal Gigante), del XVI sec., che ospitò in passato re e principi.

In mezzo a questi caratteristici edifici civili spicca la *Stadtpfarrkirche*, del XIV sec., più volte ritoccata, con opere tardogotiche e rinascimentali.

Informazioni: *Tourist Information*, Engelsplatz 69, 63897 Miltenberg - tel. 09371/400.119.

Aschaffenburg, il castello

BAMBERGA, il duomo e il suo cavaliere

Da non perdere:
- Duomo, splendida sintesi di romanico e gotico
- Residenz, il fastoso palazzo vescovile
- Alte Hofhaltung, il vero nucleo di Bamberga
- Rosengarten, il bel giardino con splendida vista sulla città
- Michaelsberg con l'abbazia benedettina

Nei dintorni:
- Santuario di Vierzehnheiligen, capolavoro barocco della Franconia
- Veste Coburg, la grandiosa fortezza di Coburgo

Bamberg (70.000 ab.) è una suggestiva cittadina dell'Alta Franconia, già residenza vescovile e imperiale. È attraversata dal fiume Regniz, che con i suoi due bracci la divide in Bischofsstadt, la città vescovile, la parte vecchia le cui origini risalgono all'inizio del millennio, e Bürgerstadt, la parte per così dire laica, sviluppatasi a partire dal XII sec. Si potrebbe parlare anche di "città alta" e "città bassa", visto che la Bischofsstadt si estende su sette colline ed è quindi rialzata rispetto alla Bürgerstadt, situata tra i due rami della Regniz. I sette colli, la massiccia e influente presenza dei vescovi, il fatto che nel duomo sia addirittura sepolto un papa, tutto ciò le è valso nel passato l'appellativo di "Roma del nord".
Fu l'imperatore Enrico II che nel 1007 fece di Bamberga una sede vescovile, ultimando poi la costruzione del duomo (1012). Nei suoi progetti c'era addirittura l'idea che Bamberga potesse diventare il punto centrale di tutto l'impero. E infatti, tra l'XI e il XII sec., si tennero qui molte Diete imperiali.
I vescovi, veri padroni della città, furono in seguito promotori di un'intensa attività edilizia che diede a Bamberga il suo caratteristico aspetto barocco. La città fu risparmiata dai bombardamenti della seconda guerra mondiale ed è oggi quasi interamente sotto la tutela dei Beni culturali.

In giro per il centro

Venendo dalla stazione, dopo aver attraversato il Kettenbrücke e aver percorso la Hauptwachstraße, si giunge al *Maximilianplatz*. Vi si affaccia il *Neues Rathaus*, edificio barocco (1732-1737) costruito da Balthasar Neumann come seminario religioso.

Proseguiamo per il *Grüner Markt*, l'arteria principale della città bassa, fiancheggiata da begli edifici barocchi: tra i tanti, degno di nota particolare è il cosiddetto *Raulinohaus*, al n. 14. Sulla destra si trova la *St.-Martins-Kirche* (1686-1693), opera dei fratelli Dientzenhofer, senz'altro una delle più belle chiese barocche della città. Più avanti, all'angolo con la Kesselerstraße, il bel *Neptunsbrunnen*. Si arriva così al braccio sinistro del fiume Regniz, attraversato da due ponti, l'*Obere Brücke* e l'*Untere Brücke*, che separano la città bassa dalla città alta. Guardando sulla destra si scorge la cosiddetta "Klein Venedig", la piccola Venezia, un gruppo di suggestive case di pescatori chiamate così per il fatto di essere costruite su isolotti.
In mezzo al fiume si trova l'*Altes Rathaus*, edificio gotico del XV sec. decorato in forme barocche dal 1744 al 1756. È uno dei municipi tedeschi più originali e, per quanto riguarda la sua

Bamberga, Altes Rathaus

posizione, senz'altro unico. Ma c'è un motivo preciso per cui si decise di costruirlo proprio qui, in mezzo al fiume: esso doveva infatti servire sia alla città vescovile che alla città laica.
A sud dell'Obere Brücke, sull'isolotto chiamato Geyerswörth, si trova il *Geyerswörth-Schloß*, antica residenza vescovile (XVI sec.). Nel cortile interno ogni anno, verso la fine di giugno, si svolge il tradizionale Weinfest.
Seguendo la Karolinenstraße, fiancheggiata da belle case barocche, si sale al duomo che si trova sul Domberg, una delle sette colline della città.
Il **Dom St. Peter und Georg**, con i suoi caratteristici quattro campanili, venne consacrato nel 1012. Ben riconoscibile l'impronta tardoromanica, poi modificata in seguito a due incendi, così che solo nel 1237 la chiesa assunse la struttura gotica attuale. All'esterno spicca, sulla parete nord, il *Fürstenportal*, portale dei principi, con il timpano raffigurante il Giudizio universale e, ai lati, le une sopra le altre, statue degli apostoli e dei profeti.
L'interno è a tre navate con due cori: il *Peterschor*, coro occidentale, e il *Georgenchor*, coro orientale.
L'opera più pregevole si trova nella navata centrale: è la *tomba dell'imperatore Enrico II*, il fondatore del duomo, e della consorte Cunegonda, capolavoro di Tilman Riemenschneider (1499-1513). Il coro occidentale, al quale però non si può accedere, è ornato da un imponente lampadario romanico: qui c'è la tomba dell'unico papa sepolto a nord delle Alpi, Clemente II, morto nel 1047 e vescovo di Bamberga per un lungo periodo. Al 7° pilastro della navata nord, quasi di fronte al Fürstenportal, si trova la famosa statua del *Bamberger Reiter*, cavaliere di Bamberga (1230): rappresenta il re e cavaliere cristiano medievale. Nel transetto sud il *Marienaltar*, di Veit Stoß (1523).
Attiguo al duomo, nella sala capitolare, si trova il *Diözesan-Museum* dove sono esposti oggetti di culto, la corona e il manto imperiale di Enrico II e tessuti funerari provenienti dalla tomba di papa Clemente II.
Di fronte al duomo, dall'altra parte del Domplatz, si trova la **Neue Residenz**, il più monumentale edificio della Bischofsstadt. Venne ultimata da Leonhard Dientzenhofer negli anni 1697-1703 e servì come residenza agli ultimi Fürstbischöfe, i vescovi-principi di Bamberga. All'interno si possono visitare gli appartamenti e le fastose sale (Kaisersaal, Chinesisches Kabinett), nonché la *Altdeutsche Galerie*, con opere di Cranach il Vecchio, Hans von Kulbach e altri minori.

Visitando la città in estate non dovete assolutamente perdere il **Rosengarten**, il giardino delle rose, sempre all'interno della Neue Residenz, dal quale si gode una stupenda vista sulla città e sul Michaelsberg.
Altro imponente edificio sul Domplatz è la **Alte Hofhaltung**, l'antico palazzo imperiale e vescovile con il caratteristico bovindo che dà sulla piazza; da un portale rinascimentale si accede a un cortile con suggestive case a graticcio dai tetti alti e dai balconi in legno. Da non perdere è la *Ratsstube*, l'antica aula consiliare, capolavoro del Rinascimento tedesco visitabile assieme all'*Historisches Museum*; artigianato, collezioni d'armi, oggetti religiosi.
Dal Domplatz si sale al *Michaelsberg*, la più alta delle colline della città vecchia, sulla quale si erge un'imponente abbazia benedettina fondata nel 1015 per volere di Enrico II. La **St.-Michaels-Kirche**, costruzione iniziata nel XII sec., modificata in stile gotico e successivamente in stile barocco, ha un'imponente facciata, opera dei Dientzenhofer (1679), e si erge sopra una scalinata sporgente coronata da una balaustra. All'interno si trovano colonne romaniche, volte reticolate gotiche con un giardino botanico dipinto sul soffitto ricco di 600 tipi diversi di piante medicinali; inoltre un bellissimo pulpito barocco e la tomba del vescovo di Bamberga Ottone I (1139), sotto il coro dietro l'altare.
I restanti edifici dell'abbazia ospitano, tra l'altro, l'interessante *Fränkisches Brauereimuseum*, un museo dedicato alla produzione della birra con possibilità di assaggio.
Assolutamente da vedere le *terrazze panoramiche* poste dietro la Michaelskirche (consigliabile una sosta al Café Michaelsberg), dalle quali si ha una stupenda vista sul duomo e sulla Neue Residenz.

Ancora da vedere

La *Obere Pfarrkirche*, situata nella via Unterer Kaulberg, è una costruzione gotica del XIV sec. L'interno è barocco. Spicca l'altar maggiore circondato da un deambulatorio con cappelle. Sulla parete della navata laterale destra c'è una pala del Tintoretto, l'*Assunzione di Maria*.
La casa del consigliere Böttinger, *Böttingerhaus*, situata nella Judenstraße al n. 14, è uno dei più bei palazzi barocchi di tutta la Germania (1707-1713). Fu progettato da J. Dientzenhofer. E poi il *Wasserschloß Concordia*, castello sull'acqua nell'omonima Concordiastraße (continuazione della Judenstraße), anch'esso proprietà del consigliere Böttinger, opera ancora di J. Dientzenho-

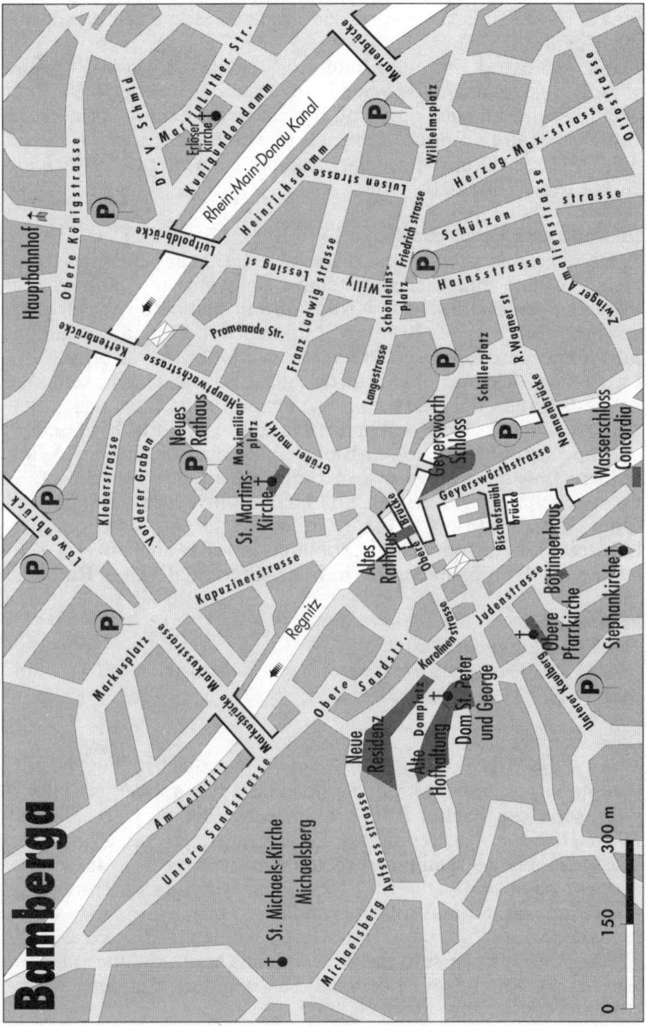
Bamberga
Hauptbahnhof
Obere Königstrasse
Dr. V. Schmid
Martin Luther Str.
Erlöser Kirche
Kunigundendamm
Rhein-Main-Donau Kanal
Marienbrücke
Luitpoldbrücke
Heinrichsdamm
Luisen strasse
Wilhelmsplatz
Friedrich strasse
Herzog-Max-strasse
Ottostrasse
Schützen strasse
Lessing st
Willy
Franz Ludwig strasse
Schönleins-platz
Hainsstrasse
Amalienstrasse
Zwinger
Promenade Str.
Kettenbrücke
Hauptwachstrasse
Langestrasse
Schillerplatz
R.Wagner st
Nonnenbrücke
Neues Rathaus
Maximilian-platz
Grüner markt
Geyerswörth Schloss
Geyerswörthstrasse
Wasserschloss Concordia
Löwenbrück
Kleberstrasse
Vorderer Graben
St. Martins-Kirche
Obere Brücke
Altes Rathaus
Bischofsmühl brücke
Böttingerhaus
Kapuzinerstrasse
Regnitz
Judenstrasse
Karolinenstrasse
Obere Pfarrkirche
Stephankirche
Markusplatz
Markusstrasse
Markusbrücke
Obere Sandstr.
Domplatz
Dom St. Peter und George
Unterer Kaulberg
Neue Residenz
Alte Hofhaltung
Am Leinritt
Untere Sandstrasse
Autsess strasse
Michaelsberg
St. Michaels-Kirche
Michaelsberg
0
150
300 m

fer (1716-1722). Bella la terrazza ornata da statue che dà sul fiume Regniz.
Dalla Judenstraße salendo lungo lo Stephansberg o la Eisgrube si raggiunge la *Stephanskirche*; inaugurata da Benedetto VIII nel 1020 durante un suo soggiorno a Bamberga, quando si incontrò con l'imperatore Enrico II, venne poi rifatta in forme barocche nel XVII sec. Dopo la secolarizzazione è divenuta la principale chiesa evangelica della città.

La tradizione della birra

A Bamberga la produzione della birra ha un'antichissima tradizione. Si dice infatti che un tempo ci fossero più fabbriche di birra che campanili. Il che è tutto dire in una città ricca di chiese come Bamberga (oltretutto il duomo ha ben quattro campanili). Oggi però sono rimaste solo nove fabbriche di birra.
La riprova di come qui la birra sia molto più di una semplice bevanda è data dai *Bierseminare*, seminari sulla birra organizzati più volte nel corso dell'anno. Durano 4-5 giorni e rilasciano alla fine il titolo di Diplom-Bierolog, specialista diplomato della birra (informazioni presso il Fremdenverkehrsamt locale).
La specialità è il *Rauchbier*, una birra molto scura dal sapore di fumo (il malto, prima di essere utilizzato per la produzione della birra, viene affumicato). D'obbligo la visita alla birreria *Schlenkerla*, Dominikanerstraße 6, non lontano dall'Altes Rathaus.

Informazioni

Prefisso telefonico: 0951
Städtisches Fremdenverkehrsamt, Geyerwörthstr. 3, 96047 Bamberg - tel. 871.161, fax 871.960.

Dove dormire

Hotel Hospiz (standard), Promenade 3 - tel. 200.011, fax 200.468; meublé in posizione favorevole nella città bassa. Non tutte la camere sono con bagno. Buffet a colazione. Semplice, familiare.
Hotel Die Alte Post (comfort), Heiliggrabstr. 1 - tel. 27.848, fax 27.014; ambiente familiare e gemütlich. Non proprio in centro, a pochi passi dalla stazione. Non male il ristorante con Weinstube annessa. Sauna, solarium, noleggio bici.
Hotel-Gasthof Wilde Rose (comfort), Keßlerstr. 7 - tel. 283.17-18, fax 22.071; nella città bassa, vicino alla centralissima via Grüner Markt. Parcheggio riservato. Ricco buffet a colazione. Ristorante con cucina internazionale.

Romantik-Hotel Messerschmitt (supercomfort), Lange Str. 41 - tel. 27.866, fax. 26.141; associato ai Romantik Hotels. Parcheggio privato. Ricco buffet a colazione. Ristorante con cucina internazionale e regionale.
Bamberger Hof (lusso), Schönleinsplatz 4 - tel. 98.550, fax 985.562; bell'edificio barocco. Un indirizzo di classe nel cuore della città.
Ostello. *Jugendherberge Stadion*, Pödelsdorfer Str. 178 - tel. 12.377.
Campeggio. *Campingplatz Insel* - tel. 56.320, Bamberg-Bug; circa 5 km a sud di Bamberga. Aperto tutto l'anno.

Dove mangiare

Alcuni ristoranti sono annessi agli alberghi che abbiamo citato sopra. Inoltre le fabbriche di birra (Brauereien) ancora in attività hanno un proprio ristorante annesso con specialità regionali. Sono senz'altro da provare e, se si cerca qualcosa di un po' particolare, da preferire ai locali tradizionali. D'obbligo il già menzionato locale *Schlenkerla* (Dominikanerstr. 6) con assaggio del Rauchbier. Tra le altre Brauereigaststätten segnaliamo: *Spezial* (Obere Königstr. 10), *Fässla* (Obere Königstr. 21), *Mahrsbräu* (Wunderburg 10), *Greifenklau* (Laurenziplatz 20). Altro locale consigliabile è la *Würzburger Weinstube* (Zinkenwörth 6).

I DINTORNI DI BAMBERGA

Pommersfelden si trova a 20 km in direzione sud-ovest da Bamberga, a destra della Bundesstraße 505. Da visitare il *Castello Weißenstein*, grandiosa costruzione barocca (1711-1718) opera di J. Dientzenhofer. Serviva come residenza estiva per i vescovi di Bamberga. Imponente lo scalone d'onore. Notevole la *Gemäldegalerie*, con opere di Cranach il Vecchio, Dürer, Tiziano, Rembrandt.
Sulla B173, a circa 30 km in direzione nord-est da Bamberga, in località *Staffelstein*, ci sono due gioielli architettonici barocchi quasi uno di fronte all'altro, ai due lati della Bundesstraße: l'abbazia benedettina di Banz e il santuario Vierzehnheiligen. Se, per vari motivi, dovete operare una scelta, consigliamo di optare per il secondo.
Il **santuario Vierzehnheiligen** (dei 14 santi) è un capolavoro barocco di Balthasar Neumann (1743-1772). Già la facciata, imponente, con ai lati due poderose torri e preceduta da un'ampia scalinata, anticipa lo sfarzo che caratterizza l'interno: fastose de-

corazioni, pregevoli stucchi, affreschi, il color oro che domina su tutto. La leggenda narra che un bimbo circondato da 14 santi apparve più volte in questa località a un pastore.
Proprio in questo punto, al centro della basilica stessa, si trova il *Gnadenaltar*, sfarzoso quanto insolito altare disegnato da Feichtmayr e realizzato da artisti della Wessobrunner Schule.
L'abbazia benedettina di Banz fu fondata nel 1069, divenne poi un castello dei Wittelsbach e fu completamente decorata in stile barocco dai fratelli Dientzenhofer (1675-1713). Dalla terrazza della chiesa si ha una bella vista sulla valle del Meno e sul Santuario Vierzehnheiligen.

Santuario di Vierzehnheiligen

Coburgo

Coburg (44.000 ab.) si trova a circa 50 km in direzione nord da Bamberga, raggiungibile percorrendo la B4. Durante il periodo della divisione della Germania questa piacevole città è stata geograficamente un po' isolata, circondata com'era su tre lati dalla DDR. Oggi Coburgo è di nuovo in una posizione centrale, non più artificiosamente separata da quei territori della ex-DDR (Sassonia) cui è storicamente legata. Coburgo era infatti l'antica capitale del ducato Sassonia-Coburgo e solo recentemente, per l'esattezza nel 1920, è passata, dopo un referendum popolare, alla Baviera.

Coburgo ha mantenuto quasi intatto il suo aspetto medievale. Punto centrale è il *Marktplatz*, la caratteristica piazza quadrata. Al centro si trova il monumento del principe Alberto di Coburgo (1819-1866), marito della regina Vittoria d'Inghilterra. Da notare anche due belle fontane secentesche.

Il lato sud della piazza è occupato dal *Rathaus* (1578-1580) con un bel bovindo sul fianco sinistro. Di fronte, sul lato opposto, si trova lo *Stadthaus*, ex sede del governo, un edificio tardorinascimentale con due bovindi angolari e tre frontoni.

Dal Marktplatz si diramano varie viuzze: sul lato ovest c'è la Judengasse, chiusa dallo *Judentor* (1250), la più antica porta delle mura cittadine; sul lato sud, di fianco al Rathaus, la Rosengasse, con l'antica pasticceria di corte Hofbäckerei Feyler (da acquistare i Coburger Schmätzchen, tipici dolci locali); la Ketschengasse, che si diparte dall'altro lato del Rathaus, offre al n. 7 la *Münzmeisterhaus,* una delle più antiche costruzioni a graticcio di tutta la Germania (1333).

All'angolo con la Steingasse c'è la *Hofapotheke*, farmacia di corte, un bell'edificio gotico del XV secolo.

Proseguendo per la Steingasse, poco distante, troviamo la *Moritzkirche*, parrocchiale evangelica del XV-XVI secolo. Spiccano le due torri sulla facciata principale (di cui solo una ultimata). Nel coro il monumento funebre del duca Johann Casimir (1586-1633), che contribuì con la sua intensa attività edilizia a dare a Coburgo l'aspetto che ancor oggi la caratterizza.

Di fronte alla Moritzkirche si trova il *Gymnasium Casimirianum*, un bell'edificio rinascimentale.

Dall'altra parte della Steingasse c'è il *castello Ehrenburg*, la cui facciata principale dà sullo Schloßplatz. La costruzione del castello, concepito come Stadtresidenz dei duchi, iniziò nel 1543 dove originariamente sorgeva un convento francescano, ormai inutilizzato

in seguito alla Riforma. Venne poi ampliato e modificato finché ottenne nel XIX sec. (1816-1840) l'aspetto attuale. La facciata, alla cui realizzazione contribuì anche Schinkel, ha il caratteristico aspetto neogotico inglese. All'interno si possono ammirare magnifiche e lussuose stanze come il *Riesensaal*, il *Weißer Saal*, il *Gobelinzimmer* e altre ancora (possibilità di visita guidata). Vi sono inoltre ospitati l'*Archivio di stato bavarese* e la *Biblioteca di stato*.
La piazza è chiusa sul lato est da arcate che la congiungono all'*Hofgarten*, un grande parco in stile inglese nel quale spicca, posta su una collina, la fortezza **Veste Coburg**, soprannominata, per via della sua forma ovale, "Fränkische Krone", corona della Franconia. Se vi sembra troppo faticoso salire a piedi attraverso il parco (ci si può eventualmente fermare al Natur Museum), potete raggiungere la fortezza in auto seguendo la Festungsstraße (il parcheggio è però a 500 m).
La Veste Coburg è una delle più grandi c suggestive fortezze di tutta la Germania. Fu ultimata, così come ci appare oggi, nel XVI secolo. Ciò che la distingue sono le poderose doppie mura di cinta e due cortili: appena entrati, sulla destra, si trova il cosiddetto *Burghof*, sul quale si affaccia il *Fürstenbau* (palazzo del principe). Tappa obbligata la visita degli *appartamenti ducali*, tuttora proprietà privata dei duchi; solo dopo la morte di Friedrich Josias, figlio dell'ultimo duca Carlo Edoardo, che abdicò nel 1918 e cedette la Veste allo stato di Baviera, passeranno definitivamente al Land bavarese. Nell'attiguo Kemenate si trova il Lutherzimmer, la stanza dove abitò il riformatore durante il suo soggiorno a Coburgo nel 1530. Sulla sinistra, il secondo cortile con l'*Herzoginbau* (palazzo della duchessa), l'*Hohes Haus* e due torri *(Blauer Turm* e *Roter Turm)*. Diverse collezioni (armi, carrozze, cristalli, mobili) sono ospitate negli edifici di questo secondo cortile.
Informazioni: *Tourist-Information Stadt und Land Coburg*, Herrngasse 4, Postfach 1645, 96450 Coburg - tel. 09561/74.180.

BAYREUTH, città wagneriana

Da non perdere:
- Markgräfliches Opernhaus, una gemma dell'arte barocca
- Festspielhaus, sede del Festival wagneriano
- Eremitage: parco, castelli e giochi d'acqua

Tutti gli anni, in estate, Bayreuth (72.000 ab.), capitale dell'Alta Franconia, diventa per cinque settimane una vera e propria metropoli. Dal 25 luglio al 28 agosto si svolge infatti il Festival wagneriano. Punto centrale della manifestazione è il Festspielhaus, costruito secondo il progetto del grande compositore. Il festival conta in tutto 30 rappresentazioni (logicamente solo opere wagneriane). Ma se pensate di acquistare un biglietto arrivando all'ultimo momento vi illudete. I biglietti sono infatti già esauriti molti mesi prima dell'inizio della manifestazione.
Il periodo di massimo splendore di Bayreuth, coincidente anche con la sua trasformazione in stile barocco, vide il governo del margravio Federico (1735-1763) e di sua moglie Guglielmina, sorella del famoso Federico II il Grande, re di Prussia. Guglielmina, forse anche per reazione al fatto di trovarsi esclusa dalla grande scena politica e dagli avvenimenti mondani (Bayreuth era allora capoluogo del piccolo e poco significativo principato omonimo), si buttò anima e corpo in una frenetica attività artistica e architettonica. Una vera città-residenza aveva bisogno di un adeguato castello: Guglielmina fece così edificare il Neues Schloß (1735-1755), un grande palazzo in stile italianeggiante che le desse l'illusione di non trovarsi in un mondo provinciale.
Ma fu Wagner che, trasferitosi a Bayreuth nel 1872, diede a questa tranquilla cittadina fama mondiale. Nel 1876 Wagner inaugurò il suo Festspielhaus e la tradizione del festival continua tutt'oggi.

In giro per il centro
Come punto di riferimento si può prendere la *Maximilianstraße*, la strada principale. Qui si trova l'*Altes Schloß* (XVI-XVII sec.), antica residenza dei margravi trasferitisi a Bayreuth da Kulmbach (cfr. "I dintorni di Bayreuth, *Kulmbach*") nel 1604. È oggi sede del Finanzamt, l'ufficio delle imposte. Davanti c'è la statua di Maximilian II, re di Baviera. Accanto c'è la *Schloßkirche*, con il caratteristico campanile ottagonale. L'interno, rococò, custodisce le tombe del margravio e di sua moglie.
Nella vicina Opernstraße, non lontano dal *Luitpoldplatz*, si trova il **Markgräfliches Opernhaus** (1744-1748), il teatro dell'opera dei margravi, un vero gioiellino barocco fatto costruire dalla margravia Guglielmina. Fu realizzato da Saint-Pierre, l'Hofbaumeister (architetto di corte), mentre la sfarzosa decorazione interna è del parmense Giuseppe Galli Bibiena.
Nella *Ludwigstraße*, prosecuzione verso sud della Opernstraße,

si erge il **Neues Schloß**, costruito sempre da Saint-Pierre. Spicca un'imponente fontana che raffigura il margravio Christian Ernst a cavallo. Si possono visitare le varie stanze, dove sono ospitati lo *Stadtmuseum* (mobili, porcellane, ceramiche, costumi ecc.) e la *Staatsgalerie* (opere barocche europee).
Sul retro del castello si estende l'*Hofgarten*. In fondo sulla sinistra, un po' arretrata, c'è la *Haus Wahnfried*, la casa dove risiedette Wagner (oggi Wagner-Museum). Nel giardino della villa la tomba di Wagner (che morì però a Venezia) e di sua moglie Cosima.
Su un'altura a nord della città, chiamata Grüner Hügel, la collina verde, a circa 1 km dalla stazione, si trova il **Festspielhaus** (1872-1873) voluto da Wagner. Architettonicamente non è forse un gran che, ma l'acustica è eccezionale. Nel teatro (1800 posti) si allestiscono esclusivamente opere del grande compositore.
A 5 km da Bayreuth, direzione est, raggiungibile percorrendo la B22, si trova il bellissimo parco **Eremitage**, regalo di Federico alla sposa Guglielmina in occasione del suo insediamento al potere nel 1735. Situato su una collina circondata su tre lati dal Roter Main, l'Eremitage era un luogo molto amato e frequentato da Guglielmina. Vi sorgono due castelli: l'*Altes Schloß*, costruito nel 1715-1718 e ampliato nel 1736 (possibilità di visita guidata: ne vale la pena), e il *Neues Schloß* (1749-1753); inoltre una grande *Orangerie* semiellittica con al centro il cosiddetto Sonnentempel, il tempio del sole, opera di Saint-Pierre. Non è visitabile ma, in compenso, c'è una bella caffetteria.
Viene spontaneo pensare a Potsdam, al castello di Sanssouci, fatto costruire qualche anno prima (1745-1747) da Federico II di Prussia. Si potrebbe quasi dire che Guglielmina, sorella di Federico II, si fosse in qualche modo lasciata influenzare dall'idea del fratello di costruirsi un castello appartato dove vivere *sans-souci*, senza preoccupazioni. E il nome francesizzante, Eremitage, si prestava proprio bene.

Informazioni

Prefisso telefonico: 0921
Fremdenverkehrsverein, Luitpoldplatz 9, 95444 Bayreuth - tel. 88.588, fax 88.555.

Dove dormire

Gasthof Zum Edlen Hirschen (standard), Richard-Wagner-Str. 77 - tel. 64.141-64.120, fax 52.115; nei pressi della zona pedonale, a conduzione familiare. Discreto il ristorante annesso (cucina regionale).

Hotel Goldener Hirsch (comfort), Bahnhofstr. 13 - tel. 23.046 - 23.047, fax 22.483; nei pressi della stazione. Garage privato. Annesso vi è il ristorante Mönchhofklause: cucina internazionale e regionale.
Schloßhotel Thiergarten (supercomfort), Oberthiergärtner Str. 36 - tel. 09209/1314, fax 09209/1829; posizione periferica, a sud-est del centro (seguire la Nürnberger Straße). Associato agli hotel Gast im Schloß.
Hotel Bayerischer Hof (lusso), Bahnhofstr. 14 - tel. 22.081, fax 22.085; nei pressi della stazione. Piscina e solarium. Garage privato. Annesso il ristorante Ins Max.
Ostello. *Jugendherberge*, Universitätsstr. 28 - tel. 25.262.

I DINTORNI DI BAYREUTH

Kulmbach

A circa 25 km in direzione nord-ovest da Bayreuth, raggiungibile percorrendo la B85, si trova Kulmbach (30.000 ab.), situata sul Weißer Main. È dominata da un'imponente fortezza che troneggia dall'alto dei suoi 116 m: la *Plassenburg*. La sua costruzione risale al XII sec.; fu ultimata, così come ci appare oggi, nel XVI sec. (1561-1568). Fino al 1603 fu residenza dei margravi di Hohenzollern, che trasferirono poi la loro corte a Bayreuth. Molto suggestivo all'interno è lo *Schöner Hof*, detto anche Turnierhof, splendido cortile per i tornei circondato su tre lati da doppie gallerie rinascimentali. La fortezza ospita lo *Zinnfigurenmuseum*, un'enorme collezione di soldatini di piombo (circa 300.000 pezzi).
Ancora da vedere sono il *Rathaus*, con la sua elegante facciata rococò del 1748, opera di Saint-Pierre, e la *Petrikirche*, costruzione tardogotica (XV sec.) con un grande altare barocco.
Ma la fama di Kulmbach è legata alla birra. Dopo Monaco, Kulmbach è la città della birra più famosa, con un'antichissima tradizione che risale al XIV sec. Sarà l'acqua ancora cristallina del vicino Fichtelgebirge, sarà che in questa zona l'orzo è particolarmente povero di vitamine, saranno le cantine adatte alla conservazione, fatto sta che qui ci si vanta di produrre la birra migliore del mondo. Assolutamente da assaggiare è il *Kulminator*, una birra molto forte.
Tutti gli anni, verso la fine di luglio, si svolge la *Kulmbacher Bierwoche*, settimana della birra che fa concorrenza all'Okto-

berfest. È certamente meno conosciuta dai turisti stranieri e proprio per questo conserva ancora un fascino particolare.
Informazioni: *Fremdenverkehrsbüro*, Sutte 2, 95326 Kulmbach - tel. 09221/84.081, fax 09221/84.083.

Waldsassen

Nella valle del fiume Wondreb, vicino al confine boemo, raggiungibile da Bayreuth percorrendo la B22 in direzione sud fino a Erbendorf e risalendo poi lungo la B299 (circa 60 km in tutto), Waldsassen (8000 ab.) è nota soprattutto per la grandiosa *Klosterkirche* (1681-1704), opera comune di molti importanti artisti dell'epoca provenienti dalla Boemia, dall'Italia, dall'Austria e dalla Germania meridionale. Il progetto originario era di Abraham Leuthner, praghese, ma notevole fu anche il contributo di Georg Dientzenhofer. La chiesa si erge in posizione leggermente rialzata sulla riva del Wondreb; due imponenti torri con cupole a cipolla delimitano la facciata ovest. L'interno è molto ricco: stucchi dell'italiano Carlone, affreschi di Jakob Steinfels, stalli del coro finemente intagliati; magnifico l'altar maggiore in marmo con tabernacolo dorato di Karl Stilp.
A 5 km da Waldsassen, direzione nord, raggiungibile con una passeggiata nel bosco fino al Glasberg (628 m), si trova la *Wallfahrtskirche der Heiligen Dreifaltigkeit*, il santuario della SS. Trinità, noto più comunemente come "Kappel", opera di Georg Dientzenhofer (1685-1689). L'ideazione della chiesa, a pianta circolare con tre campanili pure circolari, richiama una cappella ortodossa russa. La singolarità della Kappel, in cui la struttura architettonica stessa, con pianta simile a un trifoglio, riflette il concetto di Trinità, ispirò altre costruzioni del genere nell'area mitteleuropea.
Informazioni: *Verkehrsamt*, Johannisplatz 11, 95652 Waldsassen - tel. 09632/8828.

IL PARCO NATURALE DELLA VALLE DELL'ALTMÜHL
Eichstätt e Ingolstadt

Da non perdere:
- Eichstätt: il duomo, la Residenz e la fortezza
- Ingolstadt: il Münster e la chiesa St. Maria de Victoria, capolavoro dei fratelli Asam

A sud del Giura Francone (Frankenalb) e della regione lacustre della Franconia (Neues Fränkisches Seenland), in una zona compresa tra Norimberga a nord e Ingolstadt a sud, si estende il **Naturpark Altmühltal** (3.000 kmq), il cui nome deriva dal fiume che lo attraversa e lo caratterizza, l'*Altmühl* appunto. Non si tratta di un fiume qualsiasi; benché non lunghissimo (220 km), si snoda flessuoso tra colline e imponenti rocce calcaree, in un paesaggio di singolare bellezza. Il tratto di fiume più pittoresco è quello compreso tra le cittadine di Treuchtlingen a ovest e Eichstätt a est: qui gli amanti della canoa trovano di che divertirsi. Ma non va trascurato il magnifico paesaggio che circonda il fiume: un paradiso per i ciclisti (520 km di piste ciclabili) e per gli amanti delle passeggiate.
La valle dell'Altmühl è anche una miniera di fossili dell'Era giurassica. In alcune cave, come a Schernfeld, nei pressi di Eichstätt, i turisti, muniti di scalpello e attrezzi vari reperibili in loco, possono mettersi alla ricerca di qualche esemplare. Qui è stato rinvenuto il fossile dell'archeotterige, il più noto uccello preistorico. Nel Juramuseum di Eichstätt si può ammirare, tra gli altri, un fossile ben conservato di questo volatile. Molto comuni sono inoltre gli ammoniti che caratterizzano il logo del parco naturale.
Circa 1900 anni fa in questa valle giunsero i romani e costruirono una fortificazione, o *limes*, a difesa dei confini settentrionali dell'impero. Si trovano tracce della loro presenza in parecchie località della regione.
Informazioni: *Informationszentrum Naturpark Altmühltal*, Notre Dame 1, 85072 Eichstätt - tel. 08421/6733.

Eichstätt

È il centro principale della valle dell'Altmühl, ai piedi del Giura Francone.
La favorevole posizione della città (12.000 ab.) facilitò, sin dai tempi più antichi, gli insediamenti umani. Il fatto più significativo per la storia della città fu la fondazione di un vescovado già nel 714; St. Willibald, primo vescovo di Eichstätt, fece costruire il duomo e un'abbazia. Eichstätt nacque così come "città spirituale", destinata ad acquisire sempre maggiore importanza nel corso dei secoli. Durante l'Umanesimo fu centro di arte e cultura. La Guerra dei Trent'anni distrusse gran parte degli edifici, e la ricostruzione che seguì nel XVIII sec. conferì l'inconfondibile impronta barocca alla città. Attualmente, oltre a essere ancora sede vesco-

RHEIN-MAIN-DONAU KANAL

Una via d'acqua lunga 3.500 km che collega il Mare del Nord con il Mar Nero: un sogno coltivato fin dai tempi di Carlo Magno, che si è realizzato solo il 25 settembre 1992, con l'inaugurazione dell'ultimo tratto del canale Meno-Danubio, nella valle dell'Altmühl.
In epoca medievale i corsi d'acqua permettevano di muoversi molto più velocemente che non le vie di terra. Ecco perché, appena conquistata la Baviera, Carlo Magno iniziò a progettare un canale che collegasse Francoforte, sul Meno, a Ratisbona, sul Danubio, per facilitare gli spostamenti della sua corte da una residenza all'altra. La Fossa Carolina, nella valle dell'Altmühl, testimonia ancor oggi questi tentativi di ingegneria medievale.
Solo mille anni più tardi Ludwig I di Baviera riprese l'iniziativa, facendo costruire un canale di collegamento tra Bamberga (sul Meno) e Kelheim (sul Danubio). Inaugurato nel 1846, dopo dieci anni di lavoro, risultò un'opera decisamente avveniristica per il regno di Baviera. Pochi anni dopo l'inaugurazione, però, il "Ludwig-Kanal" iniziò a subire la concorrenza spietata delle ferrovie e lentamente cadde in disuso.
All'inizio del Novecento venne ripreso per la terza volta il progetto di un nuovo canale, più moderno. A questo fine si costituì la società Rhein-Main-Donau AG, con lo scopo sia di ampliare il Meno tra Aschaffenburg e Bamberga e il Danubio nei pressi di Passau, sia di ricostruire il tratto di collegamento Bamberga-Norimberga-Kelheim (a Kelheim si ha la confluenza nel Danubio). In questo modo si sarebbero finalmente collegati il Mare del Nord e il Mar Nero. In pratica i lavori si protrassero, attraverso varie fasi e con l'interruzione della seconda guerra mondiale, fino al 1992.
Il canale è largo 55 m e profondo 4 m. L'inserimento dell'ultimo tratto nella valle dell'Altmühl ha suscitato vive discussioni tra gli ambientalisti: era necessario, infatti, adeguare la nuova via d'acqua alla valle piuttosto stretta e tortuosa dell'Altmühl. I risultati sono davanti agli occhi di tutti. Il modo migliore per apprezzarli è percorrere in battello o in barca qualche tratto del canale.

vile, Eichstätt ospita l'unica Università cattolica della Germania.
L'edificio più importante di Eichstätt è il **duomo**. Fondato, come abbiamo detto, da St. Willibald nell'VIII sec., vanta ormai un millennio di storia nonostante i vari rifacimenti. Si tratta di una chiesa a sala tardogotica, con struttura bicefala (doppio coro) di impronta romanica, torri romaniche del XII sec. e facciata occidentale barocca del 1714. Un bel cocktail di stili! Il timpano del portale nord è del 1396. All'interno vari capolavori, tra i quali segnaliamo: la grande *statua di St. Willibald*, opera di Loy Hering (1514), scultore rinascimentale, situata nel coro occidentale dietro l'altare a baldacchino, dove c'è anche la tomba del santo; un *crocefisso in pietra*, sempre di Loy Hering, nella Gundekarkapelle (transetto destro); e il cosiddetto *Pappenheimer Altar*, in pietra, di Wirsberger (1489), nel transetto sinistro.
All'estremità sud-orientale del duomo si apre il *chiostro* (accesso dal transetto destro), a due ordini d'arcate (1420-1430), con il Mortuarium, sala a due navate del XV sec. Qui spiccano la *Schöne Säule*, colonna finemente lavorata del 1489, e le *vetrate* di Hans Holbein il Vecchio.
A nord del duomo non poteva mancare il Marktplatz con il *Rathaus* (XV sec., rifatto nel XIX sec.), la *Casa prepositurale* (1738) e il *Willibaldsbrunnen* (1695).
A sud del duomo si trova invece il *Residenzplatz*, uno dei più felici insiemi architettonici barocchi tedeschi. Comprende la **Residenz** dei vescovi-principi, palazzo barocco del 1704 opera di Gabrieli, i *Kavalierhöfe* e altri edifici. Nel mezzo, la Mariensäule, colonna di Maria, fontana del 1777 alta 19 m.
Dal Residenzplatz, che nonostante il nome è una via, seguendo la Ostenstraße, si arriva alla *Sommerresidenz*, residenza estiva dei vescovi-principi, ancora di Gabrieli (1735), con bel giardino. Oggi è sede degli uffici amministrativi dell'università. La vicina *Kapuzinerkirche* è da ricordare perché ospita una riproduzione in pietra del Santo Sepolcro di Gerusalemme (1147).
Sovrasta la città, e l'Altmühl, la **Willibaldsburg** (750 m), originariamente fortezza, poi palazzo, dal 1354 al 1725 sede dei vescovi-principi.
Il palazzo vero e proprio fu costruito tra il 1609 e il 1619 da Elias Holl; ospita il già ricordato *Juramuseum*, con reperti di preistoria, archeologia romana e storia naturale.
Informazioni: *Stadt Eichstätt*, Kardinal-Preysing-Platz 14, 85072 Eichstätt - tel. 08421/7977.

Ingolstadt

A metà strada tra Norimberga e Monaco, e attraversata dal Danubio, Ingolstadt (108.000 ab.) è una moderna città industriale che lega il suo nome soprattutto alla fabbrica automobilistica Audi. Lo sviluppo urbanistico e l'aumento demografico degli ultimi decenni ne sono una diretta conseguenza.

Ma Ingolstadt ha anche un altro aspetto, tavolta poco conosciuto ai tedeschi stessi: quello medievale, fatto di fortificazioni, torri e porte, nonché barocco, con importanti tracce dei fratelli Asam.

Un'occhiata alla cartina dà subito un'idea: la Altstadt è delimitata a sud-est dal Danubio e a nord-ovest dal Graben, l'antico fossato che correva lungo le mura (1360-1420), ancor oggi in buona parte ben conservate.

Le due vie, Theresienstraße e Ludwigstraße, fiancheggiate da belle case a graticcio, costituiscono una specie di asse trasversale che taglia la città da ovest (Kreuztor) a est (Neues Schloß).

Un giro della città potrebbe iniziare proprio dal *Kreuztor*, porta gotica del 1385 abbellita da varie torri che è un po' il simbolo di Ingolstadt.

Proseguendo lungo la Kreuzstraße si giunge al **Liebfrauenmünster**, il duomo dedicato a Nostra Signora. Si tratta di un'ampia chiesa gotica a sala, i cui lavori iniziarono nel 1425 e terminarono nel 1536, anche se i due campanili rimasero incompiuti. All'interno il bell'altar maggiore (1560-1572) con uno stupendo polittico composto da 91 tavole del pittore Hans Mielich e una serie di cappelle situate nel deambulatorio e nelle navate laterali.

Poco distante (Konviktstr. in direzione nord fino alla Neubaustr.) c'è la **chiesa St. Maria de Victoria**, in assoluto una delle più belle chiese barocche (1732-1736). Estremamente semplice, non grandissima (40 m di lunghezza, 15 di larghezza e 10 di altezza), la costruzione mostra invece all'interno tutto lo sfarzo e lo splendore di cui furono capaci i fratelli Asam. L'affresco del soffitto, raffigurante l'incarnazione divina, è opera di Cosmas Damian Asam, forse il suo capolavoro.

Un'altra preziosità di questa chiesa è un ostensorio del 1708 (Lepantomonstranz), custodito in sacrestia e ritenuto il più prezioso del mondo. È opera dell'orefice Johann Zeckl di Augusta, e vi è rappresentata la battaglia di Lepanto che vide contrapposti il mondo della cristianità e i turchi.

Ogni domenica, da aprile a ottobre, si svolgono in questa chiesa alle 11.45 le Orgelmatinee (ingresso libero).

Proseguendo invece lungo la Theresienstraße, all'incrocio con la

perpendicolare Am Stein/Moritzstraße, si trova la *Moritzkirche* (XIII-XV sec.), la più antica chiesa di Ingolstadt, gotica, fiancheggiata da due torri differenti l'una dall'altra.
In fondo alla Ludwigstraße si trova il **Neues Schloß**, detto anche Herzogsschloß, massiccia e imponente costruzione gotica del XV sec. voluta da Ludwig der Gebartete perché non più soddisfatto dell'antica residenza ducale, l'Herzogskasten, che sorge poco distante. Ospita oggi il *Bayerisches Armeemuseum*, dedicato alla storia dell'esercito bavarese e allestito in suggestive sale del XV secolo.
Altri due musei particolari nel loro genere meritano una citazione: sono il *Medizinhistorisches Museum* (significativo l'indirizzo: Anatomiestr. 18/20), strettamente collegato alla storia dell'Università di Ingolstadt: fondata nel 1472, prima università della Baviera, vi rimase fino al 1800 quando venne trasferita a Landshut. Nel museo viene ricostruita in modo esemplare la storia dell'anatomia, della patologia e della tecnica della medicina dall'antichità al XX secolo.
L'altro museo è lo *Spielzeugmuseum* (Herzogskasten, Hallstr. 3) dove sono esposti soprattutto giocattoli per maschietti: automobiline, navi, aerei e trenini vari.
Informazioni: *Tourist Information*, Im Alten Rathaus - Rathausplatz 2, 85024 Ingolstadt - tel. 0841/305-417.

Ingolstadt, Moritzkirche

BAVIERA ORIENTALE

RATISBONA, il duomo e un nobile passato

Da non perdere:
- Duomo, la costruzione gotica più imponente della Baviera
- Passeggiata dal duomo all'Haidplatz
- Steinerne Brücke, il medievale ponte di pietra sul Danubio
- Basilica St. Emmeram: il contrasto tra barocco e romanico

Nei dintorni:
- Amberg, cittadina medievale circondata da mura
- Kloster Weltenburg, antica abbazia benedettina sul Danubio
- Straubing: la Ursulinenkirche, gioiellino barocco dei fratelli Asam

Regensburg (130.000 ab.), capoluogo della regione dell'Oberpfalz (Palatinato Superiore), è una delle maggiori città della Baviera. È attraversata dal Danubio nel punto più a nord del suo percorso, alla confluenza con i fiumi Regen e Naab; da qui il fiume diventa navigabile. Regensburg è oggi un importante porto fluviale sul Main-Donau-Kanal.
La città ha mantenuto quasi intatto nel tempo il suo carattere medievale. Le sue origini sono comunque molto più antiche, romane: l'imperatore Marco Aurelio, nel 179 d.C., per proteggere le legioni romane, fondò in questo luogo un campo dal nome *Castra Regina*, ossia accampamento sul fiume Regen. A testimonianza si conserva ancora la lapide della fondazione, la Steinerne Gründungsurkunde, custodita nello Städtisches Museum. Il periodo di maggior fulgore fu tra l'XI e il XIV sec., quando la città raggiunse un notevole benessere economico grazie alla posizione favorevole all'incrocio di importanti strade commerciali. Nel 1245 Regensburg divenne libera città imperiale, sottomessa solo all'imperatore, con il consiglio e il borgomastro eletti dai cittadini. Il commercio favorì il nascere di un'agiata borghesia. Ma non era facile governare una città in cui, accanto a una classe patrizia consapevole dei propri diritti, c'erano un duca e un vescovo (dal 739 Regensburg era sede vescovile).
Con l'espansione e la crescita di altre città vicine, in particolare

di Augusta e Norimberga, Regensburg passò in secondo piano. A ricordo dello splendido passato sono rimasti i palazzi dei ricchi patrizi e commercianti medievali, con le loro torri residenziali (Turmhäuser) che svettano verso il cielo, quasi una citazione di architettura italiana: l'uso di misurare il potere di una famiglia secondo l'altezza di una torre è, infatti, di origine italiana. Delle 60 torri residenziali se ne sono conservate ben 20.
Nel 1542 la città abbracciò la Riforma. Solo dopo la Guerra dei Trent'anni Regensburg ritornò a essere un punto centrale della storia tedesca. Qui, infatti, risiedette dal 1663 al 1806, data che segna la fine del Sacro Romano Impero della Nazione Tedesca, la Dieta imperiale permanente (Immerwährender Reichstag): questo organismo può essere definito, con tutte le eccezioni del caso, il primo parlamento tedesco.
Legate alla storia della città sono le sorti della dinastia dei principi Thurn und Taxis, che con l'insediamento della Dieta permanente divennero i rappresentanti stabili dell'imperatore. La loro fortuna derivava dal monopolio postale ereditario, le cui cospicue entrate permisero di finanziare il teatro e la biblioteca di corte. Quando, nel 1812, furono privati di questo privilegio, i principi ricevettero, come indennizzo, un grande possedimento sul quale sorgeva l'abbazia benedettina St. Emmeram. Il secondo conflitto mondiale ha per fortuna risparmiato la città.

In giro per il centro

Venendo dalla stazione, percorrendo la Maximilianstraße, si giunge all'*Alter Kornmarkt*, la vecchia piazza del mercato del grano, circondata da chiese e palazzi. Sul lato est la facciata della barocca *Karmelitenkirche* (XVII sec.); a sud la *Alte Kapelle*, antica cappella di corte degli Agilolfingi e poi dei Carolingi. È una basilica romanica a tre navate sorrette da pilastri, rinnovata nel 1002 e più volte modificata nei secoli successivi. Suggestiva, oltre al coro gotico (1441-1452), la decorazione interna barocca (1747-1765).
A nord della piazza una stretta viuzza porta al *Niedermünster*, l'antica chiesa conventuale rifatta nel 1152 dopo un incendio. Vi si accede da un vestibolo con lapidi e portale romanico. Anche la basilica è romanica, a tre navate con pilastri: nell'interno, all'inizio della navata destra, c'è una crocefissione lignea del 1320; nella navata sinistra si ammira la Schwarze Muttergottes, statua lignea della Madonna nera (XIII sec.).
La Domstraße congiunge l'Alter Kornmarkt con il Domplatz. Il

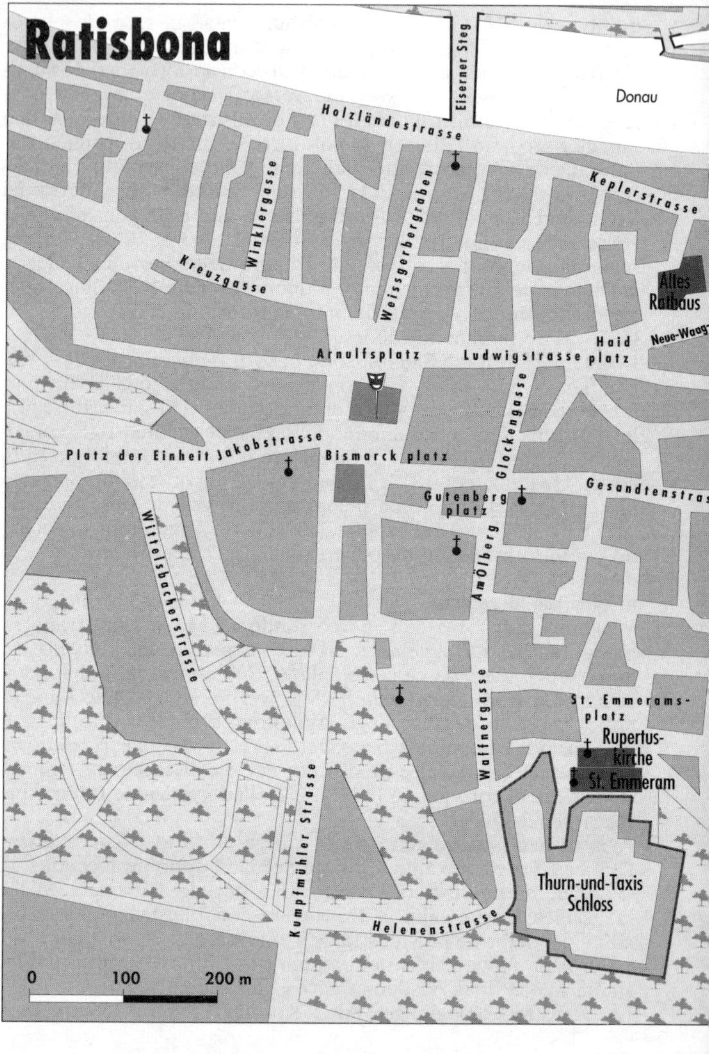
Ratisbona
Eiserner Steg
Donau
Holzländestrasse
Keplerstrasse
Winklergasse
Weissgerbergraben
Kreuzgasse
Altes Rathaus
Neue-Waag-
Haid platz
Arnulfsplatz
Ludwigstrasse
Glockengasse
Platz der Einheit
Jakobstrasse
Bismarck platz
Gesandtenstras
Gutenberg platz
Wittelsbacherstrasse
Am Ölberg
Waffnergasse
St. Emmerams-platz
Rupertus-kirche
St. Emmeram
Kumpfmühler Strasse
Helenenstrasse
Thurn-und-Taxis Schloss
0
100
200 m

Steinerne Brücke
Eiserne Brücke
Thundorfer Strasse
Hunnenplatz
Donaumarkt
Goliathstr.
Unter den Schwibbögen
Am Watmarkt
Porta Praetoria
St. Georgenplatz
Kramgasse
Dom
Domgarten
Niedermünster
Ostengasse
Krauterer markt
St. Ulrich
Domplatz
Domstrasse
Alter Kornmarkt
Wahlenstrasse
Hauptpost
Neupfarr platz
Karmeliten-kirche
Alte Kapelle
Schwarze Bären strasse
Dachau platz
Schäffnerstrasse
Dr. Martin Luther strasse
Maximilianstrasse
Peters Weg
Ernst-Reuter-platz
Hauptbahnhof

duomo, dedicato a San Pietro, è il punto di riferimento dell'intera Altstadt. È la costruzione gotica più imponente della Baviera (85 m di lunghezza, 34 di larghezza e 32 di altezza). Venne eretto a partire dal 1250 su una preesistente chiesa romanica di cui rimane ancora una torre, il cosiddetto Eselsturm, torre dell'asino, sul lato nord del transetto. I lavori si protrassero per tutto il Medioevo fino al 1525, quando il duomo fu ultimato. Ma non del tutto: le due torri della facciata principale vennero lasciate a metà, senza copertura. Probabilmente erano venuti a mancare i finanziamenti e i commercianti borghesi non erano più così benestanti. Inoltre lo stile gotico non si addiceva più ai tempi. I lavori si interruppero e passarono oltre tre secoli prima che venissero ulti-

Ratisbona, il duomo

mati. Le due torri, sul modello del duomo di Friburgo, vennero terminate nel XIX sec. (1859-1869): sono alte 105 m.
Sulla facciata principale, coronata da un frontone triangolare, c'è il bel portale con statue e rilievi raffiguranti San Pietro circondato dagli apostoli e scene della vita di Maria. Nell'interno, a tre navate divise da possenti pilastri, spiccano le belle *vetrate* del XIV sec., in particolare quelle del coro centrale. Da notare anche *cinque altari in pietra* con ricca copertura a baldacchino. L'altar maggiore è del 1785; a sinistra un bel ciborio alto 15 m (1493), opera di Roritzer. A lui si deve anche lo Ziehbrunnen, il pozzo, posto nella navata destra vicino al portale sud.
Tra le numerose sculture dell'interno spiccano le statue di Maria e dell'arcangelo Gabriele (1280), una di fronte all'altra, collocate nella crociera sui pilastri che danno verso la navata centrale. Il duomo è collegato (uscita a nord) al *Domschatzmuseum*: vi si ammirano preziosi oggetti liturgici, alcuni dei quali risalgono all'XI secolo.
Percorrendo la viuzza del Domgarten, dietro il duomo, si giunge al *chiostro* (XI sec.) con volte gotiche quattrocentesche e finestroni del primo rinascimento. È diviso in due da un Mortuarium, camminatoio con lapidi. Sul lato est si trova l'*Allerheiligenkapelle*, cappella di Ognissanti, romanica, con la tomba del vescovo Hartwig (1155-1164): quasi completamente intatti gli affreschi del 1180. A nord si trova la *Stephanskapelle*, XI secolo. Chiostro e cappelle sono visitabili solo insieme al Domschatzmuseum. Sempre sul Domplatz, all'angolo con la Domstraße, si trova la *chiesa St. Ulrich*, gotica (XIII sec); ospita dal 1986 il *Diozesanmuseum*. Pochi passi lungo la via Unter den Schwibbögen e si giunge alla *Porta Praetoria*, del 179 d.C.: la più settentrionale della Castra Regina romana e la più antica porta della Germania.
Una bella vista sulla città si ha dalla **Steinerne Brücke**, ponte di pietra che con i suoi 16 archi attraversa il Danubio (lunghezza 310 m, costruito nel 1135-1146). Capolavoro dell'ingegneria medievale, con la sua imponenza simboleggia l'importanza commerciale della Regensburg medievale. Distrutto dai bombardamenti il 23 aprile 1945, è stato rifatto.
La parte occidentale della città, dove si trovava il quartiere dei commercianti, è caratterizzata dalle numerose case a torre. Al n. 4 del Watmarkt c'è il *Baumburger Turm* (XIII sec.): secondo la tradizione popolare vi nacque Don Giovanni d'Austria (1547-1578), figlio di Barbara Blomberg, una ragazza di Regensburg, e dell'imperatore Carlo V d'Asburgo. Nella vicina Goliathstraße,

al n. 5, c'è il *Goliath-Haus*, casa a torre duecentesca con bella facciata affrescata raffigurante Davide e Golia (1573). Nella Wahlenstraße al n. 16 c'è il *Goldener Turm*, alto 42 m, a 8 piani, la casa-torre più alta di Regensburg.
Punto centrale del quartiere è l'**Altes Rathaus**. Si tratta di un gruppo di edifici tra loro collegati e di epoche diverse (XIV-XVII sec.), esternamente molto semplice (bella facciata gotica con bovindo e portale a sesto acuto), ma riccamente decorato all'interno. Degno di nota è il *Reichssaal*, sala imperiale, dove per 143 anni si riunì la Dieta imperiale permanente. Sotto un baldacchino c'è il trono dell'imperatore; principi, principi-elettori e rappresentanti delle libere città imperiali erano qui convocati per discutere e decidere circa le questioni dell'impero.
L'Altes Rathaus è oggi *Reichstagsmuseum*. Oltre alle sale con arredi e arazzi del tempo, nel sotterraneo resta da vedere la camera di tortura, originale, com'era nel Medioevo.
Percorrendo la Neue-Waag-Gasse si arriva all'**Haidplatz**, la più suggestiva tra le piazze medievali della città, circondata da tipiche case a torre. Al n. 7 spicca la *Haus zum Goldenen Kreuz*, a 7 piani, con la caratteristica merlatura. Dal XVI sec. fu la locanda più "in" di Regensburg, dove alloggiavano gli imperatori.

Ancora da vedere

St. Emmeramsplatz: il lato sud della piazza è dominato dall'abbazia benedettina sorta nell'VIII sec. sulla tomba di Sant'Emmeramo, morto martire a Regensburg nel 652. L'abbazia fu nel Medioevo un centro culturale di grande importanza. Il chiostro e gli edifici principali divennero, dopo la secolarizzazione (1812), proprietà dei principi von Thurn und Taxis.
La parte religiosa del complesso è costituita da un campanile a sé stante (1579), da un atrio romanico cui si accede passando da un doppio portale protogotico ad arcate, e da due chiese: a sinistra la *Rupertuskirche*, tardogotica, antica parrocchiale dell'abbazia; di fronte, preceduta da una ampio vestibolo protogotico a due navate, la **basilica St. Emmeram**. Si tratta della chiesa abbaziale romanica (XI-XII sec.) a tre navate, decorata in stile barocco dai fratelli Asam. Sotto l'altare principale si trova la *Emmeramskrypta* (740), un corridoio a semicerchio (Ringkrypta) dove anticamente era situata la tomba di Sant'Emmeramo. È collegata alla più ampia *Ramwoldkrypta* (consacrata nel 980 e rinnovata nel 1775), a tre navate, con il sarcofago dell'abate Ramwold, morto nel 1001. C'è una terza

cripta, a cinque navate, la *Wolfgangskrypta*, situata sotto il transetto nella parte posteriore della chiesa, con il sarcofago del vescovo Wolfango, morto nel 1050, e un seggio vescovile in pietra (Heinrichsstuhl, X-XII sec.). La chiesa ospita numerose tombe: ricordiamo quella dell'imperatrice Emma (1280), moglie di Ludovico II il Germanico.
Il *chiostro* attiguo è accessibile solo prendendo parte a una visita guidata per il castello che comprende anche il giro dei musei: essendo di proprietà dei Thurn und Taxis l'ingresso è decisamente salato.

Se avete ancora un po' di tempo

Circa 11 km a est di Regensburg, a *Donaustauf*, sulla sommità di un'altura si erge un imponente tempio neoclassico, concepito come copia del Pantheon di Atene: si tratta del *Walhalla*, fatto costruire (1830-42) dal re di Baviera Ludwig I per glorificare illustri personaggi tedeschi. Racchiude 117 busti e 64 lapidi commemorative.

Informazioni

Prefisso telefonico: 0941
Tourist-Information, Altes Rathaus, 93047 Regensburg - tel. 507-4410, fax 507-4419.

Dove dormire

Abbiamo provato per voi:
Hotel Bischofshof (supercomfort), Krauterermarkt 3 - tel. 59.086, fax 53.508; nelle immediate vicinanze del duomo, nel centro della Altstadt. Albergo con 400 anni di tradizione. Bella atmosfera con tutte le comodità del caso. Fantastico buffet a colazione.
Altri nostri suggerimenti:
Hotel Apollo (standard), Neuprüll 17 - tel. 9105-0, fax 910.570; posizione un po' periferica, a sud, vicinanze università. Non tutte le camere sono con bagno. Buffet a colazione. Annesso un ristorante con cucina regionale.
Hotel Münchner Hof (comfort), Tändlergasse 9 - tel. 58.440, fax 561.709; posizione centralissima. Parcheggio riservato. Ricco buffet a colazione. Annesso all'albergo c'è un ristorante con cucina internazionale.
Hotel Kaiserhof am Dom (comfort), Kramgasse 10/12 - tel. 585.35-0, fax 585.35.95; posizione centralissima, vicinanze duomo. Ristorante con cucina internazionale. Buffet a colazione.

Altstadthotel Arch (supercomfort), Haidplatz 4 - tel. 502.060, fax 502.061.68; posizione centralissima. Associato ai Ringhotels. Parcheggio riservato. Ricco buffet a colazione.
Parkhotel Maximilian (lusso), Maximilianstr. 28 - tel. 510.42-46, fax 52.942; posizione abbastanza centrale e non molto distante dalla stazione. Bell'edificio con annesso ristorante.
Ostello. *Jugendherberge*, Wöhrdstr. 60 - tel. 57.402.
Campeggio. *Campingplatz Dunnerkeil*, Weinweg 40 - tel. 26.839.

Dove mangiare

Ratskeller, Rathausplatz 3; non sarà una novità, ma funziona sempre.
Historisches Eck, Watmarkt 6; vicino al duomo. Un po' caro, ma l'ambiente è piacevole.
Zum Krebs, Krebsgasse 6; in centro, nci pressi dell'Haidplatz. Anche questo un po' caro ma ne vale la pena.

I DINTORNI DI RATISBONA

Weiden

La città (43.000 ab.), circa 80 km in direzione nord rispetto a Regensburg, raggiungibile percorrendo la A93, lega il suo nome alla lavorazione della ceramica e del vetro. Ma non per questo si deve pensare a una città industriale.
Di antiche origini (il suo nome compare per la prima volta in un documento ufficiale nel 1241), Weiden mostra la struttura urbanistica tipica di molte cittadine bavaresi. Circondata da mura, in parte felicemente restaurate, è attraversata dall'ampio Marktplatz che in realtà è un'unica strada divisa dal Rathaus in Oberer Markt e Unterer Markt, ed è delimitata alle due estremità dalle porte *Unteres Tor* e *Oberes Tor*.
Sull'Oberer Markt, fiancheggiato da belle case cinquecentesche, si affacciano l'*Altes Rathaus*, rinascimentale (1539-1545) e la *Michaelskirche*, gotica, decorata in forme barocche nel XVIII secolo. Da vedere all'interno un bel pulpito (1787) e un altare barocco (1791).
Nelle vicinanze dell'Oberes Tor c'è l'*Altes Schulhaus*, la vecchia scuola a 7 piani del 1565, forse l'edificio più significativo della città, oggi adibito a centro culturale.
Informazioni: *Verkehrsamt*, Altes Rathaus, 92637 Weiden i.d.Opf. - tel.0961/81.411.

Amberg

Circa 60 km in direzione nord-ovest da Regensburg (autostrada 93 per Weiden, uscita all'altezza di Schwandorf e prosecuzione sulla B85), Amberg (43.000 ab.) vanta antiche origini: fu infatti citata in un documento ufficiale già nel 1034. Nel Medioevo divenne ricca e importante grazie alle miniere di ferro e ai traffici a esso collegati, cui si aggiunse poi il commercio del sale. Fu proprio per difendere il benessere conquistato che vennero erette nel XIV sec. le imponenti mura che ancor oggi caratterizzano la struttura e l'immagine della città, formando una specie di ovale tagliato in due dal fiume Vils.

Amberg è sede di ben dieci Brauereien, fabbriche di birra, e quindi ha la fama di essere una delle capitali tedesche della birra.

L'attrazione turistica numero uno sono le *mura con torri* e quattro porte. Volendo si può fare il giro completo sui camminatoi esterni.

La strada principale che attraversa diagonalmente l'ovale formato dalle mura, perpendicolare al fiume Vils, è la *Georgenstraße*, fiancheggiata da begli edifici.

A una estremità della Georgenstraße c'è la *chiesa St. Georg*, la più antica di Amberg (XI sec.), rifatta in forme gotiche dopo un incendio nel 1359. Nel XVII-XVIII sec. i Gesuiti la fecero decorare in stile barocco dal famoso stuccatore-scultore Johann Baptist Zimmermann. L'interno è tutto una sorpresa: infatti la semplicità dell'esterno non lascia per niente immaginare uno sfarzo così imponente.

All'altra estremità della Georgenstraße c'è invece il Marktplatz, sul quale si affacciano il Rathaus e la parrocchiale St. Martin.

Il *Rathaus* è un edificio in vari stili la cui costruzione iniziò già nel 1200. Fu poi ricostruito dopo un incendio nel 1356. Ha una bella facciata gotica con frontone. Nel XVI sec. furono aggiunte la balconata e la scala rinascimentale. Notevoli all'interno la grande sala consiliare con soffitto in legno a cassettoni.

La *Martinskirche* (1421-1483), gotica, esternamente è piuttosto semplice, con una facciata liscia che dà sul fiume dominata dal campanile alto 90 m. Bello il portale sul lato che dà direttamente sul Marktplatz. L'interno gotico è a sala, diviso in tre navate con snelli pilastri rotondi che sorreggono le volte a costoloni.

Ma per una città come Amberg, circondata da mura, gli elementi più caratteristici sono senz'altro le varie porte: a nord il *Vilstor* e lo *Ziegeltor*, a sud-est il *Nabburger Tor*, forse la più significa-

tiva, fiancheggiata da due torri ottagonali del 1587, e infine, a sud, il *Wingershofer Tor*. In prossimità di quest'ultima porta il fiume Vils lascia la città passando sotto due arcate che, specchiandosi nell'acqua, formano due cerchi: la gente li chiama comunemente "Stadtbrille", cioè occhiali della città, e sono un po' il simbolo di Amberg.
Una curiosità: al numero 8 della Seminargasse, non lontano dalla chiesa St. Georg, c'è il più piccolo albergo del mondo, lo *Eh'häusl*. Sono poco più di 20 mq complessivi e ha solo 2 stanze (se volete pernottare: tel. 09621/22.211).
Informazioni: *Fremdenverkehrsamt*, Zeughausstr. 1/A, 92224 Amberg - tel. 09621/10.239.

Kelheim

Circa 20 km a sud-ovest di Regensburg (B16), alla confluenza del fiume Altmühl con il Danubio, sorge Kelheim (15.000 ab.) dalla tipica struttura medievale. Dell'antica fortificazione sono tuttavia rimasti solo tratti di mura, alcune porte e torri. Simbolo della città è la *Befreiungshalle*, monumento alla libertà, una imponente rotonda in stile neoclassico che domina dall'alto del Michaelsberg. Fu voluta dal re di Baviera Ludwig I e realizzata tra il 1842 e il 1863 da Leo von Klenze (lo stesso del Walhalla) a ricordo delle guerre di liberazione contro Napoleone (1813-1815).
In località Weltenburg, presso il *Donaudurchbruch*, il Danubio si è scavato con forza il suo percorso tra le rocce del Giura del Palatinato; è consigliabile arrivarci da Kelheim in battello, sono circa 5 km. Qui sorge un'antica abbazia benedettina: sebbene le sue origini risalgano al VII sec., la costruzione attuale è del 1700 ed è famosa soprattutto per la *Klosterkirche*, opera dei fratelli Asam che l'hanno non solo abbellita e decorata, ma interamente progettata (1717-1751).
L'interno è costituito da un lungo ovale circondato da colonne e pilastri che sorreggono una possente cupola. Una curiosità: guardando gli affreschi della cupola noterete un personaggio che sembra rivolgersi ai visitatori: è Cosmas Damian Asam, l'artefice della costruzione e dell'affresco, che ha voluto immortalarsi con questo autoritratto.
Sull'altar maggiore una statua di San Giorgio, cui è dedicata la chiesa, opera di Egid Quirin Asam.
Ma c'è un altro motivo che fa di Weltenburg una meta prediletta per gite domenicali: la birra che viene qui direttamente pro-

dotta. Si tratta di una birra scura, abbastanza forte, chiamata in onore dei fratelli Asam *Asam-Bock*.
Informazioni: *Verkehrsamt*, im Rathaus, 93309 Kelheim - tel. 09441/701-234.

Straubing

Straubing (41.000 ab.) si trova a circa 40 km in direzione sud-est da Regensburg, sulla riva destra del Danubio, nel cuore del cosiddetto Gäuboden, l'estesa e fertile pianura tra Regensburg e Vilshofen, "granaio della Baviera". Non a caso qui si stabilirono prima i celti, poi i romani, poi i baiuvari. La città venne citata per la prima volta in un documento dell'898. Il Medioevo fu l'epoca di massimo fulgore in cui la città acquisì, in seguito al commercio di grano e dei vari prodotti del Gäuboden, un certo benessere.
Simbolo della città e punto di partenza per un giro della Altstadt è lo *Stadtturm*, la torre civica medievale (la costruzione iniziò nel 1316), alta 68 m, sormontata da una singolare composi-

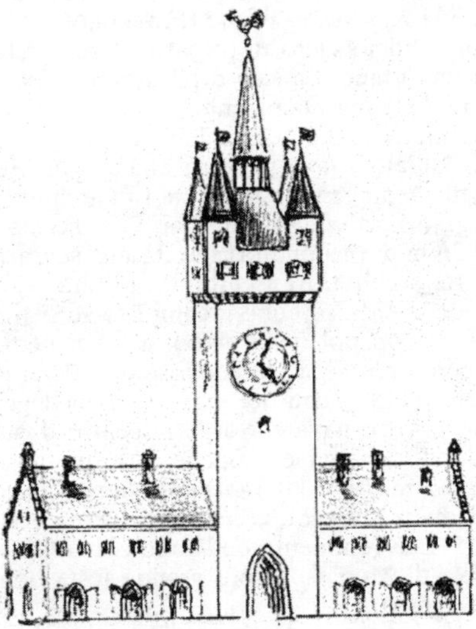

Straubing, lo Stadtturm

zione di torrette; è possibile salirvi per godere dall'alto la bella vista sulla città, sul Gäuboden e sul bosco bavarese.
La torre divide l'ampio Marktplatz, che non è una piazza, ma una strada che attraversa la città da ovest a est, in due parti: il *Theresienplatz* a ovest e il *Ludwigsplatz* a est. Vi si trovano due fontane, il Tiburtiusbrunnen (1685) e lo Jakobsbrunnen (1644), e la Dreifaltigkeitssäule, colonna della Trinità (1709). Tutt'intorno vecchie case patrizie con belle facciate in vari stili: gotico, barocco, neoclassico.
Nelle immediate vicinanze, sul lato nord della piazza, c'è il *Rathaus* (1382) con un bel frontone a gradoni culminante in una torretta.
Straubing conserva due chiese a sala in stile tardogotico, entrambe opera di Hans von Burghausen. La prima è la *basilica di St. Jakob* (Theresienplatz), del XV sec., caratterizzata da un notevole tetto e da una torre di 85 m. Spicca la pala dell'altar maggiore (fine 1500). All'interno, distribuite sui lati della chiesa, ci sono 20 cappelle donate dalle famiglie patrizie della città. Belle le vetrate del coro, originali del XV-XVI secolo.
L'altra chiesa è la *Karmelitenkirche* (Frauenhoferstr.), anch'essa del XV sec., un edificio sacro tutto particolare perché al suo interno si trova una grandiosa sala a pilastri con decorazione barocca opera di Wolfgang Dientzenhofer.
Un gioiello architettonico è la **Ursulinenkirche** (1736-1741), nella Burggasse, dall'altro lato rispetto alla Karmelitenkirche. È opera dei fratelli Asam: Egid Quirin ne fu l'architetto e Cosmas Damian creò gran parte degli affreschi. Pur piccola (solo 20 m di larghezza e 26 m di profondità) suscita una sensazione di perfetta armonia tra architettura, scultura e pittura.
Ma una visita della città sarebbe incompleta se si tralasciasse la *chiesa di St. Peter*, un po' fuori mano, a est rispetto al centro, raggiungibile percorrendo la Donaugasse e la Petergasse. È una basilica romanica (1188), con bel timpano, fiancheggiata da due torri. L'interno è a tre navate. Sorge al centro di un antico cimitero che custodisce diverse cappelle. Tra queste: la *Totenkapelle*, cappella dei morti, e la *Agnes-Bernauer-Kapelle*, dedicata alla moglie del duca Albrecht, accusata di stregoneria e fatta annegare nel 1435. L'avvenimento dell'anno è il *Gäubodenfest*, dopo l'Oktoberfest di Monaco la più grande festa popolare della Baviera (metà agosto).
Informazioni: *Verkehrsamt*, Rathaus, Theresienplatz 20, 94315 Straubing - tel. 09421/16.307.

LANDSHUT, residenza principesca nel cuore della Baviera

Da non perdere:
- Passeggiata lungo la Altstadt
- Martinskirche con il caratteristico campanile in mattoni.
- Burg Trausnitz, la fortezza che domina la città
- Landshuter Hochzeit, il grande spettacolo in costume

Landshut (57.000 ab.), capoluogo del Niederbayern, sul fiume Isar, è una città di antiche origini che conserva quasi interamente il suo aspetto medievale, dato che è uscita quasi indenne dall'ultimo conflitto mondiale. È famosa per la *Landshuter Hochzeit* (nozze di Landshut), il più grande spettacolo in costume della Germania, che celebra le fastose nozze organizzate dal duca Ludovico per suo figlio Giorgio ed Edwige la Bella, figlia del re di Polonia, nel 1475. La manifestazione, allestita per la prima volta nel 1903, si svolge ogni 4 anni tra la fine di giugno e l'inizio di luglio (la prossima nel 1997).
La fondazione della città, a opera di Ludovico il Bavaro, risale al 1204. Il suo primo nome fu "Hut des Landes", cioè protettore del territorio, da cui poi Landshut. Fino al 1255 fu sede della dinastia dei Wittelsbach e quindi capitale della Baviera, anche se con confini ben diversi da quelli attuali. Quando la Baviera venne suddivisa Landshut divenne capoluogo del ducato Bayern-Landshut. Il XV sec. fu l'epoca di massimo splendore, quella dei cosiddetti "duchi ricchi", che trasformarono la città in un rinomato centro artistico e commerciale.

In giro per il centro

Quando a Landshut si parla di Altstadt e Neustadt occorre fare un po' di attenzione: non si intendono la città vecchia e quella nuova nella loro interezza, bensì le due vie principali del centro storico, parallele e collegate tra loro da una serie di viuzze. L'*Altstadt*, delimitata alle estremità da due chiese, la *Spitalkirche Heiliger Geist* a nord e *St. Martin* a sud, è fiancheggiata da tipiche case con frontoni a gradoni e decorative facciate.
La **Martinskirche** (XIV-XV sec.) è una chiesa a tre navate rette da pilastri, opera di Hans von Burghausen, architetto fondatore di una importante scuola di costruttori il cui epitaffio con ritratto in terracotta si trova sulla parete esterna meridionale del-

la chiesa. Spicca il campanile, il più alto del mondo fra quelli in mattoni (128 m), con il bel portale principale. L'interno, a tre navate separate da slanciate colonne ottagonali, custodisce notevoli opere d'arte: in fondo alla navata destra, la Landshuter Madonna di Hans Leinberger (1517), l'altar maggiore in pietra (1424), e un bel pulpito, pure in pietra, del 1429.

Di fronte alla chiesa, sull'altro lato della Altstadt, c'è un bell'edificio con facciata affrescata (1599). Si tratta della *Alte Post*, la vecchia posta.

A metà strada tra le due chiese sorge il *Rathaus*, con le tre caratteristiche facciate a gradoni: quella centrale è stata rimaneggiata in stile neogotico alla fine del XIX secolo. Da notare, inoltre, il bel bovindo rinascimentale. Il grande salone di rappresentanza (Großer Prunksaal) è decorato con scene della Landshuter Hochzeit (1880).

Di fronte c'è un bel palazzo patrizio quattrocentesco, il *Pappenberger Haus*, anch'esso con il caratteristico frontone a gradoni.

A fianco del Pappenberger Haus sorge la *Residenz*, fatta costruire dal duca Ludovico X fra il 1537 e il 1543 sul modello dei palazzi rinascimentali italiani. Spicca per la sua facciata bianca, squadrata, un po' anomala tra le case a frontoni colorate in toni pastello. Il duca Ludovico era rimasto molto colpito dall'architettura italiana e in particolare, in occasione di un suo viaggio a Mantova, dal Palazzo del Tè. La sala più suggestiva all'interno è l'*Italienischer Saal*, che si può ammirare insieme ad altre sale prendendo parte a una visita guidata del *Residenzmuseum*.

Parallela alla Altstadt corre la *Neustadt*, anch'essa delimitata da due chiese: la *St. Ursula* a nord e la *Jesuitenkirche* a sud.

La città è dominata dalla **Burg Trausnitz**, che si erge imponente su una collina (461 m). Per salire a piedi si impiega poco più di un quarto d'ora: dal Dreifaltigkeitsplatz si prende la Alte Bergstraße e, sulla sinistra, c'è poi una via pedonale. È l'antica residenza dei duchi di Baviera, la cui costruzione è contemporanea a quella della città (1204). Da fortezza medievale venne poi trasformata nel Cinquecento in castello rinascimentale con influssi italianeggianti. Testimonianza di questa passione per l'Italia è, ad esempio, la cosiddetta *Narrentreppe*, la scala dei pazzi, affrescata con scene della commedia dell'arte (visitabile solo con guida). Purtroppo un terribile incendio ha gravemente danneggiato nel 1961 l'arredamento della parte più vecchia del castello, il Fürstenbau.

Dal terrazzo della Burgschänke, semplice caffè-ristorante, si ha la più bella vista sulla città e sulla valle dell'Isar.

Informazioni
Prefisso telefonico: 0871
Verkehrsverein, Altstadt 315 (Rathaus), 84028 Landshut - tel. 922.050.

Dove dormire
Hotel Park-Café (standard), Papiererstr. 36 - tel. 69.339, fax 630.307; posizione abbastanza centrale, dall'altra parte dell'Isar rispetto alla Altstadt. Non tutte le camere sono con bagno. Annesso un ristorante-caffè con cucina regionale.
Hotel Goldene Sonne (comfort), Neustadt 520 - tel. 23.087, fax 24.069; classico Gasthof-Hotel in un bell'edificio storico (1415). Posizione centralissima. Atmosfera bavarese. Annesso Biergarten e ristorante con cucina regionale.
Hotel Fürstenhof (supercomfort), Stethaimer Str. 3 - tel. 82.025, fax 89.042; non proprio in posizione centrale, dall'altra parte dell'Isar rispetto alla Altstadt. È associato ai Romantik Hotels.

PASSAU, la città dei tre fiumi

Da non perdere:
- Duomo, con la bella decorazione barocca e l'imponente organo
- Drei-Flüsse-Eck, l'angolo alla confluenza dei tre fiumi
- Veste Oberhaus, la fortezza che domina la città
- Giro in battello

Passau (51.000 ab.) è indubbiamente una delle città più suggestive della Germania grazie alla singolare posizione alla confluenza di tre fiumi: Danubio, Inn e Ilz. È chiamata la "Venezia della Baviera", perché è circondata dall'acqua ma anche perché spesso il Rathausplatz viene sommerso dal Danubio: un fenomeno che richiama l'acqua alta della città lagunare.
Passau vanta una storia bimillenaria: insediamento celtico, poi fortezza romana *(Castra Batava)*, venne quindi occupata dai baiuvari che fondarono la città di Bazzawa. Nel 739 divenne sede di una diocesi, i cui territori arrivarono a estendersi fino all'Ungheria, comprendendo l'Austria. Non a caso i vescovi ottennero nel 1217 il titolo di "Reichsfürsten", principi imperia-

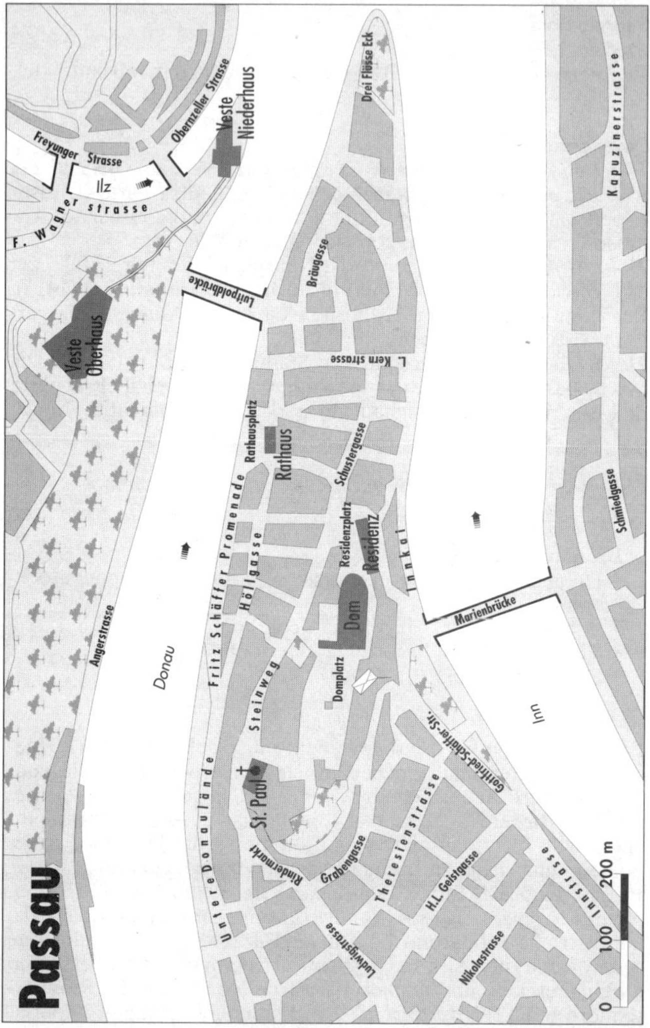
Passau
Veste Oberhaus
Veste Niederhaus
Freyunger Strasse
Ilz
F. Wagner strasse
Obernzeller Strasse
Luitpoldbrücke
Bräugasse
Drei Flüsse Eck
Kapuzinerstrasse
L. Kern strasse
Rathausplatz
Rathaus
Schustergasse
Angerstrasse
Donau
Fritz Schäffer Promenade
Höllgasse
Residenzplatz
Residenz
Innkai
Marienbrücke
Schmiedgasse
Dom
Domplatz
Steinweg
Untere Donaulände
St. Paul
Gottfried-Schäffer-Str.
Inn
Rindermarkt
Grabengasse
Theresienstrasse
H.L. Geistgasse
Innstrasse
Ludwigstrasse
Nikolastrasse
0 100 200 m

li, e lo mantennero fino al 1803 quando Passau finì sotto il principe elettore di Baviera (Kurfürstentum Bayern) e poi, tre anni più tardi, venne annessa al neonato regno di Baviera.
Il ruolo dominante svolto dai vescovi nella storia della città si rispecchia nell'architettura urbana, in particolare nell'imponenza e nella centralità del duomo.
La posizione privilegiata, al confine con l'Austria (solo 3 km), ha favorito il suo sviluppo economico e culturale.

In giro per il centro

La città è composta da tre parti: la Altstadt, che sorge su uno stretto lembo di terra, quasi una penisola, delimitata dal Danubio a nord e dall'Inn a sud; la Innstadt, sulla riva destra dell'Inn; e la Ilzstadt, tra il fiume Ilz e il Danubio.
Su tutti gli edifici spicca la silhouette del **duomo di Santo Stefano**, dalla facciata barocca fiancheggiata da due torri (68 m), con la cupola sulla crociera. Da notare come il duomo si trovi leggermente rialzato rispetto al livello dei fiumi (13 m di dislivello). Si parla così di *Domberg* (montagna del duomo) o di *Altstadthügel* (collina della città vecchia).
La costruzione originaria del XV sec., gotica, fu distrutta da un incendio nel 1662 e rifatta in stile barocco. Solo il coro rimase intatto; su una torretta gotica accanto al coro si nota la statua si Santo Stefano, alta 1,4 m. All'interno spiccano gli stucchi di Giovanni Battista Carlone e gli affreschi del ticinese Tencalla.
Da notare inoltre l'*organo*, il più grande del mondo, con 17.388 canne e 231 registri. Da maggio a ottobre, tutti i giorni feriali a mezzogiorno si tiene un concerto (entrata a pagamento, prezzo modico). La musica e il timbro dello strumento conferiscono all'ambiente un fascino tutto particolare.
Antistante il duomo è il *Domplatz*, centro della città, con la statua di re Maximilian Joseph I di Baviera.
Sul lato sud del duomo (verso l'Inn) si trova, separata dalla stretta Zengergasse, la *Alte Bischöfliche Residenz*, l'antica residenza vescovile, oggi palazzo di giustizia. Un passaggio ad arco divide la Zengergasse dal Residenzplatz, sul quale si affaccia la *Neue Bischöfliche Residenz*, edificio barocco della prima metà del XVIII sec. cui sono stati successivamente apportati ritocchi classicheggianti; ospita il *Domschatz- und Diözesanmuseum*, cui si accede dal duomo o dal Residenzplatz. Assolutamente da vedere all'interno la splendida scalinata rococò.
Il *Residenzplatz* è ornato dal Residenzbrunnen, fontana inaugu-

rata nel 1903 in occasione dei 100 anni di appartenenza di Passau alla Baviera. Si può prendere una delle viuzze a nord: la Steinigergasse, la Kleine Messergasse o la Pfaffengasse, che incrociano poi la Höllgasse con i suoi caratteristici archi. Si arriva così al Danubio.
Sulla riva destra si trova il *Rathaus*, costituito da un gruppo di edifici: la parte più vecchia, tardogotica (1298), è quella che dà sul fiume; la torre, alla cui base c'è l'indicazione dei livelli raggiunti dal Danubio nel corso dei secoli, è recente (1888-1893). Da non perdere il *Glockenspiel* (10.30, 14.00, 19.25 e 21), il più grande carillon della Baviera.
Davanti al Rathaus c'è l'attracco per il *Dreiflüssenrundfahrt*, il giro in battello sui tre fiumi. Da qui parte (aprile-ottobre) anche il bus per la **Veste Oberhaus**, la fortezza, dall'altra parte del Danubio, che domina la città; la salita a piedi richiede circa mezz'ora.
Fu fatta costruire nel 1219 dal vescovo Ulrico II. Alcuni decenni più tardi, a ulteriore difesa nei confronti di una popolazione che sembrava mal sopportare lo strapotere vescovile, venne costruita un'altra fortezza, la *Veste Niederhaus*, alla confluenza dell'Ilz con il Danubio (oggi proprietà privata, non visitabile). Le due fortezze sono tra loro collegate da un camminatoio di ronda. La Veste Oberhaus ospita lo *Städtisches Museum*. Dalla torre di guardia si ha una bella vista sulla città e i dintorni (consigliabile una sosta al Café-Restaurant).
Alla punta estrema della Altstadt si trova il **Drei-Flüsse-Eck**, l'angolo alla confluenza dei tre fiumi: se avete bimbi al seguito, qui c'è un bel parco-giochi.
Per gli amanti del cicloturismo, le rive del Danubio e dell'Inn si prestano a favolose pedalate: belle piste ciclabili attraverso un paesaggio incantevole (possibilità di noleggiare una bici alla stazione). Volendo, e avendo adeguati muscoli, si possono fare escursioni che durano più giorni.
Passau è soprannominata Radlerstadt, cioè città dei ciclisti: ci sono ben 5 itinerari ciclabili, tra cui quello che porta a Vienna seguendo il Danubio, e un altro che risale l'Inn fino al Passo del Maloja in Svizzera.

Informazioni

Prefisso telefonico: 0851
Tourist-Information: Rathausplatz 3, 94032 Passau - tel. 33.421, fax 35.107.

Dove dormire

Abbiamo provato per voi:
Hotel Residenz (comfort), Fritz-Schäffer-Promenade - tel. 35.005, fax 35.008; meublé in posizione centrale e favorevolissima, direttamente sul Danubio, di fronte al posto di attracco dei battelli. L'edificio è del XV secolo. Bella vista sul Danubio e la Veste Oberhaus. Ricco buffet a colazione.
Altri nostri suggerimenti:
Hotel Zum König (standard), Rindermarkt 2 - tel. 34.098, fax 34.097; posizione centrale e favorevole, vicino al Danubio. Tutte le camere sono con bagno. Annesso un ristorante con cucina internazionale e specialità balcaniche.
Hotel Schloß Ort (comfort), Am Dreiflußeck - Im Ort 11 - tel. 34.072-73, fax 31.817; alla confluenza dei tre fiumi, nel posto più suggestivo di tutta la città. Edificio storico di lunga tradizione. Annesso Biergarten e Café-Restaurant. Non tutte le camere sono con bagno. Garage.
Passauer Wolf (supercomfort), Rindermarkt 6/8 - tel. 34.046, fax 36.757; edificio storico con tutti i comfort, buona cucina e distinta ospitalità. Nel cuore del centro storico, tra la zona pedonale e il Danubio.
Ostello. *Jugendherberge Auf der Veste Oberhaus* - tel. 41.351, fax 43.709.
Campeggio. *Dreiflüsse-Camping*, Passau-Irring - tel. 08546/633; a 8 km dal centro in direzione ovest, vicino all'uscita autostradale Passau-Nord.

Dove mangiare

Passauer Ratskeller, Rathausplatz 2; buon indirizzo per mangiare bene senza spendere esageratamente. Bell'ambiente.
Gasthof zum Hirschen, Dreiflußeck, Im Ort 6; locale caratteristico con terrazza. Buona cucina regionale a prezzi più che ragionevoli. Come tutti i Gasthöfe che si rispettino offre anche possibilità di pernottamento.
Gasthof Bayerischer Löwe, Dr.-Hans-Kapfinger Str. 3; posizione centrale tra la Altstadt e la Neustadt. Bel Biergarten. Specialità regionali e bavaresi. Possibilità di pernottamento.

BADEN-WÜRTTEMBERG

Il Baden-Württemberg, terzo Land tedesco per estensione e abitanti, è di recente costituzione: solo nel 1952 gli abitanti del Baden e del Württemberg si unirono in un unico Land, portandosi in eredità un bagaglio culturale e storico molto eterogeneo. Mai nel corso della storia, infatti, i due territori si erano trovati insieme.
La zona sud-occidentale della Germania, quella appunto dell'attuale Baden-Württemberg, unita sotto il dominio degli Svevi fino al tardo Medioevo, presentava, all'arrivo di Napoleone, una grande frammentazione in territori governati da diverse dinastie. L'intervento dell'imperatore francese determinò la creazione del granducato del Baden e del regno del Württemberg, con a capo le omonime dinastie. Da allora, e fino a dopo la seconda guerra mondiale, i due territori vissero vite separate.
L'aspetto fisico del Land è alquanto vario; vi si trovano le montagne e le valli della Foresta Nera (Schwarzwald), le alture del Giura Svevo (Schwäbische Alb) e dell'Alto Giura (Oberschwaben), e il Lago di Costanza (Bodensee).
La varietà paesaggistica è resa ancor più interessante dalla presenza di molti castelli, fortezze, rocche, e dal susseguirsi di città grandi e piccole, tutte di antiche origini e tradizioni, spesso situate in zone incantevoli.
Anche l'offerta culturale è allettante, con musei, mostre, manifestazioni culturali e folcloristiche.
Gli abitanti del Baden-Württemberg si distinguono in *Badener*, che vivono nella regione lungo il Reno, e *Schwaben*, svevi, che abitano nei restanti territori del Land.
Tanto i primi sono di mentalità aperta, amanti della Gemütlichkeit, della buona cucina farcita di influssi francesi, tanto i secondi sono accaniti lavoratori e oculati risparmiatori. Dal punto di vista economico, il Land è tra i primi per reddito in Germa-

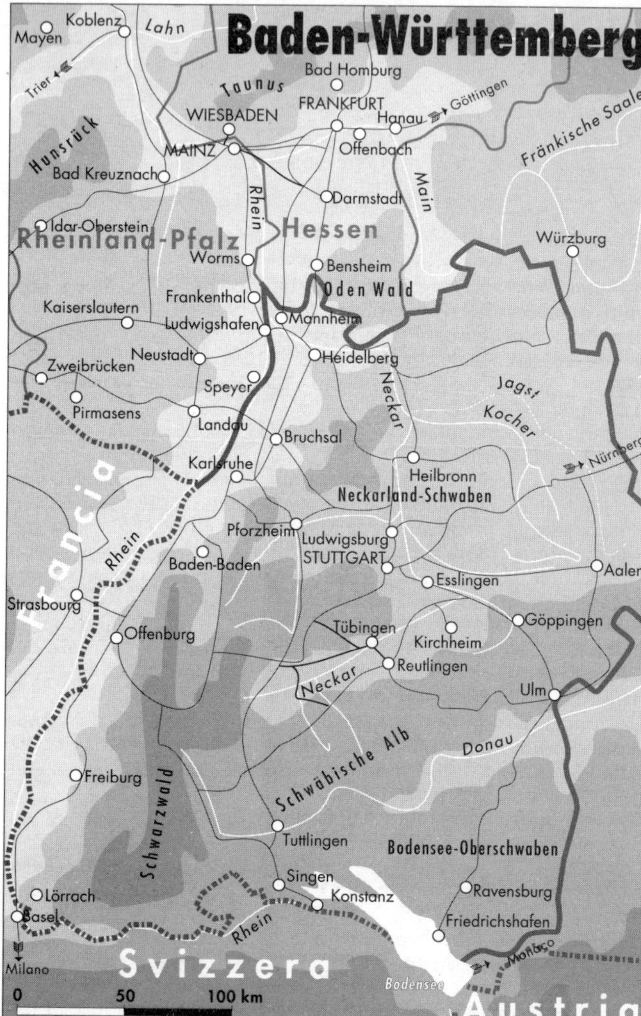

Baden-Württemberg
Koblenz
Mayen
Lahn
Trier
Taunus
Bad Homburg
FRANKFURT
WIESBADEN
Hanau
Göttingen
Fränkische Saale
Offenbach
MAINZ
Hunsrück
Bad Kreuznach
Darmstadt
Main
Rhein
Idar-Oberstein
Rheinland-Pfalz
Hessen
Würzburg
Worms
Bensheim
Oden Wald
Frankenthal
Kaiserslautern
Ludwigshafen
Mannheim
Neustadt
Heidelberg
Zweibrücken
Neckar
Speyer
Jagst
Pirmasens
Landau
Kocher
Bruchsal
Nürnberg
Karlsruhe
Heilbronn
Francia
Neckarland-Schwaben
Pforzheim
Ludwigsburg
Rhein
STUTTGART
Baden-Baden
Aalen
Esslingen
Strasbourg
Göppingen
Tübingen
Offenburg
Kirchheim
Reutlingen
Neckar
Ulm
Schwäbische Alb
Donau
Freiburg
Schwarzwald
Tuttlingen
Bodensee-Oberschwaben
Singen
Lörrach
Konstanz
Ravensburg
Basel
Rhein
Friedrichshafen
Monaco
Milano
Svizzera
Bodensee
0
50
100 km
Austria

nia. Grandi industrie (Daimler Benz, Porsche, Bosch) sono nate proprio nel capoluogo, Stoccarda, ma anche le piccole e medie industrie sono ben rappresentate, rivelando il carattere imprenditoriale degli abitanti.
Geograficamente il Baden-Württemberg si può suddividere in tre grosse regioni:
• Foresta Nera, Schwarzwald, lungo la valle del Reno;
• zona del Neckar, affluente del Reno, e del Giura Svevo, Schwäbische Alb, a nord e a est della Foresta Nera;
• Alto Giura, Oberschwaben, e Lago di Costanza, Bodensee, a sud-est.
Nella presentazione degli itinerari turistici ci siamo attenuti a questa suddivisione, magari un po' schematica, ma adeguata allo scopo di illustrare le caratteristiche di questa regione, per noi italiani meno nota della Baviera, ma altrettanto interessante.

STOCCARDA, metropoli high-tech immersa nel verde

Da non perdere:
• Altes e Neues Schloß, le residenze dei Württemberg
• Schillerplatz, la piazza più pittoresca
• Wilhelma, l'unico giardino zoologico-botanico della Germania
• Staatsgalerie, una delle maggiori pinacoteche del mondo
• Passeggiata nello Schloßgarten, il giardino reale
• Königstraße e Calwer Straße, due indirizzi per lo shopping
Nei dintorni:
• Schloß Solitude, un piccolo castello rococò
• Castello di Ludwigsburg, bellissima residenza barocca
• Esslingen: la Altstadt e la Burg

Stuttgart (570.000 ab.), capoluogo del Baden-Württemberg, è uno dei maggiori centri industriali e commerciali della Germania. E questo grazie soprattutto alla proverbiale laboriosità dei suoi abitanti.
La posizione geografica della città, in una valle con ripidi pendii, è veramente unica: tutt'intorno colline ricoperte da boschi e vigneti che si estendono fino quasi al centro del capoluogo. E il

contrasto tra l'architettura degli edifici moderni e il verde della natura circostante contribuisce a creare il fascino di Stoccarda. Circa 11.000 ettari, ossia la metà dell'intera superficie cittadina, sono rivestiti da boschi, parchi, campi, vigneti e giardini: Stoccarda è orgogliosa dell'appellativo di "città nel verde".
Le sue origini risalgono al 950: *Stutengarden*, giardino delle giovenche, era il nome originario dell'insediamento che si sviluppò attorno a un centro per l'allevamento di cavalli.
Non a caso lo stemma di Stoccarda raffigura un cavallo nero in procinto di saltare.
Nel 1229 l'insediamento divenne città per volontà dei conti del Württemberg. Nel XV sec. Stoccarda venne promossa a capitale e residenza della nobile famiglia. Ciò comportò un'enorme espansione della città e una frenetica attività edilizia per fare di questo centro una degna dimora. Sorse l'Altes Schloß, il vecchio castello, e i Württemberg, originariamente conti, acquisirono col tempo il titolo di duchi e poi, con Napoleone, quello reale (1806).
La seconda guerra mondiale ha seriamente danneggiato Stoccarda: ciò che rimane della città vecchia, tra lo Schloßgarten e la Schillerplatz, è stato ricostruito; tanto che oggi l'immagine di Stoccarda è quella di una città moderna, che ha tuttavia trovato un giusto equilibrio tra passato e presente.

In giro per il centro

Punto di partenza di un giro turistico (mettete in conto una mezza giornata) è la stazione, *Hauptbahnhof;* l'edificio, in stile moderno (1914-1927), influenzò non poco la cosiddetta "Bahnhofsarchitektur", quel settore dell'architettura che si occuperà, soprattutto dopo la seconda guerra mondiale, di stazioni ferroviarie. Da notare sulla torre la stella girevole della Mercedes, simbolo della ditta Daimler-Benz che ha sede a Stoccarda: Daimler è infatti il nome dell'ingegnere che nel lontano 1886 costruì la prima automobile.
Attraversiamo l'Arnulf-Klett-Platz servendoci del *Klett-Passage*, che offre con i suoi molteplici negozi possibilità di shopping fino alle 22, cosa molto rara in Germania: ci troviamo così nella **Königstraße**. Con i suoi 1200 m di lunghezza, i tanti negozi, grandi magazzini, gallerie e locali è la strada principale della città, e zona pedonale.
All'inizio si trova l'ufficio turistico, ben distinguibile dal simbolo I-Punkt. La via si divide in Untere (bassa) e Obere (alta) Königstraße. La parte nord, Untere Königstraße, collega la stazio-

ne con lo Schloßplatz ed è la più recente (inizio del XIX sec.). La parte sud, Obere Königstraße, va dallo Schloßplatz fino al Wilhelmsbau, e ha origini molto più antiche.
Procedendo verso lo Schloßplatz si trova, sulla sinistra, la *St. Eberhardskirche*. Passando un po' di fretta si corre il rischio di non vederla talmente è soffocata da negozi e locali vari. Costruita nel 1811, fu la prima chiesa cattolica della città dopo la Riforma. Distrutta dai bombardamenti e in seguito rifatta, quasi nulla dell'aspetto odierno ricorda lo stile originario, neoclassico.
Attraversata la Bolzstraße ci si trova sullo *Schloßplatz*, al cui centro spicca la *Jubiläumssäule*, una colonna eretta nel 1841 in occasione del XXV anniversario dell'ascesa al trono di Wilhelm I, re del Württemberg. Da una parte della piazza c'è il *Königsbau* (1856), caratterizzato dal lungo colonnato (135 m) in stile neoclassico, oggi centro commerciale e sede della borsa; sul lato opposto, imponente, il **Neues Schloß**, residenza dei duchi, poi re, del Württemberg. In stile barocco, con vari elementi rococò, neoclassici e impero (1746-1806), venne distrutto durante la seconda guerra mondiale e ricostruito tra il 1958 e il 1968. La parte centrale ospita le sale di rappresentanza del governo del Land,

Neues Schloß

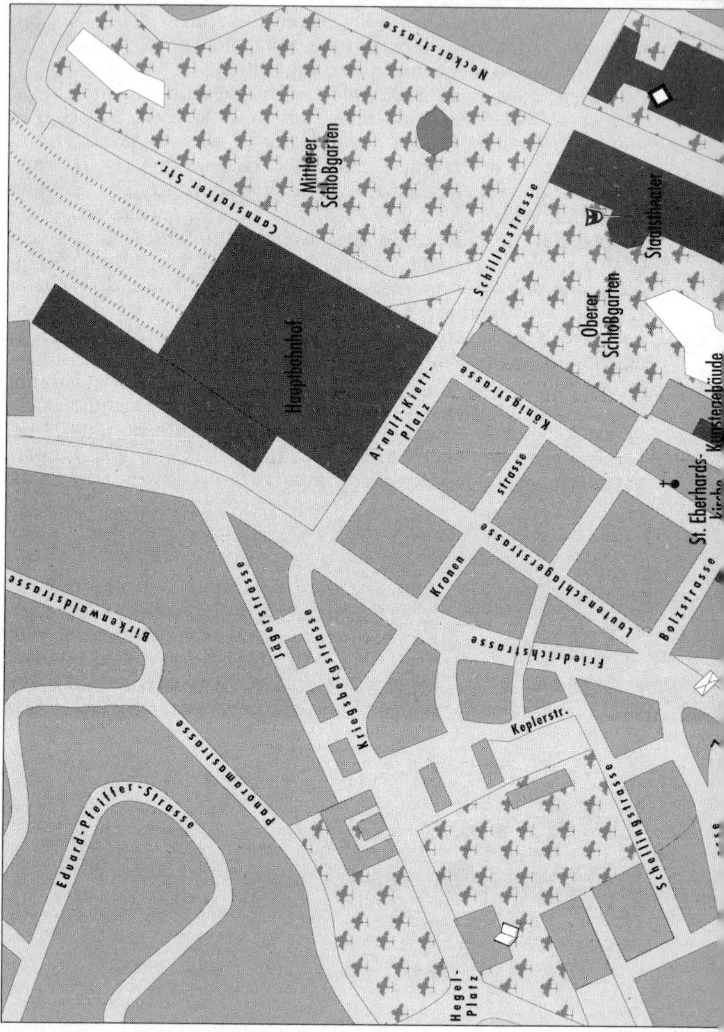
Neckarstrasse
Cannstatter Str.
Mittlerer Schloßgarten
Schillerstrasse
Staatstheater
Oberer Schloßgarten
Hauptbahnhof
Arnulf-Klett-Platz
Königstrasse
St. Eberhards-
Kronenstrasse
Lautenschlagerstrasse
Bolzstrasse
Friedrichstrasse
Keplerstr.
Schellingstrasse
Jägerstrasse
Kriegsbergstrasse
Birkenwaldstrasse
Panoramastrasse
Eduard-Pfeiffer-Strasse
Hegel-Platz

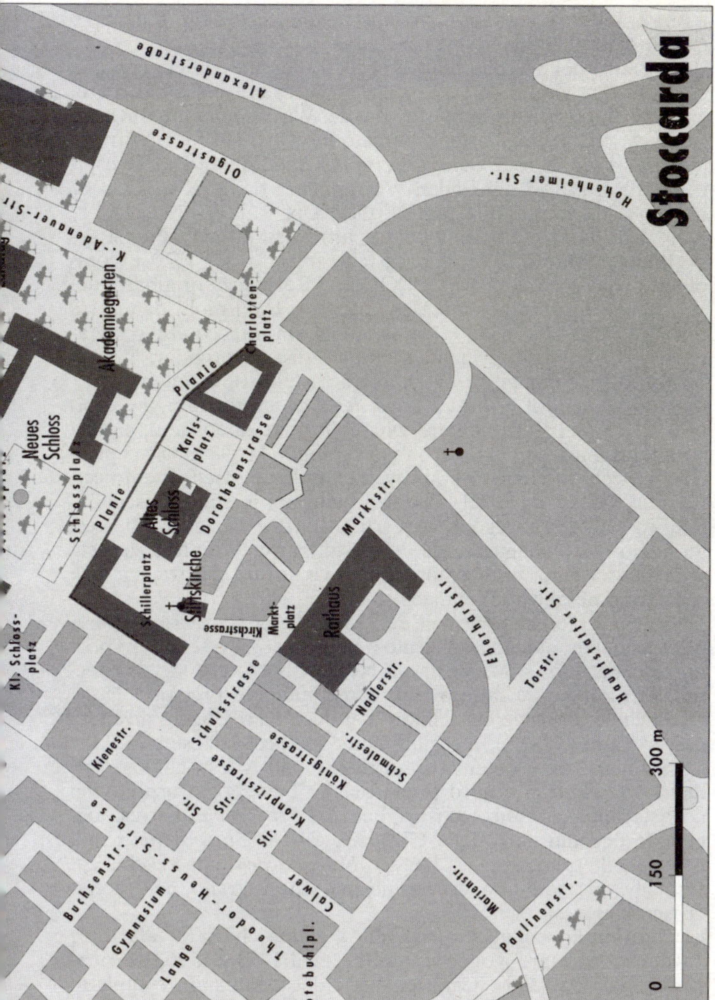
Stoccarda
Alexanderstraße
Olgastrasse
Hohenheimer Str.
K.-Adenauer-Str.
Akademiegarten
Charlotten-platz
Planie
Neues Schloss
Schlossplatz
Karls-platz
Dorotheenstrasse
Altes Schloss
Schillerplatz
Stiftskirche
Kirchstrasse
Markt-platz
Marktstr.
Rathaus
Eberhardstr.
Hauptstätter Str.
Torstr.
Kl. Schloss-platz
Schulstrasse
Nadlerstr.
Schmalestr.
Königstrasse
Kronprinzstrasse
Kienestr.
Calwer Str.
Theodor-Heuss-Strasse
Buchsenstr.
Gymnasium Str.
Lange Str.
Rotebühlpl.
Marienstr.
Paulinenstr.
0
150
300 m

mentre nelle ali laterali si trovano il ministero delle Finanze e quello della Cultura.
Il lato nord dello Schloßplatz è occupato da un edificio con una caratteristica cupola in rame sulla quale spicca un cervo d'oro, animale che si ritrova nello stemma dei Württemberg: è il *Kunstgebäude*, palazzo dell'arte, realizzato nel 1910-1913 e ricostruito nel 1956-1961. È sede della *Galerie der Stadt Stuttgart*, che ospita opere di pittori del Baden-Württemberg del XIX e XX sec.; notevole la raccolta di dipinti di Otto Dix.
Dall'altra parte dello Schloßplatz, attraversata la Planie, si erge l'**Altes Schloß**, il vecchio castello iniziato nel 1320 e completato solo verso la metà del XVI sec. Residenza originaria dei Württemberg, subì nei successivi quattro secoli molti danni; tra questi un incendio nel 1931 e, nel 1944, un attacco aereo alleato. Ricostruito esteriormente secondo i disegni originari, l'Altes Schloß offre l'immagine di un tipico castello rinascimentale. Oggi vi ha sede il *Württembergisches Landesmuseum*, che ospita il tesoro dei Württemberg, una collezione di costumi, antichi strumenti musicali, una raccolta di orologi e la "Tomba del principe dei celti di Hochdorf", proveniente da un insediamento celtico del VI sec. a.C. Nel bel cortile interno, in stile rinascimentale, in estate si svolgono concerti. Alla fine di agosto, invece, ha luogo qui l'inaugurazione dello Stuttgarter Weinfest, la festa annuale del vino; in dicembre ospita l'apertura del tradizionale mercatino natalizio (Weihnachtsmarkt).
Davanti alla facciata principale dell'Altes Schloß si trova lo **Schillerplatz**, con il monumento dedicato a Schiller (1839). Il famoso poeta, nato nel 1759 a Marbach am Neckar, poco distante da Stoccarda, trascorse qui alcuni anni come studente presso la Hohe Karlsschule, l'accademia militare del duca Karl Eugen, divenuta università nel 1781, e in seguito come medico dell'esercito.
Lo Schillerplatz è delimitato, oltre che dall'Altes Schloß a est, dalla *Alte Kanzlei* a nord (metà del XVI sec.), che ospita oggi un ristorante senz'altro consigliabile; dal *Prinzenbau* a ovest, oggi sede del ministero della Giustizia; e dalla *Stiftskirche* a sud, accanto alla quale si trova l'antico *Fruchtkasten*, una vecchia casa medievale adibita a magazzino per vino e grano, con facciata rinascimentale del 1596.
La *Stiftskirche*, collegiata evangelica, è una chiesa a sala a tre navate in stile tardogotico, costruita tra il 1433 e il 1531 e ricostruita nel 1950-1959. Caratteristici i due campanili, completamente diversi tra loro, che sono un po' il simbolo di Stoccarda.

L'ingresso principale si trova nella Stiftstraße. L'interno è stato rifatto modernamente. Nel coro vi sono 11 statue dei conti Württemberg (fine XVI sec.); nella Stifterkapelle, a destra dell'altare, si trovano le tombe con statue del conte Ulrich I, il fondatore della chiesa, e di sua moglie.
Percorrendo la Kirchstraße si arriva al Marktplatz, dominato dal *Neues Rathaus*, il municipio cittadino (1953-1956), moderno come il resto della piazza. Si tratta della cosiddetta architettura della "Neue Sachlichkeit", nuova oggettività, tipica degli anni Cinquanta.
Si può a questo punto ritornare verso il centro, prendendo magari la *Münzstraße* e passando per il *Karlsplatz*, delimitato dall'Altes Schloß e dal Waisenhaus (orfanotrofio).
Attraversata la Planie ci si trova nell'*Akademiegarten*, dove originariamente sorgeva l'accademia militare di Karl Eugen. Il grande parco è lungo ben 3 km e giunge fino alle rive del fiume Neckar, in località Bad Cannstatt. Si divide in Oberer, Mittlerer e Unterer Schloßgarten.
Dove l'Adakemiegarten prende il nome di Oberer Schloßgarten sorge lo *Staatstheater*, l'ex teatro reale di corte costruito fra il 1909 e il 1912, concepito come teatro d'opera e di prosa. Il *Großes Haus* (1400 posti), in stile neoclassico, ornato da colonne, è il palcoscenico dell'opera (Stuttgarter Staatsoper) e del balletto di Stoccarda, famoso in tutto il mondo. Il *Kleines Haus* è il teatro della città, rifatto in stile moderno dopo la guerra (1959-1962).
Di fronte allo Staatstheater, dall'altra parte della Konrad-Adenauer-Straße, ampia strada a scorrimento veloce, si trova la **Staatsgalerie**, costituita dalla *Alte Staatsgalerie*, neoclassica (1838-1843), e dalla *Neue Staatsgalerie*, inaugurata nel 1984. Quest'ultima, seppur criticata da molti, è considerata un capolavoro dell'architettura postmoderna (progetto dell'architetto inglese James Stirling). Da ammirare sono le opere del XX sec., in particolare la grande sezione dedicata a Picasso.
Siamo ormai alla fine del nostro giro turistico. Riattraversiamo la Konrad-Adenauer-Straße e ritorniamo nell'Oberer Schloßgarten. Seguendo la Schillerstraße ci ritroviamo sulla Königstraße.

Arte e cultura

Stoccarda offre una vasta gamma di musei. Una visita alla Staatsgalerie è senz'altro un must di ogni visita, seppur breve, della città. Avendo un po' di tempo a disposizione è poi consigliabi-

le dare un'occhiata al Württembergisches Landesmuseum e alla Galerie der Stadt Stuttgart. Per gli appassionati di auto non c'è che l'imbarazzo della scelta: o il Mercedes-Benz-Museum o il Porsche-Museum.
Württembergisches Landesmuseum. Reperti preistorici dell'Età della pietra, del bronzo e del ferro; raccolta di ritrovamenti romani; vita locale dal Medioevo all'età moderna; costumi, monete, orologi, antichi strumenti musicali; Camera dell'arte e Tesoro della corona (Im Alten Schloß am Schillerplatz).
Alte Staatsgalerie. Pittura dal Medioevo fino al XIX sec., con opere notevoli di tutte le scuole più importanti. Ben rappresentate la scuola olandese (Rubens, Rembrandt) e quella italiana, con opere del Trecento, quadri veneziani del primo e tardo Rinascimento nonché del Barocco. Notevole la collezione del XIX-XX sec.; Cézanne, Manet, Monet, Renoir (Konrad-Adenauer-Str. 30-32).
Neue Staatsgalerie. Dedicata all'arte moderna, custodisce una della maggiori collezioni di Picasso della Germania. Altri nomi di spicco: Chagall, Dix, Kandinskij, Klee, Kokoschka, De Chirico (Konrad-Adenauer-Str. 30/32).
Galerie der Stadt Stuttgart. Pittura, grafica e scultura del XIX e XX sec. della Germania sud-occidentale; classicismo, romanticismo, realismo e impressionismo. Di importanza unica l'ampia collezione di Otto Dix (Kunstgebäude am Schloßplatz 2).
Mercedes-Benz-Museum. Il museo è situato nello stabilimento della Mercedes, la più antica fabbrica di automobili del mondo. Raccolta di auto di serie, fuoriserie, da corsa, motori per navi e aeroplani. Vengono anche proiettati diversi video (Mercedesstr. 136, Stuttgart-Untertürkheim).
Porsche-Museum. Si possono ammirare tutte le auto da corsa e sportive del famoso costruttore Ferdinand Porsche (1875-1951) (Porschestr. 42, Stuttgart-Zuffenhausen).

Ancora da vedere

Wilhelma. L'unico giardino zoologico-botanico della Germania e uno dei più belli d'Europa. È senz'altro la maggiore attrazione turistica di Stoccarda; può infatti vantare più di un milione e mezzo di visitatori all'anno. Realizzato dal 1842 al 1853 per il re Wilhelm I del Württemberg, è tutt'oggi un esempio di riuscita combinazione fra piante e animali. Si possono osservare più di 8000 esemplari (ippopotami, elefanti, leoni, tigri, coccodrilli, scimmie ecc.), un acquario e piante provenienti da tutto il mondo (Neckartalstr., Stuttgart-Bad Cannstatt).

Schloß Solitude. Castello neoclassico con elementi rococò fatto costruire da Karl Eugen (1763-1767); sorge nei boschi a ovest della città. È oggi sede della *Künstlerakademie*, che ospita borsisti di discipline artistiche da tutto il mondo. Si possono visitare le sale di rappresentanza, il teatro di corte e la cappella.

Shopping

Nel capoluogo del Baden-Württemberg l'economia è fiorente, e tutta la regione ha un elevato tenore di vita. Stoccarda è inoltre un importante centro di congressi, e presenta uno sviluppato settore commerciale.
La maggior parte dei negozi, grandi magazzini e boutique è concentrata in un'area relativamente ristretta, tra la Königstraße, la Stiftstraße, la Schulstraße (la prima isola pedonale della Germania) e la Calwerstraße.
Königstraße. Lunga oltre un chilometro, è la strada dove si trova la maggior parte dei negozi della città. A parte pochi edifici ricostruiti in stile, che danno solo una vaga idea dell'atmosfera passata, tutta la strada è un susseguirsi di costruzioni moderne. Qua e là piccoli e piacevoli locali invitano a una pausa. La strada è spesso animata da suonatori e artisti.
Calwer Straße. Se si chiede a un tedesco qual è la strada più famosa di Stoccarda, la risposta scontata sarà: "Calwer Straße". Il carattere della via è dato dall'armonia con cui sono accostati il vecchio e il nuovo: a edifici storici posti sotto la tutela dei Beni culturali si affiancano moderne costruzioni. Questo contrasto contribuisce a fare della Calwer Straße la zona pedonale per gli acquisti più amata dagli abitanti di Stoccarda. Il *Calwer-Passage*, con i suoi bar, caffè e negozi, è la galleria più famosa e, contemporaneamente, un po' il simbolo della mondanità di Stoccarda.
Schulstraße. I numerosi locali che offrono ai passanti veloci specialità culinarie danno a questa strada un'atmosfera un po' da bazar. Ci sono inoltre belle boutique.
Klett-Passage. Collega la stazione con la Königstraße. È un centro acquisti con moltissimi negozi, aperto tutti i giorni fino alle 22.
Breuninger. Il più grande dei grandi magazzini. D'obbligo fare un giro. Si trova al Marktplatz.

Specialità culinarie

Spätzle. È un tipo di pasta a striscioline, fatta di farina, uova, acqua e sale. Gli Spätzle, piatto base in tutta la Svevia, si servono come contorno a diversi secondi di carne.

Maultaschen. Fagottini di pasta con un ripieno che può essere di carne, spinaci, uova o cipolle. Si cucinano in brodo o al burro, oppure tagliati a pezzetti e gratinati.
Gaisburger Marsch. Piatto nazionale di Stoccarda composto da Spätzle, pezzetti di patate, dadini di carne di manzo, brodo di carne e cipolle rosolate.
Zwiebelkuchen. Torta salata a base di cipolle, dal gusto delicato. Alle cipolle, che vengono leggermente scottate al vapore, si aggiungono uova, panna, pezzetti di pancetta e spezie varie. Si mangia prevalentemente in autunno, accompagnata da un bicchiere di vino novello.
Laugenbrezel. Tipica pasta salata al forno, che si vende non solo nei panifici ma anche in vari chioschi per strada. È particolarmente buona tagliata e spalmata di burro.
Vino. A Stoccarda vi sono molte *Besenwirtschaften*, osterie della scopa. Si tratta di semplici ma accoglienti taverne, molto frequentate, dove si beve il vino della zona. La qualità di vite più diffusa è il *Trollinger*, che dà un vino di color rosso rubino.
Birra. Pur amando molto il vino, gli abitanti di Stoccarda non disdegnano la birra, e le grandi birrerie ne sono una prova. Alcuni nomi: Stuttgarter Hofbräu, Schwabenbräu, Erste Stuttgarter Lokalbrauerei.

Informazioni

Prefisso telefonico: 0711
Touristik-Information, Königst. 1/A, 70173 Stuttgart - tel. 222.82.40, fax 222.82.51.
Consolato generale d'Italia, Lenzhalde 69 - tel. 25.630.

Come arrivare

Auto. Si percorre la A5 da Basilea fino a Karlsruhe, e da qui la A8 fino a Stoccarda; oppure da Lindau fino a Memmingen, poi la A7 fino a Neu-Ulm, e qui deviazione per Stoccarda lungo la A8 da Monaco.
Treno. Via Karlsruhe o via Monaco.
Aereo. Collegamento diretto da Roma e Milano.

Dove dormire

Abbiamo provato per voi:
Hotel Sautter (comfort), Johannesstr. 28 - tel. 61.430, fax 611.639; non proprio in centro, ma comunque in posizione favorevole (circa 20 minuti a piedi). Le camere sono accoglienti. Ricco buffet

a colazione. Da provare il ristorante annesso (Schwäbisches Restaurant). Unico neo: non sempre si trova un parcheggio nei pressi dell'hotel. Il garage privato, piccolo, è a pagamento.
Altri nostri suggerimenti:
Hotel-Gasthof Zum Anker (standard), Vaihinger Str. 76 - tel. 161.530, fax 710.959; posizione periferica nella zona sud (quartiere Möhringen). Semplice, senza grandi pretese. Conduzione familiare.
Hotel Berlin (standard), Hasenbergstr. 49 - tel. 613.070, fax 613.079; abbastanza centrale, a 2 km dalla stazione. Zona tranquilla.
Rega-Hotel (comfort), Ludwigstr. 18 - tel. 619.340, fax 619.34.77; piccolo hotel accogliente in posizione abbastanza centrale. Ricco buffet a colazione. Garage privato.
Hotel Unger (comfort), Kronenstr. 17 - tel. 20.990, fax 209.91.00; meublé in posizione centrale, vicinissimo alla Königstraße. Molto accogliente. Ricco buffet a colazione. Garage privato.
Hotel Bergmeister (comfort), Rotenbergstr. 16 - tel. 283.363, fax 283.719; posizione tranquilla, non proprio centrale (bus 42 dalla stazione, circa 5 minuti). Familiare e accogliente. Sauna. Ricco buffet a colazione.
Hotel Ketterer (supercomfort), Marienstr. 3 - tel. 20.390, fax 203.96.00; centrale, vicino al Rathaus. Accogliente e molto confortevole. Annesso un ristorante con specialità sveve. Ricco buffet a colazione.
Hotel Royal (supercomfort), Sophienstr. 35 - tel. 625.050, fax 628.809; centrale, vicino alla Calwer Straße e alla Königstraße. Un indirizzo di classe per gente esigente.
Hotel Intercontinental (lusso), Willy-Brandt-Str. 30 - tel. 20.200, fax 202.012; in stile moderno, situato di fronte allo Schloßgarten, a pochi passi dal centro. Per gente raffinata che cerca il meglio.
Hotel Am Schloßgarten (lusso), Schillerstr. 23 - tel. 20.260, fax 202.68.88; tradizione e stile nel cuore della città. Raffinato ed esclusivo.
Ostello. *Jugendherberge Stuttgart*, Haußmannstr. 27 - tel. 241.583; nella zona est della città, in posizione rialzata.
Campeggio. *Campingplatz Cannstatter Wasen* - tel. 556.696; in località Bad Cannstatt.

Dove mangiare

Qui di seguito segnaliamo alcuni indirizzi dove mangiare bene e comodamente, senza dover per questo prosciugare necessariamente il portafoglio.

Ratskeller, Marktplatz 1; ampio locale con diverse sale. Ottime specialità sveve. Si va sul sicuro.
Alte Kanzlei, Schillerplatz 5/A; ampio ristorante con oltre 150 posti e diverse sale. Cucina regionale e internazionale. In estate e col bel tempo possibilità di mangiare all'aperto.
Stuttgarter Lokalbrauerei, Calwer Str. 31; birreria, atmosfera piacevole nonostante le ampie dimensioni (300 posti a sedere); in stile liberty.
Brauereigasthof Ketterer, Marienstr. 3/B; vecchia trattoria tipica. Specialità sveve. Bella atmosfera.

Stuttgarter Nächte

Una delle possibilità più convenienti (mettete in conto 80-100 DM), e anche più sicure, di conoscere la vita notturna di Stoccarda viene offerta dal Verkehrsamt, l'ufficio turistico, che organizza una vera e propria Nachtrundfahrt, divertente itinerario attraverso i locali notturni. Nel prezzo è inclusa anche la consumazione. L'iniziativa gode di grande popolarità anche presso gli abitanti di Stoccarda. Ha luogo tre volte la settimana e si protrae fino a notte inoltrata.
Per informazioni rivolgersi al Verkehrsamt.

Per i disco-fans

Perkins Park, Stresemannstr. 39; la più grande, la più conosciuta, la più "in" delle discoteche di Stoccarda.
Boa, Tübingerstr. 12-16; un altro must. Non lasciatevi impressionare dal buttafuori che, all'ingresso della discoteca, controlla la gente che entra; un abbigliamento eccentrico non è certo fuori luogo.
Fassade, Calwer Str. 31; una discoteca nuova che è già un classico, con un ambiente tutto particolare.

Altri suggerimenti

Lausterer, Bärenstr. 3; tra Marktplatz e Markthalle. Può essere definito una specie di pub della Svevia. Si può mangiare fino alle 3 del mattino (ottime Maultaschen fatte in casa).
Amadeus, Charlottenplatz 17; ampio locale che mette a proprio agio. Concerti dal vivo in estate. Annesso un Biergarten, il più grande di Stoccarda.
Longhorn Country und Western-Club, Heiligenwiesen 6; è il più grande Country & Western Saloon fuori dai confini d'America. Ogni venerdì e sabato si esibiscono gruppi country.

I DINTORNI DI STOCCARDA

Esslingen am Neckar

Situata circa 15 km in direzione sud-est da Stoccarda, raggiungibile percorrendo la B10, Esslingen (96.000 ab.) è una città di antichissime origini: nel 1977 infatti si sono svolti i festeggiamenti per i suoi 1200 anni. Dal 1209 al 1803 fu Freie Reichsstadt.

Ma Esslingen non è solo una città medievale, che conserva ancora tre torri del XIII sec. e un centro storico che non fu distrutto dall'ultima guerra. È anche un centro industriale e moderno; infine è una città del vino, tradizione che si protrae ormai da oltre dodici secoli. La viticoltura ha fatto la fortuna e il benessere della città, soprattutto nel periodo medievale. Ancora oggi buona parte di Esslingen e dintorni vive del commercio del vino. I numerosi vigneti sono parte integrante del paesaggio cittadino.

La visita della città può iniziare dalla *Stadtkirche St. Dionys*, chiesa evangelica (Marktplatz); sorge sul luogo di una basilica romanica dell'VIII-IX sec. di cui tuttavia ben poco è rimasto. La costruzione, così come ci appare oggi, fu iniziata nel 1200 e ultimata nella prima metà del XIV sec.; risente quindi, nello stile, del passaggio tra romanico e gotico.

Caratteristici sono i due campanili, con tetti diversi, uniti da una passerella coperta. Le vetrate del coro, tra le più antiche e significative della Germania meridionale (1290-1310), sono un po' il vanto della chiesa.

L'*Altes Rathaus*, originariamente concepito come esattoria, risale al 1420. La facciata nord fu rifatta in stile rinascimentale tra il 1586 e 1589 e arricchita, alcuni anni più tardi, con un frontone a volute e un orologio astronomico. La parte posteriore è invece a graticcio. Al primo piano si visita il *Bürgersaal*, abbellito da preziosi intagli lignei. Ospita lo *Stadtmuseum*. Dalla torretta risuona tutti i giorni un carillon (ore 8, 12, 15, 18 e 19.30).

Di fronte, a nord, c'è il *Neues Rathaus*, edificio in stile barocco del 1746. Tra i due municipi si trova il Marktbrunnen.

La *Frauenkirche* si trova a nord del Marktplatz. È un po' il gioiello architettonico di Esslingen: l'interno è a sala gotica divisa in tre navate, iniziato nel 1321 e ultimato all'inizio del XVI sec. L'esterno è dominato da un bellissimo campanile. Notevoli le vetrate del coro (1320-1330).

Poco distante dalla Frauenkirche, e precisamente dalla via Obere Beutau, una scalinata coperta conduce alla *Burg*, fortezza che

non fu mai un vero e proprio impianto di difesa, ma semplicemente parte della fortificazione della città. È caratterizzata da un camminatoio di ronda e da torri di guardia rotonde, fra le quali il *Dicker Turm*. Dall'alto si ha una bella vista sul centro cittadino e sul circostante Giura Svevo.
Informazioni: *Stadtinformation*, Marktplatz 16, 73728 Esslingen am Neckar - tel. 0711-351.224.41.

Ludwigsburg

Quindici chilometri a nord di Stoccarda, raggiungibile percorrendo la B27, Ludwigsburg (85.000 ab.) è una città all'insegna di castelli, ampi viali, parchi ed edifici barocchi.
Le sue origini risalgono al 1704, quando il duca del Württemberg Eberhard-Ludwig (da cui il nome Ludwigsburg) fece costruire, sull'esempio di Versailles, un castello da caccia per farne la propria residenza, in attesa che a Stoccarda venisse ultimato il Neues Schloß.
I lavori terminarono nel 1733, ma Eberhard-Ludwig non ebbe tempo di godere della costruzione da lui voluta poiché morì in quello stesso anno.
La città iniziò a espandersi pian piano attorno al castello: per incoraggiare l'attività edilizia, infatti, venivano messi a disposizione gratuitamente terreno e materiali. Non solo: i nuovi abitanti non avrebbero pagato alcuna tassa per i primi 15 anni. La statua dedicata al duca si trova sul Marktbrunnen, la fontana del mercato.
Il *castello*, con un ampio parco, è la più grande residenza barocca della Germania: è costituito da 18 edifici con più di 400 stanze, tutte abbellite da magnifici affreschi e stucchi (visitabili solo 75). Del parco fa parte anche il *Märchengarten* (giardino delle fiabe): vi vengono rappresentate, per mezzo di figurine animate, le più belle fiabe tedesche.
Merita una visita il *Marktplatz*, circondato da portici, concepito come punto centrale dell'abitato. Vi si affacciano due chiese: la *Stadtkirche* (1718-1726) e la *Dreieinigkeitskirche*, chiesa della Trinità (1727-1732).
A nord del castello si trova il piccolo palazzo *Favorite* (1718-1723). Da qui, proseguendo per circa 2,5 km, si arriva a un altro piccolo castello, *Monrepos* (1760-1764), palazzo classicheggiante sulle rive di un bel lago.
Informazioni: *Fremdenverkehrsamt*, Wilhelmstr. 12, 71638 Ludwigsburg - tel. 07141/910.252.

FORESTA NERA

Lo Schwarzwald, regione montuosa della Germania sud-occidentale, si allunga per 200 km circa a est della pianura dell'Alto Reno (Oberrheinische Ebene) seguendo per un buon tratto il confine tra Germania e Francia. A sud si allarga per 60 km, confinando con i cantoni svizzeri di Basilea e Argovia. A nord si riduce a una ventina di chilometri compresi tra le città di Ettlingen e Pforzheim, e sfiora appena la città di Karlsruhe.
I tedeschi considerano la Foresta Nera un "paradiso delle vacanze" per le sue attrattive paesaggistiche e le sue pittoresche cittadine. Per noi italiani, lo stesso nome di Foresta Nera racchiude in sé qualcosa di misterioso. Nera e misteriosa sicuramente lo era quando i romani, nei primi secoli dopo Cristo, arrivati fin qui non osarono addentrarvisi, probabilmente intimoriti dalla fitta vegetazione; preferirono così rimanerne ai margini, immersi nelle acque medicamentose delle terme da loro fondate a Baden-Baden o a Badenweiler. Soltanto intorno all'XI sec. iniziarono la colonizzazione e l'urbanizzazione della foresta, con l'avvento delle prime dinastie regnanti sulla zona, come gli Zähringen, gli Svevi, gli Asburgo, e con la fondazione dei primi monasteri.
Le montagne della Foresta Nera sono tutt'altra cosa rispetto alle cime alpine. Lo Schwarzwald si presenta come un altopiano ondeggiante, attraversato da numerose valli e gole, sulle quali spiccano le cime arrotondate di rilievi che raggiungono a mala pena i 1.500 m. Numerosi fiumi che corrono verso il Reno e piccoli laghi completano il paesaggio.
Il territorio è ricoperto quasi interamente da boschi di conifere e latifoglie (pini, abeti, faggi), in piacevole contrasto con i territori limitrofi a ovest, intensamente coltivati a vite, e a est, seminati a cereali.
La fitta vegetazione è stata gravemente danneggiata, fra la fine degli anni Settanta e l'inizio degli Ottanta, dalle famigerate piogge acide che hanno intaccato il manto boschivo.
Il clima è decisamente mite, anche se d'inverno la neve è abbondante sulle cime più alte e non mancano le piogge. Questa definizione del clima locale sarebbe quasi banale se qui non si parlasse di "Reizklima", clima stimolante.
Questo particolare clima viene sfruttato, sembra con successo, in numerose cittadine dello Schwarzwald per terapie specifiche a vantaggio della circolazione sanguigna, del metabolismo e nella cura di malattie respiratorie e di allergie. Altre terapie si basano

sulle fonti naturali di cui è ricca la Foresta Nera. Chi non ha mai sentito parlare, ad esempio, di Baden-Baden, rinomato e mondano centro termale? Le numerose città che formano il proprio nome con la parola Bad o Baden dispongono infatti di terme. Se siete interessati all'aspetto curativo di un soggiorno termale nello Schwarzwald, rivolgetevi a: *Heilbäderverband Baden-Württemberg*, Postfach 753, 79249 Merzhausen b. Freiburg - tel. 0761/405.198.
La Foresta Nera si può suddividere in tre zone geografiche:
• Foresta Nera meridionale, tra Friburgo e Titisee-Neustadt a nord, la valle dell'Alto Reno a ovest e il confine svizzero, tra Basilea e Waldshut, a sud. È forse la zona paesaggisticamente più varia, dominata dalla cima più alta, il Feldberg (1493 m). La Foresta Nera meridionale comprende anche l'Hochschwarzwald, ricco di rilievi oltre i 1100 m, di laghi e di gole;
• Foresta Nera centrale, tra la linea Offenburg-Freudenstadt a nord e la linea Friburgo-Titisee-Neustadt a sud. La vetta più alta è il Kandel (1241 m). Il territorio, dolcemente ondulato, ben si presta agli insediamenti urbani; qui infatti si trovano numerose cittadine. Il manto boschivo è, di conseguenza, meno esteso e fitto che nel resto della Foresta Nera. In questa zona, a Triberg, si trovano le celebri cascate, le più alte della Germania (162 m in 7 dislivelli);
• Foresta Nera settentrionale, approssimativamente tra Ettlingen-Pforzheim a nord e Offenburg-Freudenstadt a sud. È un territorio relativamente poco abitato, ricoperto da boschi di conifere. La cima maggiore è l'Hornigsrinde (1164 m).
Una vacanza, o comunque una breve sosta in questa zona, non può trascurare le ghiottonerie gastronomiche. Il diffuso pregiudizio secondo il quale i tedeschi non saprebbero mangiare è qui ampiamente contraddetto. Sarà forse per gli influssi alsaziani, fatto sta che persino la mitica guida *Michelin* abbonda in segnalazioni circa la Foresta Nera. Provare per credere.
Innanzitutto il prosciutto, lo Schwarzwald Schinken, scuro esternamente, rosa all'interno. Poi le carni, di maiale o di manzo, cucinate nei modi più svariati; la selvaggina, quando è stagione; tutta una gamma di Spätzle. E infine i dolci. Uno per tutti: la celeberrima Schwarzwälder Torte, la classica torta che disegnano i bambini, alta, cremosa, con panna e cioccolato, sormontata da lucenti ciliegie. Per facilitare la digestione, ecco gli Obstwässerle, grappe a base di frutta prodotte nelle distillerie locali.
La Schwarzwälder Torte è considerata un simbolo della Foresta Nera. Ma ci sono altri aspetti caratteristici che ben riflettono il

colore locale. Primo fra tutti l'orologio a cucù (Kuckucksuhr), nato in un paesino della Foresta Nera, Furtwangen, a metà del XVII sec. Poi i costumi tradizionali, diversi da zona a zona, con i colorati cappelli delle donne, detti *Bollenhüte*, formati da gomitoli di lana rossa o nera. Ricordiamo anche le tipiche case col tetto spiovente, di antica origine: se siete interessati a questo genere di cose, a Gutach, nei pressi di Villingen-Schwenningen, Foresta Nera centrale, si trova il Freilichtmuseum Vogtbauernhof, singolare museo con numerose, antiche fattorie ricostruite con precisione e corredate di attrezzi e accessori. Dà un'immagine fedele degli usi e costumi locali.

FRIBURGO IN BRISGOVIA
L'affascinante capoluogo della Foresta Nera

Da non perdere:
- Münster, bellissima cattedrale gotica
- Münsterplatz, il mercato e i vari edifici
- Neues e Altes Rathaus
- Kaiser-Joseph-Straße, la via dello shopping
- Schauinsland (1284 m), salita in funivia

Nei dintorni:
- Bad Säckingen e il caratteristico ponte in legno sul Reno
- Chiese di St. Blasien e St. Peter
- Schluchsee, il lago più grande e più suggestivo della Foresta Nera

Freiburg im Breisgau (180.000 ab.) si trova nella Foresta Nera meridionale; è circondata da una zona climaticamente molto favorevole, detta "Regio", compresa tra la pianura dell'Alto Reno e i Vosgi a ovest, e la Foresta Nera a est. Dall'Italia la si raggiunge percorrendo l'autostrada della valle del Reno (A5, Rheintal-Autobahn) da Basilea in direzione Karlsruhe; in treno seguendo la linea Milano-Hannover.
Città aperta, internazionale per posizione e vocazione, offre al visitatore molteplici, e in apparenza contrastanti, aspetti.
Vanta antiche origini, ma è al tempo stesso "giovanissima" poiché ospita una storica università fondata nel 1457; si dice che un abitante su sette sia studente.

È metropoli della Foresta Nera, ma soprattutto città a misura d'uomo, con un ampio centro storico riservato ai pedoni, un'eccellente rete di trasporti urbani ed extraurbani, e ottime possibilità di muoversi in bicicletta.
Gli abitanti di Friburgo possono, a detta di molti tedeschi, reputarsi davvero fortunati a vivere da queste parti, dove sembra si respiri sempre una rilassante atmosfera vacanziera dovuta in primo luogo all'incantevole posizione della città. Il territorio di Friburgo, circondato da sterminati vigneti, si estende dai 196 m di altezza della pianura lungo il Reno, ai 1284 m della cima dello Schauinsland, e offre paesaggi sempre vari, talvolta sensazionali: quando in alto c'è ancora la neve, il clima in città è primaverile. E il clima è mite quasi tutto l'anno. Non per nulla, l'azienda di soggiorno locale definisce Friburgo la città "dove il sole è di casa", un po' come la Sicilia della Germania.

Un po' di storia

Friburgo è ancora più intrigante per il visitatore che ne conosce, almeno a grandi linee, la storia. Fondata nel XII sec. dai duchi di Zähringen, divenne subito una città fiorente per traffici e artigianato. E tale rimase per tutto il Medioevo. All'estinzione della casata degli Zähringen passò, per libera scelta dei suoi cittadini, sotto gli Asburgo. Fu così che, dal XIV sec. fino al 1805, escluso il periodo 1677-1698, divenne un'importante città asburgica. I vari Kaiser viennesi organizzarono una nuova amministrazione per l'economia vivace della città (commercio di ferro, sale e argento), vi fondarono una delle più importanti università dell'area austriaca e vi soggiornarono spesso. Poi, dopo la Guerra dei Trent'anni e la successiva, breve, dominazione francese sotto Luigi XIV, seguì un periodo di declino.
Napoleone inglobò poi Friburgo nel granducato del Baden. Da allora la città è rimasta legata alle vicissitudini di questo Land fino alla costituzione del Baden-Württemberg, nel 1952. Il bombardamento alleato del 27 novembre 1944 rase al suolo quasi completamente il centro storico. Fortunatamente lo splendido duomo si salvò.

In giro per il centro

I brevi cenni sulla storia della città sopra riportati sono indispensabili per capire e gustare le testimonianze di cui è ricca Friburgo. L'atmosfera tipica di città medievale ci viene trasmessa soprattutto dai *Bächle*, piccoli canali d'acqua che in epoca lontana ser-

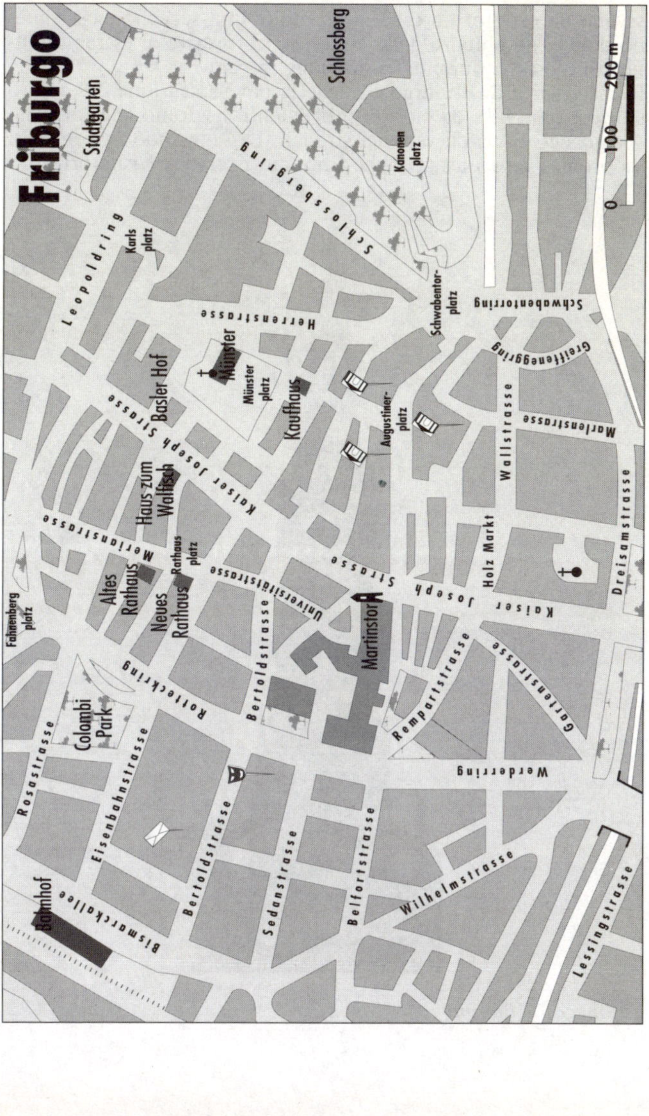
Friburgo
Stadtgarten
Schlossberg
Kanonen platz
Schlossbergring
Karls platz
Leopoldring
Herrenstrasse
Schwabentor-platz
Schwabentorring
Münster
Münster platz
Basler Hof
Kaufhaus
Greiffeneggring
Augustiner-platz
Kaiser Joseph Strasse
Haus zum Walfisch
Wallstrasse
Marienstrasse
Merianstrasse
Rathaus platz
Altes Rathaus
Neues Rathaus
Universitätsstrasse
Holz Markt
Dreisamstrasse
Fahnenberg platz
Martinstor
Bertoldstrasse
Rempartstrasse
Gartenstrasse
Rotteckring
Colombi Park
Rosastrasse
Eisenbahnstrasse
Werderring
Sedanstrasse
Belfortstrasse
Wilhelmstrasse
Bahnhof
Bismarckallee
Lessingstrasse
0 100 200 m

vivano da estintori in caso di incendio. Ora servono, così almeno dicono gli abitanti della città, per rinfrescare le estremità inferiori d'estate, durante lo shopping in centro.
Caratteristica di Friburgo è anche la pavimentazione del centro storico, costituita da ciottoli provenienti dal Reno che formano spesso dei piacevoli mosaici stradali. Passeggiando in centro si scoprono i tesori artistici che Friburgo riserva ai visitatori.

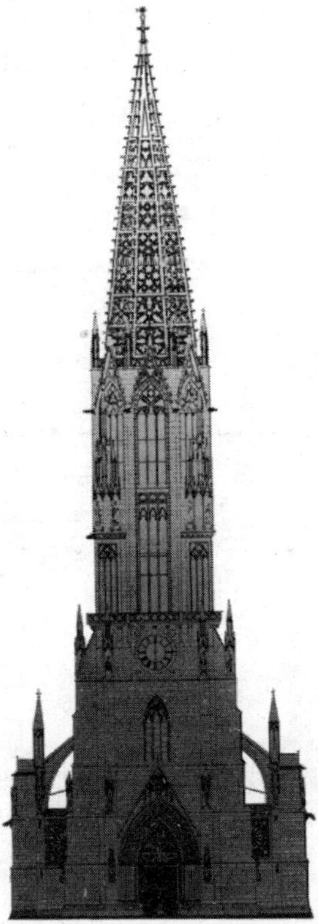

Friburgo, il duomo

In primo luogo il **Münster**, la cattedrale "Unserer lieben Frau", di Nostra Signora, il cui campanile, alto 116 m, è senza dubbio il simbolo della città.
La costruzione della cattedrale iniziò intorno al 1200, quando Friburgo si distingueva già come fiorente città commerciale, e proseguì fino agli inizi del XVI secolo. Nel corso degli anni il progetto iniziale fu mutato e ampliato per adattarlo alle esigenze della crescente popolazione, così che la cattedrale, nata in stile romanico, fu conclusa in stile gotico. L'altare e il transetto, nucleo originario del duomo, sono romanici, come anche le due *Hahnentürme* (torri del Galletto). Qualche decennio più tardi il progetto della cattedrale subì influssi gotici: la chiesa ebbe così gli slanciati pilastri per sostenere la volta, le ampie vetrate, la navata centrale e le due laterali.
Infine fu la volta del *Westturm*, il campanile a ovest, in puro stile gotico, con uno splendido portale. È a base quadrata e si slancia verso l'alto in forma ottagonale per concludersi in cima con una piramide appuntita e traforata, dove sembra entrare il cielo. Vi si può salire (328 gradini fino al punto massimo raggiungibile, 83 m) per ammirare l'antica campana Hosanna, fusa nel 1258, e, naturalmente, per dare uno sguardo allo splendido panorama che si allarga dalla Foresta Nera al Kaiserstuhl, fino ai Vosgi.
L'interno offre un altare, opera di Hans Baldung Grien (1512-1516), dove sono raffigurate storie della vita della Vergine; attorno vi fu costruito, a partire dal 1354, il coro tardogotico (visita a pagamento) che ospita i monumenti funebri delle famiglie più importanti della città. La cattedrale, infatti, ben rappresenta l'epoca in cui venne costruita: testimonianza del benessere degli abitanti sono, ad esempio, le vetrate, offerte dalle famiglie patrizie o dalle varie corporazioni artigiane (Zünfte), come si può arguire dai simboli che le decorano.
Tutt'intorno al Münster si trova il **Münsterplatz** dove ogni giorno, in un coloratissimo mercato dalle antiche origini, i contadini delle vicine campagne vendono i loro prodotti (frutta, verdura, fiori).
Sulla piazza, oppure in prossimità di essa, si trovano interessanti edifici storici.
A sud c'è il rinascimentale *Kaufhaus* (magazzino), costruito in mattoni verso il 1520 come centro dei commerci cittadini; esibisce una stupenda facciata decorata dalle statue degli imperatori asburgici Massimiliano I, Filippo II, Carlo V e Ferdinando I, a riprova della fedeltà della città alla casa Asburgo. Molti altri edi-

fici e locali caratteristici dove assaporare la Gemütlichkeit di Friburgo completano la cornice del Münsterplatz.
Poco distante da qui corre l'arteria principale del centro storico, l'ampia **Kaiser-Joseph-Straße** dedicata all'imperatore Giuseppe, figlio di Maria Teresa d'Austria.
La strada è però di origine medievale, e anticamente era sede del mercato; dopo la seconda guerra mondiale si costruirono lungo questa via dei porticati che oggi ospitano numerosi negozi. L'estremità sud della Kaiser-Joseph-Straße è chiusa dal *Martinstor*. A nord, al capo opposto, si trova il *Basler Hof*, così chiamato perché fu sede del capitolo del duomo di Basilea, qui esiliato tra il 1587 e il 1677 a causa della Riforma; ha una bella facciata e un pregevole portale.
Legato alla Riforma è anche il non lontano *Haus zum Walfisch*, casa della balena, nella Franziskanerstraße, che ospitò per ben due anni Erasmo da Rotterdam, anche lui cacciato da Basilea nel 1529 per motivi religiosi. Il bovindo tardogotico è decisamente notevole, anche se forse oggi stona con la funzione recentemente assunta dall'edificio (ospita una Cassa di Risparmio).
Poco distante si trova il secondo punto caratteristico della città: il *Rathausplatz*. Nel mezzo si erge la statua del monaco Bertold Schwarz, inventore della polvere da sparo.
Sulla piazza si affaccia il **Neues Rathaus**, eretto alla fine del XIX sec. adattando una doppia casa privata rinascimentale (carillon ogni giorno alle 12).
Nel cortile centrale vengono ospitate nel periodo estivo rappresentazioni teatrali.
Vicino al Neues Rathaus si trova l'**Altes Rathaus**, con la doppia aquila asburgica sopra l'orologio; interessante, nel cortile, la restaurata "Gerichtslaube", gotica, primo municipio della città.
Appena fuori dal centro cittadino, raggiungibile in autobus e in funivia, c'è lo *Schauinsland*, vetta di Friburgo con i suoi 1284 m. Il nome stesso "Schau-ins-Land" (osserva la terra) è significativo: si tratta, infatti, di un punto di osservazione eccezionale per ammirare la valle del Reno, i Vosgi francesi, la catena alpina svizzera a sud e, naturalmente, la Foresta Nera meridionale. Vale la pena salirci in funivia (15 minuti) e magari, in cima, fare corroboranti passeggiate; si può anche raggiungere lo *Schniederli Hof*, dimora di minatori risalente al 1592, oggi *Heimatmuseum*, e conoscere così lo stile di vita della gente di questa zona, dedita fino a qualche decennio fa all'attività mineraria (argento e minerali vari).

IL GOTICO

Lo stile gotico, nato in Francia già all'inizio del XII sec., si affermò in Germania all'inizio del XIII sec., e per più di due secoli caratterizzò le costruzioni civili e religiose in tutte le città e cittadine dell'impero.
Una nuova e difficile epoca era iniziata con la decadenza del Sacro Romano Impero, alla morte dell'ultimo imperatore svevo. Allo stile di vita feudale legato al castello del signore si contrapponeva la vita nelle città, sviluppatesi proprio in opposizione alla frantumazione dell'impero. Nelle città fervevano attività artigianali e commerciali, e si veniva via via affermando la nuova consapevolezza di "essere cittadini".
A questi cambiamenti politici e spirituali corrispose un nuovo stile artistico e architettonico, il gotico appunto, che caratterizzò i principali edifici dei centri urbani. E così, se romaniche erano state le chiese dei monasteri e le residenze imperiali, gotici sono gli splendidi Münster (cattedrali), i frontoni delle case (Giebel), le fontane nelle piazze.
I Münster erano espressione del benessere della cittadinanza, o meglio, delle famiglie patrizie e delle corporazioni che si potevano permettere di finanziare simili capolavori.
Le costruzioni gotiche, a differenza di quelle romaniche, sono caratterizzate dalla verticalità, dal protendersi verso l'alto senza sforzo apparente. Questo è reso tecnicamente possibile dall'introduzione dell'arco a sesto acuto, che permette di elevare l'altezza tra i pilastri della navata. Agli archi a sesto acuto si affiancano, all'esterno, archi rampanti che scaricano il peso delle pareti della navata centrale su pilastri di sostegno esterni alla chiesa. Tipiche all'interno sono le volte a costoloni, formate dall'incrocio di due volte, e le splendide vetrate. La struttura base è a sala con tutte le navate della medesima altezza, illuminate dalle vetrate delle navate laterali e del coro. Le cattedrali gotiche tedesche, in particolare nel sud della Germania, si caratterizzano anche per l'unico campanile, appuntito, con guglia traforata (Friburgo, Ulm, Regensburg).
Molto incisive sono in epoca gotica la pittura, sia negli affreschi che nelle pale degli altari, e la scultura, nei rilievi intorno ai portali come nelle singole statue o in gruppi scultorei.

Informazioni
Prefisso telefonico: 0761
Freiburg-Information, Rotteckring 14, 79098 Freiburg im Breisgau - tel. 368.90.90, fax 37.003.
Consolato generale d'Italia, Schreiberstr. 4 - tel. 36.292.

Dove dormire
Abbiamo provato per voi:
Hotel Schwarzwälder Hof (comfort), Herrenstr. 43 - tel. 32.386, fax 30.853; posizione centralissima, poco lontano dal duomo. Accogliente, a conduzione familiare. Non tutte le camere sono con bagno. Dependance nella Konviktstraße 12. Buffet a colazione. Parcheggio nel vicino Parkhaus Schloßberggarage. Annessa Weinstube.
Altri nostri consigli:
City-Hotel (standard), Weberstr. 3 - tel. 31.766, fax 31.027; meublé in posizione favorevole. Semplice ma accogliente. Non tutte le camere sono con bagno. Buffet a colazione.
Hotel Rappen (comfort), Münsterplatz 13 - tel. 31.353, fax 382.252; proprio di fronte al duomo. Accogliente, ricco buffet a colazione. Da provare il ristorante annesso.
Hotel Zum Roten Bären (supercomfort), Oberlinden 12 - tel.

L'insegna dell'albergo Zum Roten Bären *di Friburgo*

36.913, fax 36.916; il più vecchio albergo di Friburgo. Atmosfera tutta particolare. Associato ai Ringhotels. Ottimo il ristorante.
Ostello. *Jugendherberge*, Kartäuserstr. 151 - tel. 67.656.
Campeggi
Ferien Kurbad Mösle-Park, Waldseestr. 77 - tel. 72.938.
Campingplatz Breisgau, Freiburg-Hochdorf - tel. 07665/2346.

Dove mangiare
Bier & Speck, Münsterplatz 18-20; bell'ambiente, cucina regionale, ampia scelta di vini. Giardino.
Oberkirchs Weinstuben, Münsterplatz 22; edificio storico vicino al Kaufhaus. Ottimi vini. Specialità selvaggina.
Ratskeller, Münsterplatz 11; cucina locale e ottimi vini.

I DINTORNI DI FRIBURGO, un itinerario da Bad Säckingen

La regione dell'Alto Reno, dove Svizzera, Germania e Francia si incontrano, è localmente conosciuta come "Regio".
Culturalmente il Reno non è mai stato un vero elemento di confine tra queste nazioni. Comuni sono le loro origini, le abitudini alemanne e la lingua. Friburgo è una coordinata di questo angolo plurinazionale.
Dal centro cittadino fino al confine svizzero presso Basilea corrono poco più di 60 km; fino al ponte sul Reno che porta da Breisach in Francia, solo 30 km: insomma, Friburgo è un ottimo punto di partenza per escursioni a Basilea, Mulhouse, Colmar e numerose altre località.
Ci soffermeremo su alcune mete turistiche in territorio tedesco, in particolare muovendoci verso sud.

Bad Säckingen
Situata sul confine svizzero, sulla riva destra del Reno, Bad Säckingen (16.000 ab.) si trova circa 30 km a est di Basilea.
Già nel periodo medievale si conoscevano le qualità terapeutiche delle sue fonti termali, ma oggi la città è forse più famosa per il suo bellissimo *ponte sul Reno*, di legno, coperto, lungo 200 m, che la congiunge con Stein, nel cantone svizzero dell'Argovia. La costruzione risale al 1570-1580.
Molto caratteristico è anche il centro storico, con il *duomo di St. Fridolin.* Il nome non inganni: non si tratta di qualche san-

to veneto, ma di un monaco irlandese che tra il VI e il VII sec. faceva opera di cristianizzazione nella zona dell'Alto Reno. Il duomo di St. Fridolin ha una cripta carolingia, originaria del monastero dell'VIII sec. dedicato allo stesso santo, una struttura gotica e vari abbellimenti barocchi, opera di esponenti della famosa Wessobrunner Schule, compresi i due campanili con cupola a cipolla.
L'insieme di stili architettonici rende particolare questa chiesa, che conserva all'interno pitture sulla vita del santo cui la chiesa è dedicata, e un reliquiario in argento del 1764.
Oltre che a St. Fridolin la città è legata anche a un altro personaggio molto caratteristico, il Trombettiere: a Bad Säckingen si trova addirittura il *Trompeter Schloß*, che ospita interessanti musei; singolare, ad esempio, è proprio il museo delle trombe, provenienti da tutta Europa.
Informazioni: *Kurverwaltung*, Waldshuter Str. 20, 79713 Bad Säckingen - tel. 07761/51.316.

Waldshut-Tiengen

Risalendo il Reno (B34), che qui segna il confine con la Svizzera, nella zona dell'Hotzenwald, si trova la città di Waldshut-Tiengen (22.000 ab.). Entrambi i centri, Waldshut e Tiengen, uniti in un unico comune nel 1975, vantano una storia antica, notevolmente influenzata dalla vicina Svizzera. Waldshut, per esempio, ricorda in agosto, con una festa popolare, la liberazione dall'assedio dei soldati svizzeri del 1468; Tiengen festeggia a luglio lo "Schwyzertag" (giornata svizzera).
Il centro storico di Waldshut, molto pittoresco, esibisce due torrioni medievali nella Kaiserstraße, un Rathaus barocco e piacevoli, antichi palazzi.
Anche Tiengen ha un centro storico medievale ben conservato, in stile tardogotico e rinascimentale. Il caratteristico torrione, lo Storchenturm, resto della fortificazione medievale, risale al XIII sec. e presenta un tetto in legno del XV sec.: è il simbolo della città. Notevole è anche la parrocchiale rococò, dedicata all'Assunzione della Vergine (XVIII sec.), con campanile gotico incoronato da cupola a cipolla.
Sempre nel centro storico di Tiengen si trova il castello, costruito in epoca medievale, e rimaneggiato verso la fine del XVI secolo.
Informazioni: *Verkehrsamt*, Im Oberen Tor, 79761 Waldshut-Tiengen - tel. 07751/1614.

St. Blasien

Abbandoniamo il corso dell'alto Reno e imbocchiamo a Waldshut la B500 che ci riporta a nord, in direzione Titisee-Neustadt. Noi però deviamo un poco prima a sinistra, per fare una sosta a St. Blasien, stazione di soggiorno climatico, per ammirare la chiesa dell'abbazia benedettina, costruita tra il 1768 e il 1781 su modello del Pantheon romano. Ciò che subito impressiona è l'enorme cupola, alta 72 m. L'interno della chiesa è spazioso, semplice ma al tempo stesso maestoso, come si addice a una costruzione neoclassica.
La chiesa apparteneva a una tra le più importanti abbazie del sud della Germania; in questa zona, infatti, abbazie e monasteri rivestirono un ruolo centrale non solo nella vita religiosa, ma anche in quella culturale e politica, specialmente nel XII e XIII secolo. Ma l'abbazia benedettina di St. Blasien risale a un periodo precedente, quando la regione era ancora isolata, completamente disabitata, "selvaggia". Ciononostante questa abbazia divenne ben presto, nella zona dell'Alto Reno, la più importante dal punto di vista politico, economico, artistico.
Informazioni: *Kurverwaltung im Haus des Gastes*, 79837 St. Blasien - tel. 07672/41.430.

Schluchsee

Proseguendo per la B500 in direzione nord raggiungiamo una delle attrattive più conosciute della Foresta Nera: lo Schluchsee, piccolo lago di origine glaciale che nel 1929 fu artificialmente ampliato con la costruzione di una diga utilizzata per l'approvvigionamento di energia elettrica. Lo Schluchsee, con la sua forma allungata e dinoccolata, è il lago più grande della Foresta Nera e sicuramente uno dei più pittoreschi. Raggiungibile, oltre che con la B500, anche in treno con la Drei-Seen-Bahn, ferrovia dei tre laghi, è un paradiso degli sport acquatici; i tedeschi ne sono così appassionati che, ovunque vi sia anche solo una pozza d'acqua, organizzano dei veri e propri centri balneari. Tutti i paesini sul lago, in particolare *Schluchsee*, che è anche stazione climatico-terapeutica, godono di paesaggi invidiabili e di un clima salutare, grazie anche all'altitudine (siamo intorno ai 1000 m).

Feldberg e Titisee

Risalendo lo Schluchsee sempre verso nord ci troviamo a una biforcazione. Se giriamo a sinistra e percorriamo la B317 giungiamo a Feldberg; se invece continuiamo sulla destra, sempre

per la B317, raggiungiamo un altro lago, il Titisee, e l'omonima città.
Il Feldberg, con i suoi 1493 m di altezza, è la vetta della Foresta Nera: in auto si può giungere sino a quota 1277, da qui si prosegue a piedi oppure in seggiovia fino al Seebuck (ottima vista sul Feldberg, su un laghetto glaciale e sulla valle Bärental), e infine ancora una passeggiata di un'oretta fino alla cima.
Tutta l'area del Feldberg è Naturschutzgebiet, cioè sotto tutela ambientale, e d'inverno è un vero paradiso per gli sciatori. D'estate numerose passeggiate partono da qui per raggiungere le altre cime vicine (Belchen, Schauinsland): non dimentichiamo che ci troviamo nell'Hotzenwald, dove si concentrano le maggiori vette dello Schwarzwald.
Informazioni: *Kurverwaltung im Ortsteil Altglashütten*, Kirchgasse 1, 79868 Feldberg - tel. 07655/8019.

Ritorniamo alla nostra biforcazione e di lì arriviamo, passando per il lago, a Titisee-Neustadt (12.000 ab.), stazione climatica e turistica di grido della Foresta Nera.
Informazioni: *Kurverwaltung im Ortsteil Titisee*, 79822 Titisee-Neustadt - tel. 07651/8101.

Da Titisee-Neustadt a Friburgo

Da Titisee-Neustadt imbocchiamo la B31 che si snoda su e giù per la panoramica Höllental: questa valle è una delle più note di tutto lo Schwarzwald, e il tratto di strada (B31) che da Titisee ci riporta a Friburgo è sempre piuttosto trafficato. In alternativa c'è la ferrovia, la Höllentalbahn, che in un affascinante alternarsi di gole e gallerie unisce Donaueschingen a est con Friburgo a ovest.
In breve tempo raggiungiamo *Hinterzarten*, conosciuta soprattutto come località sciistica, e il pittoresco *Ravennaschlucht*. Quest'ultimo è un orrido, attraversato da un viadotto, su cui passa la già citata Höllentalbahn. Discendere nell'orrido è abbastanza impegnativo dato che il sentiero non è facilmente praticabile.
Proseguendo si supera l'*Höllenpaß* da cui si intravedono, sul ripido versante destro, le rovine della fortezza di *Falkensteig*.
Stiamo uscendo dalla Höllental, pochi chilometri ci separano da Friburgo. La strada si fa meno impegnativa; attraversiamo il Zartener Becken (Bacino di Zarten), zona geologica che divide l'Alta Foresta Nera da quella centrale, con le antiche città di origine celtica *Zarten* e *Kirchzarten*.

Da Zarten una strada si diparte verso **St. Peter** (2000 ab.), graziosa località climatica su un altopiano famosa soprattutto per la chiesa che fu dell'abbazia benedettina. Già abbiamo parlato dell'importanza dei monasteri in epoca medievale, e anche questo, con la sua storia quasi millenaria - fu fondato nel 1093 dagli Zähringen - non fa eccezione.

La chiesa dell'abbazia, ricostruita tra il 1724 e il 1727 da Thumb dopo varie distruzioni e incendi, è in stile barocco: doppia torre a cipolla all'esterno, e all'interno tre navate con cappelle laterali decorate da stucchi e dipinti. Sull'altare, tela dell'Incoronazione della Vergine di Storer; la chiesa custodisce inoltre le tombe degli Zähringen. Ritroviamo ancora toni barocchi, anzi rococò, nella meravigliosa biblioteca del monastero, la *Stiftsbibliothek*.

Da St. Peter, proseguendo verso ovest, si ritorna a Friburgo.

Informazioni: *Kurverwaltung*, Klosterhof, 79271 St. Peter. - tel. 07660/274.

VILLINGEN-SCHWENNINGEN, città gemelle, ma non troppo

Da non perdere:
- Münster Unserer Lieben Frau

Nei dintorni:
- Rottweil, passeggiata per il centro
- Schiltach, il paese più fotografato della Foresta Nera
- Triberg, le cascate

Villingen-Schwenningen (80.000 ab.) è un importante centro della Foresta Nera centrale, situato però nella parte più orientale, dove la foresta ormai digrada verso l'altopiano della Baar. Sebbene in posizione periferica Villingen-Schwenningen presenta, per vicende storiche e per tradizione, molti elementi caratteristici della Foresta Nera.

Non si tratta di una sola città, bensì di due, Villingen e Schwenningen per l'appunto, unite per motivi amministrativi solo nel 1972, ma sviluppatesi nel corso dei secoli indipendentemente. In comune hanno soltanto l'origine alemanna, come si nota dai nomi, entrambi con desinenza in "-ingen".

Villingen, già nominata come Filingas nell'817, venne rifondata dagli Zähringen intorno al 1100. Di questa origine testimonia

tuttora la struttura del centro storico: ovale, circondato da mura con torrioni, con un geometrico intreccio di strade. Come Friburgo, anche Villingen decise, dopo l'estinzione degli Zähringen, di legarsi agli Asburgo, con i quali rimase fino al 1806, quando passò al granducato del Baden.
Schwenningen, nota già nell'895 come Swaninga, appartenne per breve tempo agli Zähringen, poi ai signori von Falkenstein e infine ai Württemberg. Dopo i tragici eventi dei secoli XVI e XVII (rivolta dei contadini e Guerra dei Trent'anni), la città conobbe un boom economico che la rese un importante centro commerciale e a differenza di Villingen cominciò a svilupparsi industrialmente. Fiorirono soprattutto l'industria calzaturiera e quella degli orologi. Di Schwenningen si parlava addirittura fino a non molto tempo fa come della "Uhrenstadt" della Germania, cioè della capitale tedesca dell'orologeria.
Villingen e Schwenningen conservano ancora caratteri ben distinti, pur essendo entrambe situate in un incantevole paesaggio. Villingen è anche centro climatico di cure Kneipp.
Nella zona di Schwenningen si trova lo Schwenninger Moos, area naturale protetta dove sgorga il fiume Neckar.

In giro per il centro

Il centro medievale di Villingen, ancora circondato, a tratti, da mura con torrioni, merita sicuramente una visita. Se volete concedervi una passeggiata per assaporare l'atmosfera della città, dirigetevi verso la Fußgängerzone, la zona pedonale.
Chi invece desidera impegnarsi in visite culturali non si perderà il **Münster Unserer Lieben Frau**, cattedrale dedicata alla Vergine. Si tratta di una costruzione originariamente romanica (XII sec.), riveduta e corretta in stile gotico dopo l'incendio che la distrusse nel 1271. La chiesa ha tre navate, con due campanili posti a est e coro; bello il doppio portale romanico sul lato destro. Ritocchi barocchi furono operati nel 1700.
Da notare all'interno, in stile gotico, il pulpito, il crocefisso del XIV sec. e l'altar maggiore.
Nei pressi della cattedrale c'è l'*Altes Rathaus*, costruzione tardogotica (1534): da notare all'interno il salone rinascimentale con rivestimenti lignei. Qui è ospitato l'*Heimatmuseum.* Non molto distante, nella Schulgasse, si trova la chiesa benedettina di *St. Georgen* (XVIII sec.), con pregevole campanile barocco del 1756. Poco più a sud, nella Rietgasse, c'è un'altra chiesa, appartenente a un convento francescano. Si tratta, in realtà, di un ex mo-

nastero oggi adibito a sala per concerti e museo di storia antica (Franziskanermuseum). Fondato nel XIII sec., fu ricostruito dopo un incendio nel XVIII sec.; offre un chiostro tardobarocco e un'antica sacrestia con volta a costoloni.
Prima di allontanarvi dal centro storico di Villingen, date un'occhiata alle varie torri ancora esistenti. In particolare si distingue il *Romäusturm*, a ovest, di fronte al parco Hubenloch, dedicato all'eroe rinascimentale della città Romäus Mans.
Nella zona di Schwenningen, che vanta una tradizione più industriale che culturale, c'è meno da vedere. Ricordiamo la parrocchiale evangelica, ricostruita dopo l'incendio del 1633, e un paio di interessanti musei: quello relativo alla storia della città e il museo degli orologi, ospitati entrambi nel medesimo edificio (Kronenstr. 16).

Informazioni

Prefisso telefonico: 07721
Verkehrsamt, Rietstr. 8, 78050 Villingen-Schwenningen - tel. 82.311, fax 82.357.

Dove dormire

Hotel Ketterer (comfort), Brigachstr. 1 - tel. 22.095, fax 27.918; a Villingen. Posizione favorevole, a 100 m dalla stazione. Tutte le camere sono con bagno. Buffet a colazione. Annesso ristorante.
Central Hotel (comfort), Alte-Herd-Str. 12 - tel. 38.003, fax 33.629; a Schwenningen, meublé molto curato in posizione centrale. Ricco buffet a colazione. Tutte le camere sono con bagno.
Am Franziskaner (supercomfort), Rietstr. 27/31 - tel. 2970, fax 27.244; a Villingen, nella zona pedonale. Molto tranquillo e confortevole. Sauna e solarium. Ricco buffet a colazione. Annessi due ristoranti.
Ostello. *Jugendherberge Villingen*, St. Georgener Str. 36 - tel. 54.149; circa 30 minuti dal centro.

I DINTORNI DI VILLINGEN-SCHWENNINGEN

Rottweil

A una ventina di chilometri in direzione nord-est da Villingen-Schwenningen, lungo la B27, sorge Rottweil (24.000 ab.); è un'affascinante cittadina in singolare posizione su uno sperone dell'Alto Neckar, tra la Foresta Nera e il Giura Svevo.

OROLOGIO A CUCÙ, SOUVENIR DELLA FORESTA NERA

La produzione di orologi, in particolare di orologi a cucù, è tipica delle valli della Foresta Nera; fu, anzi, una delle prime attività industriali della zona.
Nacque a livello artigianale nel XVII sec., negli anni di miseria seguiti alla Guerra dei Trent'anni. Nei freddi mesi invernali i contadini locali, gente molto laboriosa e ingegnosa, occupavano il tempo a costruire enormi e strani aggeggi in legno, detti "Waaguhren"; erano gli antenati degli orologi a cucù, corredati da un'armatura, sempre in legno, per il trasporto (tipo gerla). In questo modo l'orologio concepito tra le vallate dello Schwarzwald raggiungeva mete lontane.
Esiste una leggenda sulla nascita di questo oggetto, ispirata all'omonimo volatile: il canto del cuculo, a due soli toni, risultava particolarmente adatto ai rintocchi dell'orologio. La produzione degli orologi a cucù, di varie forme e dimensioni, divenne una delle attività primarie della Foresta Nera; già nel 1790 vennero commercializzati 110.000 orologi di questo tipo, addirittura 600.000 nel 1845. Agenzie di rappresentanza sorsero un po' ovunque, anche in Cina, Russia, America.
L'orologio a cucù è la persecuzione del turista nella Foresta Nera, un souvenir offerto dappertutto, in ogni variante possibile, spesso un po' kitsch, a prezzi non sempre modici.
Il più grande orologio a cucù del mondo si trova nella Foresta Nera centrale, a Schonach. Si tratta di una casetta trasformata in orologio a cucù.
Fra i musei specifici sull'argomento il più importante è il *Deutsches Uhrenmuseum* a Furtwangen, nella Foresta Nera centrale.

È la città più antica del Baden-Württemberg, come orgogliosamente affermano gli abitanti. Di certo sappiamo che i romani fondarono qui, e precisamente nella zona sud, oggi quartiere Rottweil-Altstadt, un insediamento denominato *Arae Flaviae*. Ancora si conservano testimonianze di questa remota origine, come il famoso mosaico di Orfeo e resti di terme, tra cui quelle del "Römerbad", venute alla luce soltanto nel 1967.
L'antico nucleo romano perse però importanza nel corso dei se-

coli, tant'è che nel 1200 gli Staufen spostarono l'insediamento più a nord ed edificarono una città vera e propria sul modello degli Zähringen, con vie e vicoli che si incrociano e dipartono dalla strada principale, la Hauptstraße. La nuova città, denominata Rottweil, anzi Rottwil, divenne ben presto vivace centro commerciale e acquistò notevole importanza e prestigio quando diventò Freie Reichsstadt.

Testimonianza di questo illustre passato è ancora oggi il medievale centro storico che, a parte le catastrofiche conseguenze della Guerra dei Trent'anni, fu poi risparmiato dai conflitti successivi. Anche le manifestazioni folcloristiche di antica data non sono molto cambiate: a Rottweil, infatti, vive ancora il Carnevale alemanno (Fastnacht), con il curioso "Narrensprung", sfilata di maschere in legno per propiziarsi la primavera.

Caratteristico di Rottweil è il particolare allinearsi delle case lungo le strade del centro, cosa che ricorda antiche cittadine svizzere. E non è un caso. Rottweil, infatti, ebbe particolari legami con la Svizzera: entrò addirittura nella Confederazione Elvetica nel 1463. Le case, viste dalla strada sulla quale si affacciano, sembrano estremamente strette, ma sono in realtà molto profonde, un po' come certe nostre moderne villette a schiera. Le facciate sono colorate, con ricchi bovindi decorati da stemmi, simboli di antiche corporazioni, raffigurazioni di animali. Un po' dappertutto si trovano anche tipiche insegne medievali indicanti locande, servizi pubblici e negozi. Inoltre torrioni, fontane e ponti esaltano ulteriormente il fascino medievale del centro storico. Per scoprirlo, facciamo una breve passeggiata nelle vie e viuzze di Rottweil.

Partiamo da una delle due torri medievali conservate, l'*Hochturm*. Fantastico il panorama che si gode dall'alto di questo torrione, sempre che si abbia la fortuna di riuscire a salirvi; informarsi presso il Verkehrsamt. In uno sguardo si abbracciano, oltre alla città stessa, le montagne della Foresta Nera, quelle del Giura Svevo e la valle del Neckar.

Dall'Hochturm, passando attraverso lo *Schwarzes Tor*, l'altra torre rimasta, si arriva alla cattedrale, *Heilig-Kreuz-Münster*. Tardogotica, con tre navate ricoperte da stupende volte, la chiesa risale al XV sec., ma venne edificata su una costruzione preesistente del XIII secolo. Da notare all'interno il grande crocefisso dell'altar maggiore, attribuito a Veit Stoß; l'altare degli Apostoli; le fantasiose lanterne delle varie corporazioni di Rottweil; le antiche sculture tardogotiche.

Poco più a sud della cattedrale incontriamo un'altra chiesa, la barocca *Predigerkirche*, evangelica, ma originariamente cattolica (ordine dei Domenicani). Vicino alla Predigerkirche si trova il *Dominikanermuseum*, inaugurato nel 1992 e affiliato al Landesmuseum di Stoccarda, con interessanti sculture lignee tardogotiche di maestri svevi e un settore dedicato ai reperti romani dell'antica Arae Flaviae (come il già citato mosaico di Orfeo).
Poco distante dalla Predigerkirche troviamo la *Lorenzkapelle*, anticamente chiesa cimiteriale, ora adibita a museo (sculture tardogotiche di maestri locali).
Non lontano dalla Lorenzkapelle c'è la *Kapellenkirche*, una delle più belle chiese gotiche della Svevia. La sua costruzione risale ai primi decenni del XIV sec., ma venne successivamente rimaneggiata in stile barocco nel XVIII secolo. La parte più caratteristica, vero e proprio simbolo di Rottweil, è la torre, alta 70 m e divisa in tre parti, di cui le due superiori ottagonali, con piacevoli polifore tardogotiche. Da notare anche i portali, in basso, che richiamano la facciata delle cattedrali gotiche della Francia del nord.
La Kapellenkirche si trova nella Hochbrücktorstraße, in prossimità dell'incrocio con la Hauptstraße. A marcare questo incrocio è il *Marktbrunnen* (1540 circa), di forma piramidale, con figure allegoriche.
Risaliamo la Hauptstraße in direzione nord; al numero 21 si trova l'*Altes Rathaus*, già menzionato nel 1321, con facciata tardogotica.
Informazioni: *Verkehrsbüro*, Altes Rathaus, 78628 Rottweil - tel. 0741/494.280.

Schiltach

Prendendo da Rottweil la B462 in direzione ovest, dopo circa 30 km si arriva a Schiltach (4000 ab.).
Questo centro è il prototipo del tipico villaggio della Foresta Nera. Si trova alla confluenza dei fiumi Kinzig e Schiltach e, grazie a questa posizione, è stato il centro degli zatterieri sulla Kinzig, dediti, in anni lontani, al trasporto di legname, principale fonte di ricchezza della zona.
Grande attrattiva di questa località è il **Marktplatz**, la piazza del mercato: triangolare, in pendenza, incorniciata da stupende case a graticcio, con un'antica fontana di fronte al Rathaus. Tutt'intorno stretti e tortuosi vicoli offrono un'immagine estremamente romantica e fuori dal tempo. Completano il quadro le rovine

della rocca che sovrastano il paesino. Tutto il centro storico è sotto la tutela delle Belle arti.
Informazioni: *Verkehrsamt*, Hauptstr. 5, 77761 Schiltach - tel. 07836/648.

Donaueschingen

Stazione climatica internazionale, situata circa 15 km a sud di Villingen-Schwenningen, lungo la B27, alla confluenza dei fiumi Brigach e Breg, Donaueschingen (19.000 ab.) si trova in splendida posizione sull'altopiano della Baar, tra la Foresta Nera e la Schwäbische Alb (Giura Svevo). È nota soprattutto per la *Donauquelle*, la sorgente del Danubio che si trova nel parco del castello principesco dei von Fürstenberg, i quali elessero nel XVIII sec. Donaueschingen a propria residenza.
Questa sorgente è molto pittoresca, decorata da un gruppo scultoreo di Weinbrenner con una scritta che recita: "678 m sopra il livello del mare, 2840 km fino al mare". In realtà si tratta della fonte del fiume Brigach che, unendosi al fiume Breg, forma poco più avanti il Danubio.
Il *castello* dei principi von Fürstemberg è un edificio barocco risalente alla fine del XVIII sec., ma completato, rivisto e corretto nel secolo successivo. Ospita pregevoli arazzi ed è visitabile. Nel Karlsbau, vicino al castello, sono ospitate le interessanti *Fürstliche Sammlungen*, le preziose collezioni dei principi; comprendono raccolte di preistoria, storia locale e zoologia, ma da evidenziare è soprattutto il cosiddetto "manoscritto C" del *Canto dei Nibelunghi*, oltre all'importante galleria di quadri.
Da vedere nella galleria sono le tavole tedesche del XV e XVI sec., tra cui il *Wildensteiner Altar* del maestro di Meßkirch, opere di Hans Holbein il Vecchio, di Matthias Grünewald e di Lucas Cranach.
Il ruolo importante che ebbero, anche culturalmente, i principi von Fürstemberg è inoltre testimoniato dalla barocca *Hofbibliothek* nella Haldenstraße, che ospita circa 150.000 volumi e numerosi manoscritti medievali.
Da non perdere la *Stadtkirche St. Johann Baptist*, esempio pregevole di barocco boemo, situata di fronte al castello. Fu costruita infatti all'inizio del XVIII sec., secondo il progetto del maestro di Praga Max Krankas; all'interno è custodita una preziosa Madonna lignea risalente al 1525 circa.
Informazioni: *Verkehrsamt*, Karlstr. 58, 78166 Donaueschingen - tel. 0771/3834.

BADEN-BADEN, un angolo di belle époque

Da non perdere:
- Casinò, il più bello del mondo
- Terme romane
- Passeggiata sulla Lichtentaler Allee

Nei dintorni:
- Rastatt, la splendida residenza

Baden-Baden (50.000 ab.), nella Foresta Nera settentrionale, è il capoluogo mondano internazional-chic della Foresta Nera. Le terme e il casinò godono infatti di fama mondiale e sulla Lichtentaler Allee, hanno passeggiato molti personaggi illustri della storia e della cultura europea.
Uno sguardo alla posizione geografica e alla storia della città ci permette di comprendere meglio le ragioni di tanto successo. Innanzitutto Baden-Baden si situa in una splendida e protetta posizione nella valle del fiume Oos, tra la pianura renana a ovest e la Foresta Nera settentrionale a est. Più del 60% della superficie della città è ricoperto da boschi; inoltre, per non dimenticare che ci troviamo nel Baden, a pochi chilometri dal centro cittadino si estendono bellissimi vigneti. Al primo posto tra le attrattive naturali del luogo ci sono le fonti termali, da dove scaturiscono fino a 800.000 litri al giorno di acqua salina, a una temperatura tra i 54 e i 69°C.
I celti prima, e i romani poi, scoprirono le caratteristiche terapeutiche di queste acque (praticamente curano tutto), e si diedero da fare per sfruttarle al meglio. Come conseguenza, la città si sviluppò tutta intorno alle terme e, con il nome di *Aquae Aureliae*, divenne la metropoli della regione. Ma già nel III sec. i romani dovettero soccombere e lasciare la città agli alemanni.
Questi, per non smentire la fama di barbari, distrussero l'abitato e le terme e rimasero fino all'arrivo dei franchi.
La fortuna della località ricominciò poco dopo con i margravi del Baden, i signori della zona, e continuò sino al XVII secolo. Si dice che persino l'illustre medico Paracelso venisse qui a studiare gli effetti portentosi delle acque.
Il sec. XVII, tragico per le sorti di quasi tutte le città tedesche, lasciò tracce anche a Baden-Baden in seguito al terribile incen-

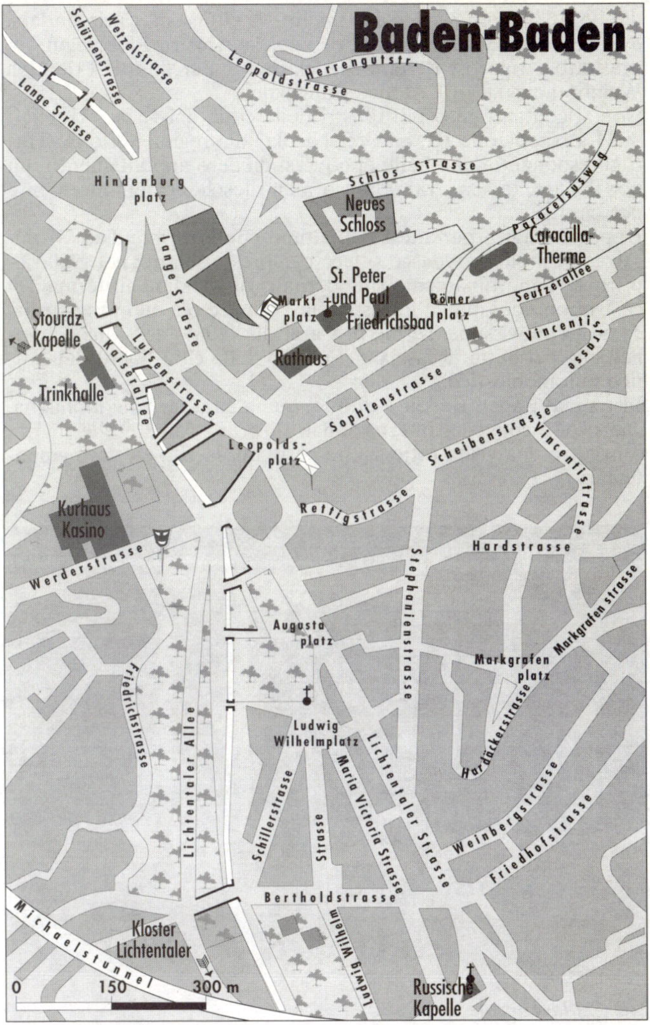
Baden-Baden
Schützenstrasse
Wetzelstrasse
Leopoldstrasse
Herrengutstr.
Lange Strasse
Hindenburg platz
Schlos Strasse
Neues Schloss
Paracelsusweg
Caracalla-Therme
Lange Strasse
St. Peter und Paul
Markt platz
Friedrichsbad
Römer platz
Seufzerallee
Stourdz Kapelle
Kaiserallee
Luisenstrasse
Rathaus
Vincentis strasse
Trinkhalle
Sophienstrasse
Scheibenstrasse
Vincentistrasse
Leopolds-platz
Rettigstrasse
Kurhaus Kasino
Werderstrasse
Hardstrasse
Stephanienstrasse
Markgrafenstrasse
Augusta platz
Markgrafen platz
Friedrichstrasse
Hardäckerstrasse
Ludwig Wilhelmplatz
Lichtentaler Allee
Schillerstrasse
Strasse
Maria Victoria Strasse
Lichtentaler Strasse
Weinbergstrasse
Friedhofstrasse
Bertholdstrasse
Michaelstunnel
Kloster Lichtentaler
Ludwig Wilhelm
Russische Kapelle
0
150
300 m

dio del 1689. Solo nel secolo seguente la città sembrò riprendersi e le terme rinacquero a nuova vita; la ricostruzione seguì soprattutto i rigorosi dettami neoclassici e l'architetto Friedrich Weinbrenner ne fu l'artefice principale.
Non si contano gli ospiti illustri della città: dal Kaiser Guglielmo I a Napoleone III, allo zar Nicola, alla regina Vittoria. Tutti gli esponenti della belle époque si diedero appuntamento qui per flirtare, tessere trame più o meno losche, o semplicemente per curarsi.
Dopo la tragica parentesi dell'ultimo conflitto mondiale, il miracolo economico tedesco si fece ben presto sentire: nel 1950 riaprirono, opportunamente rimodernati, gli stabilimenti termali; si costruirono poi nuove infrastrutture sempre più all'avanguardia, come le nuovissime Terme di Caracalla (1985) e il Michaeltunnel, che permette di lasciare il centro della città libero dal traffico automobilistico.
Insomma, Baden-Baden è di nuovo una città termale mondana, che ospita convegni internazionali di prim'ordine e che merita senz'altro una visita (attenzione però: qui la vita è estremamente cara).

Caracalla-Therme

In giro per il centro

Meta obbligata della nostra visita è il centro, che si estende intorno al fiume Oos.

A sinistra del fiume si trovano i simboli stessi di Baden-Baden: il Kurhaus, con il famoso e già citato casinò, e la Trinkhalle.

Il **Kurhaus** fu edificato tra il 1821 e il 1824 da Friedrich Weinbrenner in stile neoclassico. Nucleo fondamentale della costruzione è il Bènazet Saal, salone che viene utilizzato per rappresentazioni operistiche e teatrali, concerti, congressi. Dietro al colonnato della facciata si trova invece il Weinbrenner Saal, che ospita soprattutto concerti da camera.

Nell'ala destra del Kurhaus si trova il magnifico *casinò*, costruito nel 1838 dal francese Bènazet, riccamente decorato. Lo si può visitare tutti i giorni dalle 10.00 alle 12.00, e naturalmente, dalle 14.00 fino alle 6.00 del mattino, è aperto per gli incalliti giocatori, di estrazione possibilmente nobile e internazionale. Tra i tanti vogliamo ricordare Dostoevskij, che fu spesso ospite di Baden-Baden e si ispirò proprio al casinò per il suo romanzo *Il giocatore*.

La *Trinkhalle*, che sorge nel mezzo di un bellissimo parco, è il luogo dove le acque termali vengono convogliate dalla fonte Friedrichsquelle. È un edificio lungo 90 m e largo 8, con una impressionante sequenza di colonne corinzie e affreschi che rappresentano leggende locali (sotto il colonnato).

A nord-ovest della Trinkhalle, sul Michaelsberg (210 m), si trova la *Stourdzakapelle*, originale costruzione funeraria tardo-neoclassica, voluta tra il 1863 e il 1866 dal principe rumeno Stourdza per sé e per la propria famiglia. In occasioni speciali vi si celebrano cerimonie di rito greco-ortodosso.

Lungo la riva sinistra del fiume Oos corre la famosa **Lichtentaler Allee**, antica via di collegamento tra Baden-Baden e il monastero di Lichtental, che si trova all'estremità sud-orientale della lunga Allee. Era, ed è ancora, una magnifica passeggiata nel verde: il viale, originariamente (metà del XVII sec.) costeggiato da querce, fu trasformato negli anni di maggior successo della città, cioè verso la metà del XIX sec., in un parco con piante e cespugli esotici. Da non perdere, alla fine della passeggiata, il *Kloster Lichtentaler*, convento di monache cistercensi. Venne fondato nel 1245 come *Lucia vallis*, cioè luce della valle, da cui il nome: Licht, luce e Tal, valle, dalla margravia del Baden Ermengarda. Notevoli sono la gotica *Fürstenkapelle*, con le tombe dei margravi del Baden, la *Klosterkirche*, con pulpito rinascimentale e coro barocco, e il *Klostermuseum*, con una raccolta di

pregevoli oggetti sacri (visita per gruppi di almeno 7 persone). Percorrendo la Lichtentalerstraße ci troviamo di nuovo in pieno centro. Sul bel *Marktplatz* si affaccia, oltre al *Rathaus* (edificio del 1632 modificato nel 1809 da Weinbrenner), la cattedrale: conosciuta come *chiesa parrocchiale St. Peter und Paul*, era anticamente dedicata alla Vergine col nome di Stiftskirche Unserer Lieben Frau. Le origini della chiesa sono romaniche (inizio del XIII sec.), ma lo stile caratteristico di tutto l'edificio è il gotico. Dal 1391 vennero qui sepolti i margravi del Baden, e magnifiche sono le loro tombe in vari stili, tra cui quella rococò del margravio Luigi Guglielmo, detto il Türkenlouis, morto nel 1707. Sempre all'interno della chiesa, a sala divisa in tre navate, meritano una nota particolare il crocefisso in pietra arenaria, tardogotico (1467), di Nikolaus Gerhaert von Leyden situato nel coro, e il ciborio, anch'esso in pietra (1474), a sinistra dell'altare. Un particolare interessante: sino alla fine degli anni Settanta la chiesa è stata riscaldata tramite acque termali.
Il *Friedrichsbad*, edificato nel XIX sec. secondo l'antico modello romano, ha una facciata monumentale ornata da sculture. L'interno è stato rinnovato nel 1981 e offre ogni possibile cura termale. Rinomato è il Römisch-irisches Bad.
Sotto il Friedrichsbad, sul Römerplatz, si possono visitare i resti delle antiche terme costruite nel 117 d.C. per i legionari romani di stanza qui. Distrutte dagli alemanni, furono ricoperte da sedimenti vari e riportate alla luce nel 1847 *(Römische Badruinen)*.
Vicino alla Spitalkirche si trovano le **Caracalla-Therme**, inaugurate nel 1985, uno degli impianti termali più moderni d'Europa.
L'immagine della città sarebbe incompleta se si tralasciasse il *Neues Schloß*, palazzo rinascimentale sul Florentinerberg, proprietà ancora oggi dei margravi del Baden. Distrutto anch'esso nell'incendio del 1689, fu ricostruito sommariamente dal già citato margravio Luigi Guglielmo che, in seguito, spostò la residenza ufficiale a Rastatt, poco distante da Baden-Baden. Favolosa è la vista sulla città che si gode dalla terrazza. All'interno sono ospitati lo *Zähringer Museum* e la *Stadtgeschichtliche Sammlung*.

Shopping

Baden-Baden è una città carissima. Si dice che sia la città tedesca con la più alta concentrazione di milionari, pur calcolando in marchi tedeschi. Ma guardare non costa nulla, quindi fate quattro passi lungo la Lange Straße, la Gernsbacher Straße, o la Arkadenallee da Leopoldplatz al Kurhaus.

Informazioni
Prefisso telefonico: 07221
Bäder- und Kurverwaltung, Augustaplatz 8, 76530 Baden-Baden - tel. 275.200.

Dove dormire
Abbiamo provato per voi:
Hotel Stephanie (comfort), Stephanienstr. 4 - tel. 33.029, fax 38.308; meublé situato in un bell'edificio in stile neoclassico. In posizione centrale e tranquilla. Le camere sono gemütlich, tutte con bagno.
Altri nostri consigli:
Hotel am Markt (standard), Marktplatz 17/18 - tel. 22.747; piccolo hotel a conduzione familiare in posizione centralissima. Non tutte le camere sono con bagno.
Hotel Laterne (comfort), Gernsbacher Str. 10 - tel. 29.999, fax 38.308; zona pedonale, in una bella casa a graticcio. Tutte le camere sono con bagno. Annessi un ristorante e una Café-Konditorei.
Hotel Süß (comfort), Friesenbergstr. 2 - tel. 22.365, fax 28.772; posizione tranquilla, rialzata rispetto al Kurhaus. Bella vista sulla città e lo Schwarzwald. Solo 5 minuti a piedi dal centro.

Baden-Baden, la Trinkhalle

Hotel Atlantic (supercomfort), Sophienstr. 2/A - tel. 24.111, fax 26.260; centrale, vicino alla Lichtentaler Allee, di fronte al Kurhaus. Bella atmosfera, ampi saloni, terrazzo sul fiume Oos.
Der Kleine Prinz (supercomfort), Lichtentaler Str. 36 - tel. 3464, fax 38.264; non proprio in centro, ma comunque in posizione favorevole. Ambiente molto raffinato. È associato ai Romantik Hotels.
Brenner's Park-Hotel (lusso), Schillerstr. 6 - tel. 9000, fax 38.772; il più "in'", il più esclusivo, il più caro di Baden-Baden.
Ostello. *Jugendherberge*, Hardbergstr. 34 - tel. 60.012.

I DINTORNI DI BADEN-BADEN

Rastatt

Città industriale, situata 10 km a nord di Baden-Baden, Rastatt (42.000 ab.) è raggiungibile percorrendo la B3 e deve la sua fama soprattutto al magnifico **castello**, il primo in Germania ispirato a Versailles. Fu costruito tra il 1697 e il 1707 dal margravio Luigi Guglielmo; di ritorno dalle campagne militari contro i turchi aveva infatti scelto Rastatt come residenza ufficiale, e curò la ricostruzione della città dopo la distruzione operata dai francesi nel 1689. Sua moglie, Sybilla Augusta, è sepolta nella chiesa barocca del castello.
Proprio a Sybilla Augusta si deve la costruzione, nel 1710, di un altro castello, *Schloß Favorite*, a soli 4 km da Rastatt. Si tratta di un Lustschloß, una specie di residenza estiva, fatta edificare dopo la morte del consorte. In splendido stile barocco, immerso in un magnifico parco, offre nei saloni interni un quadro molto realistico dei gusti del tempo in fatto di arredamento e, si direbbe oggi, di oggettistica.
Informazioni: Stadtverwaltung, Kaiserstr. 91, 76437 Rastatt - tel. 07222/3850.

FREUDENSTADT, città progettata a tavolino

Freudenstadt (22.000 ab.) è, tanto per cambiare, una rinomata stazione climatica, centro di sport invernali e di congressi, in posizione strategica nella Foresta Nera settentrionale, su di un plateau (700-1000 m) tra i fiumi Murg e Kinzig. Inoltre qui si incrociano numerosi itinerari di importanza turistica.

La storia della città è piuttosto curiosa. Fondata nel 1599 dal duca Friedrich I Württemberg, era destinata a essere da una parte rifugio per i protestanti scacciati dalle regioni austriache rimaste cattoliche, dall'altra residenza per i numerosi minatori delle vicine miniere.
In pieno clima rinascimentale, l'architetto Schickhardt, che ebbe l'incarico di progettare la città, ideò uno schema geometrico simile alla tavola da gioco del filetto, e questa particolare struttura è tuttora riconoscibile nonostante le modifiche intervenute nelle successive vicende storiche.
Infatti, un'epidemia di pestilenza prima, un grosso incendio (1632) e la guerra contro i francesi (1689) poi, coinvolsero e sconvolsero la città ancora giovane, così che la costruzione rigorosamente progettata dovette subire un arresto. Il castello, già previsto sul Marktplatz, non fu più edificato.
Verso la fine del XIX sec. si incominciò a manifestare la vocazione turistica di Freudenstadt, grazie al clima e ai boschi che la circondano. Nel 1945 però il 43% della città venne distrutto.

In giro per il centro

Fulcro della città è l'enorme **Marktplatz** (219 m per 216), circondato da portici, con una singolare ripartizione degli spazi: qui doveva infatti sorgere, secondo il progetto dell'architetto Schickhardt, un castello. Nel mezzo della piazza si trovano l'ufficio postale, lo *Stadthaus*, che ospita un interessante museo sulla storia della città, e alcune fontane risalenti alla fine del XVIII sec. (copie).
Nell'angolo sud-occidentale della piazza sorge l'*Evangelische Stadtkirche*, chiesa evangelica, la cui costruzione iniziò nel 1601 grazie alla fervida fede protestante del duca fondatore. Progettata da Schickhardt, ha una singolare struttura "a compositoio" in cui le due navate, originariamente una per gli uomini e una per le donne, si incontrano ad angolo retto.
Vari sono gli stili riconoscibili: portoni rinascimentali, finestre gotiche, campanili con tetti barocchi. Ospita un fonte battesimale del XII sec., proveniente dal monastero cluniacense di Hirsau, un pregevole crocefisso del 1450, e un leggio del 1140: tutti pezzi d'arte medievale raccolti dal duca Friedrich I per sottolineare l'antica origine della propria casata, risalente, appunto, al Medioevo.
Informazioni: Kurverwaltung, Am Promenadeplatz 1, 72250 Freudenstadt - tel. 07441/8640, fax 07441/85.176.

PFORZHEIM, città dei gioielli

Situata a metà strada tra Stoccarda e Karlsruhe, Pforzheim (110.000 ab.) è una città di antiche origini, come testimoniato dal nome risalente al latino *portus*. Pforzheim è infatti una specie di portone di ingresso nella Foresta Nera settentrionale, in posizione strategica all'incrocio delle valli dei fiumi Enz, Nagold e Würm. Fu sede dei margravi del Baden e subì gravi danni a opera dei francesi tra il 1689 e il 1693.
Nonostante queste premesse non c'è molto da vedere a Pforzheim: la città, infatti, fu quasi completamente distrutta dai bombardamenti nel 1945, e oggi presenta un aspetto interamente moderno. È nota soprattutto come centro della gioielleria (Goldstadt, città dell'oro). Si può visitare in proposito un interessante *Schmuckmuseum*, museo dei gioielli, nella Reuchlinhaus situata nel parco cittadino; vi si possono ammirare esemplari, anche molto antichi, di gioielli e monili.
Informazioni: Stadtinformation, Am Marktplatz 1, 75175 Pforzheim - tel. 07231/392.190.

I DINTORNI DI PFORZHEIM

Hirsau

Questa località, circa 30 km in direzione sud da Pforzheim, lungo la B463, fa parte della città di Calw che si trova circa 3 km più a sud.
Non possiamo dimenticare Hirsau nel nostro itinerario nella Foresta Nera perché qui si trovano le imponenti rovine di un'abbazia benedettina che rivestì notevole importanza intorno e dopo il 1000. Da Hirsau, infatti, si diffuse in buona parte della Germania meridionale non solo l'omonimo stile architettonico, ma anche la riforma cluniacense.
Di questo importante centro rimangono purtroppo solo suggestivi resti poiché fu distrutto dai francesi nel 1692.
Molto interessante è la storia della nascita, sviluppo e decadenza del centro religioso di Hirsau. Le prime origini di un insediamento religioso risalgono addirittura all'800: sulle fondamenta di questa prima chiesa paleocristiana si costruì intorno all'830 l'*Aureliuskirche*, romanica, a tre navate. La struttura carente, l'infelice posizione sul fiume Nagold, dove frequenti erano le inondazioni, e soprattutto l'inadeguatezza della chiesa al culto,

secondo la riforma cluniacense, indussero l'abate priore Wilhelm von Sankt Emmeram di Ratisbona, fervido seguace del movimento di Cluny, a costruire una nuova abbazia con una nuova chiesa sull'altra sponda del fiume.
L'Aureliuskirche a poco a poco decadde, e si dovette aspettare fino al 1955 per ritrovare, dopo meticolose operazioni di restauro, l'antica chiesa romanica, oggi chiesa cattolica della comunità di Hirsau.
Torniamo alla costruzione della nuova abbazia sull'altra sponda della Nagold. Tra il 1082 e il 1091 fu costruita la *St.-Peter-und-Pauls-Kirche*. Di questa rimane soltanto il campanile nord-occidentale, il cosiddetto "Eulenturm", torre della civetta, suggestiva costruzione in mezzo ai resti delle mura perimetrali. Da questi resti si deduce l'imponenza della chiesa (lunga ben 97 m) e la sua struttura di base: 3 navate con 8 arcate.
In posizione sud-orientale rispetto alla chiesa si trova la *Marienkapelle*, ben restaurata, oggi chiesa evangelica; conserva la struttura gotica, frutto di una rielaborazione di Martin von Urach tra il 1508-1516. Anche il chiostro del monastero subì una ristrutturazione in stile gotico: seppur in rovina, mostra ancora oggi splendide trifore.
Infine, con la Riforma e il passaggio di proprietà ai Württemberg, l'abbazia perse la sua funzione; così tra il 1586 e il 1592 le sorse accanto il castello ducale, in pieno stile rinascimentale, opera di Beer e Schickhardt. Di questa residenza ducale di campagna rimangono le mura perimetrali, il torrione ottagonale e parti dei tipici frontoni rinascimentali. Il fascino un po' spettrale, sicuramente unico, di queste rovine è enfatizzato dal paesaggio naturale, rimasto inalterato nel corso dei secoli.

Calw

Proseguendo il nostro itinerario lungo la valle della Nagold, arriviamo alla città di Calw (22.500 ab.). Un tempo sede dei potenti conti di Calw, oggi è una pittoresca cittadina con un interessante centro storico. Vi si trovano un antico *Rathaus* (1673) e belle case a graticcio, molto ben conservate. Molto caratteristica, inoltre, è la *Nagoldkapelle*, piccola cappella dedicata a San Nicolao, costruita nel XIV sec. sul ponte che attraversa, appunto, la Nagold. Calw è anche la città natale dello scrittore Hermann Hesse, cui è dedicato un museo.
Informazioni: *Verkehrsamt*, Aureliusplatz 10, 75365 Calw - tel. 07051/5671.

Maulbronn

Circa 20 km a nord-est di Pforzheim si trova l'*abbazia cistercense* di Maulbronn. Fondata nel 1147, è rimasta praticamente intatta. I Cistercensi, "religiosi rivoluzionari", oltre a modificare le regole degli ordini conventuali, introdussero elementi nuovi anche negli stili architettonici, mischiando romanico e gotico.
L'insieme degli edifici dell'abbazia forma un nucleo compatto, circondato da mura con torri; tutt'intorno le colline del Parco naturale Stromberg. Un vasto cortile racchiude l'abbazia e gli edifici di servizio. La chiesa abbaziale, preceduta da un portico denominato "Paradies" (XIII sec.), è sostenuta da possenti pilastri con volte gotiche e romaniche. Da notare all'interno, davanti al transetto, un crocefisso in pietra, forse di Conrad Seyfer (1473), e il coro con stalli intagliati (XIV-XV sec.).
A nord-ovest della chiesa si apre il chiostro, cuore pulsante di tutte le attività dell'abbazia; tutte le sale si raggiungono da qui: il Kapitelsaal (XIV sec.), il Parlatorium (1493), l'Herrenrefektorium (1420-25). Di fronte al refettorio si trova la Brunnenhalle (XIV sec.), con affreschi risalenti all'inizio del XVI secolo.
Fanno parte del complesso abbaziale gli edifici a graticcio a ovest del grande cortile: erano adibiti a varie funzioni (officina, forno, cantina, magazzino) ed erano gestiti dai conversi. Tutto l'insieme è straordinariamente ben conservato e ha mantenuto le sue caratteristiche medievali nel corso dei secoli, anche dopo che, in seguito alla Riforma, divenne centro di studi evangelici. Ancor oggi è un importante centro di cultura legato all'università di Tübingen.
Informazioni: Stadtverwaltung, Klosterhof 31, 75433 Maulbronn - tel. 07043/1030.

KARLSRUHE, una città a ventaglio

Da non perdere:
- Schloß e Badisches Landesmuseum
- Marktplatz, la piazza classicheggiante con una piramide
- Staatliche Kunsthalle, ricchissima pinacoteca

Nei dintorni:
- Bruchsal e la stupenda residenza barocca

Karlsruhe (270.000 ab.), letteralmente il "riposo di Karl" (Ruhe, riposo, quiete; Karl è il margravio Karl Wilhelm von Baden), è una città interessante, culturalmente ricca, relativamente giovane, situata nella pianura renana tra le alture del Palatinato, della Foresta Nera e i Vosgi francesi.
Interessante e curiosa è la struttura del centro cittadino, con le strade che si dipartono a ventaglio dal castello, vero e proprio fulcro architettonico e concettuale della città. Essa fu fondata dal già citato margravio Karl Wilhelm, che nel 1715 pose le prime fondamenta della sua residenza.
La cosiddetta "Fächerstadt", città a ventaglio, riflette la concezione assolutistica dei regnanti dell'epoca; la corte di Versailles costituiva l'esempio che molti potenti cercavano di imitare.

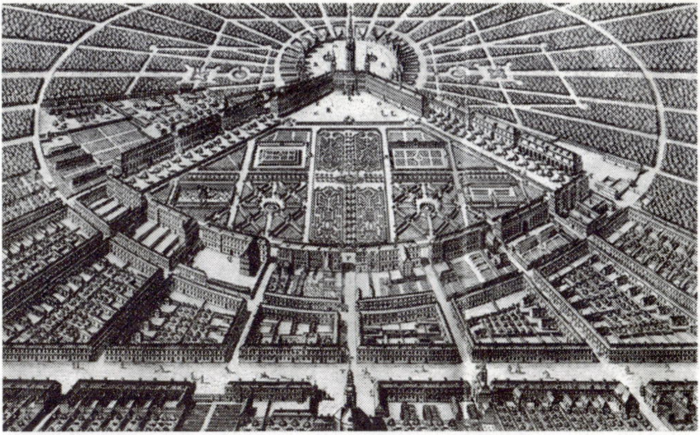

Se consideriamo dunque il 1715, anno in cui si iniziò a costruire il castello, come data ufficiale della fondazione di *Carolsruhe*, ci rendiamo conto di come questa città sia ancora piuttosto giovane, avendo soltanto due secoli e mezzo di vita.
Karlsruhe si è via via sviluppata rispetto al ventaglio iniziale, inglobando altri centri limitrofi. Divenne addirittura capoluogo del granducato del Baden costituito nel 1806 da Napoleone, e lo rimase fino alla nascita del nuovo Land Baden-Württemberg nel 1952. Subì notevoli danni durante la seconda guerra mondiale, lentamente risanati nel corso dei decenni.
Karlsruhe è conosciuta in Germania come la "Residenz der Rechte" (sede della giustizia), dal momento che ospita la Corte costituzionale e la Corte di cassazione.
Molteplici sono i musei e le manifestazioni culturali che la città offre; per non parlare della famosa Università Fridericiana, originariamente Scuola Politecnica, fondata nel 1825 dal granduca Ludwig von Baden, tuttora specializzata nel settore tecnico, scientifico e informatico.
Karlsruhe è anche città industriale, commerciale e soprattutto tecnologica di notevole rilievo. Vi si trovano infatti istituti di ricerca all'avanguardia, supportati da moderne infrastrutture. Il cliché della città tedesca high-tech immersa nel verde del paesaggio circostante, già utilizzato altrove, trova in Karlsruhe un'ulteriore conferma.

In giro per il centro

Lo stile che incontreremo più spesso nella nostra visita di Karlsruhe è senza dubbio il neoclassico, che caratterizzò tutta l'opera dell'architetto Friedrich Weinbrenner. Fu proprio Weinbrenner a ideare, all'inizio del XIX sec., l'ampliamento del nucleo originario intorno al castello, per fornire nuovi spazi abitativi adeguati al ruolo sempre più rilevante che Karlsruhe andava assumendo.
Il suo rigoroso progetto neoclassico si fuse con le strutture barocche risalenti alla fondazione di Karlsruhe, plasmando una nuova città dove anche molte abitazioni civili finirono per risentire del suo intervento. Durante la seconda guerra i bombardamenti distrussero buona parte dell'opera di Weinbrenner.
Punto di partenza della nostra visita è ovviamente lo **Schloß**, verso il quale convergono tutte le strade. L'edificio originario fu riveduto e corretto in stile barocco verso la metà del XVIII sec. da Leopold Retti e Balthasar Neumann. Distrutto nel 1944, fu ricostruito mantenendone inalterato l'aspetto esterno, ma utiliz-

zando gli spazi interni diversamente rispetto alla loro funzione originaria: oggi infatti le sue sale ospitano il *Badisches Landesmuseum*, interessante museo che vale sicuramente la pena visitare. Vi si trovano collezioni relative alla storia antica locale e non, preziosi esemplari di arte sacra medievale e barocca, oggetti d'arte e di arredamento appartenuti alla famiglia dei Baden - margravi prima, granduchi poi - raccolte di monete antiche e una ricca Glassammlung che ricostruisce la storia della lavorazione del vetro nel corso dei secoli.

Chi avesse poco tempo a disposizione può dare un rapido sguardo a qualcuna di queste sezioni (l'ingresso al museo è gratis), corroborarsi al fantastico caffè del castello, e proseguire poi, se il tempo (atmosferico) lo permette, con una passeggiata nei giardini del castello. Ci si renderà conto, allora, che la torre con cu-

pola barocca, l'elemento caratteristico del castello (da qui si cominciò l'edificazione della reggia nel 1715) e anche della città, è in realtà una costruzione isolata, staccata dalle ali del castello, vero e proprio perno di un compasso che si apre a raggiera.
Esattamente di fronte al castello, all'inizio della Karl-Friedrich-Straße, la "via triumphalis" che doveva congiungere la residenza granducale con i quartieri della zona sud, si apre il **Marktplatz**, la piazza principale della città, di stampo neoclassico, progettata dal già citato Weinbrenner. Qui si trova il *Rathaus* (1805-1825), che sulla lunga facciata esibisce una loggia classicheggiante supportata da colonne, da cui risuona un carillon.
Ancora colonne nell'edificio della *Evangelische Stadtkirche*, proprio di fronte al Rathaus, sul lato opposto della piazza. Fu eretta tra il 1807 e il 1816, e parecchi dettagli architettonici ricordano antichi templi classici. Sotto la navata centrale si trova la cripta della famiglia granducale e il sarcofago di Weinbrenner.
Tra il Rathaus e la Stadtkirche al centro della piazza, c'è una fontana a forma ottagonale, progettata dall'onnipresente architetto e arricchita dal monumento al granduca Ludwig (1822-1833).
La costruzione più caratteristica e curiosa del Marktplatz è sicuramente una piramide in pietra che ospita la tomba del margravio fondatore della città, Karl Wilhelm. È un monumento funerario particolare, senza fronzoli, elegante nella sua purissima geometria, moderno ma anche fuori dal tempo, sempre una creazione di Weinbrenner.
Dal Marktplatz possiamo proseguire verso sud, lungo la Karl-Friedrich-Straße, passare per il Rondellplatz, e arrivare all'*Ettlinger Tor Platz*, da dove parte la "via triumphalis" che conduce al castello. Del progetto originario del Rondellplatz restano solo parte del *Markgräfliches Palais*, con portico decorato da colonne corinzie, e il *Verfassungsobelisk*, obelisco della Costituzione, a ricordo del granduca Karl che nel 1818 concesse una Costituzione molto liberale per i tempi.
Nella Erbprinzenstraße, che si diparte verso ovest dal Rondellplatz, si trova la singolare *St. Stephans-Kirche*, parrocchiale cattolica di Karlsruhe, la cui struttura richiama il Pantheon di Roma: una pianta circolare sormontata da cupola, su cui si innestano 4 costruzioni rettangolari. Artefice del progetto fu ancora una volta Weinbrenner, il quale esitò a lungo, per motivi stilistici, prima di completare la chiesa con un campanile.
Risalendo la Herrenstraße siamo di nuovo nei pressi del castel-

lo; al n. 2 della Hans-Thoma-Straße si trova la *Staatliche Kunsthalle*, che ospita numerose e importanti opere pittoriche dal Medioevo al XIX secolo. Ricordiamo, ad esempio, il *Tauberbischofsheimer Altar* di Mathis Grünewald, opere di Cranach, Dürer, Rembrandt, Rubens, Friedrich, una sezione dedicata all'artista locale Hans Thoma (1839-1924), nonché capolavori di impressionisti quali Monet, Renoir, Cézanne.
Ancora opere d'arte, ma moderne, si possono ammirare nell'*Orangerie*, adibita a pinacoteca nel 1925: si trova nella parte ovest della piazza antistante il castello ed espone quadri espressionisti, cubisti, surrealisti, astratti (Klee, Kandinskij, Kokoschka).

Informazioni

Prefisso telefonico: 0721
Verkehrsverein, Bahnhofplatz 6, 76137 Karlsruhe - tel. 35.530.

Dove dormire

Hotel Am Markt (comfort), Kaiserstr. 76 (Marktplatz) - tel. 20.921, fax 28.066; meublé, costruzione moderna in posizione centralissima. Tutte le camere sono con bagno.
Hotel Eden (comfort), Bahnhofstr. 15 - tel. 18.180, fax 181.82.22; vicino allo Stadtgarten, circa 500 m dalla stazione. Accogliente e confortevole. Buffet a colazione. Annesso ristorante.
Hotel Kübler (comfort), Bismarckstr. - tel. 1440, fax 144.441; meublé in posizione favorevole, a ovest del castello. Nel verde, molto tranquillo.
Hotel Kaiserhof (comfort), Am Marktplatz - tel. 91.700, fax 917.01.50; centralissimo, accogliente. Assolutamente da provare il ristorante.
Hotel Residenz (supercomfort), Bahnhofplatz 14 - tel. 37.150, fax 371.51.13; di fronte alla stazione. Associato ai Ringhotels. Non male il ristorante annesso.
Ostello. *Jugendherberge*, Moltkestr. 2 - tel. 28.248.
Campeggio. *Campingplatz Turmbergblick*, Tiengenerstr. 40, Karlsruhe-Durlach - tel. 44.060.

Dove mangiare

Oberländer Weinstube, Akademiestr. 7; è la più vecchia Weinstube di Karlsruhe. Cucina regionale con ampia scelta di vini nei pressi della Staatliche Kunsthalle.
Hotel-Restaurant Kaiserhof, Am Marktplatz; ambiente raffinato, ideale per una serata romantica.

I DINTORNI DI KARLSRUHE

Bruchsal

Pittoresca cittadina a 25 km circa da Karlsruhe in direzione nord-est, Bruchsal (38.000 ab.) è raggiungibile con la B3 in direzione Heidelberg o con l'autostrada A5 in direzione Francoforte.
Si trova nella regione del Kraichgau, ma in posizione decentrata, dove le colline digradano verso la pianura del Reno.
È zona di splendide passeggiate, di vigneti e di raffinata gastronomia, il che non guasta se vogliamo passarvi una mezza giornata.
Ne vale la pena: Bruchsal ha antiche origini e visse il suo periodo di splendore nel XVIII sec., quando i vescovi-principi di Spira vi trasferirono la residenza, lasciandovi testimonianze di un certo rilievo.
E proprio al XVIII sec. risalgono gli edifici più significativi della città.
Innanzitutto lo scenografico *castello* barocco, famoso per lo scalone di Balthasar Neumann, con affreschi di Januarius Zick e ricchi stucchi di Johann Michael Feichtmayr.
Il castello subì gravi danni durante la seconda guerra mondiale, ma fortunatamente gli arredi dei grandi saloni, così come gli arazzi e i quadri furono risparmiati, e costituiscono oggi il pezzo forte del *Badisches Landesmuseum* (affiliato a quello di Karlsruhe) che qui è ospitato.
In un'altra ala del castello c'è poi lo *Städtisches Museum* (paleontologia, arte medievale, monete).
Una nota particolare merita la B*ruchsaler Hofkirche*, la cappella del castello, con un bel campanile di Neumann e affreschi di C.D. Asam.
Interessante è anche il castello *Belvedere* nello Stadtgarten, eretto dal vescovo-principe Franz Cristoph von Hütten nel 1756; oggi fa da sfondo a manifestazioni teatrali all'aperto (museo di strumenti musicali meccanici all'interno).
L'altra meta assolutamente da non perdere a Bruchsal è la *St. Peterskirche*, barocca, opera di Neumann, i cui lavori iniziarono nel 1742.
La chiesa, che è rimasta miracolosamente illesa durante la seconda guerra mondiale, ospita le tombe degli ultimi vescovi di Spira.
Ha inoltre un bellissimo altar maggiore opera di Neumann, e un ricco pulpito di Feichtmayr.

LAGO DI COSTANZA

Da non perdere:
- Costanza, la metropoli del Bodensee
- Mainau, l'isola dei fiori
- Reichenau, l'isola più grande del lago
- Passeggiata per Lindau, la città sotto la tutela delle Belle arti
- Friedrichshafen, la patria dei dirigibili Zeppelin
- Meersburg, la Burg e il Neues Schloß
- Vierländerfahrt, un giro nei quattro paesi: Germania, Austria, Svizzera con puntatina nel Lichtenstein

Il Lago di Costanza, o Bodensee secondo la dizione tedesca, con i suoi 538 kmq è il lago più grande della Germania, anche se appartiene parzialmente alla Svizzera e, in minima parte, all'Austria: 158 km di costa sono tedeschi, 70 svizzeri e solo 27 austriaci. È formato dal Reno, che lo attraversa per tutta la sua lunghezza: si immette nei pressi del confine austro-svizzero ed esce a Stein am Rhein.

Il clima, sempre mite, quasi mediterraneo, fa sì che il paesaggio sia caratterizzato da un'enorme quantità di fiori e alberi da frutto, che in primavera, al momento della fioritura, offre uno spettacolo veramente suggestivo. Il lago svolge infatti una funzione di raccoglitore di calore: in estate assorbe il calore che permette di mitigare i primi freddi, rendendo così il clima piacevole fino a ottobre inoltrato.

E il clima appunto, nonché la limpidezza delle acque e lo sfondo delle Alpi sul versante svizzero-austriaco, fanno del Bodensee un luogo ideale per vacanze veramente rilassanti.

Il lago ha una lunghezza massima di 76 km (46 da Costanza a Bregenz), e una larghezza di 14. Nei pressi di Costanza si biforca formando due bracci: a nord l'Überlinger See, a sud lo Zeller See, con l'ulteriore biforcazione dell'Untersee.

Il lago è solcato dai battelli della Weiße Flotte che collegano tra di loro le varie cittadine della costa. Consigliabile una Dreiländerfahrt, giro dei tre paesi: Germania, Austria, Svizzera, estendibile a Vierländerfahrt se si aggiunge una capatina nel Lichtenstein, che dista solo poche decine di chilometri. È un must di ogni vacanza sul Bodensee. Lo stesso vale per una visita a Mainau,

l'isola dei fiori, nei pressi di Costanza, e per un'escursione sul Pfänder (1064 m), nei pressi di Bregenz, in territorio austriaco, il luogo senz'altro più adatto per ammirare dall'alto l'intero lago.
Il Lago di Costanza, chiamato anche Schwäbisches Meer, cioè mare della Svevia, è un vero paradiso per gli amanti degli sport d'acqua, in particolare della vela e del windsurf. Ma anche chi si accontenta di una semplice nuotata nelle limpide acque del lago non ha che l'imbarazzo della scelta tra i numerosi Strandbäder, stabilimenti balneari sempre ben attrezzati, pulitissimi ed efficienti.

COSTANZA

Konstanz (75.000 ab.), la località più grande del Bodensee, è l'unica città tedesca sulla sponda meridionale del lago, esattamente là dove il Reno lascia l'Obersee per formare più avanti l'Untersee. La città è circondata su tre lati da territorio svizzero, ragion per cui è soprannominata "das deutsche Eingangstor zur Schweiz", la porta d'ingresso tedesca per la Svizzera.

Un po' di storia

Le origini della città risalgono ai romani, che trasformarono un insediamento di pescatori in un'importante base militare e strategica. Intorno al 300 l'insediamento ricevette il nome di *Costantia*, dall'allora imperatore Costanzo Cloro.
Dal 600 al 1526 Costanza fu sede arcivescovile, rappresentando la più grande diocesi tedesca. Nel 1192, sotto gli Svevi, divenne libera città imperiale.
L'avvenimento più importante del periodo successivo fu il Concilio di Costanza (1414-1418); in quell'occasione si riunirono i vertici del mondo politico e spirituale della cristianità per discutere circa una possibile riforma della Chiesa. Era il periodo dello scisma di Avignone, con la conseguente serie di antipapi che rivendicavano il potere spirituale e temporale rispetto a Roma. Punto centrale di questo Concilio fu l'elezione a papa del cardinale Otto Colonna, col nome di Martino V (novembre 1417); ebbe così termine la divisione della Chiesa, che si protraeva ormai da oltre quarant'anni.
Successivamente Costanza divenne austriaca (1548-1806), anche se mantenne sempre una certa autonomia. Nel 1806 Napoleone la assegnò al regno del Baden. Dal 1966 è sede universitaria.

In giro per il centro

Nelle immediate vicinanze del porto si trova il *Konzilgebäude*, Palazzo del Concilio. Per l'esattezza si dovrebbe chiamare Kaufhaus, visto che originariamente (1388) venne concepito come granaio e magazzino. Ospita conferenze, concerti e ricevimenti.
A nord, superato lo Stadtgarten, su un'isola (Auf der Insel) sorge un ex convento domenicano, secolarizzato nel 1785 e trasformato nel 1875 in albergo (Inselhotel). Qui nacque nel 1838 Ferdinand Zeppelin, ideatore del dirigibile, cui è dedicato un monumento situato vicino al porto. Prendendo una delle stradine che partono dalla Konzilstraße, di fronte all'Inselhotel (Brückengasse, Inselgasse o Theatergasse), si arriva al *Münster*, la cattedrale. Nel 1052 si iniziò a costruire una basilica romanica a tre navate nel luogo in cui sorgeva originariamente la chiesa vescovile dell'VIII sec., crollata all'inizio del 1000. Nel XIV sec. si aggiunsero le cappelle laterali in stile gotico. Nel 1680 la navata centrale venne coperta da volte ogivali barocche. In questa cattedrale si tennero le varie sedute del Concilio, mentre nel Konzilgebäude si svolse solo il conclave che portò all'elezione di papa Martino V. Abbastanza curioso è il campanile, in stile gotico, la cui parte superiore venne aggiunta solo nel 1856: l'impressione è che manchi tutta la parte centrale. Si può salire (l'ingresso si trova di fianco alla facciata) e ammirare dall'alto dei suoi 76 m il bel panorama della città e del lago. Degni di nota all'interno sono l'organo (1518), l'altar maggiore (1774) e gli stalli del coro (1465-1470). Sotto il coro si trova una cripta romanica (995).
A nord del Münster si estende fino al Reno il quartiere di *Niederburg*, la parte più vecchia della città, ricca di belle case patrizie medievali ben conservate. Ma ci sono anche numerose Weinstuben dove si può sorseggiare del buon vino. Tappa obbligata è la *Spitalkellerei*, al numero 16 della Brückengasse.
A sud del Münster, la Wessenbergstraße conduce alla *Stephanskirche*, chiesa romanica ampliata in stile gotico fra il 1424 e il 1486. Proseguendo lungo la Wessenbergstraße si arriva all'Obermarkt da cui si diparte, in direzione lago, la Kanzleistraße. Qui, al numero 5, si trova il *Rathaus* in stile rinascimentale (1585-1594). Particolarmente suggestivo è il cortile interno. Alcune parti dello storico edificio sono ancor oggi adibite a uffici, così che è possibile una visita, anche se parziale e pur sempre nel rispetto delle esigenze degli impiegati.
Poco distante, nella Rosgartenstraße 3/5, si trova il *Rosgartenmuseum*. L'edificio, in stile gotico, era originariamente sede del-

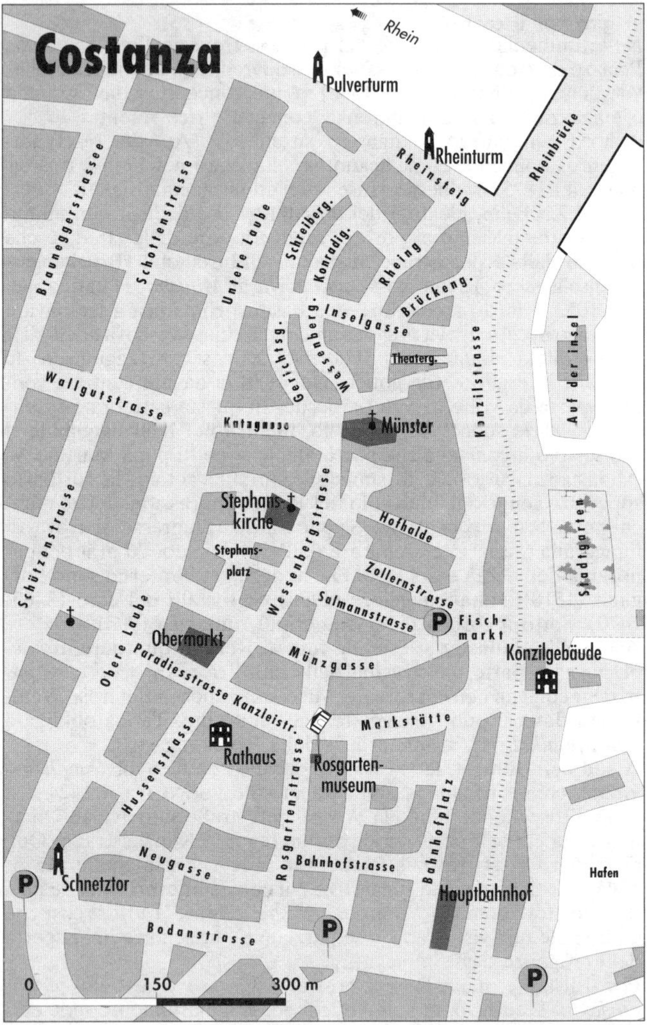
Costanza
Rhein
Pulverturm
Rheinturm
Rheinbrücke
Rheinsteig
Braueneggerstrassee
Schottenstrasse
Untere Laube
Schreiberg.
Konradig.
Rheing
Brückeng.
Inselgasse
Theaterg.
Gerichtsg.
Wessenberg.
Konzilstrasse
Auf der insel
Wallgutstrasse
Münster
Stephans-
kirche
Stephans-
platz
Wessenbergstrasse
Hofhalde
Zollernstrasse
Salmannstrasse
Stadtgarten
Schützenstrasse
Obere Laube
Obermarkt
Paradiesstrasse
Kanzleistr.
Münzgasse
Fisch-
markt
Konzilgebäude
Markstätte
Hussenstrasse
Rathaus
Rosgartenstrasse
Rosgarten-
museum
Bahnhofplatz
Neugasse
Bahnhofstrasse
Schnetztor
Hauptbahnhof
Hafen
Bodanstrasse
0
150
300 m

la corporazione del macellai. Il museo conserva ritrovamenti preistorici, una documentazione sulla costruzione di palafitte nella zona, materiale della Costanza romana e un'accurata ricostruzione del periodo del Concilio, oltre a pitture e sculture del Medioevo e del Rinascimento.
Ultima tappa del nostro giro è lo *Schnetztor*, all'inizio della Hussenstraße; questa porta a torre (XIV sec.) è ciò che resta della vecchia fortificazione. Oltre allo Schnetztor sono rimaste altre due torri, il *Rheintorturm* e il *Pulverturm*, lungo il Reno. Fino al XIX sec. ce n'erano ancora circa una ventina, tutte inserite nelle vecchie mura di cinta e demolite durante la modernizzazione della città nell'Ottocento, del tutto sdegnata dai cittadini.

Informazioni
Prefisso telefonico: 07531
Tourist Information, Bahnhofplatz 13, 78467 Konstanz - tel. 284.376.

Dove dormire
Hotel Barbarossa (comfort), Obermarkt 8/12 - tel. 22.021, fax 27.630; albergo di lunga tradizione in bell'edificio storico. Posizione centralissima. Non tutte la camere sono con bagno. Annesso ristorante. Buffet a colazione. Il nome dell'hotel non è casuale: si riferisce alla pace che il Barbarossa stipulò nel 1183 con i comuni lombardi.
Rega Parkhotel am See (supercomfort), Seestr. 25/A - tel. 51.077, fax 50.143; posizione un po' periferica ma incantevole. Dall'altra parte della Rheinbrücke. Ricco buffet a colazione. Annesso ristorante.
Steigenberger Inselhotel (lusso), Auf der Insel 1 - tel. 1250, fax 26.402; il più esclusivo, il più chic di Costanza. Edificio storico, ex abbazia domenicana.
Ostello. *Jugendherberge*, Zur Allmannshöhe 18 - tel. 32.260.
Campeggi
Campingplatz Fließhorn, Konstanz-Dingelsdorf - tel. 07533/5262.
Campingplatz Mainau-Litzelstetten - tel. 44.321.

I DINTORNI DI COSTANZA

Facilmente raggiungibili da Costanza sono l'isola di Mainau, in quella parte del lago che prende il nome di Überlinger See, e l'isola Reichenau, nell'Untersee.

Mainau
Soprannominata l'isola dei fiori, unita alla terraferma da una passerella, Mainau è un vero e proprio paradiso botanico. L'isola, con il suo castelletto in stile barocco (1739-1746), è proprietà del conte Lennart Bernadotte, un lontano discendente della casa reale svedese. Assolutamente da vedere è l'*Arboretum*, famoso per le rarissime specie dei suoi antichissimi alberi, e il giardino delle piante subtropicali. Mantenere sempre in ordine tutta l'isola richiede un lavoro enorme, che impegna circa 400 persone tra giardinieri e altri collaboratori. Non fa meraviglia quindi se il prezzo d'entrata non è proprio economico, circa 12 marchi. È consigliabile una visita al mattino presto (apertura alle ore 8), per non essere travolti dalla massa di turisti che affolleranno l'isola nel corso della giornata (ogni anno si contano 2 milioni di visitatori).

Reichenau
Una diga artificiale lunga 4 km collega Reichenau con la terraferma. È l'isola più grande del Bodensee (4,5 per 1,5 km). Se Mainau è famosa per i suoi fiori, Reichenau lo è per le coltivazioni di ortaggi cui è dedita la maggior parte dei suoi abitanti (4500). La storia dell'isola è tutta all'insegna dell'abbazia benedettina che Carlo Martello vi fece costruire nel 724. Durante il Medioevo fu un importante centro culturale grazie alla scuola di amanuensi prima, e di pittura poi. Dell'abbazia, che si trovava nel villaggio di Mittelzell, secolarizzata nel 1803, rimane solo il Münster St. Maria und St. Markus.

Escursione in battello
Partendo da Costanza è possibile risalire il Reno in battello fino alle cascate di Sciaffusa. In auto vi si arriva percorrendo la Uferstraße, che costeggia l'Untersee fino a Stein am Rhein, dove il Reno esce dal Lago di Costanza. Da qui sono solo una ventina di chilometri fino a Sciaffusa.

LINDAU

La città (25.000 ab.) è in pratica un'isola collegata alla terraferma da due argini, uno per la ferrovia e l'altro per il traffico stradale. Le strette vie medievali, i vecchi edifici rinascimentali e barocchi, le tante case a graticcio fanno di Lindau un gioiello architettonico, tappa obbligata di ogni viaggio sul Bodensee. Dal 1976

tutta la città vecchia, cioè quella che si trova sull'isola, è sotto la tutela dei Beni culturali.
Una curiosità: Lindau appartiene al Land della Baviera e non, come tutta la parte tedesca del lago, al Baden-Württemberg.

Un po' di storia

I romani fecero dell'isola, attorno al 15 a.C, una loro base militare. Verso la fine del XIII sec. Lindau divenne libera città imperiale. Nel 1445 venne creato un servizio di corrieri che collegava Lindau a Milano, la Lindau-Mailänder-Botenanstalt, che contribuì in maniera determinante all'ascesa economica della città: Lindau divenne in pratica centro di smistamento del commercio tra l'Italia e il Nord Europa. Il servizio di corrieri funzionò fino al 1822.
Nel 1803 Lindau perse lo stato di libera città imperiale e, dopo un breve periodo di dominazione austriaca, passò nel 1806 definitivamente alla Baviera.

Lindau

In giro per il centro

E dove iniziare se non dal porto, con la sua bella passeggiata, la Seepromenade? Il faro (33 m) e il Löwendenkmal, il colossale leone simbolo della Baviera, ne segnano l'ingresso. Sulla Promenade si erge il Mangturm, il vecchio faro, ciò che resta della fortificazione del XIII secolo.

Poco distante, quasi nel mezzo della Maximilianstraße, la strada principale che attraversa l'isola, c'è l'*Altes Rathaus* costruito dal 1422 al 1436 e modificato circa un secolo più tardi in stile rinascimentale. Suggestivi gli affreschi che ornano la facciata principale e quella laterale. Il *Neues Rathaus*, lì accanto, è invece barocco (1706-1717).

Proseguendo lungo la Maximilianstraße in direzione opposta rispetto alla stazione, si arriva al *Marktplatz*. Qui si trovano, una di fianco all'altra, la *Stephanskirche*, parrocchiale evangelica rifatta in stile barocco nel 1781-1783, e la *Marienkirche*, parrocchiale cattolica, pure in stile barocco (1748-1751).

Sempre sul Marktplatz, di fronte alle due chiese, all'angolo con la Cramergasse, c'è la *Haus zum Cavazzen*, bell'edificio barocco del 1728-1730 con affreschi alle pareti. È il più bello in assoluto fra quanti si possono vedere nella zona del Bodensee; ospita da oltre cinquant'anni le *Städtische Kunstsammlungen*, civiche collezioni d'arte (mobili, dipinti, sculture), e l'*Heimatmuseum*, che ricostruisce lo stile di vita locale dal XV al XX secolo.

Prendendo la via In der Grub si arriva allo Schrannenplatz dove si trova la ex Peterskirche, dal 1928 *cappella dei Caduti*. È una costruzione romanica del 1000 con all'interno affreschi ben conservati del XV sec., opera di Holbein il Vecchio: è la chiesa più antica della città. Lì vicino si erge il *Diebsturm*, la torre dei briganti (1375).

Per chi vuole fare una passeggiata romantica è possibile fare il giro dell'isola partendo dalla stazione e seguendo l'Uferweg, il sentiero della riva.

Un consiglio per chi arriva in auto. Una volta attraversato il Neue Seebrücke, il ponte che collega l'isola con la terraferma, lasciate l'auto al parcheggio di fronte alla Inselhalle e proseguite a piedi.

Informazioni

Prefisso telefonico: 08382

Verkehrsverein, Am Hauptbahnhof, 88131 Lindau - tel. 26.000, fax 260.026.

Dove dormire

Abbiamo provato per voi:
Insel-Hotel (comfort), Maximilianstr. 42 - tel. 5017, fax 6756; meublé in posizione centralissima. Semplice ma confortevole. Garage privato. Tutte le camere sono con bagno. Buffet a colazione.
Hotel Möwe (standard), Auf der Mauer 21 - tel. 6438; meublé in posizione favorevole, vicino allo Stadtpark. Tutte le camere sono con bagno. Parcheggio riservato.
Hotel Lindauer Hof (supercomfort), Seepromenade - tel. 4064, fax 24.203; bella posizione. Molto confortevole. Piscina, sauna e solarium. Ristorante annesso. Ricco buffet a colazione.
Hotel Bayerischer Hof (lusso), Seepromenade - tel. 5055, fax 5054; bella posizione, bell'ambiente, veramente di classe.
Ostello. *Jugendhaus Martin* - tel. 5849.
Campeggi
Campingplatz Gitzenweiler Hof - tel. 5475; in località Oberreitnau.
Campingplatz Lindau-Zech - tel. 72.236; in località Zech.

Dove mangiare

Gasthaus zum Sünfzen, Maximilianstr. 1; specialità regionali. Pesce del lago fresco di giornata. Ambiente piacevole.
Gasthof Engel, Schafgasse 4; edificio storico. Lunga tradizione. Piacevole e accogliente. Ambìto il tavolo sistemato nel bel bovindo. Specialità sveve-bavaresi e pesce. Possibilità anche di pernottamento.
Hotel Gasthof Stift, Stiftsplatz 1; accogliente, direttamente sul Marktplatz. Specialità sveve-bavaresi e pesce. Offre anche possibilità di pernottamento.

I DINTORNI DI LINDAU

Bregenz

In territorio austriaco, capitale del piccolo Land del Vorarlberg, Bregenz (28.000 ab.) è famosa per il festival che vi ha luogo in estate, le cui rappresentazioni si svolgono su un suggestivo palcoscenico tra le acque del lago. La città vecchia (Oberstadt) con le sue tranquille e pittoresche viuzze contrasta con l'architettura moderna della Unterstadt.
Da qui, e precisamente a circa 1 km in direzione est rispetto al porto, parte la funivia che sale al *Pfänder* (1064 m), da cui si ha un'incantevole vista sulle Alpi e su tutto il lago.

FRIEDRICHSHAFEN

Dopo Costanza, Friedrichshafen (55.000 ab.) è la città più grande del Bodensee, di cui è il porto principale. Da qui parte il traghetto con trasporto auto per Romanshorn, in Svizzera.
La sua storia è recente. La fondazione della città risale infatti al 1811 quando Federico I, re del Württemberg, unì la cittadina di Buchhorn con il paesino di Hofen, dove si trovava un importante convento, e diede un porto alla nuova città. Da qui il nome di Friederichshafen, cioè porto di Federico.
La fusione dei due centri, la costruzione del porto e l'avvento del battello a vapore segnarono l'inizio dello sviluppo di Friedrichshafen. Già alla fine del XIX sec. la città contava 5000 abitanti.
Ma ciò che ha reso famosa Friedrichshafen in tutto il mondo è stata l'invenzione del dirigibile, ideato dal conte Ferdinand von Zeppelin, nato a Costanza nel 1838. Il 2 luglio 1900 si levava nel cielo di Manzell, vicino alla città, il primo dirigibile. I cantieri vennero poi trasferiti nel 1908 a Friedrichshafen che divenne così il centro più importante per la costruzione dei cosiddetti "sigari volanti", e base di partenza di viaggi anche intercontinentali.
Friedrichshafen, divenuta punto nodale del traffico aereo, attirò ben presto molti imprenditori. Lo sviluppo industriale-economico ne ricevette di conseguenza un impulso enorme. All'inizio degli anni Quaranta la popolazione era già salita a oltre 30.000 abitanti. Durante la seconda guerra mondiale i bombardamenti alleati la distrussero per quasi due terzi.

Da vedere

Nelle immediate vicinanze del porto, dove attraccano i battelli della Weiße Flotte e il traghetto per Romanshorn (c'è poi, nella baia accanto, più larga, un altro porto, quello per gli yacht privati e i pedalò), c'è la *St. Nikolauskirche*, la parrocchiale cattolica. Vicino sorge il *Rathaus*, un moderno edificio di 5 piani (1953-1956) che ospita, tra l'altro, il *Bodenseemuseum*. Il museo comprende diverse sezioni: dall'archeologia preistorica alla scultura e pittura gotica. Ma la parte senz'altro più affascinante è quella dedicata alla storia del dirigibile: foto, disegni e modelli ne ricostruiscono le tappe fondamentali. Curiosa una copia in miniatura (anche se lunga ben 8 m) del celeberrimo "Hindenburg", bruciato nel 1937 dopo aver compiuto ben undici traversate atlantiche.
Vicino al porto per gli yacht c'è il moderno *Kultur- und Kon-*

greßzentrum, che porta il nome di Graf-Zeppelin-Haus, inaugurato nel 1985. Poco più avanti, su uno sperone in riva al lago, c'è lo *Schloß*, ex convento di Hofen, oggi proprietà del conte del Württemberg. Attigua la *Schloßkirche* (1695-1701), con le due caratteristiche torri a cipolla alte 55 m che sono un po' il simbolo di Friedrichshafen, opera della famiglia Schmuzer, esponente di rango della famosa Wessobrunner Schule (visita a pagamento).

Informazioni

Prefisso telefonico: 07541
Städtisches Verkehrsamt, Friedrichstr. 18, 88045 Friedrichshafen - tel. 21.729.

Dove dormire

Hotel Krager (standard), Ailinger Str. 52 - tel. 71.011, fax 33.553; posizione centrale. Non tutte la camere sono con bagno. A conduzione familiare. Annesso ristorante.
Hotel Goldenes Rad (comfort), Karlstr. 43 - tel. 21.081, fax 21.085; posizione centrale, a soli 150 m dalla stazione. Ricco buffet a colazione. Annesso ristorante.
Buchhorner Hof (supercomfort), Friedrichstr. 33 - tel. 2050, fax 32.663; in centro, a soli 50 m dalla stazione. Associato ai Ringhotels. Buffet a colazione. Annesso ristorante e Weinstube.
Ostello. *Jugendherberge*, Lindauer Str. 3 - tel. 72.404.
Campeggi
Campingplatz Dimmler - tel. 73.421.
Campingplatz Friedrichshafen-Fischbach - tel. 42.059.

MEERSBURG

La "fortezza del mare", Meersburg (5500 ab.), è senz'altro la cittadina più suggestiva e pittoresca del Bodensee, situata su un pendio scosceso e dominata dalla silhouette dell'Altes Schloß, il vecchio castello. Da qualsiasi parte si arrivi, o dal lago con il traghetto da Costanza, o seguendo la B31, la sua sagoma spicca nitida da lontano. È un luogo turistico di prim'ordine e, grazie al clima estremamente mite, il centro vitivinicolo più importante dell'intero bacino del Bodensee.
Anche se piccola, Meersburg ha una storia antichissima: nel 1988 la città ha infatti festeggiato il suo millennio di vita. Le origini, seppur ufficiose, risalgono comunque a molto prima del 988, an-

no in cui Meersburg venne per la prima volta citata in un documento ufficiale: la parte più vecchia del castello risale infatti al VII secolo. Nel 1526 Meersburg divenne sede vescovile quando il vescovo della vicina Costanza fu costretto a lasciare la città, divenuta nel frattempo protestante. Questo "trasloco" contribuì enormemente allo sviluppo della città. Dopo la secolarizzazione del 1802 Meersburg passò al regno del Baden.
Data la sua posizione, la città si divide in Unterstadt (città bassa) e Oberstadt (città alta).

Da vedere
Nella Unterstadt, in prossimità del porto (lo Schiffshafen e non dove attracca il traghetto da/per Costanza) si trova il *Grethaus*, un ex granaio del 1505. Alla fine della Unterstadtstraße troviamo la *Burgkapelle*, del 1390, ristrutturata nel 1535, che dal 1590 porta il nome di Unterstadtkapelle. Notevole l'altare gotico, un prezioso lavoro d'intaglio (1470-1490). Lì vicino si erge il *Seetor*, detto anche Unterstadttor, la porta della città bassa. È ciò che rimane della vecchia fortificazione.
Dalla città bassa, e precisamente dalla Unterstadtstraße, si sale alla città alta passando sotto il ponte del castello e poi davanti alla Schloßmühle, il mulino, con la sua imponente ruota del diametro di 8,5 m. Si può accedere alla città alta anche prendendo la Steigstraße, fiancheggiata da belle case a graticcio, che inizia nelle immediate vicinanze del Seetor.
Nella parte occidentale della città alta si trova l'*Altes Schloß*, la cui parte più antica risale al VII secolo. Spicca il Dagobertsturm, la torre che porta il nome del re merovingio Dagoberto I cui, pare, si deve la fondazione nel 628. È la più antica fortezza tedesca ancora abitata. Dal punto di vista architettonico, la definizione di "fortezza" è senz'altro più appropriata che non "castello".
La costruzione, così come ci appare oggi, con le caratteristiche quattro torri circolari, risale al XVI-XVII secolo. È qui che risiedettero i vescovi dal 1526, dopo aver lasciato Costanza che aveva abbracciato la Riforma, al 1750, quando fu ultimato il Neues Schloß.
Quasi di fronte all'Altes Schloß, direttamente sullo Schloßplatz, si trova il *Neues Schloß*. È la nuova residenza fatta costruire dai vescovi-principi di Costanza (1741-1750) su progetto di Balthasar Neumann. Imponente è lo scalone rococò, alla cui realizzazione hanno contribuito gli italiani Giuseppe Appiani, con un grande affresco sul soffitto, e Carlo Pozzi con gli stucchi. La de-

corazione della Schloßkapelle, ora chiesa evangelica, è opera di Joseph Anton Feichtmayr. Al primo piano del castello si trovano il *Dornier-Museum*, con documenti, foto, modelli che ricostruiscono la storia dell'aviazione tedesca; e l'*Heimatmuseum*, ricostruzione della storia della città.
Vicino allo Schloßplatz, e precisamente nella Vorburggasse, si trova un altro interessante museo, il *Weinbaumuseum*, dove viene ricostruita la storia della viticoltura. Una curiosità è rappresentata da una gigantesca botte, il cosiddetto "Türkenfaß", con una capacità di 50.160 litri.
Particolarmente caratteristico è il *Marktplatz*, con le tipiche case a graticcio.

Informazioni

Prefisso telefonico: 07532
Verkehrsverwaltung, Kirchstr. 4, 88709 Meersburg - tel. 82.383.

Dove dormire

Hotel zum Schiff (comfort), Bismarckplatz 5 - tel. 6025, fax 1537; conduzione familiare. Chiuso da metà ottobre a Pasqua. Vicino al porto. Non tutte le camere sono con bagno. Buffet a colazione. Annessi ristorante e Biergarten.
Villa Bellevue (comfort), Am Rosenhang 5 - tel. 9770, fax 1370; meublé in posizione un po' periferica (a est). Bella la vista sul lago. Tutte le camere sono con bagno. Ricco buffet a colazione.
Strandhotel Wilder Mann (supercomfort), Bismarckplatz 2 - tel. 9011, fax 9014; vicino al Seetor. Annesso un bel ristorante con giardino. Ricco buffet a colazione.

ÜBERLINGEN

Situata sul ramo nord-occidentale del Bodensee cui dà il nome (Überlinger See), Überlingen (20.000 ab.) è un rinomato centro di cure termali (cure Kneipp) e uno dei più frequentati luoghi di villeggiatura dell'intero Lago di Costanza.
La città ha antiche origini: se ne ha notizia già nel 770, con il nome di *Iburinga*. La nascita ufficiale viene comunque fatta risalire al 1180, anno in cui il Barbarossa ne fece una libera città imperiale. Il periodo che seguì fu caratterizzato dalla continua espansione legata al commercio del sale, del vino e dei cereali. La Guerra dei Trent'anni pose fine a questo fulgido periodo.

Da vedere

Münster St. Nikolaus. È la più grande cattedrale in stile tardogotico dell'intera zona del Bodensee. La costruzione iniziò intorno al 1000. Nel XII sec. la cappella centrale fu ampliata e trasformata in una basilica; caratteristici i due campanili di altezza e stile diversi. Il più alto, *Nordturm* (78 m), è della seconda metà del XIV secolo, mentre il più basso, *Südturm*, con il tetto in legno, risale al 1444 ed è rimasto incompleto.
L'aspetto esteriore contrasta enormemente con lo sfarzo dell'interno. La chiesa è a sala, divisa in cinque navate, cui fa da cornice una serie di cappelle delle famiglie patrizie della città con altari in stile rinascimentale e barocco. Imponente l'altar maggiore (1613-1616), notevole lavoro d'intaglio di Jörg Zürn, il più famoso scultore locale del XVII secolo.
Il *Rathaus* è un edificio tardogotico (1489-1494), situato sulla piazza chiamata Hofstatt. Di notevole interesse al primo piano è il *Ratssaal*, la sala consiliare, dove il consiglio comunale si riunì per la prima volta nel 1492, e dove ancor oggi si riunisce. Il soffitto è tutto intagliato in legno; le pareti, pure in legno, sono abbellite da oltre 40 statuette che riproducono personaggi di famiglie nobili, rappresentanti della Chiesa e delle corporazioni del XV secolo.

Informazioni

Prefisso telefonico: 07551
Kurverwaltung, Landungsplatz 14, 88662 Überlingen - tel. 4041.

Dove dormire

Hotel Zähringer Hof (standard), Münsterstr. 36 - tel. 63.665; meublé in posizione centrale a conduzione familiare. Non tutte le camere sono con bagno. Chiuso da dicembre ad aprile.
Hotel Seegarten (comfort), Seepromenade 7 - tel. 63.498, fax 3981; direttamente sul lago, posizione tranquilla, bella vista. Tutte le camere sono con bagno. Buffet a colazione.
Parkhotel St. Leonhard (lusso), Obere St.-Leonhard-Str. 71 - tel. 808.100, fax 808.531; posizione un po' periferica (a est del centro), in un ampio parco con stupenda vista sul lago. È associato ai Silencehotels. Veramente di classe.
Ostello. *Jugendherberge*, Alte Nußdorfer Str. 26 - tel. 4204.
Campeggi
Campingplatz Überlingen, Bahnhofstr. 57 - tel. 64.583.
Campingplatz Deufel - tel. 61.557; in località Nußdorf.

DUE CITTÀ DELL'ALTA SVEVIA

RAVENSBURG

Già in lontananza si rivela il carattere medievale di Ravensburg, (46.000 ab.), antico centro culturale e commerciale dell'Alta Svevia, a pochi chilometri dalle rive del Bodensee (20 km da Friedrichshafen lungo la B30, e 30 km da Meersburg lungo la B33). Una miriade di torri e le mura di cinta ancora piuttosto ben conservate rendono inconfondibile la silhouette di questa città, denominata sin dai tempi lontani, proprio per queste caratteristiche, "das Schwäbische Nürnberg", la Norimberga della Svevia, "Stadt der Türme und Tore", città delle torri e delle porte, "Oberschwäbische Metropole", la metropoli dell'Alta Svevia. Particolarmente curioso è il nome Ravensburg, letteralmente "rocca dei corvi". Probabilmente, ritengono alcuni storici, il nomignolo si riferisce a un nobile francone, Ravan, oppure ai primi signori della città, i Welfen, Guelfi, che per il nero corvino dei capelli erano denominati Raben, cioè corvi.

Un po' di storia

La città risale all'XI sec., e fu probabilmente costruita dai Welfen. In seguito, i possedimenti guelfi in Alta Svevia passarono agli Staufen che fecero di Ravensburg la sede amministrativa del loro regno in Svevia. Nel 1276 Ravensburg divenne Freie Reichsstadt, e nel tardo Medioevo fu uno dei più importanti centri commerciali della regione: lo testimoniano le molte torri (14) e i vari edifici medievali che caratterizzano tuttora il centro storico. Nel 1380 vi fu fondata una società commerciale, qualcosa di simile alla Lega anseatica nella Germania del nord: la *Große Ravensburger Handelsgesellschaft*, Società commerciale di Ravensburg, che controllava gran parte dei traffici con l'Europa meridionale. Grazie a questa società, Ravensburg raggiunse una certa prosperità, che conservò fino alla Guerra dei Trent'anni. L'orgogliosa Freie Reichsstadt rimase pressoché indipendente fino all'inizio del XIX sec., quando fu annessa alla Baviera (1802) e in seguito al Württemberg (1810). Sempre nel XIX sec., durante la rivoluzione industriale, vide sorgere numerose industrie, soprattutto tessili. La seconda guerra mondiale non arrecò danni alla città e pertanto la struttura della Altstadt è in gran parte originale.

In giro per il centro

Incominciamo la nostra passeggiata a nord, dal *Grüner Turm*, torre verde (XIV sec.), che conserva ancora le tegole verdi originarie. Accanto, unito da un tratto di mura, c'è il *Frauentor*. Di fronte si trova la *Liebfrauenkirche* la cui costruzione iniziò nel 1360. Gotica, a tre navate (la quarta fu aggiunta solo recentemente, nel 1891), ospita nel coro belle vetrate del XV sec. e un bel ciborio, anch'esso del XV secolo.

Dalla Liebfrauenkirche, percorrendo il breve tratto della Kirchstraße, si arriva al cuore della Altstadt: il *Marienplatz*, ampia strada più che piazza.

Il *Waaghaus* (Marienplatz 28) fu costruito nel 1498 come pesa e magazzino; attiguo si trova il *Bläserturm* (51 m), torre di vedetta dei guardiani della città (1553-1556). Il *Lederhaus* (Marienplatz 35) è un edificio rinascimentale con facciata e frontone affrescati; originariamente era la sede dei conciatori (Leder, cuoio).

Il *Rathaus* (Marienplatz 26) tardogotico (XIV-XV sec.) offre due sale consiliari interessanti, visitabili su richiesta. Da notare un ricco bovindo rinascimentale sul lato nord.

L'*Evangelische Stadtkirche* (Marienplatz 5) è la chiesa di un convento carmelitano (XIV sec.), più volte ampliata successivamente, con affreschi del XIV e del XV secolo. Sul lato nord del coro una scala conduce alla cappella della già citata "Ravensburger Handelsgesellschaft" (1452). Percorrendo il Marienplatz si è attraversata la Altstadt da nord a sud: ora ci troviamo presso l'*Hirschgraben*, quello che era il fossato esterno delle mura cittadine, così chiamato perché vi si allevavano cervi. Proseguendo in direzione est si trova il *Weißer Turm*, popolarmente detto "Mehlsack", sacco di farina, nome che allude al colore bianco dell'intonaco: si tratta di un'antica torre merlata alta 51 m, costruita nel XV sec. in posizione leggermente rialzata. Poco più indietro rispetto al Mehlsack c'è un altro torrione, il poderoso *Obertor*, il più antico della città, con frontone a gradoni e sporto dal quale si poteva gettare la pece in caso di attacco nemico.

Informazioni

Prefisso telefonico: 0751
Verkehrsamt, Kirchstr. 16, 88212 Ravensburg - tel. 82.324.

Dove dormire

Gasthof Obertor (comfort), Marktstr. 67 - tel. 32.081, fax 25.584; posizione centrale. Tutte le camere sono con bagno. Buffet a cola-

zione. Da provare il ristorante annesso (cucina regionale e internazionale).
Hotel Waldhorn (supercomfort), Marienplatz 15 - tel. 36.120, fax 361.21.00; posizione centralissima. È associato ai Romantik Hotels. Da provare il ristorante annesso.
Ostello. *Jugendherberge Veitsburg* - tel. 25.363.

I DINTORNI DI RAVENSBURG

Weingarten

A soli 4 km in direzione nord da Ravensburg, sulla B30, si trova la cittadina di Weingarten (22.000 ab.), famosa per la grandiosa basilica barocca.
La *basilica* fa parte di un'abbazia benedettina risalente addirit-

Weingarten, la Basilica

tura all'XI sec., nota soprattutto per la reliquia del sangue di Cristo, portata in processione a cavallo ogni anno il venerdì dopo l'Ascensione.
Il prestigio religioso di cui godeva l'abbazia si riflette nella splendida chiesa abbaziale. La costruzione della basilica iniziò nel 1715 e si concluse nel 1724. Il progetto iniziale, probabilmente di Moosbrugger, fu realizzato da Beer e concluso da Donato Giuseppe Frisoni. A lui si deve la costruzione dell'enorme cupola a crociera secondo il modello di San Pietro a Roma. Qualche cifra per avere un'idea delle dimensioni: la cupola è alta 66 m, l'interno della chiesa è lungo più di 100 m, il transetto 44 m, l'organo, il famoso "Gabler-Orgel" con più di 70 registri, è alto ben 14 m. I migliori artisti barocchi contribuirono alla decorazione interna della chiesa: Cosmas Damian Asam affrescò i soffitti, Schmuzer creò i delicati stucchi, Joseph Anton Feichtmayr realizzò gli stalli del coro e Gabler, infine, costruì il famoso organo. Da notare, ancora, la splendida cancellata del coro con effetto prospettico, e il pulpito rococò.
Il risultato è davanti ai nostri occhi: un complesso grandioso, ma non statico, in quanto la luce, che penetra dappertutto, viene riflessa dal bianco delle pareti e dai giochi degli stucchi alleggerendo così le poderose strutture.

BIBERACH AN DER RISS

Biberach an der Riss (30.000 ab.) merita una visita non solo per la splendida posizione a metà strada tra Ulm e Ravensburg, ma anche e soprattutto per le testimonianze di quello che con un luogo comune si definisce "antico splendore". Inoltre tutta la zona intorno alla cittadina desta l'interesse degli appassionati di arte barocca: da queste parti, infatti, si dirama parte dell'itinerario della Oberschwäbische Barockstraße. Anche Biberach, benché di impronta medievale, offre splendidi esempi di questo stile. È anche città d'arte e cultura, nonché patria del poeta Christoph Martin Wieland (1733-1813).

In giro per il centro

Resti di mura e di torrioni ricordano le origini medievali di Biberach: il *Gigelturm* (1373), ad esempio, e il *Weißer Turm* (1484), che fungeva da torrione di vedetta, situati su una collinetta, e il *Gigelberg*, a ovest del centro.

Particolare curioso: la zona sotto il Gigelturm fu quartiere dei tessitori perché qui il clima particolarmente asciutto favoriva la produzione del fustagno. Questa "Webersiedlung" (quartiere dei tessitori), tuttora conservata, è una prova tangibile della tradizione artigianale della città.
Cuore di Biberach è, comunque, il *Marktplatz*, bellissima piazza di forma allungata ricca di case patrizie, con il consueto Marktbrunnen. Le più belle case a graticcio si affacciano proprio su questa piazza: la *Haus am Kleeblatt*, del 1500, casa del trifoglio; la *Schranne*, del 1593, antico granaio, oggi sede del Wieland-Schauraum, il museo dedicato al poeta Christoph Martin Wieland; e il *Salzstadel*, del 1513, deposito del sale.
Chiude la piazza a est la parrocchiale *St. Martin*, del XIV sec., utilizzata fin dal 1649 per le funzioni di rito sia cattolico che protestante. Si tratta di una chiesa a tre navate, rimaneggiata in forme barocche tra il 1746 e il 1748 da Johannes Zick; tardogotico è il pulpito del 1511. In seguito a un incendio nel XVI sec. il campanile fu coronato dalla caratteristica copertura.
Nei pressi del Marktplatz si trovano i due municipi, uno del 1432, l'altro, accanto, del 1503. Il primo, *Altes Rathaus*, è un pregevole edificio a graticcio; il secondo, *Neues Rathaus*, ha un'impronta rinascimentale. Poco distante, nella Viehmarktstraße, c'è il simbolo dell'impegno culturale di Biberach: lo *Schlachthaus* (macello), utilizzato fin dal 1650 come Komödienhaus (casa della commedia, teatro). È un edificio semplice, non particolarmente vistoso ma significativo per l'interesse popolare verso il teatro, stimolato fin dal XVIII sec. dal già citato Wieland. Le *Städtische Sammlungen* (storia, artigianato, pittura locale) sono ospitate nel *Heiliggeistspital*, l'ospedale di S. Spirito.

Informazioni

Prefisso telefonico: 07351
Fremdenverkehrsstelle, Theaterstr. 6, 88400 Biberach an der Riss, - tel. 51.483.

Dove dormire

Berliner Hof (comfort), Berliner Platz 5 - tel. 21.051, fax 31.064; semplice ma accogliente. Non tutte le camere sono con bagno. Buffet a colazione. Annesso ristorante.
Erbacher Hof (supercomfort), Schulstr. 11 - tel. 12.016, fax 12.019; posizione centrale. Ricco buffet a colazione. Da provare il ristorante annesso.

LA STRADA DEL BAROCCO IN ALTA SVEVIA

La Oberschwäbische Barockstraße è un itinerario che attraversa con un percorso chiuso la regione tra il Danubio e il Lago di Costanza. Come indica la denominazione stessa, oltre al paesaggio, che è di un certo interesse, sono le chiese, le abbazie, gli edifici cittadini in stile barocco il tema dominante di questa strada turistica; siamo nel "paradiso del barocco". Si parte da Ulm e, percorrendo l'itinerario per intero, si giunge, dopo 315 km, di nuovo a Ulm. Tappe obbligate sono: Zwiefalten, Steinhausen e Wangen.

- **Ulm** (cfr. "Regione del Neckar e Svevia, *Ulm*").
- **Blaubeuren** (11.000 ab.): da vedere il *Blautopf*, limpida sorgente carsica con abbazia benedettina dell'XI secolo. Notevoli l'altar maggiore tardogotico e gli stalli del coro.
- **Ehingen** (22.000 ab.), medievale, con case a graticcio. Da ricordare la *Konviktskirche*, con struttura a croce greca e cupola piatta, e la *St-Blasius-Kirche*.
- **Obermarchtal**, chiesa abbaziale (1686-1701) opera di Michael e Christian Thumb; stucchi di Schmuzer.
- **Zwiefalten** (2300 ab.): notevole la chiesa di un'abbazia benedettina dell'XI sec., tardobarocca, opera di Johann Michael Fischer (1739-1765). Struttura lunga e stretta con due svettanti campanili sormontati da cupole a cipolla, facciata in tufo a volute. L'interno è un trionfo rococò: stucchi dorati di Feichtmayr, affreschi di Spiegler.
- **Bad Buchau** (4000 ab.), centro fangoterapico. Da vedere l'abbazia dell'VIII sec. situata su di un isolotto del vicino Federsee, piccolo lago di notevole interesse paesaggistico e naturalistico. L'edificio attuale dell'abbazia risale al XVIII sec., su progetto di Ixnard e Bagnato; la chiesa abbaziale è in stile neoclassico francese, con luminoso interno bianco e oro, affreschi e sculture.
- **Steinhausen**, quartiere di Bad Schussenried. Notevole la parrocchiale di *St. Peter und Paul*, anche santuario di Nostra Signora: è una Dorfkirche, chiesa di villaggio, tutta bianca esternamente in contrasto con il ricco interno. Artefice ne fu Dominikus Zimmermann, che studiò una navata ovale collegata al transetto anch'esso ovale. Soffitti affrescati da Johann Baptist Zimmermann; stucchi ispirati al mondo della natura, opera comune dei fratelli Zimmermann.
- **Bad Schussenried** (7500 ab.): da vedere l'abbazia del 1183. La chiesa, ricostruita nel XVIII sec., ospita stucchi e pitture di Zick

(1740); notevoli, per il gran numero di figure, gli stalli del coro (1718); il portico d'ingresso e il coro sono resti di un'antica costruzione romanica. Gli edifici dell'abbazia risalgono al XVIII sec.; notevole il salone della biblioteca costruita da Emele su progetto di Zimmermann: bianco e oro i colori dominanti. Suggestivi i concerti che vi si tengono.

• **Bad Waldsee** (16.000 ab.), località fangoterapica situata in una curiosa posizione tra due piccoli laghi. Da vedere: il *Rathaus*, del 1426, con frontone barocco, la *Stiftskirche St. Peter* (1479), rimaneggiata in forme barocche nella seconda metà del XVIII secolo. All'interno, altar maggiore di Dominikus Zimmermann e lastra funeraria in bronzo di Georg I von Waldburg (morto nel 1467), il cosiddetto "uomo di ferro".

• **Weingarten** (cfr. "Alta Svevia, *I dintorni di Ravensburg*").

• **Ravensburg** (cfr. "Alta Svevia, *Ravensburg*").

• **Wangen im Allgäu** (23.000 ab.), antica Freie Reichsstadt. Caratteristici il Frauentor e il Martinstor, torrioni affrescati che delimitano le due vie più significative della Altstadt, la Herrenstraße e la Paradiesstraße. Sul Marktplatz si affacciano il Rathaus, con facciata a volute, rifatto in stile barocco tra il 1721 e il 1724; e la Martinskirche, gotica (XV sec.). Da menzionare, uscendo dal Martinstor, la Rochuskapelle, nell'antico cimitero cittadino: bel soffitto ligneo con raffigurazioni della Bibbia e stemmi patrizi.

• **Biberach an der Riss** (cfr. "Alta Svevia, *Biberach an der Riss*").

• **Wiblingen/Ulm** (cfr. "Regione del Neckar e Svevia, *Ulm*").

La basilica di Steinhausen

REGIONE DEL NECKAR E SVEVIA

Il Neckarland-Schwaben è quella parte del Baden-Württemberg che si estende a est della Foresta Nera. È caratterizzato dal corso del fiume Neckar a nord, dall'altopiano della Schwäbische Alb (Giura Svevo) e dai primi passi del Danubio a sud. Si tratta di un territorio eterogeneo per le caratteristiche geologiche, artistiche e paesaggistiche che distinguono le varie zone. Infatti, sotto il nome di comodo Neckarland-Schwaben si celano almeno sei sottoregioni, ben distinte tra loro, i cui nomi manderebbero in crisi la maggior parte dei turisti italiani e che pertanto vi risparmiamo.
Neckarland significa regione del Neckar. Il Neckar nasce nella Foresta Nera, attraversa in direzione nord la regione, passa per importanti e celebri città quali Tubinga, Stoccarda, Heilbronn, Heidelberg, e si getta nel Reno all'altezza di Mannheim.
Il paesaggio romantico a nord di Stoccarda è un must per il turista attento e sensibile al fascino di città medievali, silenziose vallate, castelli, rocche e vigneti. A est di quest'area, oltre il Neckar, si estendono la regione dell'Odenwald e la valle del fiume Tauber, che segna anche il confine nord-orientale con la Franconia bavarese. Nella zona centrale del Neckarland si trova lo Schwäbischer Wald, la selva sveva.
Per Schwaben, o Svevia, si intende la regione a sud del Neckarland, cioè la Schwäbische Alb (Giura Svevo), lunga 200 km, larga circa 40, diagonalmente delimitata dal Neckar e dal Danubio. L'altopiano del Giura Svevo è una formazione alquanto singolare, soprattutto se paragonata alla vicina Foresta Nera o alla catena alpina. Deriva infatti dal Mare Giurassico che, prosciugandosi, lasciò formazioni calcaree. Due sono le conseguenze che a noi interessano dal punto di vista turistico: da un lato il Giura è ricchissimo di fossili, e dall'altro vi si trovano molte grotte sotterranee, alcune delle quali visitabili. Il paesaggio è molto vario (faggeti, abetaie, brughiere, ma anche rocce calcaree) e offre moltissime possibilità di passeggiate in estate, e piste da fondo in inverno (i rilievi sono modesti, raramente raggiungono i 1000 m).
È forse il caso di aggiungere che la Schwäbische Alb non è molto sfruttata turisticamente, neanche dagli stessi tedeschi, e merita quindi una certa considerazione. Inoltre, se diamo uno sguardo alle caratteristiche storico-culturali della regione, abbiamo la possibilità di fare scorribande nella storia tedesca: la dinastia degli Staufen (gli Svevi) e quella degli Hohenzollern sono native di qui.

TUBINGA, il fascino di un'antica città universitaria

Da non perdere:
- Passeggiata lungo la Platanenallee con vista sulla Altstadt
- Rathaus, con suggestiva facciata e orologio astronomico
- Schloß Hohentübingen, il nucleo della Altstadt
- Giro in Stocherkahn sul Neckar

Nei dintorni:
- Bebenhausen, abbazia cistercense
- Hechingen, Burg Hohenzollern, imponenza prussiana in Svevia

Tübingen (80.000 ab.), 40 km a sud di Stoccarda, è universalmente conosciuta per l'antica università fondata nel lontano 1477: tutta la città, ancor oggi, vi gravita intorno, anche se i nuovi edifici universitari si trovano al di fuori della Altstadt, nell'immediata periferia.
Passeggiando per le strette e pittoresche vie del centro, dove è temerario avventurarsi in auto, o sostando in una delle Studentenkneipen (birrerie, locali per studenti), si respira un'aria goliardica. Infatti quasi 25.000 studenti abitano in città, una cifra considerevole in relazione al numero complessivo degli abitanti.
Il centro è delimitato da due alture, l'Österberg e lo Schloßberg, quest'ultimo attraversato da un tunnel per pedoni e bici, ed è caratterizzato dal corso del fiume Neckar. Adagiate sulle rive, attirano la curiosità dei turisti gli *Stocherkähne*, imbarcazioni tipiche locali, con le quali si pratica qualcosa di molto simile al "punting" di Cambridge e Oxford. Non per nulla sia Tübingen che Cambridge e Oxford sono storiche città universitarie.
Unica al mondo invece è la Platanenallee, viale alberato su un oblungo isolotto nel Neckar, praticamente di fronte al meraviglioso centro storico: fate quattro passi per avere una panoramica da cartolina della Altstadt.

Un po' di storia

Il nome in -ingen rivela l'origine alemanna dell'insediamento e colloca la fondazione della città verso il VI-VII secolo. Tübingen compare per la prima volta in un documento ufficiale nel 1078, quando il re Heinrich IV occupò la rocca Hohentübingen. Nel 1231 Tübingen ricevette il titolo di città, e contemporanea-

mente iniziò il suo sviluppo commerciale. Dopo il passaggio alla famiglia dei Württemberg, Tübingen acquisì sempre maggiore importanza. Ma fu il fatidico anno 1477 a cambiare la storia della città: il conte Eberhard im Bart vi fondò l'università. Da allora in poi Tübingen si sviluppò quale centro culturale e spirituale, e grandi personaggi della cultura tedesca studiarono qui: Hölderlin, Schelling, Hegel, Keplero.
Collegato all'istituzione dell'università fu poi lo sviluppo dell'editoria: famosa è la casa editrice Cotta Verlag, primi editori di Goethe. Nei secoli successivi la storia di Tübingen seguì le vicende della famiglia Württemberg, e passò attraverso la Guerra dei Trent'anni. Ma fu sempre l'università il perno intorno a cui ruotò la sua vita: la struttura medievale venne rimaneggiata all'inizio del XIX sec. per far fronte alle richieste di sempre maggior spazio per le facoltà universitarie e per gli studenti. Questi ultimi animarono, a partire dal 1815-1816, anche la vita politica, e non solo culturale, di Tübingen e del Württemberg, con chiari intendimenti liberali.
Arriviamo così al XX secolo. Tübingen vanta il primato di aver riaperto i corsi universitari, dopo il secondo conflitto mondiale, già nel dicembre 1945, in testa a tutti gli altri atenei tedeschi.

In giro per il centro

È un vero piacere passeggiare per le silenziose vie della Altstadt: sul caratteristico acciottolato dei vicoli e lungo la sponda del Neckar si vedono poche, pochissime auto e tante biciclette.
È possibile progettare un itinerario preciso nel centro (ne fornisce uno, assai completo, il Verkehrsverein di Tübingen), ma è decisamente più affascinante andare a zonzo, sicuri che ci si ritroverà o lungo il fiume o al Markt, piazza centrale.
Potremmo dunque iniziare dal *Markt*, pittoresca piazza, teatro di un mercato quotidiano di frutta, verdura e fiori, con il suo Neptunbrunnen. È caratterizzata dall'importante presenza del **Rathaus** (iniziato intorno al 1435), a graticcio, con successivi interventi anche barocchi di fine XVII secolo. Suggestivi sono gli affreschi a frontoni e volute che decorano la facciata, rifatti nel XIX secolo. Il grande orologio astronomico che sormonta la facciata è del 1511.
Dal Markt, pochi passi in salita lungo l'antica Bürgsteige conducono allo **Schloß Hohentübingen** (XI sec.): maestoso è il portale d'ingresso rinascimentale del XVII sec. che ricorda un arco trionfale romano. Gli edifici del castello, risalenti al XVI sec., sono oggi sede di numerosi istituti universitari. Suggesti-

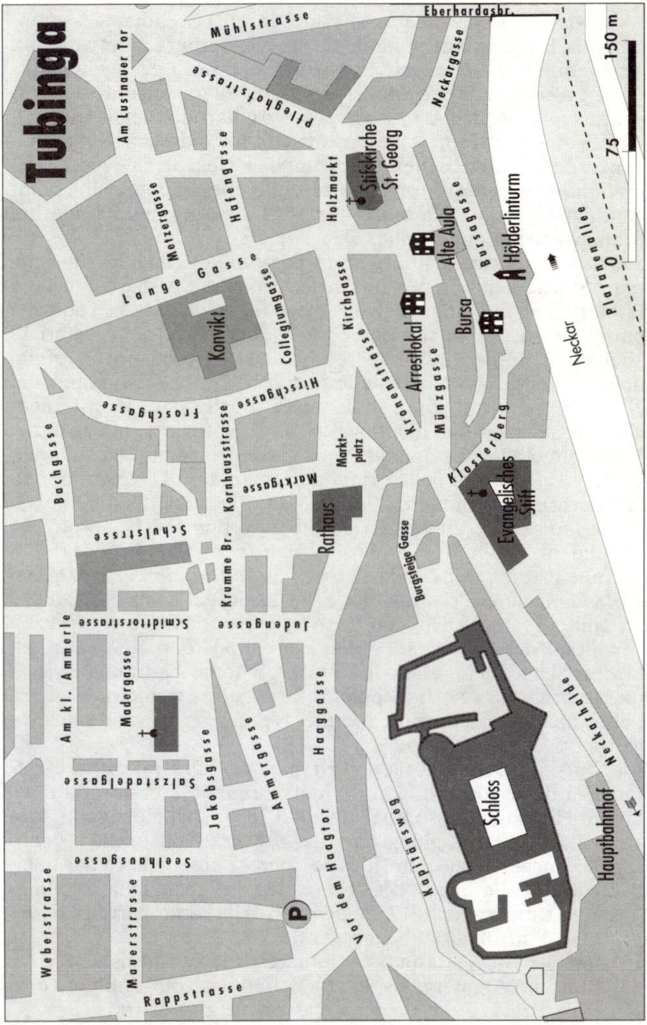
Tubinga
Mühlstrasse
Eberhardsbr.
Am Lustnauer Tor
Pfleghofstrasse
Neckargasse
Stiftskirche St. Georg
Holzmarkt
Hafengasse
Metzergasse
Lange Gasse
Konvikt
Collegiumgasse
Kirchgasse
Alte Aula
Bursagasse
Hölderlinturm
Arrestlokal
Bursa
Kronenstrasse
Münzgasse
Neckar
Platanenallee
0
75
150 m
Froschgasse
Hirschgasse
Kornhausstrasse
Bachgasse
Markt-platz
Marktgasse
Rathaus
Klosterberg
Evangelisches Stift
Schulstrasse
Krumme Br.
Burgsteige Gasse
Schmidtorstrasse
Judengasse
Am kl. Ammerle
Madergasse
Haaggasse
Ammergasse
Jakobsgasse
Salzstadelgasse
Schloss
Kapitänsweg
Neckarhalde
Hauptbahnhof
Seelhausgasse
Vor dem Haagtor
Weberstrasse
Mauerstrasse
Rappstrasse
P

va la vista del Neckar che si gode da qui. Scendiamo sempre lungo la Bürgersteige, e nella viuzza Klosterberg ci imbattiamo negli edifici dell'*Evangelisches Stift*, seminario evangelico sorto al posto dell'antico monastero agostiniano quando la città abbracciò la Riforma. Qui vissero e studiarono alcuni tra i più significativi pensatori e uomini di cultura tedeschi. Nelle vicinanze dell'Evangelisches Stift, lungo il Neckar, si erge l'*Hölderlinturm*: in questa torre, parte delle antiche mura di Tübingen, dal 1807 fino alla morte nel 1843 visse il poeta Hölderlin, ormai oscurato dalla follia.

Siamo sul Neckar: sugli argini, in prossimità dell'Hölderlinturm, tanti Stocherkähne; poco più in là, il ponte Eberhardsbrücke e l'isolotto con la Platanenallee. Verso sud si incontra la Tübingen più moderna, con la stazione e parte degli edifici universitari.

Vicino all'Hölderlinturm parecchi edifici ricordano le origini dell'università, come la cosiddetta *Bursa*, eretta verso la fine del XV sec. come residenza studentesca, trasformata in stile neoclassico all'inizio del 1800, oggi sede di istituzioni universitarie. Vicinissimo alla Bursa, nella Münzgasse, troviamo l'edificio della *Alte Aula*, centro della prima università del 1477. Sempre nella Münzgasse, al numero 20, da notare il cosiddetto *Arrestlokal*, il vecchio carcere universitario, utilizzato fino al XIX secolo per gli studenti più riottosi e indisciplinati (possibilità di visita).

Vicinissima alla Alte Aula si trova la *Stiftskirche St. Georg am Holzmarkt*, la cui costruzione ebbe inizio nel 1470. Si tratta di un edificio tardogotico, con torre in parte romanica con preziose vetrate del XV secolo. All'interno si possono ammirare l'altare di Schäufelein, allievo di Dürer, il fonte battesimale riccamente decorato (1497), il pulpito tardogotico in pietra e, dietro l'altar maggiore, l'elegante pontile. Nel coro si trovano numerose tombe dei Württemberg.

La Stiftskirche si affaccia sull'*Holzmarkt*, altra piazzetta caratteristica della Altstadt, con il Georgsbrunnen e la libreria dove lavorò Hermann Hesse fra il 1895 e il 1899. Dall'Holzmarkt, lungo la Lange Gasse, giungiamo al *Konvikt* (Wilhelmstift), denominato anche "Collegium Illustre" perché frequentato dai nobili. Costruito alla fine del XVI sec., divenne sede della facoltà di Teologia cattolica nel 1817, fungendo così da controparte all'Evangelisches Stift di cui abbiamo già detto.

La nostra passeggiata può continuare nelle caratteristiche viuzze, come la Ammergasse lungo il fiumiciattolo Ammer, e la Krumme Brücke, alla ricerca delle tipiche case a graticcio.

Sei chilometri a nord di Tübingen, lungo la B27, si trova l'antica **abbazia cistercense di Bebenhausen**, la cui fondazione risale al 1187. Dopo un lungo periodo di splendore legato agli abati cistercensi, il complesso perse ogni importanza in seguito alla Riforma e divenne infine proprietà del Württemberg all'inizio del XIX sec. in occasione della secolarizzazione.
È un complesso molto ben conservato, circondato da doppie mura, con nel mezzo un pregevole chiostro tardogotico (1471-1496) a volte reticolate e polifore. Tutti gli ambienti conventuali ruotano intorno a questo chiostro.
Sul lato nord sorge la chiesa, originariamente tardoromanica (XIII sec.); ebbe successivi ritocchi e rifacimenti nei secoli XV e XVI, con l'aggiunta della torre campanaria sormontata da cupola filigranata che sovrasta tutto il complesso dell'abbazia. All'interno notevoli sono la vetrata sul lato est del coro e il pulpito ri-

Tubinga in una vecchia litografia

nascimentale. I refettori e la sala-laboratorio ospitano da non molto una sezione del Württembergisches Landesmuseum di Stoccarda. Se si approfitta delle visite guidate del museo, si ha anche l'opportunità di ammirare la chiesa, il chiostro e il refettorio.
Parte dell'originaria abbazia fu trasformata in castello (Jagdschloß, castello di caccia) tra il XIX e il XX secolo. Il re del Württemberg e i suoi discendenti scelsero di abitare qui dopo la prima guerra mondiale, in seguito all'abdicazione.

Informazioni

Prefisso telefonico: 07071
Verkehrsverein, An der Eberhardsbrücke, 72072 Tübingen - tel. 35.011.

Dove dormire

Abbiamo provato per voi:
Hotel Hospiz (comfort), Neckarhalde 2 - tel. 26.002, fax 26.385; posizione centrale, confortevole anche se semplice nell'arredamento. Ricco buffet a colazione. Parcheggio privato (a pagamento).
Altri nostri suggerimenti:
Hotel am Schloß (standard), Burgsteige 18 - tel. 21.077, fax 52.090; semplice, senza grandi pretese. Ha il grande vantaggio di essere in posizione centralissima. Problema per il parcheggio (non ha garage privato). Annesso ristorante.
Hotel Domizil (comfort), Wöhrdstr. 5/9 - tel. 1390, fax 139.250; in prossimità dell'Eberhadsbrücke, sul Neckar. Molto curato. Ricco buffet a colazione. Da provare il ristorante annesso.
Hotel Krone (supercomfort), Uhlandstr. 1 - tel. 31.036, fax 38.718; bell'edificio, ambiente raffinato ed elegante. Purtroppo la posizione è un po' trafficata, ma a pochi passi dal centro storico.
Ostello. *Jugendherberge*, Gartenstr. 22/2 - tel. 23.002.
Campeggio. *Campingplatz*, Rappenberghalde 61 - tel. 43.145.

Dove mangiare

Ratskeller, Haaggasse 4, am Rathaus; assolutamente da provare le Maultaschen, specialità locali. Spesso c'è da aspettare che si liberi un tavolo.
Mauganeschtle, Burgsteige 18; specialità internazionali e regionali. Terrazzo con vista sulla Altstadt.
Rebstock, Ammergasse 12; caratteristica Weinstube con cucina regionale.

I DINTORNI DI TUBINGA

Hechingen

A una ventina di chilometri da Tübingen, percorrendo la B27 verso sud, incontriamo la cittadina di Hechingen (18.000 ab.), piacevole località della Schwäbische Alb, una volta capoluogo del principato Hohenzollern-Hechingen (dal 1623 al 1849). Offre spunti per una visita veloce: la chiesa di *St. Jakob*, quella rinascimentale di *St. Luzen* e l'*Altes Schloß* con la Hohenzollerische Landessammlung.

Ma il turista è soprattutto attratto dal significato storico di Hechingen, in quanto città natale della dinastia degli Hohenzollern, che furono re di Prussia e imperatori della Germania.

Nei dintorni di Hechingen, esattamente sulla B27, in direzione di Balingen, appollaiata su una rocca, si trova **Burg Hohenzollern**, fiabesco castello che testimonia le origini sveve della nobile famiglia.

Già la vista del castello in lontananza è estremamente suggestiva: tenete pronte le macchine fotografiche. Arrivarci è un tantino faticoso, visto che si deve lasciare l'auto a un parcheggio a metà collina e proseguire a piedi per un ripido sentiero: ma ne vale la pena. Per i pigri c'è comunque un servizio di pullmini che vi scodellano proprio al castello. Un consiglio: evitate domeniche e festivi, poiché Burg Hohenzollern è una delle mete preferite dai turisti della domenica.

Il castello, maestoso e ben conservato, risale soltanto al 1819, quando il principe ereditario Federico Guglielmo di Prussia decise di costruire sui resti piuttosto malridotti di un'antica rocca (XI-XV sec.) un vero castello, secondo lo stile neogotico tanto in voga allora.

La costruzione ebbe tuttavia inizio solo verso la metà dell'Ottocento, quando i rampanti Hohenzollern prussiani sentirono la necessità di valorizzare le proprie origini. Il castello, inaugurato nel 1867, con le sue sette torri è uno dei più imponenti di tutta la Germania.

Delle antiche strutture il castello conserva unicamente la gotica Michaelskapelle, ma le sale interne, con un'interessante raccolta di oggetti legati agli Hohenzollern, meritano comunque la visita. Da non trascurare il magnifico panorama sul Giura Svevo che si gode dagli spalti del castello.

Informazioni: *Verkehrsamt*, Marktplatz 1, 72379 Hechingen - tel. 07471/185.113.

GLI HOHENZOLLERN
Dalla Svevia alla Prussia, una casata in carriera

Gli Hohenzollern, destinati a rivestire un ruolo determinante nella storia tedesca, provenivano dalla Svevia proprio come altre famiglie nobili quali gli Staufen e i Salii. Ma riuscirono ad arrivare nella lontana Prussia e da lì a regnare su tutta la Germania.
Nel XII sec. gli Zollern, più tardi Hohenzollern, erano già tra le famiglie più influenti della Svevia. Ma la prima mossa strategica fu un geniale matrimonio, quello del conte Federico III con Sofia von Raabs, che portava in dote il burgraviato di Norimberga (1191). Questa fu la prima tappa nella carriera espansionistica degli Hohenzollern. In seguito a questo matrimonio la casata iniziò a ramificarsi; un ramo rimase in Svevia e ne continuò la discendenza, un altro si radicò in Franconia, un altro, infine, diede origine al ramo brandeburgo-prussiano (quello di Federico il Grande e degli ultimi Kaiser).
La conquista della Prussia fu il risultato di un'altra mossa tattica. Federico VI, burgravio di Norimberga, appoggiò l'elezione a imperatore del re di Ungheria Sigismondo, e ne fu lautamente ricompensato: nel 1411 con il dono della marca del Brandeburgo, e nel 1415 con il titolo di principe-elettore del Brandeburgo. Si prefigurava così il destino della dinastia.
Successivamente, accorte politiche matrimoniali tra le varie famiglie Hohenzollern disseminate per il territorio tedesco resero ancor più potente la già onnipresente casata.
Furono comunque gli esponenti del ramo prussiano a distinguersi: il Großer Kurfürst, grande principe-elettore, Federico Guglielmo (1620-1688), fondò lo stato Brandeburgo-Prussia, e Federico il Grande gettò le basi della grande Prussia, destinata a sopravvivere anche alla bufera napoleonica.
Gli Hohenzollern raggiunsero l'apice nel 1871, con l'incoronazione a imperatore di Germania di Guglielmo I di Prussia. Pochi decenni ancora e il grande sogno prussiano si sarebbe dissolto nelle ceneri della prima guerra mondiale.
L'ultimo Hohenzollern regnante, Guglielmo II, non si dimostrò accorto e lungimirante come i suoi avi. Finì i suoi giorni in esilio, in Olanda, dove morì nel 1941.

REUTLINGEN, metropoli del Giura Svevo

Da non perdere:
- Marienkirche, imponente costruzione gotica

Nei dintorni:
- Schloß Lichtenstein, un castello da fiaba
- Bad Urach, la perla della Schwäbische Alb

Reutlingen (100.000 ab.) è una moderna e vivace città commerciale nella valle del fiume Echaz, affluente del Neckar, ai margini della Schwäbische Alb. Viene infatti anche definita "Tor zur Schwäbischen Alb" (porta sul Giura Svevo). È quindi in posizione strategica per interessanti escursioni nei vari centri del Giura.
Escursioni a parte, Reutlingen è un'antica città che ha subito varie peripezie nel corso della storia e che ha qualcosa da mostrare al turista. Le vie del centro storico intorno alla bellissima Marienkirche sono molto piacevoli e invitano a uno shopping, magari non raffinatissimo, ma sicuramente accessibile.

In giro per il centro

La via principale del centro è la *Wilhelmstraße*. Provenendo dalla stazione, subito sulla destra incontriamo la *Nikolaikirche*, evangelica, completamente distrutta nel 1945 e ricostruita; davanti c'è il *Gerber- und Färberbrunnen*, la fontana dei conciatori e dei tintori, una delle numerose fontane del centro storico.
Poco più avanti incrociamo il *Marktplatz*, con lo Spital e la *Spitalkirche* (oggi scuola), il *Marktbrunnen* con la statua dell'imperatore Massimiliano II (1570) e il moderno *Rathaus*.
Circa 150 m più avanti si trova l'edificio più importante di Reutlingen, la **Marienkirche**, protestante. Quando i lavori iniziarono (1247) lo stile era ancora tardoromanico, ma il risultato finale (1343) fu un'imponente costruzione gotica: particolari sono gli archi rampanti della navata centrale, e maestoso è il campanile alto 73 m. Notevoli all'interno sono il Santo Sepolcro, in pietra, e il fonte battesimale, entrambe opere sveve tardogotiche.
La Marienkirche fu seriamente danneggiata da un incendio nel 1726, per cui ben poco si è salvato delle decorazioni interne.
Vicino alla chiesa c'è il *Kirchbrunnen* con la statua di Federico II (1194-1250). Si tratta di una copia, risalente al 1903, di

quella originale del 1561 andata persa nell'incendio del 1726. Proseguendo per la Wilhelmstraße incontriamo un'altra fontana, il *Lindenbrunnen*, gotica (1544), antico abbeveratoio per il bestiame. Si giunge così all'Albtorplatz. Da qui, verso destra, parte la Josef-Weiß-Straße, che corre parallela alle antiche mura della città, caratterizzata dallo *Eisturm*, torrione gotico. Proseguendo si nota lo *Spendehaus*, casa a graticcio con alte volute del XVI sec., un tempo granaio, oggi sede dello *Städtisches Kunstmuseum*. Concludiamo il nostro itinerario al *Tübinger Tor*, che faceva parte delle mura. La parte più antica della torre risale al 1220-1240, l'intelaiatura a graticcio è relativamente più recente (XVI sec.) ed è stata rinnovata nel 1960.

Informazioni

Prefisso telefonico: 07121
Verkehrsamt, Listplatz 1, 72764 Reutlingen - tel. 303.25.26, fax 339.590.

Dove dormire

Württemberger Hof (comfort), Kaiserstr. 3 - tel. 17.056, fax 44.385, posizione favorevole. Tutte le camere sono con bagno. Buffet a colazione.
Hotel Fürstenhof (supercomfort), Kaiserpassage 5 - tel. 3180, fax 318.318; sauna, solarium, piscina. Bell'ambiente. Parcheggio a pagamento. Ricco buffet a colazione.

I DINTORNI DI REUTLINGEN

Pochi chilometri a sud di Reutlingen, seguendo la B312 attraverso la valle dell'Echaz, si trova Lichtenstein, centro di soggiorno immerso nel verde a 520 m di altezza. Da vedere c'è, in località Honau, il pittoresco **Schloß Lichtenstein**. Avete in mente i fiabeschi castelli di Ludwig II di Baviera? Questo non è da meno, tant'è vero che i tedeschi lo hanno soprannominato "das Schwäbische Hohenschwanstein" (Hohenschwanstein, in Baviera, è appunto uno dei castelli di Ludwig).
Si erge a 813 m di altezza, isolato su uno sperone di roccia, raggiungibile a piedi e accessibile solo mediante ponte levatoio. È un gioiello dell'architettura romantica tedesca, costruito nel 1839 al posto di una rocca più antica dal conte Wilhelm von Württemberg, duca von Urach. Dagli spalti del castello la vista è ve-

ramente spettacolare: il Giura, la zona del Neckar, la Foresta Nera. I saloni interni conservano preziose collezioni d'arte, soprattutto medievale.
Nei pressi del castello un sentiero conduce alla *Nebelhöhle*, una tra le più belle grotte del Giura Svevo, visitabile da marzo a novembre.
Proseguendo verso sud, sempre lungo la B313, si arriva a Engstingen, dove le indicazioni stradali ci conducono a un'altra grotta, forse la più spettacolare della Schwäbische Alb: la *Bärenhöhle*, grotta dell'orso, famosa per il ritrovamento di resti di orsi vissuti qui probabilmente durante l'Era glaciale. Con le sue numerose stalattiti e stalagmiti illuminate ad arte, offre uno spettacolo decisamente suggestivo (visitabile da marzo a novembre).

Bad Urach

Un'altra deviazione della B312 in direzione est, più precisamente girando a sinistra poco prima di raggiungere Lichtenstein, porta a Bad Urach (da Reutlingen ci si può arrivare anche percorrendo la B28). Questa cittadina (12.000 ab.) merita senz'altro una visita per il suo valore sia artistico che naturalistico: non per niente è soprannominata "la perla della Schwäbische Alb". Offre infatti un centro storico assai pittoresco, con un Marktplatz incorniciato da case a graticcio molto ben conservate tra cui il *Rathaus* (XV sec.); nel mezzo della piazza si erge il Marktbrunnen (gotico, XVI sec.).
Da visitare è il *Residenzschloß*, costruito nel XV sec. quando Urach fu residenza dell'omonimo ramo dei conti von Württemberg. Esso ospita oggi l'Historisches Museum.
Bad Urach è anche località termale, situata in una posizione incantevole nel verde, dominata dalle suggestive rovine della Burg Hohenurach (XI sec. e successivi rimaneggiamenti fino al XVIII sec.).
Non molto lontano dal centro, raggiungibile a piedi dai vari parcheggi lungo la B28, è la cascata *Uracher Wasserfall*. La scarsità d'acqua è proverbiale nel Giura Svevo, a causa della struttura del suolo: proprio per questo motivo la cascata di Bad Urach è una vera curiosità.
L'acqua proviene da una sorgente carsica ed è molto calcarea: precipitando da 37 m di altezza il calcare si libera e sedimenta in "terrazze" su cui la massa d'acqua scivola a valle.
Informazioni: *Kurverwaltung*, Bei den Thermen 4, 72574 Bad Urach - tel. 07125/1761.

ULM, il duomo, il Danubio

Da non perdere:
- Münster, una delle maggiori cattedrali gotiche della Germania
- Marktplatz, con il suggestivo Rathaus
- Fischerviertel, il quartiere dei pescatori
- Passeggiata sulle mura lungo il Danubio

Ulm (105.000 ab.) si trova nella zona meridionale del Giura Svevo, sul confine con la Baviera, ed è attraversata dal Danubio. Molte sono le attrazioni della città, che, tra l'altro, diede i natali ad Albert Einstein: prima fra tutte la cattedrale, con il campanile più alto della cristianità.
Ulm venne menzionata per la prima volta nell'854 con il nome di Hulma; nel 1274 divenne Freie Reichsstadt. Nei secoli successivi (XIV e XV) conobbe un periodo di splendore grazie alle attività commerciali e artigianali, che la arricchirono favorendone l'espansione territoriale e rendendola una delle città più grandi e popolose del tempo.
Nel 1377 si iniziò a costruire il Münster, segno del benessere della popolazione: tutti i cittadini e le corporazioni furono infatti invitati a contribuire economicamente. Alla ricchezza materiale corrispose anche un notevole sviluppo culturale e artistico: si parla infatti di "Ulmer Kunst", arte tardogotica sveva dei secoli XIV e XV.
I successivi eventi storici furono l'adesione della cittadinanza alla Riforma; la decadenza causata dalla Guerra dei Trent'anni; il passaggio del territorio a sinistra del Danubio al Baden-Württemberg e la conseguente fondazione (1869) della città di Neu-Ulm, sull'altra sponda del Danubio (si è già in Baviera).
Fu distrutta per due terzi dai bombardamenti del 1945: l'opera di ricostruzione fu piuttosto laboriosa.

In giro per il centro

Fulcro della città è il **Münster**, la cattedrale evangelica più grande della Germania meridionale e con il campanile più alto del mondo (161,60 m).
Come si è già ricordato, la costruzione del Münster iniziò nel 1377, ma il campanile fu terminato solamente nel 1890. Stilisti-

camente siamo di fronte a una costruzione tardogotica, il cui progetto iniziale era degli architetti Parler, molto attivi in Svevia e nella Germania meridionale. Ulrich von Ensingen, successore dei Parler, modificò però la struttura iniziale a sala e ideò un enorme campanile da inserire nella parte occidentale della chiesa. Lo stesso Ulrich von Ensingen e i suoi successori, tra cui Böblinger, lavorarono a questo progetto, ma innalzare un campanile così possente risultò impresa non da poco.

Nel 1545 i lavori si interruppero: il campanile rimase fermo a un'altezza non eccezionale di 70 m, e fu dotato di copertura provvisoria. Quasi contemporaneamente la struttura della chiesa passò da 3 a 5 navate. Ci fu poi una pausa nei lavori della cattedrale. Soltanto nel 1844 si riprese l'opera con la costruzione degli archi rampanti, delle due torri laterali e, soprattutto, del grande campanile, secondo gli antichi progetti. Finalmente nel 1890 la costruzione della cattedrale fu ultimata.

Al visitatore non resta dunque che salire i 768 gradini del campanile (a pagamento), che permettono di giungere a un'altezza di 143 m, e ammirare un panorama magnifico che arriva fino alla catena alpina (non consigliabile per chi soffre di vertigini; in cima alla guglia c'è posto per 5-6 persone).

L'interno della cattedrale è maestoso, con la navata centrale molto alta e il coro relativamente più basso. Offre al turista alcuni capolavori: il ciborio del 1471, alto 26 m; gli stalli del coro (1468-1474), opera di Jörg Syrlin il Vecchio, bellissimi, con teste, visi e figure scolpiti nel legno; le vetrate del coro (XIV-XV sec., più tre del 1956); l'altar maggiore di Schaffner.

Intorno al Münster si svolge nel periodo dell'Avvento un piacevolissimo Christkindlmarkt.

A sud del Münsterplatz si estende la *Neue Straße*, animata strada che segna un po' il confine tra la parte nord e quella sud della Altstadt.

Di fronte al duomo troviamo il *Neuer Bau* (1584-1593), antico magazzino del grano, con un grazioso cortile interno. Poco distante, attraversata la Neue Straße e percorrendo la Schwörhausgasse, si arriva allo *Schwörhaus*, del 1613, distrutto nel 1944 e ricostruito nel 1954.

Dove la Neue Straße è interrotta dal *Marktplatz*, si trova l'*Ulmer Museum*, che ospita raccolte d'arte dedicate soprattutto ad artisti locali e svevi del Medioevo (Ulmer Kunst, 1430-1530). Il museo comprende anche opere d'arte contemporanea (Klee, Kandinskij, Picasso) e reperti preistorici.

Ma l'edificio più spettacolare di questa parte della Altstadt è sicuramente il **Rathaus**, tra la Neue Straße e il Marktplatz. Costruito nel 1370 come magazzino, divenne municipio nel 1419. È una costruzione tardogotica-rinascimentale, con suggestivi affreschi esterni e orologio astronomico del 1520.
Grazie agli attenti lavori di ricostruzione e restauro, necessari in seguito ai danni subiti durante la seconda guerra mondiale, il Rathaus ha riacquistato il suo splendore, anche se ha dovuto cedere qualcosa alla nostra società dei consumi: al piano terreno si trova infatti il *Marché*, un ristorante self-service che ai prezzi convenzionati della catena Marché offre l'optional dell'ambiente storico.
Dal Marktplatz, pochi passi e arriviamo alla torre pendente della città, il *Metzgerturm* (1345), detta appunto anche "Schiefer Turm" perché ha una pendenza di circa 2 m. Un tempo serviva da carcere.
Da qui si dipartono le mura cittadine, *Stadtmauer*, costruite nel 1480 lungo il Danubio. Ora si può passeggiarvi sopra e ammirare, preferibilmente di sera, lo spettacolo della città con lo svettante campanile della cattedrale. Questa zona è senz'altro una delle più suggestive di Ulm.
Dalla Stadtmauer dirigiamoci verso il medievale quartiere dei pescatori e conciatori, **Fischer- und Gerberviertel**. Qui si trovano molte caratteristiche case a graticcio affacciate sulla Blau, un fiumiciattolo che sfocia nel Danubio. La zona è silenziosa, l'atmosfera è molto particolare, lontana dai frastuoni cittadini. È un indirizzo da tener presente per una serata gemütlich in uno dei tanti locali tipici.
A conclusione della breve visita di Ulm si può dedicare un po' di tempo al Danubio: qui non ha ancora l'ampiezza del più noto Danubio di Vienna, ma è ugualmente maestoso. Consigliabile una gita in battello, dal Metzgerturm. Inoltre, se avete la bicicletta, esiste un fantastico itinerario lungo il fiume fino a Regensburg (in Baviera, 215 km).
Nel sobborgo *Ulm-Wiblingen* si trova un'antica abbazia benedettina con splendida chiesa tardobarocca (1772-1783) decorata da affreschi di Zick (1780). Molto sfarzosa è la biblioteca rococò di Wiedemann con affreschi di Kuen (1744). Possibilità di visita.
Se dalle mura lungo il Danubio si guarda in direzione opposta al centro di Ulm, si vede, al di là del fiume, la silhouette moderna di **Neu-Ulm** (45.000 ab.), bavarese, collegata a Ulm da vari ponti; le due città sono naturalmente separate proprio dal Da-

nubio, che qui segna anche il confine tra i due Länder. Neu-Ulm non presenta attrattive particolari, essendo una città piuttosto giovane (1859).

Informazioni

Prefisso telefonico: 0731
Tourist-Information, Münsterplatz 51, 89073 Ulm - tel. 64.161, fax 64.173.

Dove dormire

Abbiamo provato per voi:
Am Rathaus (comfort), Kronengasse 8/10 - tel. 64.032, fax 602.16.56; meublé in posizione centralissima, vicino al Rathaus. Molto curato e accogliente. Possibilità di parcheggio. Ricco buffet a colazione.
Altri nostri suggerimenti:
Hotel Ulmer Spatz (comfort), Münsterplatz 27 - tel. 68.081, fax 602.19.25; centralissimo, di fronte al duomo. Tutte le camere sono con bagno. Buffet a colazione. Annesso ristorante.
Hotel Stern (supercomfort), Sterngasse 17 - tel. 63.091, fax 63.077; posizione favorevole, non lontano dal duomo. Sauna. Annesso ristorante.
Hotel Neuthor (supercomfort), Neuer Graben 23 - tel. 15.160, fax 151.65.13; posizione centrale, non lontano dal duomo. Molto confortevole e accogliente. Ricco buffet a colazione. Annesso ristorante.
Maritim Hotel (lusso), Basteistr. 40 - tel. 9230, fax 92.319; di recente apertura. Il più esclusivo degli hotel della città.
Ostello. *Jugendherberge*, Grimmelfingerweg 45 - tel. 384.455, fax 384.511.

Dove mangiare

Allgäuer Hof, Fischergasse 12; nel quartiere dei pescatori. Ambiente tipico. Specialità Pfannkuchen, crêpes gigantesche con ogni tipo di ripieno. Potete scegliere tra 41 varietà.
Forelle, Fischergasse 25; di antiche tradizioni (aperto nel 1626). Nel quartiere dei pescatori non può mancare un locale dove mangiare pesce. Il nome (trota) è di per sé un programma.
Restaurant Weinkrüger, Weinhofberg 7; anch'esso nel Fischerviertel, vicino alla Steinerne Brücke. Molto frequentato.

SCHWÄBISCH GMÜND, la città degli Staufen

Da non perdere:
- Johanniskirche, bell'esempio di romanico
- Heilig-Kreuz-Münster, l'imponente duomo gotico

Nei dintorni:
- Ellwangen, Stiftskirche St. Veit e castello

Schwäbisch Gmünd (58.000 ab.), nome quasi impronunciabile per noi italiani, è situata nella zona settentrionale dello Schwäbische Alb, sul fiume Rems, circa 50 km a est di Stoccarda.
La storia della città è legata alla famiglia degli imperatori Staufen, gli Svevi, che qui ebbero origine.
Schwäbisch Gmünd è la più antica città degli Staufen: la sua fondazione risale infatti alla metà del XII sec.; fu dal 1162 Freie Reichsstadt e tale rimase fino al 1802, quando passò al Württemberg. Fin dal XIV sec. si distinse come importante centro industriale e artigianale per la lavorazione dell'oro e dell'argento, ancor oggi peculiare di Schwäbisch Gmünd. Tale attività determinò vari periodi di splendore per la città, che si tradussero nella costruzione di importanti chiese ed edifici, dapprima in stile gotico, successivamente secondo il gusto barocco.

In giro per il centro

Due i punti di maggiore attrazione turistica di Schwäbisch Gmünd: il Marktplatz e il Münsterplatz.
Il *Marktplatz* è una grande piazza contornata da edifici barocchi e a graticcio, come ad esempio il *Rathaus*, del 1783, e il *Grät*, edificio medievale, utilizzato prima come municipio, poi come magazzino. Sul Marktplatz si presenta, preceduta dalla Mariensäule, fontana con Madonna del 1684, la parte absidale della **Johanniskirche**. Questo è l'unico edificio della città risalente all'epoca Staufen: si tratta di una chiesa romanica del XIII sec., dal soffitto piatto ligneo, a tre navate su pilastri, che ha subito nel corso del tempo ritocchi gotici. Fantasiose e misteriose le raffigurazioni di origine cristiana, e anche pagana, che ornano l'esterno della chiesa. L'interno, non più adibito al culto, è molto semplice e disadorno, con resti di sculture e decorazioni.
A ovest della Johanniskirche, sul Johannisplatz, c'è il *Prediger*, monastero domenicano rimaneggiato in forme barocche (Zim-

mermann, 1724), che attualmente ospita lo *Städtisches Museum* (scienze naturali, storia della città, artigianato locale, lavori in oro e argento). A sud del Johannisplatz si trova il *Münsterplatz*, sul quale si affaccia l'**Heilig-Kreuz-Münster**, duomo di Santa Croce, gotico. Fu costruito tra il 1310 e il 1400 su progetto dei Parler, famosi architetti nativi di Schwäbisch Gmünd, ma noti e attivi anche oltre i confini della Svevia. Subì poi varie modifiche e rifacimenti, soprattutto nel XVI secolo.
Il duomo di Santa Croce fu la prima grande chiesa a sala nel sud della Germania, e costituì il modello per molte successive realizzazioni. Di particolare bellezza è l'abside gotica a due ordini di polifore. Notevoli i due portali sui lati (XIV sec.). Proprio di fronte all'abside c'è il *Löwenbrunnen*, la fontana dei leoni del 1604. La torre campanaria, isolata, è un'antica torre del cimitero, una volta recintato da mura.
L'interno del duomo, a tre navate, con magnifiche volte a costoloni, offre molte preziosità degne di nota: dietro l'altare si aprono infatti diverse cappelle absidali tra cui spiccano quella con il Sebaldus-Altar della bottega di Dürer (1507) e quella con il Santo Sepolcro, un gruppo marmoreo dei Parler (1400). Imponente inoltre l'organo barocco (1688).
Oltre alle piazze sopracitate, il nucleo storico di Schwäbisch Gmünd merita una visita anche per l'intreccio di viuzze con antiche case a graticcio. Tra queste è da menzionare la *Schranne*, l'antico granaio (1500), che si trova nella Kornhausstraße, a est del duomo.

Informazioni

Prefisso telefonico: 07171
Fremdenverkehrsverein, Im Kornhaus, Kornhausstr. 14, 73525 Schwäbisch Gmünd - tel. 603.415.

Dove dormire

Hotel Staufen (comfort), Pfeifergäßle 16 - tel. 62.085, fax 4824; meublé in posizione centrale. Tutte le camere sono con bagno. Buffet a colazione.
Hotel Einhorn (comfort), Rinderbachergasse 10 - tel. 63.023, fax 61.680; in centro, ben curato e accogliente. Tutte le camere sono con bagno. Non male il ristorante "Barbarossa Keller".
Das Pelikan (supercomfort), Türlensteg 9 - tel. 3590, fax 359.359; posizione centrale. Bell'ambiente, molto curato. Ricco buffet a colazione. Da provare il ristorante annesso "Am Prediger".
Ostello. Taubentalstr. 46 - tel. 2260.

I DINTORNI DI SCHWÄBISCH GMÜND

Aalen

Circa 20 km a est di Schwäbisch Gmünd, raggiungibile percorrendo la B29, Aalen (65.000 ab.) è un centro termale del Giura Orientale, punto di partenza della Schwäbische Albstraße.
Il punto più pittoresco della città è sicuramente il *Marktplatz*, circondato dalle tipiche case a graticcio. L'antico *Rathaus* è sovrastato da una torretta con l'emblema di Aalen: "der Spion von Aalen", ovvero la spia di Aalen. Vi risparmiamo tutta la relativa leggenda che ha ispirato anche i dolci locali. In questo edificio si trova, vera chicca per chi è interessato all'argomento, un museo particolare: l'*Urweltmuseum für Geologie und Paläontologie*, con raccolte di minerali e fossili dell'era giurassica che ricostruiscono lo sviluppo geologico della Schwäbische Alb.
Il Marktplatz ospita inoltre l'antico *Hotel Krone-Post*, dove soggiornarono illustri personaggi tra cui Napoleone I, oggi Café-Podium.
Allontanandoci dal centro di Aalen, esattamente nel quartiere Wasseralfingen, merita una visita il *Besucherbergwerk Tiefer Stollen*, miniera dell'industria metallurgica dell'antico regno del Württemberg. È aperta da aprile a ottobre, e un giretto con la Grubenbahn, il trenino della miniera, attraverso i labirinti sotterranei è qualcosa di particolare.
Informazioni: *Fremdenverkehrsamt*, Marktplatz 30, 73430 Aalen - tel. 07361/500.358.

Ellwangen

A nord-est di Schwäbisch Gmünd, raggiungibile percorrendo la B29 e la B290, Ellwangen (22.000 ab.) è un'interessante cittadina alla periferia nord-orientale del Giura Svevo, nella valle del fiume Jagst.
Già in lontananza si intravedono i caratteristici profili della Stiftskirche St. Veit e del castello, testimonianze dell'antica storia della città. Essa infatti sorse e si sviluppò intorno all'abbazia benedettina fondata nel 764. Ancor oggi la città conserva la struttura tipica di una capitale abbaziale.
La *Stiftskirche St. Veit* è una basilica costruita tra il 1182 e il 1233 al posto di una precedente abbazia benedettina ed è caratterizzata da vari elementi stilistici che vanno dal romanico al barocco. La struttura base è romanica e rappresenta uno degli esempi più significativi di questo stile nel Württemberg.

Il portico è gotico; l'interno esibisce decorazioni barocche apportate tra il 1734 e il 1741. Da notare, sotto il coro sopraelevato, la cripta.
Nei pressi della Stiftskirche si trova la *Jesuitenkirche*, chiesa barocca del 1724 con affreschi della scuola dei fratelli Asam.
La Stiftskirche e la Jesuitenkirche si affacciano entrambe sul *Marktplatz*, circondato da vari e pregevoli edifici barocchi, quali le case dei canonici (XVII e XVIII sec.) e il Palais Adelmann (1688) dell'architetto Thumb.
La città è dominata dal *castello*, eretto nel XII sec. come fortificazione a difesa dell'abbazia, e trasformato in residenza dalle forme barocche nel 1720-1726; oggi nelle sale del castello è ospitato un museo.
Nei pressi di Ellwangen, sullo Schönenberg (540 m) si erge la *Wallfahrtskirche Schönenberg*, santuario costruito tra il 1683 e il 1695 al posto di una precedente Wallfahrtskirche St. Maria che era stata distrutta da un incendio. Di questa rimase solo la Loretokapelle che fu inglobata nella successiva costruzione, opera di uno dei maggiori esponenti della Scuola del Vorarlberg, Thumb, già attivo in città. Da notare all'interno gli stucchi, gli affreschi e l'altar maggiore.
Informazioni: *Verkehrsamt*, Schmiedstr. 1, 73479 Ellwangen - tel. 07961/2463.

Ellwangen

SCHWÄBISCH HALL, la città della scalinata

Da non perdere:
- Marktplatz con la scalinata coronata dalla Michaelskirche
- Passeggiata per la Altstadt: ponti, torri e belle case a graticcio
- Abbazia benedettina di Groß-Comburg

La storia di questa antica Freie Reichsstadt, 50 km a nord di Schwäbisch Gmünd, è indissolubilmente legata al commercio e all'estrazione del sale. Grazie anche alla posizione strategica nella parte meridionale della Hohenlohe Ebene, sul fiume Kocher, Schwäbisch Hall divenne presto, già ai tempi di Federico Barbarossa, un centro commerciale importante: esportava infatti il sale prelevato dal Kocher e importava vino e grano.
L'impianto medievale di Schwäbisch Hall (32.000 ab.), ben conservato nel corso dei secoli, deriva da questi trascorsi storici. Una visita attenta della città svela anche tesori barocchi, segno della sua vitalità nel corso dei secoli XVII e XVIII. Poi la decadenza: un grave incendio la distrusse quasi completamente nel 1728, nel 1802 fu inglobata nel Württemberg, e da allora la sua storia non registra fatti particolarmente significativi. Le sorgenti saline vengono attualmente utilizzate per terapie mediche a base di sodio.

In giro per il centro

Il centro storico è un vero gioiello per gli appassionati di città medievali. Stradine e viottoli si dipartono dal *Marktplatz*, incoronato dalla **Michaelskirche**, cui si accede salendo una possente gradinata. Questa, del 1507, originariamente contava 42 gradini, portati a 53 nel 1840; ospita da giugno ad agosto i *Freilichtspiele*, spettacoli all'aperto molto suggestivi.
La chiesa, evangelica, ha un campanile romanico con portale del 1156 e navata gotica (1427-1525). L'interno, a sala divisa in tre navate, ospita alcuni capolavori: una Sepoltura di Cristo, gruppo scultoreo del 1510, nella navata destra; l'altare del Santo Spirito della scuola di Riemenschneider nel deambulatorio; l'altar maggiore (1470) con pala lignea sormontata da un crocefisso tardogotico; un ciborio del XV sec. a sinistra dell'altare. Recentemente nel campanile romanico è stata scoperta una cappella risalente all'alto Medioevo.

Sul Marktplatz si affacciano edifici di grande interesse come il **Rathaus** barocco (1730-1735), ricostruito negli anni Cinquanta in seguito all'incendio che lo distrusse nel 1945. Sulla piazza si trovano anche il *Markt-Fischerbrunnen*, originale fontana gotica e, lì accanto, l'antica berlina o gogna.
Nelle immediate vicinanze del Marktplatz ci sono alcune pittoresche viuzze: la *Klosterstraße* con il Nonnenhof (XIII-XIV sec.), costruzione a graticcio del 1500; la *Pfarrgasse*, vicolo medievale.
A nord del Marktplatz si trovano i quartieri più suggestivi di Schwäbisch Hall, con importanti resti delle mura cittadine: il *Säumarkt* con il Säumarktturm e il Malefizturm (XIII sec.), la *Gelbinger Gasse* con il Josenturm (parte superiore a graticcio del XVII sec.) e alcuni edifici a graticcio.
Dal Marktplatz una stradina, la Haalstraße, conduce al Kocher, il fiume che attraversa l'abitato, così importante per l'economia e la vita stessa della città. Qui troviamo il *Sulfertor* (XIII sec., ricostruito nel 1729), che dominava un guado utilizzato per il trasporto del sale. A breve distanza dal Sulfertor, sempre sul Kocher, incontriamo il *Sulfersteg*; più avanti ancora lo *Steinerner Steg*, il più antico attraversamento del fiume, un tempo in legno, sostituito da un ponte in pietra nel 1516. Vi sono però altri Stege, ponti per soli pedoni, quasi tutti con copertura in legno, che permettono di attraversare il Kocher e i due isolotti Grasbödele e Unterwöhrd.
Attraversiamo quindi il Kocher e dirigiamoci verso la parte occidentale della Altstadt; pochi passi e intravediamo un'altra imponente chiesa, la *Katharinenkirche:* la torre è in parte del XIII sec.; il coro gotico (1343) ha belle vetrate (1350), affreschi (XV sec.) e altare svevo-fiammingo (1460-1470).
Allontanandoci dal centro verso la parte meridionale della città ci dirigiamo verso il quartiere di Comburg dove ci attende un'abbazia benedettina, anzi due abbazie: Groß-Comburg e Klein-Comburg.
Groß-Comburg è la più importante: si tratta di un maestoso complesso fortificato, in posizione rialzata, romanico, risalente all'XI secolo. Le mura sono interamente percorribili lungo un camminatoio di ronda. Per accedere al complesso si attraversa l'ultimo portone, il Klostertor, forse il più suggestivo, e ci si ritrova nel cortile (Hof). Qui c'è la Erhardskapelle, romanica (1230), un tempo cappella funeraria, con struttura ottagonale (non visitabile).
La chiesa abbaziale di St. Nikolaus fu eretta tra l'XI e il XIII sec., ma si hanno pochi resti di epoca romanica o gotica (le torri, ad esempio). Tra il 1707 e il 1715 la struttura della chiesa fu

infatti rimaneggiata in forme barocche e resa a tre navate. Nella navata centrale due preziosità: il grande lampadario a forma di corona (1130) che sovrasta l'altare, in ferro ricoperto di rame dorato; e il cosiddetto Antependium (paliotto) del 1140, in rame dorato con innumerevoli figure, posto davanti all'altare.
Dall'interno della chiesa, attraverso il Kapitelsaal, si ha accesso a due antiche cappelle: la *Schenkenkapelle*, con lastre tombali, leggio in pietra e resti di affreschi romanici, e la *Josephkapelle*, con le lastre tombali di Friedrich von Limpurg e di sua moglie (XV sec.).
L'entrata a tutto il complesso è libera; per la chiesa e le due cappelle citate entrata a pagamento.
L'altra abbazia, *Klein-Comburg*, sorge quasi dirimpetto. Fondata nel 1108, fu poi rimaneggiata in forme barocche. La chiesa di St. Aegidius conserva ancora caratteristiche romaniche: torre ottagonale sulla crociera, capitelli cubici sui pilastri che dividono l'interno in tre navate, copertura lignea piatta su navate e transetto. Solo il coro, con notevoli affreschi del XII sec., è a volta.

Informazioni

Prefisso telefonico: 0791
Touristik-Information, Am Markt 9, 74501 Schwäbisch Hall - tel. 751.246, fax. 751.375.

Dove dormire

Romantik Hotel Goldener Adler (comfort), Am Markt 11 - tel. 6168, fax 7315; posizione centralissima, a fianco della Michaelskirche. È associato ai Romantik Hotels. Da provare il ristorante annesso.
Der Adelshof (supercomfort), Am Markt 12 - tel. 75.890, fax 6036; in centro, di fianco alla Michaelskirche. Di classe. Annesso ristorante.
Hotel Hohenlohe (lusso), Weilertor 14 - tel. 75.870, fax 758.784; è associato ai Ringhotels. È il più esclusivo della città.
Ostello. *Jugendherberge*, Langerfelder Weg 5 - tel. 41.050.
Campeggio. *Campingplatz Steinbacher See* - tel. 2984; in località Steinbach. Aperto da aprile a metà ottobre.

Dove mangiare

Gasthaus Sonne, Gelbinger Gasse 2; all'inizio della Gelbinger Gasse. Ambiente curato, buona cucina locale a prezzi più che accessibili.

I DINTORNI DI SCHWÄBISCH HALL

Bad Mergentheim

Già il nome di questa città (20.000 ab.), situata sulla B19, circa 50 km a nord di Schwäbisch Hall, tappa obbligata della Romantische Straße, suggerisce qualcosa a chi ha avuto la pazienza di seguirci per le città del Baden-Württemberg: "Bad" è infatti sinonimo di cure termali. Delizioso il centro storico medievale con il Deutschordensschloß, il castello dell'Ordine dei Cavalieri Teutonici.

Due i fatti principali nella storia di questa città: il Gran Maestro dell'Ordine dei Cavalieri Teutonici, Hochmeister des Deutschen-Ritter-Ordens, risiedette qui dal 1525 al 1809; secondo avvenimento, la scoperta delle acque termali e l'inizio della Kursaison nel 1829.

Il fatto che Bad Mergentheim fosse residenza del Gran Maestro portò lustro e splendore alla città; il già citato castello ebbe infatti tutti gli annessi e connessi di una piccola corte. Questo fino all'epoca napoleonica. Quando il declino della città sembrava ormai inevitabile, si scoprirono le acque termali che diedero il via a un nuovo sviluppo. L'abitato non venne bombardato nel corso del secondo conflitto mondiale perché città-lazzaretto: il centro storico è rimasto così inalterato sino ai nostri giorni.

Il cuore di Bad Mergentheim è lo *Schloß*. Concepito nel XIII sec. come Burg, fu ampliato nel XVI sec. per ospitare il Gran Maestro; divenne così un ampio complesso con caratteristiche rinascimentali, soprattutto nel Bläserturm, introdotto da una maestosa scalinata a chiocciola. Le sale del Gran Maestro, decorate alternativamente in stile barocco, rococò e neoclassico (notevole il Kapitelsaal), ospitano il *Deutschordensmuseum* che offre testimonianze sulla storia della città e sul Deutschorden.

Negli edifici del castello c'è pure un *Puppenmuseum*, museo delle bambole, in cui miniature di negozi, cucine e case di bambole illustrano la vita quotidiana nel XVIII e XIX secolo.

Fa parte del complesso del castello la *Schloßkirche* (1730-1735), barocca, opera di Neumann.

Dallo Schloß percorriamo la Burgstraße, zona pedonale, e giungiamo al Marktplatz. La piazza è caratterizzata dal *Rathaus* (1564) con frontone rinascimentale, dal *Milchlingsbrunnen*, fontana in onore del Gran Maestro Milchling, e da numerosi edifici a graticcio insieme ad artistiche costruzioni in legno e intagli, come la *Engelapotheke*. Poco distante dal Marktplatz ecco il

Münster St. Johannes (1250-1270), con possente torre (50 m) che offre una bella panoramica sulla città.
Allontanandoci dal centro, a 7 km in direzione sud, troviamo la chiesa parrocchiale di Stuppach; all'interno un vero gioiello, la cosiddetta "Stuppacher Madonna", dipinta da Matthias Grünewald nel 1519 (attenzione: la chiesa non è sempre aperta).
Informazioni: *Verkehrsamt*, Marktplatz 3, 97980 Bad Mergentheim - tel. 07931/57.135, fax 07931/57.300.

L'ORDINE DEI CAVALIERI TEUTONICI

Il Deutscher-Ritterorden nacque nel XII sec. come ordine cavalleresco in difesa della cristianità. Sopravvisse per 600 anni, fino al 1809, all'arrivo di Napoleone; ma nel corso dei secoli perse il suo significato prettamente spirituale, a vantaggio di una maggiore importanza temporale.
L'Ordine possedeva residenze un po' ovunque, dalla Prussia all'Austria; l'Hochmeister, Gran Maestro, alloggiava in questi lussuosi castelli con vere e proprie corti, signoreggiando sulla città e sull'intera regione. In seguito alla Riforma, il Gran Maestro dell'Ordine, rimasto cattolico, decise di trasferire la propria residenza ufficiale a Bad Mergentheim, dove fece costruire uno splendido castello. Castelli di questo tipo sono presenti in molte altre cittadine, specialmente in Franconia.

DA HEILBRONN AD HEIDELBERG
La Burgenstraße, strada delle rocche

È un piacevole itinerario di un'ottantina di chilometri lungo il Neckar; dalla metropoli industriale e commerciale del Neckartal, Heilbronn, si giunge alla sua capitale culturale, Heidelberg. Abbiamo privilegiato così un tratto di un itinerario turistico ben più lungo, la Burgenstraße, che da Mannheim porta a Praga; sicuramente la parte più suggestiva. Segue infatti il corso tortuoso del Neckar, in mezzo al paesaggio collinare dell'Odenwald costellato da rocche e castelli. In alcuni di questi castelli è anche possibile pernottare (Gast im Schloß). Una particolarità dell'iti-

nerario è senz'altro il borgo medievale di Bad Wimpfen, che merita una visita più approfondita delle altre località citate.
Si segue la B27 da Neckarsulm, nelle vicinanze di Heilbronn, fino a Neckarzimmern e la B37 fino ad Heidelberg.

Heilbronn

Heilbronn (116.000 ab.) si trova circa 50 km a nord di Stoccarda, nel cuore del Baden-Württemberg. È un importante centro industriale e un attivo porto fluviale sul Neckar; vanta antiche origini di cui, però, non si hanno molte testimonianze, dato che la città venne quasi completamente distrutta dai bombardamenti nel 1944.
Da vedere il *Marktplatz*, cuore della città: anche se con la ricostruzione ha perso molto del suo fascino, gli edifici più significativi di Heilbronn gli ruotano intorno.
La *Kilianskirche*, dedicata al santo patrono, fu edificata in stile tardogotico, a sala, nella seconda metà del XV sec. sui resti di una antica basilica dell'VIII secolo. È nota soprattutto per l'altar maggiore ligneo di Hans Seyfer (1498) e per il campanile, prima importante opera rinascimentale a nord delle Alpi: eretto tra il 1513 e il 1529, nel periodo della guerra dei contadini e della Riforma, risente nelle sue bizzarre decorazioni delle inquietudini dell'epoca.
Sul lato sud della chiesa troviamo la *Siebenröhrenbrunnen*, antica sorgente che probabilmente diede il nome alla città. Sul Marktplatz si affaccia il *Rathaus*, gotico (1417), ritoccato in stile rinascimentale alla fine del XVI secolo. Notevole la scalinata esterna, con arcate e balconata. L'orologio astronomico (1579-1580), opera di Isaak Habrecht, inserito in un frontone sporgente sopra la balconata, è diviso in tre parti: quella inferiore è un vero e proprio orologio astronomico, quella centrale segna le ore e quella superiore le fasi lunari. Un vero gioiello che merita di essere attentamente osservato.
Informazioni: *Verkehrsverein*, Rathaus, Marktplatz, 74072 Heilbronn - tel. 562.270, fax 563.140.

Bad Wimpfen

Cittadina dall'inconfondibile profilo medievale, sotto la tutela delle Belle arti, Bad Wimpfen (6000 ab.) si trova 15 km a nord di Heilbronn. Era anticamente Pfalz, insediamento imperiale voluto dal Barbarossa, e anche Freie Reichsstadt (dal 1342).
Molto suggestiva è la panoramica sulla città dal Neckar: una silhouette medievale con torri, torrioni, merli di fortificazioni.

In località Wimpfen am Berg, in posizione rialzata, sorge il *Kaiserpfalz* del Barbarossa, o meglio ciò che resta del palazzo imperiale: le mura perimetrali, i due torrioni principali, Roter Turm e Blauer Turm (splendida vista dall'alto), lo Steinhaus, la più grande abitazione romanica in Germania, e la Pfalzkapelle (Steinhaus e Pfalzkapelle ospitano oggi dei musei). Molti imperatori Staufen soggiornarono in questa Pfalz.
Ma tutto il borgo è molto suggestivo: lo Hohenstaufentor, torrione d'ingresso, le varie viuzze (Klostergasse, Salzgasse e Hauptstraße), le numerose case a graticcio e le fontane Löwenbrunnen e Adlerbrunnen, del leone e dell'aquila. Sul Markt si affaccia la *Stadtpfarrkirche*, evangelica, con torri in parte romaniche e coro gotico.
In località Wimpfen im Tal, a valle, completamente circondata da mura, ricordiamo la *Ritterstiftskirche St. Peter*, adattata in stile gotico nel XIII sec. ma di origine romanica, come testimoniano le due torri quadrate che coronano la parte occidentale. Da notare il bel portale al transetto e l'abside. Notevoli all'interno gli stalli del coro, le sculture e le vetrate.
Informazioni: *Verkehrsamt*, Marktplatz 1, 74206 Bad Wimpfen - tel. 07063/7052.

Gundelsheim, a pochi chilometri da Bad Wimpfen, è dominata dallo *Schloß Horneck*, imponente castello che fu dell'Ordine dei Cavalieri Teutonici, con due cortili interni e possente torre di guardia.
Di fronte a Gundelsheim, in località **Haßmersheim**, si trova *Burg Guttenberg*, rocca dei tempi degli Staufen che ha attraversato indenne i secoli. Può benissimo illustrare lo sviluppo storico dalla Burg con funzioni difensive-offensive allo Schloß residenziale. Ospita un museo con reperti di epoca medievale; inoltre, unico nel suo genere, un allevamento e addestramento di uccelli rapaci (Greifenwarte). Nella Burg c'è anche un ottimo ristorante (Burgschenke), con splendida vista sulla valle del Neckar.
A **Neckarzimmern**, pochissimi chilometri da Haßmersheim, troviamo un'altra rocca, *Burg Hornberg*, con museo, ristorante e albergo. È particolarmente nota ai tedeschi perché legata all'eroe goethiano Götz von Berlichingen.
Mosbach (23.500 ab.), raggiungibile seguendo la B27 che devia verso est, offre un'affascinante Altstadt medievale con case a graticcio risalenti al XVI sec. (*Palm'schen Haus*), il *Rathaus* e la *Stiftskirche*, adibita al culto sia cattolico che protestante, che sorge sul luogo di un'abbazia benedettina dell'VIII secolo.

Zwingenberg, piccolo centro sul Neckar, si incontra percorrendo la B37. È noto per il *castello* del XV sec., che fu sia Zollburg, dogana, che residenza: forse per questo motivo è estremamente ben conservato. Nei mesi estivi ospita anche dei Sommerfestspiele, spettacoli operistici.

Eberbach (15.200 ab.), una decina di chilometri da Zwingenberg, dominata dalle rovine dell'omonima Burg, ha un piacevole aspetto medievale enfatizzato dalle quattro torri rimaste, che facevano parte del suo sistema difensivo. Caratteristiche sono anche le belle case a graticcio medievali.

Hirschhorn (4200 ab.) è una cittadina romantica posta in splendida posizione sul Neckar: case a graticcio, Burg del 1200 (oggi albergo), convento carmelitano di epoca gotica.

Neckarsteinach (3100 ab.) è un'altra località medievale con belle case a graticcio, soprannominata anche città delle quattro rocche: la *Burg Schadeck*, che domina con le sue rovine dall'alto; la *Mittelburg*, ancora abitata; la *Hinterburg*, imponente struttura medievale; e la *Vorderburg*.

Neckargemünd (15.000 ab.), alla confluenza dell'Elsenz nel Neckar, è un'antica Freie Reichsstadt; notevole il panorama sulla valle che si ha dalle rovine, Reichenstein, che sovrastano la cittadina.

Il logo della Burgenstraße, la strada delle rocche

HEIDELBERG, culla del romanticismo tedesco

Da non perdere:
- Schloß, antica residenza dei principi elettori del Palatinato
- Hauptstraße, dal Marktplatz al Bismarckplatz
- Kurpfälzisches Museum: altare dei 12 Apostoli di Riemen-schneider
- Studentenkarzer, la cella di punizione per gli studenti più indisciplinati
- Philosophenweg, passeggiata che ha ispirato filosofi e poeti

Heidelberg (135.000 ab.) è senz'altro un piccolo gioiello tra le città tedesche; sicuramente ciò è dovuto all'incantevole posizione sulle rive del fiume Neckar, ai margini dell'Odenwald che la circonda con i suoi fitti boschi, e al suo maestoso castello. Ma soprattutto all'atmosfera che si respira tra le strette vie del centro, dove palazzi in stile barocco si susseguono imponenti.
Heidelberg è il simbolo del romanticismo tedesco. E ne fu anche la culla: qui si sviluppò all'inizio dell'Ottocento la nuova sensibilità definita poi nei libri di letteratura come Heidelberger Romantik. L'università, la più antica di tutta la Germania, è sempre stata punto di riferimento obbligato e fucina di filosofi e poeti.
Heidelberg attira ogni anno milioni di turisti, interessati non tanto all'aspetto monumentale e culturale, quanto piuttosto all'atmosfera, alla Stimmung, di questa città. Sono soprattutto turisti americani e giapponesi (ma non solo), che riempiono il centro cittadino nei mesi estivi. Heidelberg è una tappa obbligata nei loro giri d'Europa organizzati. Se così tanti turisti "hanno perso il loro cuore a Heidelberg", come recita una famosa canzone popolare, un motivo ci dev'essere.

Un po' di storia

Il nome di Heidelberg compare per la prima volta in un documento ufficiale nel 1196. La città divenne successivamente residenza dei conti del Palatinato; nel 1386 Ruprecht I, uno dei sette principi elettori dell'impero, vi fondò l'università.
Era quello un periodo particolarmente difficile, caratterizzato dalla presenza, e rivalità, di due papi: Urbano VI a Roma e Clemente VII ad Avignone. Il fatto che la Francia riconoscesse Clemente VII come "vero" papa, comportò che molti docenti e stu-

denti abbandonassero, per protesta, la Sorbona di Parigi. Ruprecht I sfruttò quest'occasione, e il 23 ottobre 1385 ottenne dal papa di Roma la bolla che gli consentiva di fondare un'università. L'inizio fu alquanto modesto: solo 3 docenti, due di teologia e uno di diritto. Ma Heidelberg contava allora appena 4000 abitanti.
La Riforma influenzò non poco la storia della città. Nell'aprile del 1518 Lutero vi venne accolto con tutti gli onori, e il principe elettore Ottheinrich abbracciò successivamente le tesi protestanti. Iniziò da quel momento un periodo di fulgore che durò, interrotto solo dalla Guerra dei Trent'anni, fino al 1693; in quell'anno, a causa della guerra di successione del Palatinato, Heidelberg fu occupata e distrutta dalle truppe francesi. A partire dal 1700 la città venne ricostruita, per lo più in stile barocco. E da allora la sua immagine non è cambiata; Heidelberg, infatti, fu fortunatamente risparmiata dai bombardamenti della seconda guerra mondiale.

In giro per il centro

Punto di partenza è l'*Alte Brücke*, il ponte vecchio, che ufficialmente si chiama Karl-Theodor-Brücke, dal nome del principe elettore che lo fece costruire nel 1786. Anche se, come già detto, Heidelberg non venne danneggiata nel secondo conflitto mondiale, l'Alte Brücke venne fatto saltare il 29 marzo 1945, ma fu velocemente ricostruito (1947). Da qui si ha la più bella vista sulla città, dominata dall'alto dal castello, simbolo di Heidelberg. Oltrepassiamo il *Brückentor*, caratteristica porta fiancheggiata da due torri rotonde del XV secolo. Percorrendo la Steingasse, oppure la parallela Haspelgasse, giungiamo alla **Heiliggeistkirche**, la chiesa dello Spirito Santo, situata tra il Fischmarkt e il Marktplatz. È una costruzione a sala a tre navate, tardogotica, iniziata nel 1400 e ultimata nel 1441. Fu la fondazione dell'università nel 1386 a dare impulso alla città e quindi anche alla costruzione di una nuova chiesa. Concepita come sepolcro dei principi elettori, custodisce oggi, unica tomba, quella di Ruprecht I (morto nel 1410) e di sua moglie.
Una curiosità: fra il 1706 e il 1936 un muro divise la chiesa in due parti, una per i cattolici e una per i protestanti. Oggi è adibita al solo culto protestante.
Fino al 1622 la Heiliggeistkirche custodì la famosa Biblioteca palatina; poi, durante la Guerra dei Trent'anni, il comandante Tilly, cattolico, che aveva conquistato Heidelberg, la confiscò come bottino di guerra per farne dono al papa. Una parte, so-

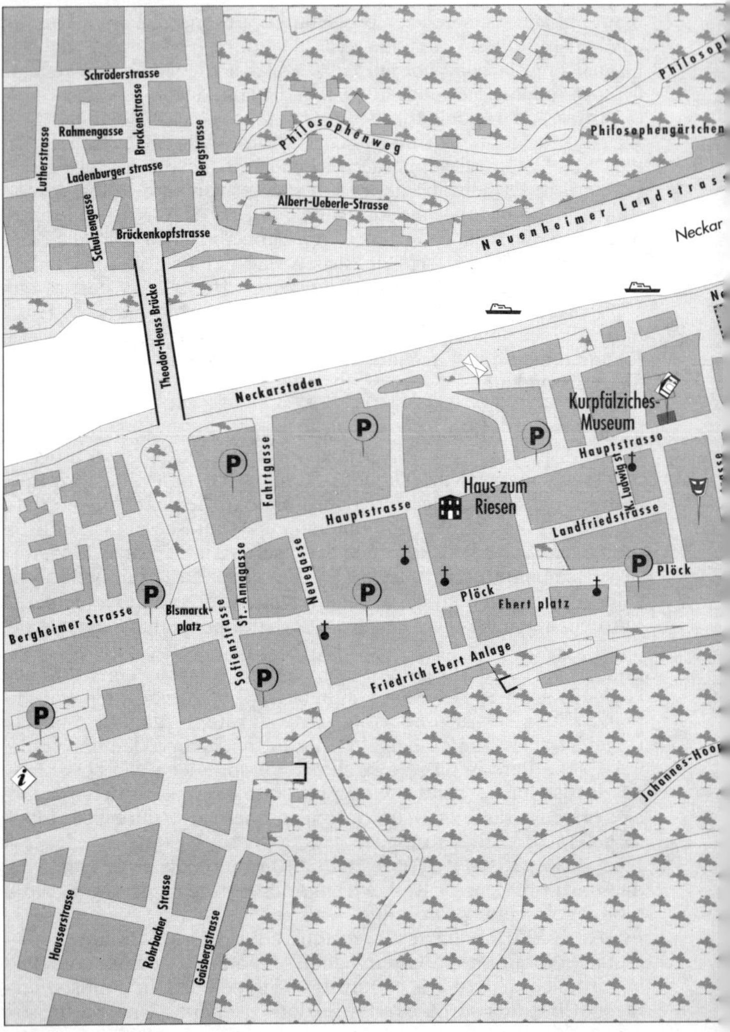
Schröderstrasse
Rahmengasse
Bruckenstrasse
Lutherstrasse
Bergstrasse
Ladenburger strasse
Schulzengasse
Brückenkopfstrasse
Philosophenweg
Albert-Ueberle-Strasse
Philosophengärtchen
Neuenheimer Landstrass
Neckar
Theodor-Heuss Brücke
Neckarstaden
Kurpfälziches-Museum
Hauptstrasse
Fahrtgasse
Haus zum Riesen
K. Ludwig st
Landfriedstrasse
Neuegasse
St. Annagasse
Sofienstrasse
Bismarck-platz
Bergheimer Strasse
Plöck
Ebert platz
Friedrich Ebert Anlage
Johannes-Hoo
Hausserstrasse
Rohrbacher Strasse
Gaisbergstrasse

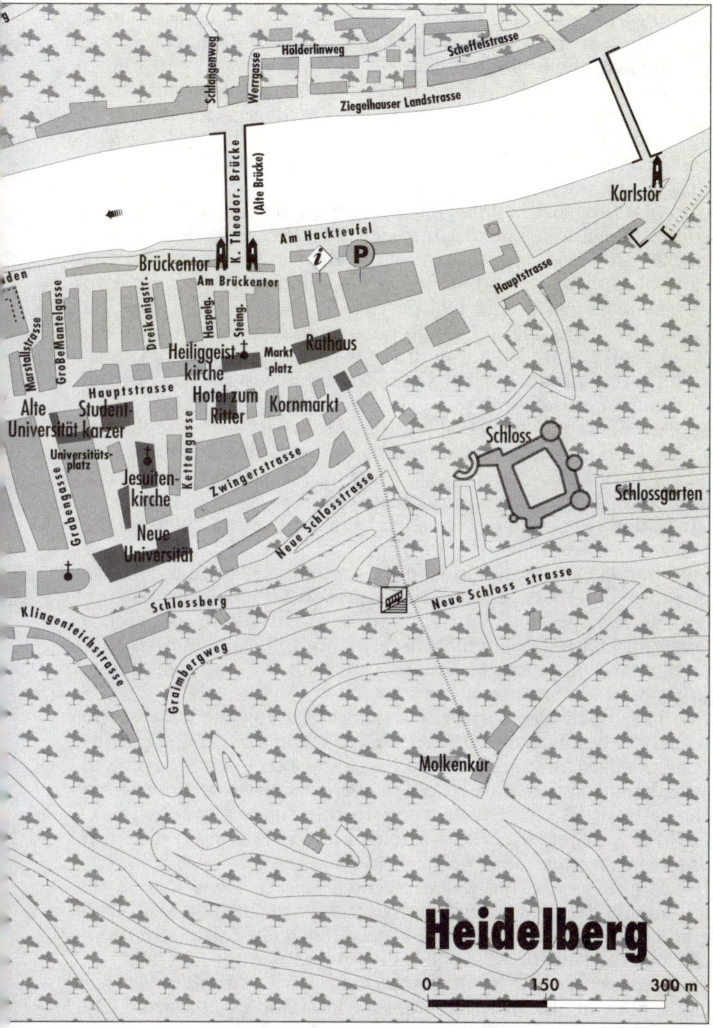
Hölderlinweg
Scheffelstrasse
Schlangenweg
Werrgasse
Ziegelhauser Landstrasse
K. Theodor. Brücke
(Alte Brücke)
Karlstor
Am Hackteufel
Brückentor
Am Brückentor
Hauptstrasse
Marstallstrasse
Großemantelgasse
Dreikonigstr.
Haspelg.
Steing.
Heiliggeist-
kirche
Markt
platz
Rathaus
Hauptstrasse
Hotel zum
Ritter
Kornmarkt
Alte
Universität
Student-
karzer
Kettengasse
Universitäts-
platz
Jesuiten-
kirche
Zwingerstrasse
Neue Schlosstrasse
Schloss
Schlossgarten
Grabengasse
Neue
Universität
Schlossberg
Neue Schloss strasse
Klingenteichstrasse
Graimbergweg
Molkenkur
Heidelberg
0
150
300 m

prattutto i manoscritti in lingua tedesca, venne successivamente restituita e si trova oggi nella biblioteca dell'università.
La **Hauptstraße** è la via principale che attraversa l'intero centro storico dal Marktplatz al Bismarckplatz: questo è quindi il punto di riferimento nel caso ci si dovesse perdere. Al numero 190, di fronte alla Heiliggeistkirche, si trova la ex *Kurfürstliche Hofapotheke*, la farmacia di corte dei principi elettori del Palatinato. Al numero 178 incontriamo l'*Hotel Zum Ritter*, uno dei più bei palazzi patrizi in stile rinascimentale (risale al 1592), l'unico edificio che non venne distrutto nel 1693. Proseguendo verso est, cioè in direzione opposta rispetto al Bismarckplatz, si passa davanti al *Rathaus* (1701-1705); si arriva quindi al *Kornmarkt*, l'antico mercato del grano. Dal parcheggio parte la funicolare che porta al castello. Da qui si può poi eventualmente continuare fino al Molkenkur, 301 m, da dove si ha un'incantevole vista sul castello (c'è inoltre un bel Café-Restaurant), e poi ancora fino al Königsstuhl (568 m).
Al castello si può anche salire a piedi seguendo la Neue Schloßstraße (con opportune scorciatoie); ci si mette poco più di 15 minuti e il cammino, anche se a tratti un po' faticoso, è qua e là interrotto da incantevoli scorci sulla città.
Lo **Schloß**, che si erge circa 80 m al di sopra della Hauptstraße, era l'antica residenza dei principi elettori del Palatinato. I lavori per la sua costruzione durarono circa 400 anni; precisamente dal XIII sec. fino al 1632, quando l'intero complesso, in cui si sovrapponevano ormai vari stili, dal gotico al barocco, venne ultimato. Pochi anni più tardi, nel 1693, venne però completamente distrutto dai francesi durante la guerra di successione del Palatinato.
Dal 1700 iniziò la ricostruzione della città, e anche del castello. Ironia del destino volle che nel 1764, quando i lavori erano ormai quasi conclusi, un fulmine provocasse un violento incendio che distrusse nuovamente il castello. Da allora è rimasto una rovina, anche se tra il XIX e XX sec. vennero ripristinate alcune parti.
Nello Schloßhof, il cortile, si tengono in estate suggestive rappresentazioni teatrali e musicali (Schloßspiele).
Il lato nord del cortile è occupato dal *Friedrichsbau*, con la sua imponente facciata rinascimentale; se partecipate a una visita guidata, qui davanti vi verrà fatta l'immacabile foto di gruppo che potrete ritirare all'uscita dietro pagamento di 5 marchi.
Sul lato est si trova l'*Ottheinrichsbau* con la caratteristica facciata, pure in stile rinascimentale, con statue e ornamenti. Qui

si può visitare il *Deutsches Apothekenmuseum*, museo della farmacia, con strumenti medici, ampolle di vario genere e una raccolta di antiche ricette (visita a pagamento non compresa nel biglietto d'entrata al castello).
Degne di nota sono la *Schloßkapelle*, dove si svolgono ancora oggi matrimoni, il *Königssaal*, adibito a feste e ricevimenti, e il *Kaisersaal*, dove si svolgono spesso mostre.
Il giro del castello non sarebbe completo se si tralasciasse il famoso *Heidelberger Faß*, situato nella cantina del Faßbau: è un'enorme botte, lunga 9 m e larga 8, con una capacità di 221.726 litri. C'è anche la possibilità di degustare vino nell'annessa taverna.
Prima di scendere in città è consigliabile fare quattro passi nello *Schloßgarten*. Imponente e suggestiva la vista che si ha dalla Scheffel-Terrasse, detta anche Große Terrasse.
Si tenga presente che il castello nel suo insieme è visitabile solo prendendo parte a una visita guidata (Führung), eventualmente anche in italiano.
Ritornati in città riprendiamo il giro dalla Heiliggeistkirche procedendo lungo la Hauptstraße in direzione ovest, cioè verso il Bismarckplatz. Sulla sinistra, tra la Kettengasse e la Grabengasse, si trova il quartiere della vecchia università; oltre che dalla *Alte Universität* è costituito dall'ex *collegio dei Gesuiti* con l'an-

Alte Brücke e castello

nessa chiesa, dalla *Neue Universität* (1930-1932), situata nella parte posteriore dell'Universitätsplatz, e dallo *Studentenkarzer* (Augustinergasse 2), il carcere studentesco. Fino al 1914 venivano qui rinchiusi come punizione gli studenti rei di cattivo comportamento in pubblico. È possibile visitarlo. Le pareti sono tutte ricoperte da scritte più o meno goliardiche lasciate a eterna memoria dai detenuti.
Per i germanisti e gli appassionati di letteratura va ricordato che nella sala d'esposizioni della Universitätsbibliothek, di fronte alla Neue Universität, ci sono manoscritti (copie e originali) di Armin e Brentano, due tra i maggiori esponenti del romanticismo tedesco, nonché il *Codex Manesse*, testimonianza della lirica tedesca dell'alto Medioevo.
Proseguiamo lungo la Hauptstraße: sulla destra, al numero 97, in un palazzo del 1712 si trova il **Kurpfälzisches Museum**, Museo del Palatinato elettorale, dedicato alla storia e all'arte locali. Assolutamente da vedere è lo *Zwölfbotenaltar*, altare dei 12 Apostoli (1509), del famoso scultore Riemenschneider. Il museo custodisce inoltre resti del cosiddetto "Homo Heidelbergiensis", i più antichi resti umani ritrovati in Europa, risalenti a 500.000 anni fa.
Una sosta merita il ristorante con Garten-Café: veramente piacevole. Per un attimo si dimentica la ressa di turisti lungo la Hauptstraße.
Ancora da ricordare l'*Haus zum Riesen* (1717), casa del gigante, al n. 52 della Hauptstraße, così chiamata per via della statua dalle considerevoli proporzioni posta in una nicchia sopra il portale.
Una visita di Heidelberg non sarebbe completa senza aver prima percorso il cosiddetto **Philosophenweg**, sentiero dei filosofi, situato a mezza costa sull'altra riva del Neckar. Lo si raggiunge attraversando l'Alte Brücke e salendo poi per un breve, ma ripido, sentiero (Schlangenweg); oppure dal Theodor-Heuss-Brücke, prendendo la Bergstraße e tenendo la destra. È un sentiero che, come dice il nome stesso, invita alla riflessione e alla meditazione, e dal quale si ha la più bella vista sulla vecchia Heidelberg.
Consigliabile, per chi può soggiornare più a lungo, un giro in battello. Si può risalire il Neckar o seguirne il corso fino al Reno (informazioni: *Rhein-Neckar-Fahrgastschiffahrt*, Stadthalle - tel. 20.181, oppure presso il Verkehrsverein).
Un consiglio per la sera. Date un'occhiata in alcune *Studentenkneipen*, locali frequentati soprattutto da studenti. Due in particolare sono sempre affollatissime: *Zum Sepp'l*, Hauptstraße 213, e *Roter Ochsen*, Hauptstraße 217.

Informazioni

Prefisso telefonico: 06221
Tourist-Information, am Hauptbahnhof, 69115 Heidelberg - tel. 21.341, fax 167.318.

Dove dormire

Abbiamo provato per voi:
Hotel Goldener Hecht (comfort), Steingasse 2 - tel. 166.025, fax 166.026; posizione centralissima, vicino all'Alte Brücke, in un bell'edificio storico. Molto accogliente. Tutte le camere sono con bagno. Qualche problema per il parcheggio.
Altri nostri suggerimenti:
Hotel Kohler (standard), Goethestr. 2 - tel. 166.088, fax 167.481; meublé in posizione favorevole, nella parte occidentale della città. Zona tranquilla. Non tutte le camere sono con bagno. Possibilità noleggio bici.
Hotel Vier Jahreszeiten (comfort), Haspelgasse 2 - tel. 24.164, fax 163.110; edificio storico con bella vista. In posizione centrale, vicino all'Alte Brücke. Non tutte le camere sono con bagno. Ristorante annesso.
Hotel Perkeo (comfort), Hautpstr. 75 - tel. 22.255, fax 163.719; nella zona pedonale, in un bell'edificio storico. Accogliente e confortevole. Tutte le camere sono con bagno. Parcheggio nelle vicinanze (Tiefgarage Engelblock).
Hotel Holländer Hof (supercomfort), Neckarstaden 66 - tel. 12.091, fax 22.085; centrale, vicino all'Alte Brücke. Molto curato. Ricco buffet a colazione. Annesso ristorante (Petersburg, cucina tedesca e russa).
Romantik Hotel zum Ritter St. Georg (supercomfort), Hauptstr. 178 - tel. 24.272, fax 12.683; il più antico, il più bello, il più romantico di tutta la città. Associato ai Romantik Hotels.
Ostello. *Jugendherberge*, Tiergartenstr. 5 - tel. 412.066.
Campeggi
Campingplatz Neckartal - tel. 802.506; in località Schlierbach.
Campingplatz Haide - tel. 06223/2111; tra Ziegelhausen e Neckargemünd.

Dove mangiare

Restaurant Kupfälzisches Museum, Hauptstr. 97; in bell'ambiente storico, raffinato, buona cucina a prezzi accessibilissimi.
Zum Güldenen Schaf, Hauptstr. 115; ristorante storico con cucina regionale e internazionale.

Heidelberg, Friedrichsbau

Si viene serviti fin oltre mezzanotte. C'è sempre molto movimento.
Perkeo, Hauptstr. 75; ristorante dell'omonimo hotel. Cucina tradizionale regionale. Molto curato.
Zur Herrenmühle, Hauptstr. 237/239; locale molto raffinato. Apre solo la sera. Per gente dal palato fino.

I DINTORNI DI HEIDELBERG

Schwetzingen

Situata a circa 10 km da Heidelberg in direzione ovest, Schwetzingen (18.000 ab.) lega il suo nome al castello, lo *Schwetzinger Schloß*. Si tratta di una costruzione barocca edificata tra il 1710 e il 1716 sui resti di una vecchia Wasserburg medievale, più volte distrutta. Nello *Schloßgarten* (visita a pagamento) si incontrano due *Zirkelbauten* semicircolari, delle finte rovine romane, templi e statue. Nel teatro, in stile rococò (1752), si svolgono gli Schwetzinger Festspiele, festival musicale che richiama orchestre da tutta Europa.
Informazioni: *Verkehrsverein*, Schloßplatz 2, 68723 Schwetzingen - tel. 06202/4933.

MANNHEIM, una città a scacchiera

Da non perdere:
- Kurfürstliches Schloß, la maestosa residenza dei principi elettori
- Städtische Kunsthalle, galleria d'arte del XIX e XX sec.

Mannheim (318.000 ab.), seconda città per grandezza del Baden-Württemberg, è essenzialmente un centro industriale, posto alla confluenza del Neckar col Reno. È inoltre un importante porto fluviale, il secondo d'Europa dopo Duisburg. Ma questo è solo un aspetto della città, caratterizzata dall'elegante architettura barocca del centro. Il Konrad-Adenauer-Brücke, inaugurato nel 1959, la collega a Ludwigshafen, sull'altra sponda del Reno.

Un po' di storia

Mannheim ha una storia relativamente recente: risale infatti al 1606. Pochi decenni più tardi, nel 1689, la città fu distrutta dai francesi durante la guerra di successione del Palatinato. Ricostruita, Mannheim acquisì la sua struttura a scacchiera circondata dalle mura di fortificazione, oggi trasformate in Ringstraßen. Nel 1720, dopo la distruzione del castello di Heidelberg ad opera dei francesi, il principe elettore Karl Philipp spostò a Mannheim la residenza della Kurfürstliche Pfalz, il Palatinato elettorale. Contemporaneamente iniziarono i lavori per la costruzione di una nuova dimora degna dei principi elettori. Il castello, uno dei maggiori in stile barocco d'Europa, venne ultimato nel 1760.
Attorno al 1850 iniziò l'ascesa della città, in concomitanza con la prima fase della rivoluzione industriale tedesca: i porti lungo il Reno e il Neckar si ingrandirono, la nascita della ferrovia favorì i collegamenti e lo scambio di merci. Mannheim divenne ben presto, grazie alla sua posizione geografica, un punto ideale per impiantare fabbriche e attività commerciali.
La città fu di conseguenza un bersaglio strategico dei bombardamenti alleati nel 1945: tutte le costruzioni principali, il porto e più di metà delle abitazioni furono distrutti. Dei 280.000 abitanti che la città contava nel 1939 ne rimasero alla fine della guerra poco più di un terzo.
Oggi Mannheim è di nuovo un'importante città industriale e portuale e, dal 1967, sede universitaria.

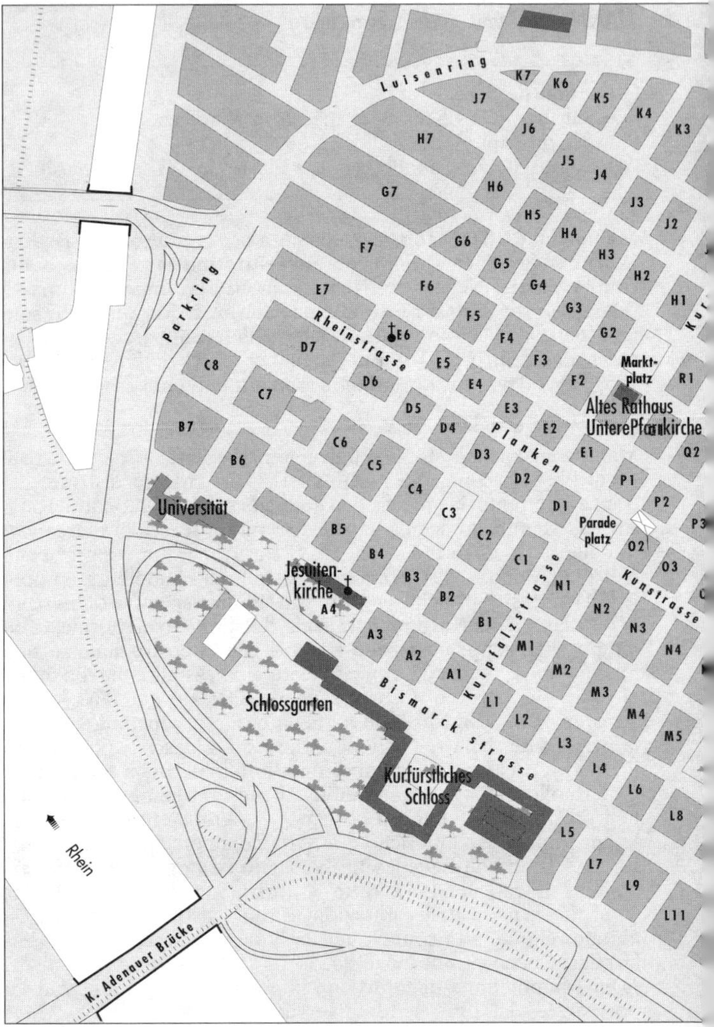
Luisenring
Parkring
Rheinstrasse
Planken
Kurpfalzstrasse
Kunstrasse
Bismarck strasse
K. Adenauer Brücke
Rhein
Universität
Jesuiten-
kirche
Schlossgarten
Kurfürstliches
Schloss
Markt-
platz
Altes Rathaus
UnterePfarrkirche
Parade
platz
K7
K6
K5
K4
K3
J7
J6
J5
J4
J3
J2
H7
H6
H5
H4
H3
H2
H1
G7
G6
G5
G4
G3
G2
F7
F6
F5
F4
F3
F2
E7
E6
E5
E4
E3
E2
E1
D7
D6
D5
D4
D3
D2
D1
C8
C7
C6
C5
C4
C3
C2
C1
B7
B6
B5
B4
B3
B2
B1
A4
A3
A2
A1
R1
Q2
P1
P2
P3
O2
O3
N1
N2
N3
N4
M1
M2
M3
M4
M5
L1
L2
L3
L4
L5
L6
L7
L8
L9
L11

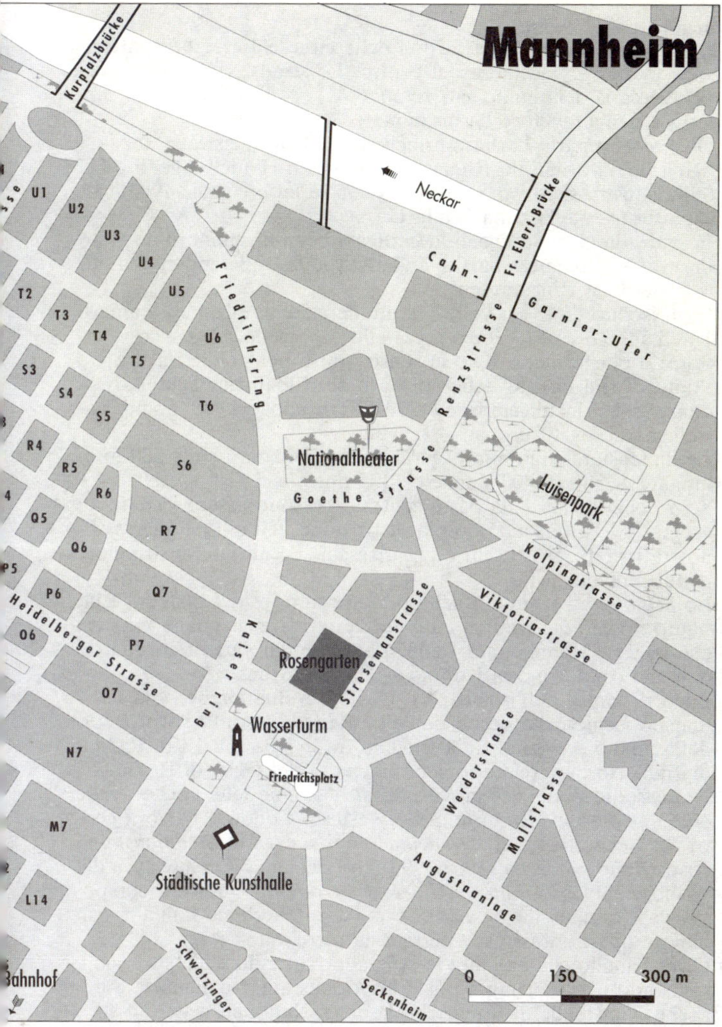
Mannheim
Kurpfalzbrücke
Neckar
Fr. Ebert-Brücke
Cahn-Garnier-Ufer
Friedrichsring
Renzstrasse
Nationaltheater
Goethe strasse
Luisenpark
Kolpingtrasse
Viktoriastrasse
Stresemanstrasse
Rosengarten
Kaiser ring
Heidelberger Strasse
Wasserturm
Friedrichsplatz
Werderstrasse
Mollstrasse
Augustaanlage
Städtische Kunsthalle
Schwetzinger
Seckenheim
Bahnhof
U1
U2
U3
U4
U5
U6
T2
T3
T4
T5
T6
S3
S4
S5
S6
R4
R5
R6
R7
Q5
Q6
Q7
P5
P6
P7
O6
O7
N7
M7
L14
0
150
300 m

In giro per il centro

Dando uno sguardo alla cartina della città, colpisce la caratteristica pianta a scacchiera del centro. Le strade, tra di loro perpendicolari, delimitano gli isolati (144), contrassegnati da una lettera dell'alfabeto e da un numero.
Dal castello parte l'arteria principale, la Kurpfalzstraße, tagliata dall'arteria trasversale, Rheinstraße-Planken-Heidelberger Straße. Sulla sinistra si trovano gli isolati con le lettere dalla A alla K, sulla destra quelli dalla L alla U.
In ogni fila gli isolati sono identificabili con un numero disposto in ordine crescente a partire dalla Kurpfalzstraße andando in direzione delle Ringstraßen.
Ogni isolato ha a sua volta una numerazione: inizia col numero 1 nell'angolo rivolto verso il castello e procede poi in senso antiorario per le file A-K, e in senso orario per quelle da L a U.
Punto di riferimento della città è il **Kurfürstliches Schloß**, residenza dei principi elettori (1720-1760), uno dei più grandi castelli barocchi d'Europa.
Le dimensioni sono infatti veramente imponenti: circa 500 m di lunghezza, più di 400 stanze e 1387 finestre.
Solo pochi locali della parte centrale possono essere visitati, ad esempio il Rittersaal: dopo la distruzione dell'ultima guerra sono stati rifatti gli stucchi e gli affreschi. Le ali laterali ospitano istituti universitari.
Lo *Schloßgarten*, situato nella parte posteriore del castello, è un punto nodale del traffico cittadino: è attraversato dalla ferrovia che collega Mannheim a Ludwigshafen e dai vari raccordi stradali che conducono al Konrad-Adenauer-Brücke.
Poco distante, nell'isolato A4, c'è la **Jesuitenkirche**, una delle maggiori chiese barocche dell'alto Reno, costruita su progetto dell'italiano Alessandro da Bibiena fra il 1733 e il 1760. Richiama nelle forme architettoniche la chiesa del Gesù di Roma.
Dal castello di diparte la *Kurpfalzstraße*, una delle poche strade del centro ad avere un nome per esteso. Conduce verso il centro, e precisamente al *Paradeplatz*: qui si erge lo *Stadthaus*, una costruzione moderna (1987-1990) che richiama l'architettura del vicino complesso *Rathaus-Untere Pfarrkirche*. Questo è composto dal Rathaus da un parte, e dalla parrocchiale dall'altra; in mezzo, quasi un asse simmetrico, la torre, alta 57 m.
Oltre l'anello che delimita la Altstadt, partendo dalla stazione e seguendo il Kaiserring e poi il Friedrichsring, troviamo la Städtische Kunsthalle, il Friedrichsplatz e il Nationaltheater.

La *Städtische Kunsthalle* è un edificio in stile liberty iniziato nel 1907 per celebrare il 300° anniversario della fondazione della città, e ultimato nel giro di un paio d'anni. Nel 1983 è stato aggiunto un complesso a pianta quadrangolare che si inserisce in maniera del tutto armonica nella vecchia struttura. La Kunsthalle è dedicata a pittura e scultura del XIX e del XX secolo. La pittura del XX sec. (Kandinskij, Klee, Dix, Kokoschka) è ospitata nella parte moderna, mentre il vecchio edificio, quello in stile liberty, è completamente dedicato al XIX sec. (Monet, Manet, Pissarro, Cézanne).
Il *Friedrichsplatz* è una piazza in stile liberty su cui troneggia il **Wasserturm**, torre dell'acqua, alto 60 m, emblema della città. Suggestiva è inoltre la fontana con i suoi giochi d'acqua. Merita una passeggiata l'annesso *Rosengarten*, ancora in stile liberty, nella parte nord della piazza.
Il *Nationaltheater*, sul Friedrichsring, è un imponente edificio di recente costruzione (1954-1957). Il vecchio Nationaltheater, inaugurato nel 1779, si trovava in centro, nell'isolato B3, oggi Schillerplatz, vicino alla Jesuitenkirche; tra l'altro vi furono rappresentati per la prima volta *I masnadieri* di Schiller. Venne completamente distrutto dai bombardamenti alleati nel settembre 1943.
A est del Nationaltheater, nelle immediate vicinanze del Neckar, si trova il **Luisenpark**, di circa 41 ettari, che si vanta di essere uno dei più bei giardini d'Europa. Venne creato all'inizio del Novecento in onore della granduchessa Luise, e ampliato nel 1975 in occasione della Gartenschau, la tradizionale esposizione di fiori e giardini che si svolge ogni due anni in città diverse. Nella parte chiamata Oberer Luisenpark ci sono serre, acquari, voliere, laghetti con possibilità di noleggio barche e parchi giochi (ingresso a pagamento). È il polmone della città, un vero luogo di relax.

Informazioni

Prefisso telefonico: 0621
Tourist-Information, Kaiserring 10/16, 68161 Mannheim - tel. 101.011, fax 24.141.

Dove dormire

Abbiamo provato per voi:
City Hotel (comfort), Tattersallstr. 20/24 - tel. 408.008, fax 449.948; meublé in posizione favorevole, nei pressi della stazione. Tranquillo e ben curato. Ricco buffet a colazione. Unico neo: non è sempre facile trovare un parcheggio nelle vicinanze.

Altri nostri suggerimenti:
Gasthaus Goldene Gans (standard), Tattersallstr. 19 - tel. 105.277, fax 422.02.60; vicino alla stazione. Semplice, per gente senza grandi pretese. Non tutte le camere sono con bagno. Garage privato. Buffet a colazione. Annesso ristorante.
Hotel Holländer Hof (comfort), Str. U1, 11/12 - tel. 16.095, fax 101.546; in centro, nei pressi della Kurpfalzstr. Garni molto curato e accogliente. Garage privato (a pagamento). Ricco buffet a colazione. Tutte le camere sono con bagno.
Page-Hotel Mannheim (supercomfort), Bismarckstr. L12 - tel. 10.037, fax 10.038; costruzione moderna in posizione favorevole tra il castello e la stazione. Molto confortevole. Garage privato.
Maritim Parkhotel (lusso), Friedrichsplatz 2 - tel. 45.071, fax 152.424; edificio imponente, sulla centralissima Friedrichsplatz, vicino al Wasserturm. Uno dei più esclusivi della città.
Ostello. *Jugendherberge*, Rheinpromenade 21 - tel. 822.718.
Campeggi
Campingplatz Strandbad - tel. 856.240; in località Neckarau.
Campingplatz Am Neckar - tel. 416.840; in località Neuostheim.

Dove mangiare

Restaurant Warsteiner im Raddampfer, Museumsufer - Kurpfalzbrücke; un vecchio battello ancorato trasformato in un suggestivo ristorante.
Restaurant Bass, Friedrichsplatz 12; vicino al Wasserturm. Locale esclusivo.

I DINTORNI DI MANNHEIM

Ludwigshafen

Dall'altra parte del Reno - ci si arriva attraversando il Konrad-Adenauer-Brücke - Ludwigshafen (170.000 ab.) è la città gemella di Mannheim, anche se si trova in un altro Land, e precisamente nella Renania-Palatinato. Di recente fondazione (1852), Ludwigshafen deve il suo nome al re bavarese Ludwig I, in quanto allora il Palatinato faceva parte del regno di Baviera.
La posizione favorevole sul Reno e il decollo del porto con l'industrializzazione del XIX sec. hanno trasformato Ludwigshafen in un centro economico di primo rango. Durante la seconda guerra mondiale fu quasi completamente distrutta, e oggi presenta un'architettura moderna. Caratteristico il sistema di strade sopraeleva-

te che si dirama dai due ponti sul Reno (Konrad-Adenauer-Brücke e Kurt-Schumacher-Brücke). Ma c'è anche un'altra immagine di Ludwigshafen: quella dei numerosi parchi cittadini.
Da vedere c'è il *Rathauscenter* con lo Stadtmuseum, la *Friedrich-Ebert-Halle* (nell'omonimo parco), il *Wilhelm-Hack-Museum* (Berliner Str. 23) dedicato a collezioni d'arte moderna. Già la variopinta facciata in ceramica (55 m di lunghezza e 10 di altezza), opera di Mirò, è un'anticipazione di quanto vi si può visitare.
Informazioni: *Verkehrsverein*, Informationspavillon am Hauptbahnhof, 67059 Ludwigshafen - tel. 0621/512.035.

TRE ITINERARI DEL VINO

Tutti e tre gli itinerari si sviluppano nella parte occidentale della Germania del sud. Il paesaggio che li accomuna offre vigneti, vigneti e ancora vigneti.
Le località si differenziano però per posizione, storia e tipi di vino. Ovunque è decisamente apprezzabile la gastronomia locale, spesso influenzata dalla cucina francese.
Indispensabile per sopravvivere nelle località descritte in questi tre itinerari è la conoscenza di un lessico minimo enologico in lingua tedesca.

Auslese	vino scelto
Reben	viti
Sekt	spumante
Wein	vino
Weinfest	festa del vino (una in quasi ogni villaggio)
Weingut, Weinbau	vigna
Weinkeller	cantina dove si assaggiano i vini
Weinkenner	voi, alla fine degli itinerari: esperti di vino
Weinprobe	assaggio del vino
Weinstube	taverna per la mescita del vino
Winzerdorf	villaggio di viticoltori

Tipi di vino

Un buon vino porta la denominazione *Qualitätswein mit Prädikat*, corrispondente al nostro Doc. Una prima scelta può essere effettuata distinguendo tra *trocken* (secco), *halbtrocken* (semisecco) e *Spätlese* (indica un vino prodotto da raccolta tardiva, dal gusto dolce). Prevalgono i vini bianchi.

Riesling: il più diffuso tra i vini bianchi, dal gusto fruttato;
Silvaner: vino bianco, delicato;
Müller-Thurgau: prodotto da una combinazione delle viti Riesling e Silvaner; ha un'aroma tendente al moscato;
Burgunder: si distingue in *Weißer Burgunder*, bianco, dal gusto aromatico; *Grauer Burgunder*, simile al pinot grigio; *Blauer Spätburgunder*, rosso rubino, corposo.

BADISCHE WEINSTRASSE

Questo itinerario attraversa per il lungo il Baden, da Baden-Baden (a nord), fino a Weil am Rhein (a sud), sulla frontiera svizzera. Il Baden non è la regione vinicola più estesa della Germania, ma offre un clima piuttosto favorevole e una grande varietà di vini. Il percorso si snoda quasi completamente lungo la B3, parallela alla A35. Tappe fondamentali sono: Offenburg, Breisach am Rhein e Friburgo.

Baden-Baden (cfr. "La Foresta Nera, *Baden-Baden, un angolo di belle époque*").
Oberkirch (17.000 ab.) è una piacevole cittadina della regione dell'Ortenau, a est della pianura dell'Alto Reno; è dominata dalla *Schauenburg* (XII sec.). Numerosi i seminari enologici e le distillerie, quasi 900, che producono svariati tipi di acquavite a base di frutta. Belle case a graticcio.
Offenburg (54.000 ab.) è la città più importante dell'Ortenau, denominata anche "das Tor zum Schwarzwald", la porta sulla Foresta Nera, grazie alla sua posizione. Vivace centro commerciale e industriale, le sue origini risalgono all'epoca degli Zähringen (XII sec.). Tuttavia gli edifici del centro, in seguito a varie distruzioni (Guerra dei Trent'anni, guerra di successione del Palatinato), sono di impronta barocca. Da vedere, lungo la Hauptstraße, il *Königshof* (1714-1717); l'*Hotel Sonne*, il più antico albergo di Offenburg, del 1350, distrutto nel 1689 e ricostruito subito dopo; il *Rathaus* barocco del 1741; la *Beck'sches Haus*, casa patrizia con alto frontone del 1760; la *Einhorn-Apotheke*, barocca con strutture gotiche (1720-1772). Piacevole anche la piazzetta *Fischmarkt*, in mezzo alla Hauptstraße, con Löwenbrunnen, fontana del leone, e caratteristici edifici.
Da ricordare anche la parrocchiale *Heiliges-Kreuz* (XIII sec.), distrutta e poi ricostruita nel XVIII sec. con predominanti in-

flussi barocchi, come l'altar maggiore del 1740 di Lichtenauer. Pregevole crocefisso del 1521 nella cappelletta laterale di sinistra (Josephs-Chörlein). Di fronte alla chiesa si trova l'*Ölberg*, caratteristica cappella gotica con la rappresentazione del Monte degli Ulivi (XVI sec.).

Gengenbach (11.000 ab.), sul fiume Kinzig, è un'antica Freie Reichsstadt con gradevole nucleo medievale, ricostruito dopo il 1689. Numerose sono le tipiche case a graticcio; da vedere, inoltre, la chiesa dell'abbazia benedettina, di origine romanica con ritocchi barocchi; e il Rathaus neoclassico.

Lahr (35.000 ab.) è un centro industriale immerso nel verde. Da vedere: l'Altes Rathaus (XVII sec.), la Stiftskirche evangelica, la chiesa di Burgheim (XI sec.), lo Storchenturm, torre della cicogna, unica parte rimasta di una fortezza medievale.

Breisach am Rhein (10.000 ab.), sul confine francese, capoluogo della regione del Kaiserstuhl, è nota soprattutto per il *Münster St. Stephans*, in posizione rialzata. È caratterizzato da elementi romanici e gotici, e contiene affreschi di Martin Schongauer, un Giudizio Universale e un meraviglioso altare ligneo tardogotico (1526) firmato HL (di più sull'autore non è dato sapere). Rinomato il Sekt di Breisach.

Friburgo (cfr. "Foresta Nera, *Friburgo in Brisgovia*").

Badenweiler (3500 ab.): antica cittadina termale di origine romana.

Weil am Rhein (28.000 ab.): importante città di confine con la Svizzera.

DEUTSCHE WEINSTRASSE

La strada tedesca del vino: una denominazione che è tutto un programma. Si snoda per 80 km nel Palatinato, delimitata a est dal Reno, nel tratto da Worms a Wörth, e a ovest dalla zona boschiva del Pfälzischer Wald, la selva palatina. Il clima favorevole la fa soprannominare "Pfälzische Riviera"; unito alle immancabili degustazioni di vino e all'ottima gastronomia (particolari le Knepp, polpette di patate), rende questo itinerario decisamente piacevole. Non si attraversano grossi centri che richiedano visite impegnative, ma piccoli Winzerdörfer e, qui e là, rocche e rovine.

Simbolo della Deutsche Weinstraße è il grappolo d'uva. L'itinerario parte da Bockenheim a nord e si conclude a Weißenburg, in Alsazia, a sud. Si segue il tracciato della B271 da Bockenheim

fino a Neustadt an der Weinstraße; da qui fino a Bad Bergzabern una strada provinciale; e infine un tratto della B38.
Qui di seguito diamo le località di maggior interesse nell'ordine in cui si incontrano percorrendo l'itinerario.
Bad Dürkheim (18.000 ab.): mondana località termale con casinò. Da vedere la *Johanniskirche*, gotica, prima metà del XIV sec., con tombe dei conti von Leiningen. I tedeschi apprezzano la città per due note di colore: il Dürkheimer Faß (botte di Dürkheim), taverna a forma di gigantesca botte; e il Dürkheimer Wurstmarkt, a settembre, la più grande festa del vino in Germania. Due pittoresche rovine nelle vicinanze: i ruderi dell'abbazia di Limburg, risalente all'imperatore salico Corrado II, a ovest del centro, sulla B37; e quel che resta della Hardenburg, rocca di notevoli dimensioni del XIII secolo.
Neustadt an der Weinstraße (50.000 ab.) è la "metropoli" dell'itinerario. La Altstadt è pittoresca, con caratteristiche viuzze e case a graticcio di epoca rinascimentale e barocca. Sul Marktplatz sorgono il *Rathaus* (XVIII sec.) e la *Stiftskirche* (1368-1489), gotica. All'interno, il coro ospita affreschi del XV sec. e tombe dei principi-elettori del Palatinato. Una curiosità: il coro è adibito al culto cattolico, la navata a quello protestante.
Da Neustadt un'escursione obbligata porta all'*Hambacher Schloß*. Il castello, neogotico, risale al 1847, ma la fama della zona è legata a una Burg situata vicino al castello vero e proprio, la *Kästenburg*, dell'XI secolo. Qui infatti il 27 maggio 1832 si riunirono 30.000 dimostranti che invocavano la libertà e l'unità della nazione tedesca; e qui venne issata, per la prima volta, la bandiera con i colori nazionali tedeschi (nero-rosso-oro).
A Siebeldingen deviazione di un certo interesse, a est, verso **Landau in der Pfalz** (37.000 ab.), città fortificata. Coinvolta in numerosi conflitti, passò alla Francia nel 1679 e Vauban, l'architetto militare del Re Sole, ne fece una città-fortezza; tale rimase fino al 1871. Pochi, dunque, i monumenti antichi, ma interessanti le parti rimaste delle antiche fortificazioni francesi, come il Deutsches e il Französisches Tor (barocchi).

MOSELWEINSTRASSE

Questa via segue il tortuoso percorso della Mosella dal Lussemburgo e da Treviri fino a Coblenza, alla confluenza nel Reno. La strada però non è impegnativa, e lo sguardo può spaziare sui dolci pendii ricoperti da vigneti. Treviri e Coblenza sono le tappe fondamentali dell'itinerario, ma nei 200 km circa che separano queste due città si trovano alcuni centri di un certo interesse che meritano una visita.

Bernkastel-Kues (7500 ab.) è una delle località più turistiche della Mosella. Da vedere il *Marktplatz*, con fontana e belle case a graticcio; la cittadina è sovrastata dalle rovine della rocca di Lahnshut (XIII-XV sec.). Da provare il Bernkasteler Doktor, vino tipico locale.

Traben-Trarbach (6000 ab.) è un'altra località turistica, con caratteristiche case con ampi bovindi e alti frontoni.

Cochem (8000 ab.), piacevole centro turistico, è sovrastato dalla fortezza Reichsburg-Cochem dell'XI secolo. Da vedere il Rathaus barocco (1739), il Martinsbrunnen e resti delle antiche mura di fortificazione. Gradevole la passeggiata lungo la Mosella.

Karden: da qui, percorrendo la valle dell'Elzbach, dopo circa 7 km si giunge a **Burg Eltz** (XIII-XIV sec.), che ha attraversato i secoli senza subire danni o distruzioni proprio grazie alla sua posizione appartata. Tutto è rimasto come 800 anni fa. È ancor oggi abitata dai conti von Eltz.

Bernkastel-Kues, il Marktplatz

RENANIA-PALATINATO E SAARLAND

Il Rheinland-Pfalz e il Saarland si trovano all'estremità occidentale della Germania, quasi proiettati in territorio francese. L'intreccio dei fiumi Reno, Meno, Mosella e Saar ha caratterizzato da sempre l'economia e la storia di questi Länder. Lungo questi fiumi abbiamo tracciato una sorta di confine attorno alle zone di cui parleremo, confine naturale e non politico-amministrativo. Fa eccezione il minuscolo Saarland, che rientra per intero in questa guida.

Giungeremo così, a nord, fino a Coblenza, dove la Mosella confluisce nel Reno, e risaliremo poi il corso di questo fiume.

La zona è moderatamente collinosa, soprattutto al centro, nel Pfälzischer Wald, selva palatina; squarci pianeggianti si aprono soprattutto a est, nella zona lungo il Reno (Oberrheinische Tiefebene). A ovest di questa pianura si estendono i rilievi dello Haardt, uno dei territori vinicoli più vasti di tutta la Germania. Qui il vino è storia, cultura e tradizione: per gli intenditori suggeriamo un itinerario tutto enologico lungo la Deutsche Weinstraße (cfr. "Baden-Württemberg, *Tre itinerari del vino*").

Un'altra zona legata al vino è la valle della Mosella: la Moselweinstraße (cfr. "Baden-Württemberg, *Tre itinerari del vino*") ci accompagna da Treviri a Coblenza lungo un percorso che segue tutti i meandri del fiume.

La coltivazione della vite fu introdotta dai romani, che ben presto si accorsero di come fossero favorevoli il clima e la morfologia del terreno. Già nell'alto Medioevo il Palatinato fu una regione vitale nel cuore dell'Europa: le principali dinastie imperiali, quali i Salii e gli Svevi, lasciarono significative tracce a Worms, a Spira e nelle oltre 200 rocche e fortificazioni disseminate per tutta la regione.

Con l'estinzione della casata sveva i territori che le erano appartenuti si frazionarono, e tutti i signorotti riuscirono ad acparrarsi qualcosa: tra i più importanti, oltre alle autorità religiose di Spira, Worms, Magonza e Treviri, ricordiamo i futuri principi elettori del Palatinato. Questi però non ebbero vita facile, data la contiguità con la Francia che portò a numerosi conflitti.

TREVIRI, la città più antica della Germania

Da non perdere:
- Duomo, una delle chiese più antiche della cristianità
- Porta Nigra, ciò che resta della fortificazione romana
- Hauptmarkt, la bella piazza del centro cittadino
- Kaiser Thermen e Anfiteatro, le tracce dei romani

Trier (100.000 ab.), nella valle della Mosella, a soli 10 km dal confine con il Lussemburgo, si vanta di essere la più antica città tedesca: venne infatti fondata nel 16 a.C. dall'imperatore Augusto. Ma già dal 50 a.C. le legioni romane si erano spinte fin qua, colonizzando un insediamento abitato da celtici treviri. La città romana si chiamò di conseguenza Augusta Trevirorum, cioè la città dell'imperatore Augusto nella terra dei treviri. La presenza dei romani caratterizzò la storia della città per quasi 500 anni, fino al crollo dell'impero: molti imperatori vi risiedettero, tra cui Diocleziano e Costantino il Grande.
Nel periodo del suo massimo splendore la città romana arrivò a contare ben 75.000 abitanti, una vera e propria metropoli dell'antichità. Molte testimonianze ricordano questo glorioso passato.
Poi Treviri divenne, nel IX sec., sede arcivescovile per volere di Carlo Magno. Dal XII al XVIII sec. vi risiedettero anche principi elettori.
Nonostante i bombardamenti del secondo conflitto mondiale molto è rimasto intatto della Treviri imperiale. La città merita una visita con tutta calma.

In giro per il centro
Il nucleo della città medievale, la Altstadt, è compreso tra la Mosella a ovest, la Nordallee/Theodor-Heuss-Allee a nord, la Ostallee a est e la Südallee a sud. Ma ai tempi dell'imperatore Costantino la città si estendeva ben oltre questi confini.
Punto di partenza del nostro giro, che si svolge tutto nella zo-

na pedonale, è la **Porta Nigra**, che divide la Nordallee dalla Theodor-Heuss-Allee. Si tratta di una porta di fortificazione del II sec. d.C. (36 m di lunghezza, 30 di altezza e 21,5 di larghezza), che deve il suo nome al fatto che le grandi pietre squadrate che la compongono, unite a secco, senza malta, si sono annerite col tempo.
Nell'XI sec. venne trasformata in chiesa. Durante l'occupazione napoleonica e la successiva secolarizzazione, la chiesa, dedicata a St. Simeon, venne distrutta. Si salvarono l'abside e il chiostro, che ospita oggi lo *Städtisches Museum*, dedicato alla storia della città (c'è anche un buon ristorante).
Al n. 19 della Simeonstraße si trova la *Dreikönigenhaus*, casa dei tre re, una casa-torre romanica. La Simeonstraße conduce verso il centro e termina all'**Hauptmarkt**, punto d'incontro delle varie vie della Altstadt. Sul Marktplatz ci sono il *Marktkreuz*, croce protoromanica del 958 fatta erigere dall'allora vescovo Enrico come simbolo di pace, e il *Marktbrunnen* (1595), fontana dedicata a San Pietro con la raffigurazione delle quattro virtù cardinali.
Oltre alle numerose case a graticcio, all'angolo con la Dietrichstraße si può notare la *Steipe*, antica sala delle feste (Hauptmarkt 4), oggi Ratskeller zur Steipe (come tutte le Ratskeller, buona cucina a prezzi medi). Lì accanto il *Rotes Haus*, del 1684, reca una scritta in latino secondo cui Treviri sarebbe milletrecento anni più vecchia di Roma.
A sud della piazza c'è la *chiesa di St. Gangolf*, del XIV-XV sec., stretta tra le facciate delle case, sulle quali spicca la torre (1507). Vi si accede da un portale (Hauptmarkt 9).
Un'altra torre si erge non molto lontano, al n. 5 della Dietrichstraße: è il *Frankenturm*, casa-torre romanica dell'XI secolo.
La breve Sternstraße conduce dall'Hauptmarkt al **duomo**, una delle chiese più antiche della Germania, in stile romanico (XI sec.). Sorge sulle fondamenta di un palazzo imperiale romano, distrutto al tempo di Costantino. Solo recenti scavi hanno portato alla luce numerosi resti di quella che fu senz'altro una delle prime chiese in assoluto della cristianità (IV sec.). Distrutta e rifatta più volte, venne sostituita dall'edificio attuale, la cui parte occidentale fu conclusa verso l'XI secolo. Nel XII sec. vennero aggiunti il chiostro e il coro a est, così che la chiesa assunse una forma bicefala. Nel XVIII sec. il barocco lasciò le sue tracce, eliminate successivamente.
Sotto il duomo ci sono tre cripte, i cui pavimenti corrispondono

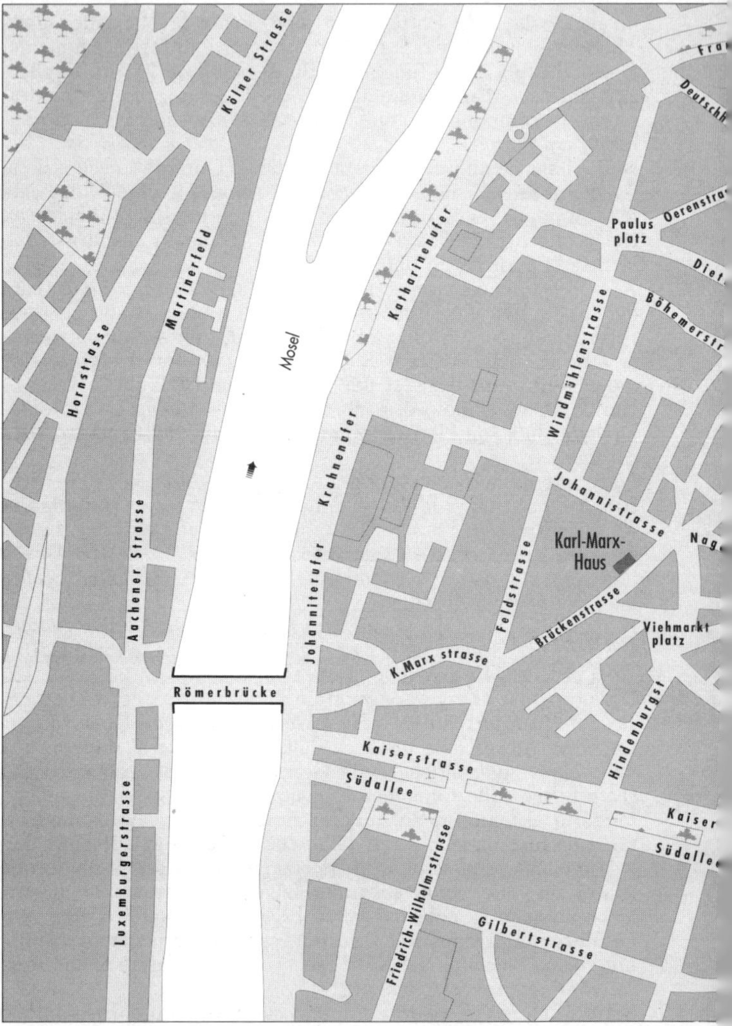
Kölner Strasse
Martinerfeld
Hornstrasse
Aachener Strasse
Luxemburgerstrasse
Mosel
Römerbrücke
Katharinenufer
Krahnenufer
Johanniterufer
Paulus platz
Oerenstra
Dieti
Böhemerstr
Deutschh
Windmühlenstrasse
Johannistrasse
Karl-Marx-Haus
Feldstrasse
Brückenstrasse
K. Marx strasse
Viehmarkt platz
Hindenburgst
Kaiserstrasse
Südallee
Kaiser
Südallee
Friedrich-Wilhelm-strasse
Gilbertstrasse

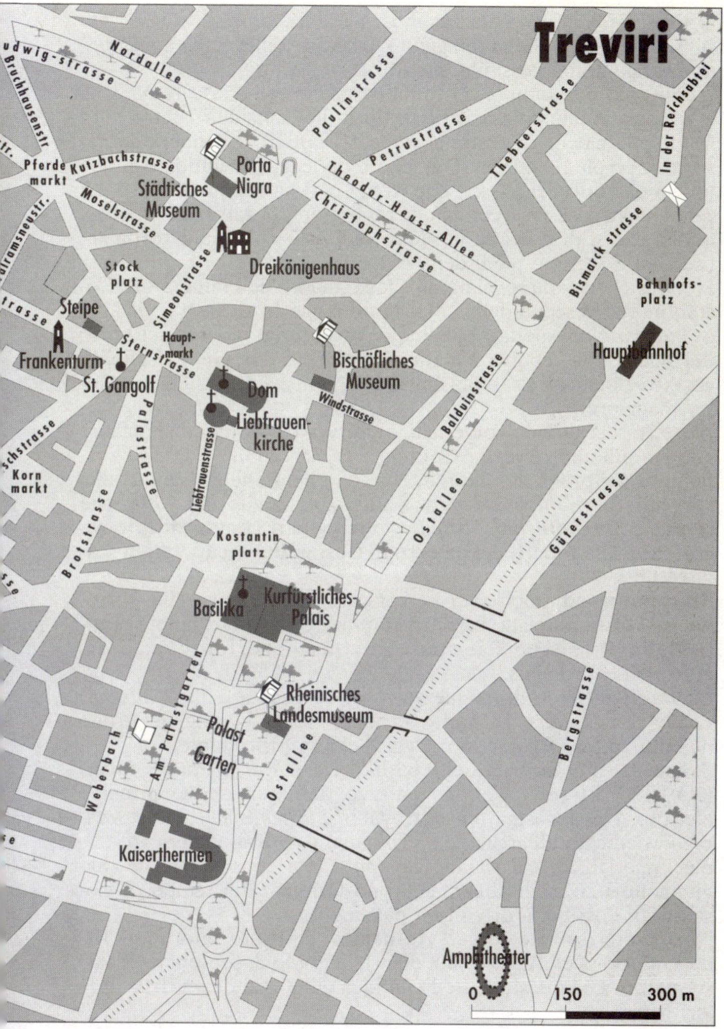
Treviri
Nordallee
Paulinstrasse
Petrusstrasse
Thebäerstrasse
In der Reichsabtei
Bruchhausenstr.
Pferde markt
Kutzbachstrasse
Porta Nigra
Städtisches Museum
Moselstrasse
Theodor-Heuss-Allee
Christophstrasse
Bismarck strasse
Simeonstrasse
Dreikönigenhaus
Stock platz
Bahnhofs-platz
Steipe
Haupt-markt
Sternstrasse
Frankenturm
St. Gangolf
Bischöfliches Museum
Hauptbahnhof
Dom
Windstrasse
Liebfrauen-kirche
Palastrasse
Liebfrauenstrasse
Baldvinstrasse
Korn markt
Brotstrasse
Ostallee
Güterstrasse
Kostantin platz
Basilika
Kurfürstliches-Palais
Am Palastgarten
Rheinisches Landesmuseum
Palast Garten
Bergstrasse
Weberbach
Ostallee
Kaiserthermen
Amphitheater
0
150
300 m

al livello dell'antico palazzo imperiale e della prima chiesa: due si trovano sotto l'altar maggiore (accesso dalla navata destra), una terza, non accessibile, sotto il coro est.
All'interno del duomo, tra le numerose opere d'arte romaniche e rinascimentali, spicca il bel pulpito nella navata centrale. In fondo alla navata di destra si trova il *Domschatz*, camera del tesoro: notevole l'Andreas-Tragaltar e un leggio bizantino con una tavola d'avorio del IX sec. che raffigura il battesimo di Gesù. La reliquia più preziosa è comunque rappresentata dall'*Heiliger Rock*, quella che si dice essere la tunica di Cristo che i soldati romani tirarono a sorte ai piedi della croce.
Si narra che venne regalata da Elena, madre dell'imperatore Costantino, al vescovo della città. Fatto è che fu ritrovata nel 1107 a Treviri. Non sperate comunque di poterla vedere: nel corso del XX sec. la reliquia è stata esposta solo due volte al pubblico. Attualmente è custodita nella Heiligtumskammer, dietro all'altar maggiore.
A destra del duomo sorge la *Liebfrauenkirche*, una delle chiese gotiche più antiche della Germania (1235-1260).
Sempre nei pressi del duomo, e precisamente nella Windstraße, sorge il *Bischöfliches Palais*, palazzo vescovile del 1786, che ospita il *Bischöfliches Museum*; oltre a vari oggetti di arte sacra, raccoglie reperti del palazzo di Costantino recuperati in scavi recenti.
Poco più a sud, dopo aver percorso la Liebfrauenstraße, si trova, sul Kostantinplatz, un altro complesso paleocristiano: si tratta della Römische Palastaula, detta anche Basilika, e del Kurfürstliches Palais.
La *Basilika* (67 m di lunghezza, 27 di larghezza e 30 di altezza) risale al IV sec. e fu molto probabilmente la sala del trono dell'imperatore Costantino. Oggi è chiesa protestante.
Adiacente alla facciata della basilica c'è il *Kurfürstliches Palais* (XVII-XVIII sec.), l'antico palazzo dell'arcivescovo principe elettore. Nel Palastgarten si trovano il *Rheinisches Landesmuseum*, dedicato all'archeologia romana, e le **Kaiserthermen**, terme imperiali, di cui rimangono mura ben conservate che raggiungono i 20 m di altezza. Furono terminate al tempo di Costantino. Possibilità di visita a pagamento.
Non molto distante sorge l'**Anfiteatro**, costruito intorno al 100 d.C., di forma ellittica (75 per 50 m), in grado di contenere 25.000 spettatori. Già questo dato dà un'idea della grandezza della Treviri romana.

Dalle Kaiserthermen parte in direzione della Mosella la Kaiserstraße che conduce al *Römerbrücke*, ponte romano dei tempi di Augusto.
Dal Römerbrücke la Karl-Marx-Straße porta alla Brückenstraße; qui, al n. 10, si trova quella che fu la casa natale di Karl Marx, oggi museo.

Informazioni

Prefisso telefonico: 0651
Tourist-Information, An der Porta Nigra, 54290 Trier - tel. 978.080.

Dove dormire

Abbiamo provato per voi:
Altstadthotel (comfort), Am Porta-Nigra-Platz - tel. 48.041, fax 41.293; nelle immediate vicinanze della Porta Nigra e della zona pedonale. Bell'edificio storico di fine Ottocento. Ambiente molto curato. Ricco buffet a colazione.
Altri nostri suggerimenti:
Hotel zum Christophel (standard), An der Porta Nigra - tel. 74.041, fax 74.732; in centro, accogliente. Annesso ristorante.
Hotel Astoria (comfort), Bruchhausenstr. 4 - tel. 73.890, fax 41.121; meublé in posizione favorevole a pochi passi dall'Hauptmarkt e dalla Porta Nigra. Curato e accogliente.
Hotel Villa Hügel (supercomfort), Bernhardstr. 14 - tel. 33.066, fax 27.958; in posizione un po' periferica a sud dell'Anfiteatro, in mezzo a un bel parco. Piscina, sauna. Veramente chic.
Ramanda Hotel (supercomfort), Kaiserstr. 29 - tel. 94.950, fax 949.56.66; costruzione moderna in posizione favorevole a pochi passi dalla zona pedonale.
Ostello. *Jugendherberge*, Am Moselufer 4 - tel. 29.292.
Campeggio: *Campingplatz Trier City*, Luxemburger Str. 81 - tel. 86.921.

Dove mangiare

Ratskeller Zur Steipe, Am Hauptmarkt 14; situato in uno dei più suggestivi edifici storici della città. Ambiente molto curato. Specialità russe, oltre che tedesche e internazionali.
Restaurant Zum Domstein, Am Hauptmarkt 5; ampia gamma di specialità. Notevole la scelta dei vini. Possibilità di mangiare all'aperto.

COBLENZA, città sul Reno e la Mosella

Da non perdere:
- Deutsches Eck, dove la Mosella sfocia nel Reno
- Burg Ehrenbreistein, la fortezza che domina la città
- Weindorf, il villaggio del vino
- Florinsmarkt, il nucleo della città vecchia
- Giro in battello risalendo la Mosella o il Reno

Koblenz (110.000 ab.), posta alla confluenza della Mosella col Reno, vanta un'antichissima origine. Nel 9 a.C. i romani costruirono qui una fortificazione per assicurarsi l'indisturbata navigazione sulla Mosella. La città si chiamò *Castrum ad confluentes*, accampamento sulla confluenza. Coblenza ha festeggiato nel 1992 i suoi 2000 anni di vita.
La città passò nel Medioevo sotto gli arcivescovi di Treviri, poi anche principi elettori, che ne fecero la loro seconda residenza. Durante l'ultima guerra Coblenza è stata distrutta all'80%, ma il nucleo della città vecchia è stato ricostruito in maniera fedele all'originale.

In giro per il centro

La città vecchia si trova su una specie di triangolo delimitato a est dalla Mosella, a ovest dal Reno, e a sud dal Ring che collega il Pfaffendorfer Brücke e il Neue Moselbrücke. La punta di questo triangolo è costituita dal cosiddetto **Deutsches Eck**, l'angolo tedesco, con il Kaiser-Wilhelm-Denkmal, monumento all'imperatore Guglielmo I (1897).
Proprio di fronte, dall'altra parte del Reno, si erge la **Festung Ehrenbreitstein**. Risalente all'anno 1000, venne più volte ampliata dagli arcivescovi principi elettori di Treviri. Distrutta dai francesi, venne rifatta dai prussiani fra il 1816 e il 1832. Oggi ospita il *Landesmuseum* e il *Rhein-Museum*. In una parte della fortezza è situato un bell'ostello della gioventù, uno dei più grandi, se non addirittura il più grande, di tutta la Germania. La Festung Ehrenbreitstein può essere raggiunta anche in seggiovia. Dalla fortezza si ha una vista spettacolare su Coblenza, il Deutsches Eck e il Reno.
Poco distante dal Deutsches Eck, risalendo il Reno, troviamo la *St. KastorKirche*, la chiesa principale di Coblenza, riconoscibile

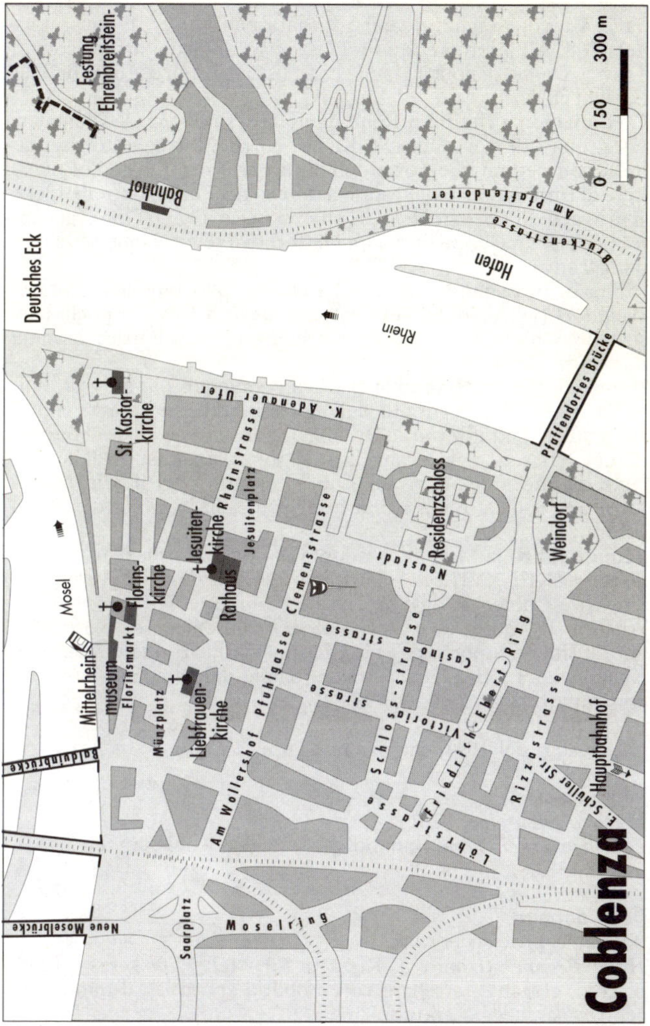
Coblenza
Festung Ehrenbreitstein
Bahnhof
Am Pfaffendorfer
Brückenstrasse
Hafen
Deutsches Eck
Rhein
Pfaffendorfes Brücke
K. Adenauer Ufer
St. Kastor-kirche
Rheinstrasse
Jesuitenplatz
Residenzschloss
Weindorf
Neustadt
Jesuiten-kirche
Rathaus
Clemensstrasse
Mosel
Florins-kirche
Florinsmarkt
Mittelrhein-museum
Casino strasse
Pfuhlgasse
Liebfrauen-kirche
Münzplatz
Viktoriastrasse
Schloss-strasse
Friedrich-Ebert-Ring
Rizzastrasse
Hauptbahnhof
E. Schüller Str.
Löhrstrasse
Am Wollershof
Balduinbrücke
Neue Moselbrücke
Saarplatz
Moselring
0 150 300 m

dalle 4 torri: romanica, venne iniziata nell'XI sec. e consacrata nel 1208. All'interno custodisce le tombe di alcuni arcivescovi di Treviri. Degno di nota il grande crocefisso in bronzo (1685) dell'altar maggiore.
Continuando a risalire il Reno da notare, sul Konrad-Adenauer-Ufer, quasi di fronte alla St. Kastor Kirche, il traghetto riservato ai soli pedoni che porta dall'altra parte del Reno, nel quartiere di Ehrenbreitstein. Proprio a ridosso del Pfaffendorfer Brücke si trova il *Residenzschloß*, in stile classico (1777-1786), già dimora degli arcivescovi principi elettori di Treviri e oggi sede amministrativa.
Prima di proseguire il giro della città si può fare una sosta al *Weindorf* (villaggio del vino) situato lungo il Reno, a pochi passi dallo Schloß. Vi si può bere e mangiare con musica suonata da bande locali.
Il nucleo della città vecchia si trova comunque più a ovest, lungo la Mosella; è costituito dal **Florinsmarkt**, una piazza molto suggestiva. Tutt'attorno, oltre alla *Florinskirche*, chiesa romanica del XII sec., oggi evangelica, ci sono vari palazzi dalle facciate dipinte a colori vivaci. Qui è ospitato oggi il *Mittelrhein-Museum*, dedicato alla storia e all'arte della regione del Reno centrale.
Sempre lungo la Mosella, a ridosso del Balduinbrücke, c'è la *Alte Burg* (XIII-XVII sec.), la prima fortezza degli arcivescovi di Treviri e Coblenza, oggi archivio e biblioteca civica.
Ancora da vedere è la *Liebfrauenkirche*, chiesa di Nostra Signora, situata a pochi passi dal Florinsmarkt. È una costruzione romanica del XII-XIII sec., riconoscibile dai campanili quadrati con copertura a cipolla (1693).
Pochi passi e si giunge al *Jesuitenplatz*, il cortile dell'ex collegio dei Gesuiti del 1694, che ospita oggi il *Rathaus*.

Informazioni

Prefisso telefonico: 0261
Fremdenverkehrsamt, Bahnhofsplatz, 56068 Koblenz - tel. 31.304, fax 129.38.00.

Dove dormire

Abbiamo provato per voi:
Hotel Brenner (comfort), Rizzastr. 20 - tel. 32.060, fax 36.278; piccolo, elegante, arredato con mobili d'epoca; a 10 minuti dal centro; parcheggio gratuito.

Altri nostri consigli:
Hotel Reinhard (standard), Bahnhofstr. 60 - tel. 34.835; vicino alla stazione. Non tutte le camere sono con bagno. Senza grandi pretese.
Hotel Kleiner Riese (comfort), Kaiserin-Augusta-Anlagen 18 - tel. 32.077, fax 160.725; meublé non proprio in posizione centrale, ma direttamente sul Reno, con bella vista. Tutte le camere sono con bagno. Buffet a colazione.
Hotel Continental-Pfälzer Hof (supercomfort), Bahnhofsplatz 1 - tel. 33.073, fax 12.390; nei pressi della stazione. Molto curato. Annessi ristorante e Weinstube. Ricco buffet a colazione.
Ostello. *Jugendherberge*, Festung Ehrenbreitstein - tel. 73.737.
Campeggio. *Campingplatz Rhein-Mosel*, Am Schwartwiesenweg - tel. 82.719.

Coblenza

La valle del Reno

VALLE DEL RENO, da Bingen a Coblenza

Il Reno con i suoi 1320 km, di cui 867 in territorio tedesco, è il terzo fiume d'Europa. Nasce in Svizzera, dal Gottardo, e diventa navigabile da Basilea. È sempre stato un'importante via di comunicazione dell'Europa centrale.
Il tratto tra Bingen e Coblenza, circa 65 km, chiamato anche Valle della Loreley, è uno dei più suggestivi se non il più bello di tutto il fiume. Le pittoresche cittadine, i vigneti che si estendono sui pendii scoscesi e le numerose fortezze che dominano dall'alto il fiume hanno contribuito a creare la patina di leggenda che circonda il Reno.
Prima che Giulio Cesare conquistasse la Gallia nel 50 a.C., il fiume segnava il confine dell'impero romano. Ecco perché tutti i borghi situati sulla riva sinistra del fiume sorsero come fortificazioni romane. Al tempo del Sacro Romano Impero questo tratto del Reno era una via obbligata per gli imperatori che da Francoforte si recavano ad Aquisgrana per l'incoronazione; fino al 1531, quando Francoforte, già sede dell'elezione dell'imperatore, divenne anche luogo d'incoronazione.
Problematici e insidiosi erano i viaggi dei mercanti, continuamente minacciati da briganti. Sorsero così un po' ovunque numerose rocche e fortezze per rendere più sicuro il tragitto. In cambio i "protettori" pretendevano dai mercanti laute ricompense. A ciò si aggiungevano i diritti doganali concessi dall'imperatore ai quattro principi elettori renani: tra Bingen e Coblenza i mercanti erano costretti a pagare ben dieci dazi. Una situazione che evidenziava la debolezza del Sacro Romano Impero nel XIII sec., prima che l'avvento degli Asburgo (1273) mettesse un po' d'ordine.
Le fortezze, costruite per controllare un determinato territorio, persero importanza a partire dal XVI sec., parallelamente ai progressi compiuti nel campo delle armi da fuoco. Alcune vennero trasformate in residenze (Rheinstein, Ehrenbreitstein), la maggior parte andò in rovina, altre furono distrutte dai francesi durante la guerra di successione del Palatinato o più tardi da Napoleone. L'unica rocca rimasta intatta è quella di Marksburg. Queste rovine hanno esercitato un forte richiamo e fascino sui poeti tedeschi, da Goethe, a Kleist, ad Heine.
Quasi tutte le rocche, restaurate e ricostruite nell'Ottocento, possono essere visitate (sono aperte al pubblico da Pasqua a metà ottobre).

La navigazione lungo il Reno è oggi assicurata dalla K/D, Kölner-Düsseldorfer Deutsche Rheinschiffahrt. Il servizio inizia, anche in questo caso, a Pasqua e termina a fine ottobre.

Da Bingen ad Assmannshausen

Il nostro viaggio in battello inizia a **Bingen**, alla confluenza del fiume Nahe nel Reno, prima che questo faccia una poderosa svolta e inizi a scorrere in direzione nord. Poco più avanti si giunge al cosiddetto Binger Loch, una pericolosa strettoia annunciata dal Mäuseturm, la torre dei topi; eretto su un'isoletta in mezzo al fiume, serviva alle imbarcazioni come punto di riferimento per superare questo difficile tratto del Reno e, precedentemente, era stato posto di dazio. Da vedere a Bingen c'è la *St. Martin-Kirche*, parrocchiale del XV-XVI sec., e la *Burg Klopp*, la rocca che domina la città, oggi sede di un interessante Heimatmuseum.
Dall'altra parte del Reno si scorgono le rovine del *castello Ehrenfels*. Più a monte, verso Rüdesheim, il *monumento di Niederwald* raffigura la "Germania" come una possente valchiria armata di spada che guarda minacciosa a ovest, verso la Francia. Eretto tra il 1877 e il 1883, il monumento simboleggia la restaurazione dell'impero tedesco (quello di Bismarck del 1871) e la nascita dell'unità nazionale, avvenuta a spese della Francia, sconfitta nella guerra del 1870-1871.

Da Assmannshausen a Bacharach

Dopo aver attraccato ad Assmannshausen, il battello prosegue passando davanti alla *fortezza di Rheinstein*, costruita nel 900 come posto di dogana dell'impero, e alla *fortezza di Reichenstein*. Entrambe, sulla riva sinistra del Reno, sono raggiungibili a piedi dalla riva del fiume in circa 10 minuti.
Le tappe successive sono **Niederheimbach**, **Lorch**, alla confluenza del fiume Wisper, e **Bacharach**. Questa è una suggestiva cittadina fortificata dalle antiche mura con ben 7 torri. È ancora possibile fare per intero il giro del camminatoio di ronda. Pittoresco il *Marktplatz* con belle case a graticcio, come l'Altes Haus del 1368, e la Peterskirche, una costruzione romanico-gotica del XII secolo. Salendo verso la rocca di Stahleck, che sovrasta la città e che fu sede dei conti del Palatinato nel XII sec., nonché bastione contro gli altri principi elettori renani, si incontra la *Werner-Kapelle*, ciò che resta di una cappella gotica del 1294.

Da Bacharach a Oberwesel

Pochi chilometri dopo Bacharach emerge, quasi d'improvviso su un isolotto in mezzo la fiume, il *Pfalzgrafenstein*, detto brevemente Pfalz, antico bastione doganale del XIV secolo. Di fronte giace la cittadina di **Kaub**, sovrastata dalla *fortezza di Gutenfels*. Un monumento dedicato al maresciallo prussiano Blücher ricorda la cacciata di Napoleone dalla Germania nel 1813-1814. Proprio qui, a Kaub, Blücher riuscì ad attraversare con le sue truppe il Reno su un ponte di barche costruito in tutta fretta dai cittadini, lanciandosi all'inseguimento di Napoleone e delle truppe francesi in ritirata, sconfitte nella battaglia di Lipsia.
Prossima fermata è la cittadina di **Oberwesel**, antica libera città imperiale adagiata in un'insenatura del Reno. È soprannominata, per via dei pendii coltivati a vigneti e delle sue 18 torri difensive, "città delle torri e del vino".
È dominata dall'alto dalla fortezza millenaria di Schönburg, circondata da mura del XIV secolo. Da vedere a Oberwesel sono la *Liebfrauenkirche*, costruzione gotica del XIV sec., e la *St. Martin-Kirche*.

Il cimitero delle navi

Ancora pochi chilometri e ci si ritrova in un punto in cui il Reno si restringe facendo quasi una doppia curva. Scogli e vortici rendevano nel passato difficoltosa la navigazione di barche e zattere, tanto che questo tratto del fiume venne soprannominato "Schiffsfriedhof", cimitero delle navi.
La leggenda narra che una bionda ninfa, Loreley, incantasse con la sua sovrumana bellezza e il suo canto i navigatori che, distratti dalle manovre per guardare la graziosa fanciulla, perdevano il controllo della nave e finivano contro le pareti rocciose per poi essere inghiottiti dalla corrente.
Il roccione scosceso che si eleva quasi verticalmente fino a 132 m sul livello dell'acqua, creando un promontorio, si chiama Loreley, appunto. Il poeta Heinrich Heine ha dedicato una famosa poesia a questa "femme fatale" *(Ich weiß nicht, was soll es bedeuten*, da *Buch der Lieder*), poi musicata da Friedrich Silcher. Il che ha notevolmente contribuito ad accrescere la fama di questo promontorio. Dal parcheggio lungo il Reno ai piedi della Loreley c'è una scalinata e poi un comodo sentiero che porta fino in cima (circa 30 minuti di cammino). Ci si può arrivare anche in macchina seguendo la strada che parte da St. Goarshausen.

St. Goarshausen e St. Goar

Superata la strettoia, sulla riva destra c'è il borgo di **St. Goarshausen**, sovrastato dalle rovine della rocca Katz. Di fronte a questa un'altra rocca, Burg Maus. Il nome, topo, fu dato dalla popolazione con allusione alla vicina rocca Katz, gatto.
Un traghetto collega St. Goarshausen alla cittadina gemella **St. Goar** sull'altra riva del Reno. Da vedere qui la *Stiftskirche*, gotica (XIII-XV sec.). Dall'alto troneggia la rocca di Rheinfels, raggiungibile dal paese in 10 minuti.
Tutti gli anni, il terzo sabato di settembre, le due cittadine gemelle organizzano un grandioso e suggestivo spettacolo di fuochi d'artificio chiamato "Rhein in Flammen", Reno in fiamme.

Da Kamp-Bornhofen a Braubach

Prossima tappa è il borgo di **Kamp-Bornhofen** coi due castelli Sterrenberg e Liebenstein, soprannominati Feindliche Brüder, i fratelli nemici.
Sulla riva opposta, poco prima che il Reno faccia una grande ansa, si trova **Boppard** (16.000 ab.), ex libera città imperiale, che vanta antiche origini: nel IV sec. i romani eressero qui una fortificazione con 28 torri. Ma non servì a molto, visto che di lì a poco il tutto fu distrutto dalle popolazioni germaniche. Non completamente però: nessun'altra città tedesca vanta infatti resti così ben conservati di fortificazioni romane. Ancora da vedere sono la *Karmeliterkirche*, XIII-XIV sec., con due notevoli altari del XVII sec., e la *St. Severus-Kirche*, costruzione tardoromanica. Contiene un imponente affresco sul soffitto risalente al XIII sec. e un prezioso crocefisso, sempre del XIII sec., sopra l'altare.
Una seggiovia porta da Boppard a uno dei più famosi punti panoramici del Reno, il **Vierseenblick** (panorama dei quattro laghi). Il nome deriva dal fatto che in questo punto, dove il Reno compie una vigorosa svolta, la vista sul fiume è interrotta in più punti dai pendii, così che sembra di intravedere dall'alto quattro piccoli laghetti.
Dopo aver superato l'ampia ansa, il battello attracca a **Braubach**, un piccolo borgo medievale. Interessanti la chiesa neo-gotica di *St. Barbara* (XIV sec.) e il *Philippsburg*, situato all'entrata meridionale della città. La cittadina è dominata dall'imponente *Marksburg*, l'unica delle tante fortezze lungo il Reno mai distrutta e ancora ben conservata.
Vale la pena visitarla: armature, arnesi da tortura, cannoni: tutto è rimasto come un tempo.

Da Rhens a Coblenza

Prima di raggiungere Coblenza c'è **Rhens**, sulla riva sinistra del fiume, con la *rocca Stolzenfels*, fatta costruire sulle fondamenta di una fortezza cavalleresca dal principe ereditario di Prussia Federico Guglielmo IV nel 1823; da vedere inoltre il *Königsstuhl*, aula a portici dove originariamente i sette principi elettori eleggevano re e imperatori (si tratta di una ricostruzione).
Sulla riva destra sorge **Lahnstein**, alla confluenza del fiume Lahn, con la bella rocca di Lahneck.
Coblenza, con il Deutsches Eck, il punto dove la Mosella confluisce nel Reno, è ormai vicina.

SAARBRÜCKEN, città di confine

Da non perdere:
- Schloß, elegante costruzione barocca con tocco futurista
- St. Johanner Markt, il centro della zona pedonale

Saarbrücken (195.000 ab.), capoluogo del più piccolo Land tedesco (ad eccezione delle città-stato Brema e Amburgo), attraversata dal fiume Saar, è un importante centro economico e commerciale al confine con la Francia. E questa vicinanza è avvertibile un po' ovunque: i numerosi bistro, gli Straßencafés affollati fino a tarda sera, la cucina fortemente francesizzante. Numerose sone inoltre le banche, le agenzie di assicurazione, le ditte e gli studi di consulenza legale francesi che hanno qui una filiale. Saarbrücken rappresenta infatti un punto nodale negli scambi franco-tedeschi.
Nel corso della storia il confine tra Francia e Germania è stato in questa zona estremamente mobile.
Ma nonostante tutto si può ben dire che il cuore degli abitanti di Saarbrücken, e di tutto il Saarland in generale, batta per la Germania. Per ben due volte infatti nel corso del XX sec. essi si sono espressi in un referendum per restare tedeschi: la prima volta fu nel 1935, dopo 15 anni di amministrazione da parte della Società delle Nazioni, come previsto dal Trattato di Versailles. Dopo la sconfitta tedesca nel primo conflitto mondiale, infatti, si era ritenuto necessario lasciar trascorrere un periodo di transizione per così dire neutrale, per poi far liberamente sce-

gliere ai cittadini il loro destino futuro. L'esito fu quasi plebiscitario (91%): si tenga tuttavia presente che Hitler era già da due anni al potere.
Stessa sorte dopo il secondo conflitto mondiale. Anche questa volta, dopo un periodo di amministrazione super partes, si tenne nel 1955 un referendum.
Nuovamente la maggior parte degli abitanti del Saarland optò per l'annessione alla Germania, o meglio alla neocostituita Bundesrepublik.

In giro per il centro

Sulla riva sinistra della Saar si trova la parte vecchia della città, chiamata appunto Alt-Saarbrücken. Punto centrale è il *Ludwigsplatz*. Sulla piazza, circondata da edifici barocchi ben conservati, si erge la *Ludwigskirche*, anch'essa in stile barocco (1775), opera dell'architetto Stengel, artefice di altre importanti costruzioni come l'Altes Rathaus e lo Schloß. Distrutta dai bombardamenti del 5 ottobre 1944, è stata ricostruita a partire dal 1946. È oggi adibita al culto protestante.
Dopo pochi passi, percorrendo la Schloßstraße, si arriva allo Schloßplatz, sul quale si affacciano lo Schloß, la Schloßkirche e l'Altes Rathaus.
Lo **Schloß**, più volte distrutto nel corso della storia, ha l'aspetto di una bella ed elegante residenza barocca (1739-1748), ed è ora adibito a centro culturale e amministrativo. Curiosa la combinazione tra barocco (parti laterali) e moderno (costruzione centrale a vetrata).
Nella *Schloßkirche*, tardogotica (XV sec.), poi rimaneggiata in stile barocco, sono sepolti i principi della casa Nassau-Saarbrücken.
Anche l'*Altes Rathaus*, del 1750, come la Ludwigskirche e lo Schloß, è una creazione dell'architetto Stengel.
Da qui si arriva all'*Alte Brücke*, il ponte vecchio, voluto dall'imperatore Carlo V.
Dall'altra parte della Saar si trova il *St. Johanner Markt*, zona pedonale. Su questa bella piazza si affacciano numerosi ristoranti e bistro. Non lontano il *Rathaus*, quello nuovo, edificio neogotico del 1897-1900.

Informazioni

Prefisso telefonico: 0681
Verkehrsverein, Rathaus, 66111 Saarbrücken - tel. 36.901.
Consolato generale d'Italia, Preußenstr. 19 - tel. 650.334.

Dove dormire

Hotel Christine (comfort), Gersweiler Str. 39 - tel. 58.890, fax 55.086; posizione un po' periferica, molto accogliente e ben curato. Sauna, solarium e piccola piscina. Ricco buffet a colazione. Annesso ristorante.

Hotel am Triller (supercomfort), Trillerweg 57 - tel. 580.000, fax 580.003.03; nelle immediate vicinanze dello Schloß. Sauna, solarium e piccola piscina. Annesso ristorante e Bierstube. Ricco buffet a colazione.

Ostello. *Jugendherberge*, Meerwiesertalweg 31 - tel. 33.040.
Campeggio. *Campingplatz Spicherer Berg* - tel. 51.780.

I DINTORNI DI SAARBRÜCKEN

Homburg

Situata a circa 30 km a sud-est da Saarbrücken, *Homburg* (44.000 ab.) lega il suo nome alla fortezza *Hohenburg*, che troneggia dallo Schloßberg. Sotto lo Schloßberg c'è un vero e proprio labirinto di grotte. Possibilità di visita.

Informazioni: *Kultur und Verkehrsamt*, Rathaus, 66424 Homburg - tel. 06841-1010.

Kaiserslautern

Circa 60 km in direzione nord-est da Saarbrücken, lungo l'autostrada A6 che porta verso Mannheim, si trova Kaiserslautern. I fan del calcio collegheranno immediatamente il nome della città a quello della squadra della Bundesliga che ha più volte vinto il titolo nazionale.

Calcio a parte, Kaiserslautern (100.000 ab.), situata nel Rheinland-Pfalz, è un moderno centro industriale con antiche origini. Federico Barbarossa la scelse nel 1152 come residenza imperiale e vi costruì la sua *Barbarossaburg*, distrutta nell'ultima guerra, ma parzialmente ricostruita assieme al Casimir-Saal. Ancora da vedere è la *Stiftskirche*, evangelica, edificio gotico del XIII-XIV sec. ricostruito nel dopoguerra, con due torri sulla facciata e una sul coro. Per gli amanti di pittura e grafica si consiglia una visita alla *Pfalzgalerie* (pittura, scultura, grafica moderna di artisti locali) situata nella Landesgewerbeanstalt, un grande palazzo a nord della città.

Informazioni: *Verkehrsamt*, Rathaus, 67657 Kaiserslautern - tel. 0631/852.23.17.

IL TRIONFO DELL'ARTE ROMANICA IN RENANIA
Le cattedrali di Magonza, Worms e Spira

MAGONZA

Mainz (185.000 ab.), capoluogo del Land Rheinland-Pfalz, è una suggestiva città di antiche origini posta sulla riva sinistra del Reno, alla confluenza del Meno. È facilmente raggiungibile: Francoforte con il suo aeroporto è a soli 30 km (collegamento anche con la S-Bahn, linea S14). Inoltre Mainz si trova in posizione strategica, fermata obbligatoria di quasi tutte le maggiori linee ferroviarie che collegano il nord e il sud della Germania.
Il nome di Mainz è legato a quello del suo cittadino più illustre, Johannes Gutenberg (1398-1468), l'inventore dei caratteri mobili della stampa. Una visita della città non potrà quindi tralasciare il Gutenberg-Museum (Liebfrauenplatz 5). Ampliato e rinnovato nel 1962, oltre a illustrare la storia della stampa, rappresenta un centro mondiale della documentazione libraria. Interessante la ricostruzione dell'officina di Gutenberg. Ma l'oggetto più prezioso custodito in una stanza blindata è la prima edizione della Bibbia di Gutenberg.
Mainz era dunque già nel Medioevo una cosiddetta "Medienstadt", una città dei mezzi di comunicazione. Questa tradizione si è consolidata con l'insediamento nel 1963 dello ZDF, il secondo canale della TV tedesca (nel 1984 è stato inaugurato il modernissimo centro dove lavorano circa 4000 dipendenti). Inoltre, con l'avvento delle televisioni private, un'altra emittente di primo rango, SAT1, ha fatto di Mainz la sede dei propri studi.

Un po' di storia
La *Magontiacum* dei romani fu scelta come capitale della provincia "Germania superior". Dopo il crollo dell'impero, la cristianizzazione diede inizio a un nuovo capitolo nella storia di Mainz, facendone la metropoli tedesca della cristianità. Nel 975 l'arcivescovo di Mainz ottenne il titolo di Erzkanzler (Gran cancelliere dell'impero) e, dal XIII sec., di principe elettore. Il potere del rappresentante della Chiesa era quindi enorme, visto che poteva influenzare la vita politica tedesca e la scelta dell'imperatore stesso. I secoli XIII e XIV furono il periodo di massimo splendore della città, sia economico che culturale. Nel 1244, tuttavia, i cittadini si ribellarono al dominio arcivescovile: i successivi 200 an-

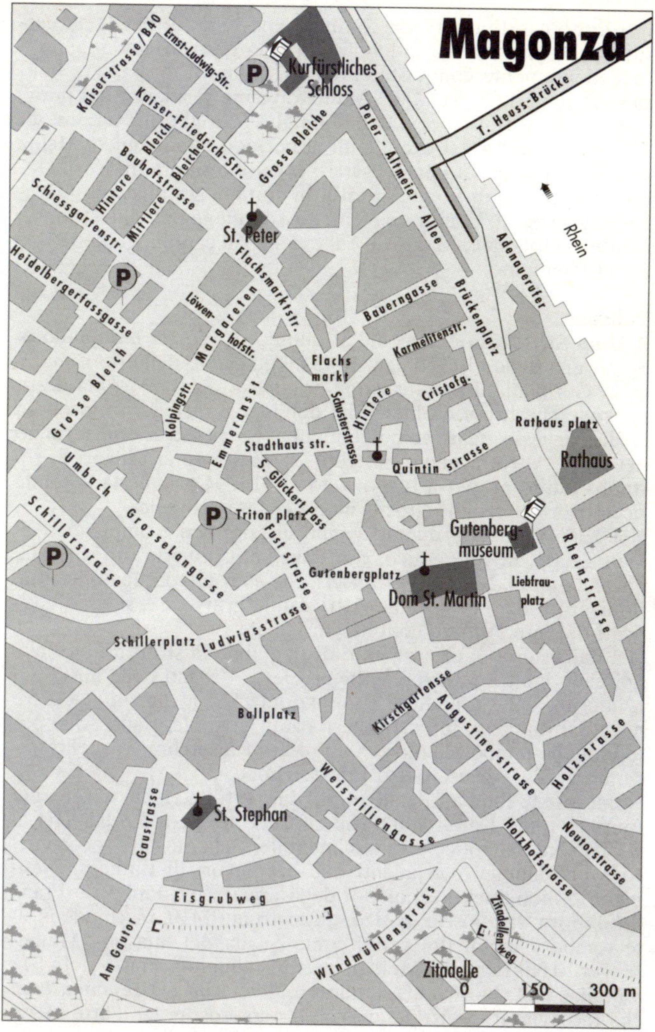
Magonza
Kurfürstliches Schloss
Kaiserstrasse/B40
Ernst-Ludwig-Str.
Kaiser-Friedrich-Str.
Grosse Bleiche
Peter - Altmeier - Allee
T. Heuss-Brücke
Rhein
Adenauerufer
Hintere Bleich
Mittlere Bleiche
Bauhofstrasse
Schiessgartenstr.
Heidelbergerfassgasse
St. Peter
Flachsmarktstr.
Löwenhofstr.
Margareten
Bauerngasse
Brückenplatz
Karmelitenstr.
Flachs markt
Grosse Bleich
Kolpingstr.
Emmeransst
Schusterstrasse
Hintere
Cristofg.
Rathaus platz
Rathaus
Stadthaus str.
Quintin strasse
Umbach
S. Glückert Pass
Triton platz
Fust strasse
Gutenberg-museum
Schillerstrasse
GrosseLangasse
Gutenbergplatz
Dom St. Martin
Liebfrau-platz
Rheinstrasse
Schillerplatz
Ludwigsstrasse
Ballplatz
Kirschgartensse
Augustinerstrasse
Holzstrasse
Weissliliengasse
Gaustrasse
St. Stephan
Holzhofstrasse
Neutorstrasse
Eisgrubweg
Am Gautor
Windmühlenstrass
Zitadellenweg
Zitadelle
0
150
300 m

ni furono caratterizzati da continue guerre civili per la successione, che finirono per indebolire la città e privarla delle libertà precedentemente conquistate; dal 1118, infatti, Mainz era libera città imperiale. Nel 1462 Mainz divenne residenza dei nuovi principi elettori, i vescovi della famiglia Schönborn. Nei due secoli dalla Guerra dei Trent'anni al periodo napoleonico, Mainz fu più volte occupata dagli eserciti ora svedesi, ora francesi. Dopo il Congresso di Vienna la città fu unita al granducato di Hessen-Darmstadt. Uscita gravemente danneggiata dal secondo conflitto mondiale, Mainz divenne nel 1950 capoluogo della Renania-Palatinato.

Il duomo

Il Dom St. Martin è, assieme al duomo di Worms e a quello di Spira, una delle testimonianze più significative dell'arte romanica in Germania. La costruzione originaria è del 1009; ma destino volle che proprio alla vigilia dell'inaugurazione un incendio la distruggesse quasi completamente. La ricostruzione terminò nel 1036. Altro incendio nel 1081, e questa volta i lavori di restauro durarono più a lungo, fino al 1137. Con questa seconda ricostruzione terminò grosso modo la fase romanica.

Nel XIV-XV sec. il duomo venne ulteriormente ampliato e rimaneggiato, in stile gotico, con l'aggiunta di varie cappelle alle navate laterali. Nel 1793 i francesi, che avevano occupato la città, ridussero il duomo a stalla. Altri danni, gravissimi, si sono verificati durante l'ultimo conflitto mondiale.

Già dall'esterno è chiaramente distinguibile la struttura bicefala. Spiccano inoltre 6 torri: 2 sulle crociere, 4 ai lati delle absidi.

L'interno, dalle grandiose proporzioni (112 m per 40), è a tre navate. I due cori, in posizione rialzata, simboleggiano i due poteri: quello temporale (coro a est, detto Kaiserchor) e quello spirituale (coro a ovest, detto Priesterchor).

Numerose le tombe, sparse un po' dappertutto (nelle navate, nei transetti e nel Kaiserchor), che coprono un periodo dal XIII al XVIII sec., dal gotico al rinascimentale. Belli gli stalli rococò del coro occidentale, con ai lati due capolavori di Bathasar Neumann: i monumenti sepolcrali degli arcivescovi Philipp e Franz Schönborn. Il chiostro, gotico, ultimato nel 1410, racchiude molte tombe e lapidi funerarie, come quella del famoso "Minnesänger" Heinrich von Meißen detto Frauenlob, morto nel 1318 a Mainz. Nel chiostro è sistemato il *Dom- und Diözesanmuseum* che raccoglie il tesoro del duomo e numerosi pezzi d'arte sacra.

Ancora da vedere

Tutta la zona attorno al duomo è suggestiva: fontane, belle case a graticcio, pittoresche viuzze. In particolare la *Augustinerstraße* offre tipici Weinlokale dove assaporare uno dei tanti vini pregiati della zona. Vale poi la pena fare una puntatina al *Kirschgarten* (venendo dal duomo, appena inizia la Augustinerstraße, subito sulla destra): è forse il quartiere più bello della città vecchia, con tante case a graticcio, tra cui il *Backhaus zum Treppchen* (c'è una fantastica Bäckerei), e il *Marienbrunnen*.

In una città dove per secoli hanno regnato gli arcivescovi, le chiese quasi non si contano.

St. Stephan, a sala gotica del XIV sec., è la più grande chiesa di Mainz dopo il duomo. Nel coro si trovano 9 finestre di Marc Chagall raffiguranti scene dell'Antico Testamento. Bello il chio-

Mainz, Gutenberg Museum

stro tardogotico (1499). *St. Peter*, del 1752-56, è una delle chiese rococò più belle del Rheinland.
C'è poi il *Kurfürstliches Schloß*, palazzo tardorinascimentale (1627-1678) degli arcivescovi principi elettori, con scalone d'onore di Neumann. È stato interamente e fedelmente ricostruito dopo l'ultima guerra. L'interno, in parte modernizzato, ospita il *Römisch-Germanisches Zentralmuseum* (preistoria, ritrovamenti romani e germanici).

Informazioni

Prefisso telefonico: 06131
Verkehrsverein, Bahnhofstr. 15, 55116 Mainz - tel. 286.210, fax 286.21.55.

Dove dormire

Hotel Schottenhof (standard), Schottstr. 6 - tel. 232.968, fax 221.970; meublé di fronte alla stazione. Tutte le camere sono con bagno. Buffet a colazione.
Hotel Hammer (comfort), Bahnhofsplatz 6 - tel. 611.061, fax 611.065; meublé nei pressi della stazione. Tutte le camere sono con bagno. Sauna e solarium. Buffet a colazione.
Central-Hotel Eden (comfort), Bahnhofsplatz 8 - tel. 674.001, fax 672.806; di fronte alla stazione, accogliente. Annesso ristorante.
Europahotel (supercomfort), Kaiserstr. 7 - tel. 9750, fax 975.555; posizione favorevole, poco distante dal centro e dalla stazione. Bell'ambiente. Annesso ristorante.
Favorite Parkhotel (supercomfort), Karl-Weiser-Str. 1 - tel. 82.091, fax 831.025; in posizione non proprio centrale, ma molto confortevole. Annesso ristorante.
Ostello. *Jugendherberge Weisenau*, Am Fort Weisenau - tel. 85.332.
Campeggio. *Campingplatz Mainz-Wiesbaden Maarau* - tel. 06134/4383.

WORMS

Worms (76.000 ab.), circa 50 km in direzione sud da Mainz, raggiungibile percorrendo la B9, situata sulla riva sinistra del Reno, è una città di antiche origini e teatro di importanti avvenimenti storici. I suoi soprannomi - Nibelungenstadt, Domstadt, Lutherstadt - sono già di per sè significativi.
Il *Canto dei Nibelunghi* narra la distruzione dell'impero dei bur-

gundi a opera degli unni nel 436 d.C. E proprio a Worms risiedeva Gunther, il re dei burgundi, fratello della bella Kriemhilde, la donna di Siegfried.
Non meravigliatevi quindi se, in città, vi ritroverete nella Siegfriedstraße, nella Kriemhildenstraße, lungo il Nibelungenring o sul Nibelungenplatz. Lungo il Reno c'è poi un monumento che raffigura Hagen, il guerriero che uccise Siegfried, in procinto di gettare il tesoro dei Nibelunghi nel Reno.
Worms lega inoltre il suo nome al concordato del 1122, che pose fine con un compromesso al conflitto tra imperatore e papa in merito al diritto dell'investitura.
Nel 1184 Barbarossa concesse alla città, da tempo sede degli imperatori Salii e Svevi, il titolo di libera città imperiale.
A Worms si tennero molte Diete imperiali. Storica rimase quel-

IL ROMANICO

Il romanico in Germania si sviluppò tra il 1000 e il 1250, preceduto dallo stile detto dei Carolingi e degli Ottoni, dal nome delle rispettive dinastie imperiali. Vennero edificate soprattutto chiese di monasteri e di abbazie, spesso ricche di fregi, decorazioni e affreschi. Si ripresero elementi tipici dell'arte antica romana, da cui lo stile prese il nome.
Caratteristiche di queste chiese-basiliche furono l'ampia e alta navata centrale con due navate laterali, l'abside semicircolare a est, i massicci muri con archi a tutto sesto sostenuti da possenti colonne e il soffitto piatto che diventa a volta a partire dall'XI secolo. Nelle costruzioni più grandi si trovano un transetto con torre sulla crociera, un coro e campanili che fiancheggiano la facciata.
Elemento tipico dell'architettura romanica è il quadrato, che ritroviamo nella struttura, nella base delle volte a botte, nelle torri. La scultura è funzionale all'architettura, come nelle ricche decorazioni intorno ai portali e nel timpano (la lunetta sopra il portale stesso).
I capitelli delle colonne vengono ornati da figure allegoriche del mondo della natura. Gli affreschi rappresentano preferibilmente la figura del Cristo Re, metafora spirituale dell'imperatore, sovrano assoluto.

la del 1521, quando Lutero si rifiutò di rinnegare le proprie tesi: come conseguenza venne messo al bando con un editto di Carlo V. Un monumento, il Lutherdenkmal, eretto nel 1868 lungo il Lutherring, ricorda questo episodio.
Nei secoli successivi Worms venne più volte distrutta: durante la guerra di successione del Palatinato (1689), durante le guerre napoleoniche e, più recentemente, dai bombardamenti dell'ultimo conflitto mondiale.

Il duomo

Il nome di Worms è indissolubilmente legato al **Dom St. Peter**, capolavoro dell'arte romanica renana. La costruzione iniziò verso il 1130 sulle fondamenta di una chiesa preesistente. L'inaugurazione avvenne nel 1181 alla presenza del vescovo di Worms, dell'arcivescovo di Treviri e, logicamente, dell'imperatore.
Si tratta di una basilica bicefala con un transetto che precede il coro a est. Le due absidi sono fiancheggiate rispettivamente da due torri cilindriche, mentre altre due torri ottagonali si ergono sulla crociera e sul coro occidentale. I rilievi e le decorazioni della parete esterna del coro orientale sono tipici della scultura romanica: si tratta di leoni, animali simili ad arieti, orsi, posti alla base dei tre finestroni centrali. Anche nell'abside occidentale, che spicca per un'elegante galleria sopra uno zoccolo di finestre cieche, ritroviamo questi elementi decorativi posti alla base delle colonne: animali, mostri e figure fantastiche. Si accede al duomo dal portale sud, il più significativo, che presenta una ricca decorazione protogotica raffigurante scene bibliche. Appena entrati, sulla sinistra, c'è la *Nikolauskapelle* del XIII secolo.
All'interno del duomo, a tre navate divise da pilastri, particolarmente interessante è il coro orientale, con l'altar maggiore, barocco (1741), di Balthasar Neumann; i due altari laterali del 1750 di Johann Peter Jäger; gli stalli del coro (1755-1759) che collegano l'altar maggiore con i due altari laterali.
Dalla navata sud una scala conduce in una cripta posta sotto il coro orientale, nella quale si trovano i sarcofaghi della famiglia dei Salii, avi dell'imperatore Corrado II.

In giro per il centro

Proseguendo dal Domplatz in direzione sud lungo la Dechaneigasse si arriva al Weckerlingplatz, dove si trova la *Magnuskirche*, evangelica, del XII-XIII sec. (il campanile è invece del XIV sec.), ricostruita dopo l'ultima guerra.

Poco distante c'è l'*Andreasstift*, detto anche Andreaskirche. In realtà la chiesa non è più utilizzata come luogo di culto, e ospita dal 1930, assieme al chiostro, il *Museum der Stadt Worms* dedicato alla storia della città.
Percorrendo l'Andreasring in direzione della stazione si giunge allo *Judenfriedhof*, il più vecchio cimitero ebraico d'Europa. Già nel X sec. viveva infatti a Worms una comunità ebraica. Il cimitero, con oltre 2000 tombe, non è stato distrutto durante la dittatura nazista. È generalmente aperto tutto il giorno ed è possibile visitarlo (obbligatorio mettersi il caratteristico copricapo consegnato all'ingresso).
Poco distante dal duomo, e precisamente a nord, vicino al Neumarkt, c'è il *Marktplatz* con le due fontane: il Siegfriedbrunnen e il Marktbrunnen.
Sulla piazza si affacciano gli edifici del *Rathaus* e della *Dreifaltigkeitskirche*, evangelica, costruita tra il 1709 e 1725. Distrutta nell'ultima guerra è stata ricostruita tra il 1955 e 1959. L'interno è stato modernizzato.
Non molto distante c'è la *Pauluskirche*, romanica; sorge esattamente dove, fino all'inizio del millennio, c'era il castello della famiglia dei Salii (poi imperatori dal 1024 al 1125). Notevole la facciata con grande rosone e portale protogotico sul quale spiccano due torri rotonde.
Ultima tappa del nostro giro è la *sinagoga* (Judengasse), risalente all'XI secolo. Distrutta nella notte dei cristalli, 9 novembre 1938, venne ricostruita tra il 1958 e il 1961.

Informazioni

Prefisso telefonico: 06241
Verkehrsverein, Neumarkt 14, 67547 Worms - tel. 25.045.

Dove dormire

Central-Hotel (standard), Kämmererstr. 5 - tel. 6457, fax 27.439; meublé senza grandi pretese. Tutte le camere sono con bagno.
Hotel Nibelungen (comfort), Martinsgasse 16 - tel. 6977, fax 87.210; meublé accogliente, tutte le camere sono con bagno. Buffet a colazione.
Ostello. *Jugendherberge*, Dechaneigasse 1 - tel. 25.780.
Campeggio. *Campingplatz Nibelungenbrücke* - tel. 24.355.

SPIRA

Speyer (46.000 ab.), situata circa 40 km in direzione sud da Worms, raggiungibile percorrendo la B9, ha antichissime origini: nel 1990 ha infatti festeggiato i suoi 2000 anni. Fu abitata prima dai celti, poi dai romani e infine dai franchi, che si impadronirono della città nel 496 e ribattezzarono la *Civitas Nemetum* in Spira. Già sede vescovile e residenza dei re franchi, fu soprattutto con la dinastia dei Salii che Spira acquisì sempre maggiore importanza. Furono infatti gli imperatori Salii (Corrado II, Enrico III ed Enrico IV, quello che proprio partendo da qui si recò a Canossa) che costruirono tra il 1030 e 1061 il duomo, scegliendolo poi come luogo di sepoltura.

Da vedere

Il **Kaiserdom** è la maggiore costruzione romanica della Germania. A differenza della maggior parte delle altre chiese coeve, il duomo di Spira non ha subito nel corso dei secoli sostanziali modifiche né stilistiche né architettoniche. Venne però varie volte distrutto: la prima volta nel 1689 a opera dei francesi (guerra di successione del Palatinato). Alla ricostruzione (1772-1778) seguì un'altra distruzione (1794, sempre a opera dei francesi). L'ultima ricostruzione, dopo i gravi danni dell'ultimo conflitto mondiale, si è conclusa nel 1957 ed è stata effettuata in maniera molto accurata, così che l'edificio attuale corrisponde fedelmente a quello originale dell'XI secolo.
Il duomo è una basilica a tre navate di grandiose proporzioni (133 m per 55 nel transetto). Paragonato ai duomi di Mainz e Worms (esteriormente le tre costruzioni sono molto simili) colpisce il fatto che, pur sovrastato all'esterno da due cupole fiancheggiate rispettivamente da due torri, il duomo di Spira non sia bicefalo.
L'esterno, semplice nelle sue linee, è severo nella sua imponenza. Spicca, sopra le finestre laterali, una piccola galleria di colonne ornata da bei capitelli che corre tutt'attorno alla costruzione. C'è poi, visibile dal basso, una serie di ornamenti e rilievi (leoni, scimmie, aquile) tipici dello stile romanico.
Appena entrati spiccano nella Vorhalle, racchiuse in nicchie appoggiate alla parete, le statue degli otto imperatori e re qui sepolti. La navata centrale (gli affreschi alle pareti sono del 1846-1853), scandita da semicolonne con bellissimi capitelli corinzi, conduce al transetto che si trova in posizione rialzata. È preceduto da un altare, sistemato a metà dei gradini, aggiunto dopo gli ulti-

mi restauri. L'altar maggiore si trova invece più in alto, nel piedicroce, sovrastato da una cupola alta 46 m. L'enorme corona sospesa si trova proprio al di sopra della cripta sotterranea (accesso dalle navate laterali), dove ci sono le tombe di quattro imperatori e quattro re: oltre agli esponenti della famiglia dei Salii con relative consorti sono qui sepolti Filippo di Svevia, figlio del Barbarossa, Rodolfo d'Asburgo, il capostipite della dinastia, Adolfo di Nassau e Alberto d'Austria, figlio di Rodolfo d'Asburgo.
Dal duomo parte la *Maximilianstraße*, la via principale dell'intera zona pedonale, delimitata all'estremità opposta dall'*Altpörtel*, una delle porte principali della città. La parte inferiore è del XIII sec. mentre quella superiore del 1512 (possibilità di salita, bella vista sulla città).
Percorrendo la Maximilianstraße si incontra il *Rathaus*, edificio barocco del 1712-1726 e, di fronte, l'*Alte Münze*, l'antico Kaufhaus, oggi sede di una banca (1748).
Dall'Altpörtel, seguendo la Gilgenstraße, si arriva alla *Gedächtniskirche*, neogotica, ultimata nel 1904 a ricordo della protesta dei seguaci di Lutero contro la condanna promossa da Carlo V (Dieta di Worms del 1521). Da questa protesta venne poi il nome "Protestantesimo". La chiesa è stata interamente costruita con fondi delle comunità evangeliche di tutto il mondo.
Nella Große Himmelsgasse, a nord della Maximilianstraße, si trova invece la *Dreifaltigkeitskirche* (1701-1717), uno degli esempi più significativi dell'architettura evangelica del periodo barocco. È accompagnata da una torre isolata tardogotica.

Spira, il duomo

Informazioni
Prefisso telefonico: 06232
Verkehrsamt, Maximilianstr. 1, 67346 Speyer - tel. 14.395.

Dove dormire
Graf's Hotel Löwengarten (comfort), Schwerdstr. 14 - tel. 71.051, fax 26.452; in posizione abbastanza favorevole tra la Gedächtniskirche e il Feuerbachpark. Tutte le camere sono con bagno. Ristorante annesso. Buffet a colazione.
Hotel Goldener Engel (comfort), Mühlturmstr. 1/A - tel. 13.260, fax 132.695; albergo con antica tradizione, in posizione centrale. Accogliente e confortevole. Annessi ristorante e Weinstube.
Hotel Domhof (supercomfort), Große Himmelsgasse 6 - tel. 13.290, fax 132.990; molto confortevole, in edificio storico. Ricco buffet a colazione. Annessi ristorante e Biergarten.
Ostello. Geibstr. 5 - tel. 75.380.

Spira, Maximilianstraße e duomo

ASSIA MERIDIONALE

Il Land Hessen, situato proprio nel cuore della Germania, è una creazione del secondo dopoguerra. In realtà questa regione, suddivisa nei secoli scorsi in ducati, granducati e principati, era quanto di meno unitario si potesse immaginare.
In questa guida ci occuperemo solo di quella parte dell'Assia a sud del fiume Meno, confinante a ovest con il Reno, zona che corrispondeva all'incirca al granducato d'Assia, esistito fino al 1918. Tratteremo così di alcune importanti città come Francoforte, Wiesbaden, Darmstadt.
L'alta densità abitativa di questa zona diminuisce spostandosi a sud, verso il Baden-Württemberg e la Baviera. A sud del Meno, non incontriamo grandi città, ma un enorme territorio boschivo, l'Odenwald, che sconfina anche nei due Länder già ricordati. L'Odenwald è delimitato dal Neckar a sud, dal Reno a ovest e dal Meno a nord e nord-est.
Qui si trova il Naturpark Bergstraße-Odenwald. La Bergstraße, la strada dei monti, non attraversa impervi pendii. Era la *Strata Montana* dei romani e il nome è stato conservato nella traduzione tedesca. L'Odenwald si mantiene infatti sui 600 m, con morbidi rilievi, coperti da faggeti e abetaie: un territorio ideale per le passeggiate.

WIESBADEN, il casinò, le terme, i parchi

Da non perdere:
- Kurhaus, maestoso e imponente
- Passeggiata lungo la Wilhelmstraße
- Salita sul Neroberg con la Nerobergbahn

Wiesbaden (270.000 ab.), capitale dell'Assia, è un'elegante stazione termale nonché città di congressi. È facilmente raggiungibile da Francoforte cui è collegata anche con la S-Bahn (linea 14, ci si impiega circa tre quarti d'ora).
Come in tutte le località termali, anche qui troviamo il Kurhaus con l'immancabile casinò.
Il **Kurhaus** è veramente monumentale e maestoso: si tratta di un grande edificio neoclassico dell'inizio del XX sec., la cui parte centrale, con colonne che sorreggono un gigantesco timpano, rievoca l'architettura di un tempio greco. L'imperatore Guglielmo II, in occasione dell'inaugurazione avvenuta l'11 maggio 1907, lo definì il più bel Kurhaus del mondo.
Il *casinò* è attiguo. Una visita vale veramente la pena, non tanto per tentare la fortuna, ma per cogliere il fascino raffinato dell'ambiente fin de siècle. Vestitevi quindi in maniera adeguata (cravatta d'obbligo per gli uomini), e avventuratevi nella sala del Großes Spiel. Solo dal casinò si può inoltre accedere al ristorante Belle Époque. I prezzi sono logicamente astronomici, ma ci si può limitare anche a una semplice Suppe o Salatteller. Quello che più conta è lo spettacolo: cioè ammirare i tavoli da gioco standosene tranquillamente seduti.

Il Kurhaus

Il Kurhaus comprende otto tra sale e saloni usati per concerti e rappresentazioni. La sala più bella e sfarzosa è il *Friedrich-von-Tiersch-Saal* (dedicata all'architetto costruttore); ma anche il *Muschel-Saal*, sala della conchiglia, o il *Salon-Kaiser-Wilhelm* non sono da meno.
Il Kurhaus è preceduto da due colonnati: sulla destra la Theaterkolonnade del 1839 con l'Hessisches Staatstheater, aggiunto nel 1892-1894; sulla sinistra, la Brunnenkolonnade, un ampio colonnato classico del 1825.
È consigliabile fare anche quattro passi nel *Kurpark*, situato dietro il Kurhaus, dove c'è un piccolo lago con possibilità di noleggiare barche.

In giro per il centro

La via più esclusiva è la **Wilhelmstraße:** qui troviamo lussuosi negozi, bei palazzi classicheggianti da una parte, e il verde di un ampio parco che si congiunge poi al Kurpark dall'altra.
Il centro è rappresentato dallo *Schloßplatz:* il castello (1837-1841), costruzione neoclassica a due ali posta su un angolo della piazza, fu la residenza dei duchi di Nassau. È oggi sede dell'*Hessischer Landtag*, il parlamento regionale dell'Assia.
Di fronte c'è l'*Altes Rathaus* del 1610, il più vecchio edificio della città.
Accanto alla *Marktkirche*, la principale chiesa evangelica, imponente costruzione in mattoni rossi del 1860, c'è invece il *Neues Rathaus* (1884-1887).
La zona per lo shopping più alla mano, non quello super esclusivo della citata Wilhelmstraße, è costituita dalla *Langgasse* e dal suo prolungamento, la *Kirchgasse*.
La città è sovrastata da una collina, chiamata **Neroberg**, sulla quale si trova la *Griechische Kapelle* che con le sue cupole dorate è un po' il simbolo di Wiesbaden: fu fatta costruire dal duca Adolfo di Nassau tra il 1848 e 1855 come mausoleo per la moglie Elisabetta, una principessa russa.
Poco distante una favolosa piscina all'aperto, l'Opelbad. Non è grandissima (65 per 12 m, più una piscina piccola per i bambini), ma tutt'intorno c'è un bellissimo parco (ben 6600 mq) con Badeterrasse da dove si ha una splendida vista sulla città.
Si raggiunge il Neroberg con la *Nerobergbahn*, trenino del 1888 che funziona con un sistema molto ecologico, ad acqua.
Altra meta un po' fuori mano (ci si arriva comunque con i pullman del servizio urbano) è *Schloß Biebrich*, situato lungo il Re-

no. Si tratta di una costruzione barocca della prima metà del XVIII sec., residenza estiva dei duchi di Nassau. Il castello non è visitabile. Vale comunque la pena fare un giro nel bellissimo parco in stile inglese, l'*Englischer Park*, dove ogni anno, a Pentecoste, si svolge un prestigioso concorso ippico.

Informazioni

Prefisso telefonico: 0611
Verkehrsbüro, Rheinstr. 15, 65185 Wiesbaden - tel. 172.97.80.

Dove dormire

Central Hotel (standard), Bahnhofstr. 65 - tel. 372.001, fax 372.005; meublé in posizione favorevole a pochi passi dalla stazione e non lontano dal centro. Non tutte le camere sono con bagno. Accogliente e curato.
Hotel Arcade (comfort), Mauritiusstr. 5/7 - tel. 1670, fax 167.750; meublé in posizione centralissima nella zona pedonale. Tutte le camere sono con bagno. Buffet a colazione.
Hotel de France (comfort), Taunusstr. 49 - tel. 520.061, fax 528.174; meublé in posizione favorevole a nord della zona pedonale. Tutte le camere sono con bagno. Buffet a colazione.
Hotel Klee am Park (supercomfort), Parkstr. 4 - tel. 305.061, fax 304.048; nei pressi del Kurhaus e del Kurpark. Bell'ambiente molto curato. Buffet a colazione. Annesso ristorante.
Nassauer Hof (lusso), Kaiser-Friedrich-Platz 3 - tel. 1330, fax 133.632; posizione centralissima a pochi passi dal Kurhaus. Il più esclusivo, il più chic della città.
Ostello. *Jugendherberge*, Blücherstr. 66 - tel. 48.657.
Campeggio. *Campingplatz Mainz-Wiesbaden*, Maarau - tel. 06143/4383.

I DINTORNI DI WIESBADEN

Kloster Eberbach

Circa 25 km in direzione ovest da Wiesbaden, raggiungibile costeggiando il Reno (B42) fino a Eltville e da qui proseguendo poi in direzione Kiedrich, si trova Kloster Eberbach. Si tratta di un'abbazia fondata dai padri agostiniani nel 1116 ma sempre gestita, a partire dal 1135, dai monaci cistercensi, situata in posizione isolata, in mezzo al verde. Conservata benissimo, è una delle più belle in assoluto di tutta la Germania: non a caso il

film *Il nome della rosa*, tratto dal romanzo di Umberto Eco, fu girato proprio qui. Dopo la secolarizzazione del 1803 l'abbazia fu trasformata in prigione, e dal 1918 è Staatliche Weinbaudomäne, il che comporta che lo stato provveda alla coltivazione della vite (gli stessi monaci erano dediti a questa attività). I circa 20 ettari di vigneti dell'abbazia producono eccellenti vini.
La chiesa è la parte più vecchia (seconda metà del XII sec.). Si tratta di una basilica romanica a tre navate a croce. Originariamente vi erano addirittura 34 altari. Oggi è completamente spoglia. Sul lato sud della chiesa sono state aggiunte, tra il 1313 e il 1335, 9 cappelle gotiche.
Ma anche tutti gli altri edifici, dal chiostro al Kapitelsaal, la sala capitolare, dal dormitorio (un'immensa sala a due navate lunghe 72 m della seconda metà del XIII sec.) al refettorio, sono meritevoli di una visita.
In estate si svolge in questo suggestivo ambiente un intenso programma di concerti.

Rüdesheim

Continuando a costeggiare il Reno lungo la B42 si arriva a Rüdesheim (6600 ab.), rinomato centro di soggiorno. Sorge in una bellissima posizione tra il Reno da una parte e i soleggiati vigneti dall'altra. Non dimentichiamo infatti che ci troviamo nel Rheingau, una zona molto famosa per la produzione di vino, in particolare del Riesling: proprio qui passa la cosiddetta Rheingauer Riesling-Route, strada che tocca località famose per la produzione di questo vino.
Milioni di turisti passeggiano ogni anno per la via centrale, la *Drosselgasse*: con i suoi innumerevoli Weinlokale dove assaggiare il vino della zona, con le belle case a graticcio e l'atmosfera quasi medievale che vi si respira (se capitate in una bella giornata di luglio o agosto vi sarà difficile per via dei tantissimi visitatori avere questa impressione) è un po' il simbolo di Rüdesheim stessa.
Da vedere c'è la *Niederburg*, una fortezza del XII sec. dove si trova il Rheingau- und Weinmuseum, museo dedicato alla storia del vino.
Dell'antica fortificazione cittadina rimane solo l'*Adlerturm*, torre rotonda del XV secolo. Poco distante dalla Drosselgasse, nel Brömserhof, si trova una curiosa collezione di strumenti musicali automatici.
Da Rüdesheim, esattamente dalla parte più a ovest della citta-

dina, è possibile salire, a piedi (circa 3 km) o in funivia, al *Niederwalddenkmal*, il monumento raffigurante la "Germania", una robusta valchiria che guarda minacciosa verso ovest (cioè verso la Francia). Bel panorama (cfr. "Renania-Palatinato, *Valle del Reno: da Bingen a Coblenza*").
Informazioni: *Verkehrsamt*, Rheinstr. 16, 65385 Rüdesheim - tel. 06722/2962.

DARMSTADT, la città dello Jugendstil

Da non perdere:
- Mathildenhöhe, dove si concentrano i vari edifici liberty
- Schloß
- Hessisches Landesmuseum, in particolare la sezione dedicata al liberty

Darmstadt (137.000 ab.), situata circa 35 km in direzione sud da Francoforte, è una città moderna dove però il concetto di modernità non è in contrasto con quello di eleganza e signorilità. Non ci sono infatti solo le grandi industrie, soprattutto chimiche, farmaceutiche e grafiche, che fanno di Darmstadt un importante centro industriale. Vi si affiancano istituzioni culturali e scientifiche quali la Deutsche Akademie für Sprache und Dichtung, che conferisce ogni anno il Georg-Büchner-Literaturpreis, l'ambito premio letterario in memoria del celebre poeta Büchner, che nacque nel 1813 poco distante da Darmstadt (a Goddelau, per la precisione). C'è poi la Technische Hochschule con le sue sette facoltà, e il Centro europeo per la ricerca spaziale, tanto per citare le più importanti.
Ma Darmstadt è soprattutto famosa come la città tedesca per eccellenza dello Jugendstil, cioè del liberty. Nel 1899 Ernst Ludwig, l'ultimo granduca (dal 1567 al 1918 Darmstadt fu residenza del langraviato e poi granducato di Hessen-Darmstadt) invitò sette artisti d'avanguardia cui affidò un compito preciso: progettare, secondo il loro gusto, nuovi edifici. Coordinatore di questo gruppo, chiamato Künstlerkolonie, colonia degli artisti, fu l'architetto viennese Joseph Maria Olbrich. Altro esponente di rango fu l'architetto Peter Behrens, maestro di Walter Gropius e Le Corbusier. Nel 1901 si svolse così la prima "Mostra del liberty" cui

ne seguì un'altra nel 1908. La più importante di queste costruzioni è l'*Hochzeitsturm*, un'enorme torre (65 m) con singolare copertura a gradoni ricurvi che richiamano le dita di una mano (oggi simbolo di Darmstadt); ma molte altre sorgono sulla **Mathildenhöhe**, una collina ricoperta da un ampio parco. Qui già sorgeva la Russische Kapelle, fatta costruire nel 1899 dallo zar Nicola II in onore della moglie Alessandra che proveniva dalla linea Hessen-Darmstadt.

In giro per il centro

Punto centrale della città è il *Marktplatz*, ornato dal Marktbrunnen, una fontana del 1780, sul quale si affaccia l'*Altes Rathaus*, costruzione rinascimentale del 1588-1590. Poco distante c'è il *Weißer Turm*, torre rotonda con copertura a cupola, ciò che resta delle antiche fortificazioni cittadine del XIV secolo.
Sulla piazza si affaccia lo **Schloß**. Il castello è costituito da due parti: il *Neuschloß*, la parte più recente, barocca, che dà direttamente sul Marktplatz (due ali a squadra costruite tra il 1716 e 1726), e l'*Alteschloß*, la parte più vecchia, rinascimentale (XVI-XVII sec.), all'interno. Entrando dal portone principale si accede al primo cortile interno: sulla destra, nel cosiddetto Glockenbau, è sistemato lo *Schloßmuseum* (quadri, carrozze, uniformi e oggetti legati al periodo in cui Darmstadt era residenza langraviale e granducale). Si accede poi a un secondo cortile, più piccolo.
Dietro il castello, sul Karolinenplatz-Friedensplatz, si trova l'**Hessisches Landesmuseum**, il museo regionale dall'Assia, imponente costruzione di fine Ottocento. È suddiviso in diverse sezioni dedicate alla storia e all'arte. Assolutamente da non perdere la *Gemäldegalerie* e, logicamente, il reparto dedicato allo Jugendstil.
A nord del Landesmuseum si estende l'*Herrngarten*, un parco in stile inglese delimitato a est dagli edifici della Technische Hochschule. Nella parte nord del parco sorge il *Prinz-Georg-Palais*, piccola ma elegante costruzione barocca del 1710 che ospita la *Großherzogliche Porzellansammlung*, stupenda collezione delle porcellane dei granduchi; per questo motivo il castello è soprannominato Porzellanschlößchen, castello delle porcellane.

Ancora da vedere

Il *Luisenplatz*, poco distante dallo Schloß cui è collegato dalla Rheinstraße, è dominato dalla Ludwigssäule, una colonna alta 39 m dedicata al granduca Ludwig I (1790-1830) che nel 1820,

tra i primi in Germania, concesse una Costituzione ai propri sudditi (una scala a chiocciola all'interno conduce in alto fino alla piattaforma).
La *Ludwigskirche*, situata al centro della Wilhelminenstraße, è una chiesa cattolica a pianta circolare costruita nel 1822-1827 in stile classico, sul modello del Pantheon di Roma. All'interno 28 colonne in stile corintho (15 m di altezza) sorreggono una cupola del diametro di 33 m nel cui mezzo si apre l'unica finestra dell'intera costruzione.

Informazioni
Prefisso telefonico: 06151
Verkehrsamt, Luisenplatz 5, 64283 Darmstadt - tel. 132.780.

Dove dormire
City-Hotel (comfort), Adelungstr. 44 - tel. 33.691, fax 316.096; meublé in posizione favorevole non lontano dalla zona pedonale. Tutte le camere sono con bagno. Buffet a colazione.
Hotel Mathildenhöhe (comfort), Spessartring 53 - tel. 48.046, fax 44.236; meublé in posizione non proprio centrale. Accogliente e ben curato. Tutte le camere sono con bagno.
Hotel Weinmichel (supercomfort), Schleiermacherstr. 10/12 - tel. 29.080, fax 23.592; posizione centralissima. Molto curato, buffet a colazione. Annesso ristorante.
Ostello. *Jugendherberge*, Landgraf-Georg-Str. 119 - tel. 45.293.

I DINTORNI DI DARMSTADT

Michelstadt
Graziosa città della regione dell'Odenwald, sul fiume Mümling, Michelstadt (16.000 ab.) si trova circa 25 km in direzione sud-est da Darmstadt lungo la B45. La storia di questa città è legata alla figura di Einhard, consigliere e primo biografo di Carlo Magno, il quale gli fece dono nel lontano 815 della Marca Michelstadt. Qui, e più precisamente a Steinbach, Einhard fece edificare una basilica (821-827) che oggi costituisce un raro esempio di costruzione carolingia.
Il cuore della cittadina è comunque il *Marktplatz*, sul quale si affaccia il curioso *Rathaus* (1484) caratterizzato da due sporti coronati da torrette e da un'alta torre in cima al frontone. Si tratta di una costruzione a graticcio con pianterreno aperto soste-

nuto da pali in legno: qui un tempo era ospitato il mercato e si svolgevano i processi. Al piano superiore si trova la grande sala consiliare con massiccio soffitto in quercia.
Davanti al Rathaus si trovano l'immancabile *Marktbrunnen* (1575) e il *Gasthaus zum Löwen* del 1755, oggi Verkehrsamt. Dietro si innalza la *Stadtkirche St. Michael-und-St. Kilian* (1461-1537), gotica, a sala, con molte tombe dei conti di Erbach.
Tutt'intorno alla piazza piacevoli case a graticcio. A completare il quadro delle attrattive di Michelstadt non poteva mancare un vero e proprio castello, *Schloß Fürstenau*, situato a nord della Altstadt in un ampio parco. La Burg, da cui il castello ebbe origine, era del XIV sec., ma varie epoche sono riconoscibili in questa struttura: del XVIII sec. sono l'ingresso e il padiglione barocco, del XIV sec., invece, l'Altes Schloß con torri e splendida balconata.
Informazioni: *Verkehrsamt*, Marktplatz 1, 64720 Michelstadt - tel. 06061/74.146.

Michelstadt, il Rathaus

FRANCOFORTE, la capitale economica

Da non perdere:
- Römerberg, il piccolo centro storico della metropoli moderna
- Kaiserdom, dove venivano eletti e incoronati gli imperatori
- Goethehaus, la casa natale del più celebre poeta tedesco
- Museumsufer, un museo dopo l'altro sulla riva sinistra del Meno
- Städelsches Kunstinstitut, una delle maggiori gallerie tedesche
- Serata in una caratteristica Apfelweinwirtschaft nel quartiere di Sachsenhausen

Il nome Frankfurt am Main richiama quasi automaticamente i concetti di finanza, economia, banche, fiere. Certamente Francoforte è tutto questo. E la prima impressione che si ha della città alla vista della tipica skyline fatta di grattacieli tra i quali svetta il Messeturm (256 m d'altezza, il più alto d'Europa) conferma questa associazione tanto spontanea quanto scontata: una città moderna, costruita ex novo dopo i bombardamenti del 1944 che la rasero letteralmente al suolo. La ricostruzione modificò l'immagine della città vecchia, sparita per sempre sotto le macerie. Nulla è rimasto delle belle case patrizie con i caratteristici frontoni a scalini, delle suggestive stradine medievali, del *flair* di un tempo.
E non si può certo dire che la ricostruzione della Altstadt sia stata un grande successo. Ci si è infatti limitati a riprodurre pochi edifici attorno al Römerberg. Tutt'intorno grattacieli. La ricostruzione degli anni 1950-1960 ha per così dire privato Francoforte della sua vera personalità, gettandola quasi in una crisi di identità. Non a caso, proprio in quel periodo, la fantasia dei suoi cittadini si è sbizzarrita trovando per la città appellativi quali Mainhattan, Bankfurt o, peggio ancora e comunque sintomatico di una certa insofferenza nei suoi confronti, Krankfurt (da *krank*, malato, quindi la città dove ci si ammala).
A poco a poco sparirono dal centro, vittime del nuovo potere finanziario che stava edificando le proprie cattedrali, non solo i piccoli negozi, ma gli abitanti stessi, impossibilitati a far fronte ad affitti sempre più esorbitanti.

Ci sono a Francoforte oltre 400 banche tra tedesche e straniere; c'è la Bundesbank, c'è la borsa più quotata d'Europa; ci sono 170 società di assicurazione, 500 tra case editrici e filiali. Per non parlare poi di tutto il terziario, in primo luogo la pubblicità, che da solo offre oltre il 70% dei posti di lavoro disponibili in città. Francoforte è quindi una città attiva, dinamica, in continuo movimento. Una città che durante la settimana raddoppia il numero dei suoi abitanti (650.000). Ma l'impressione che si ha capitandovi durante un fine settimana è di trovarsi in una città fantasma, vuota, quasi irreale. Tutte le città tedesche, si sa, si "addormentano" il sabato pomeriggio. Ma questo vale in particolare per Francoforte. A proposito di traffico: non avventuratevi in auto. Parcheggiate, magari anche in centro, ma in un Parkhaus o Tiefgarage (la ricerca di un parcheggio non a pagamento è solo tempo perso) e proseguite a piedi o usando l'efficiente rete metropolitana (U-Bahn e S-Bahn).
Fin qui si potrebbe quindi pensare a Francoforte come a una città da evitare più che da visitare, ma non è così.
A partire dall'inizio degli anni Ottanta si è fatto molto per rendere Francoforte di nuovo abitabile, per ridarle uno spirito più

Vista sui grattacieli di Francoforte

a misura d'uomo, per ricreare insomma un'atmosfera vivibile. Ci si è infatti resi conto che la città aveva bisogno di ritrovare la propria identità. Si trattava si ricreare una nuova unità tra lavoro, casa e tempo libero, di trasformare cioè Francoforte in un luogo dove i tre elementi fossero armonicamente collegati.
I risultati sono senz'altro incoraggianti. La Kulturpolitik dell'amministrazione cittadina (Francoforte è una delle città che più spende in questo senso: il 10% del bilancio è infatti destinato agli investimenti culturali) ha dato i primi risultati.
La Alte Oper è stata finalmente inaugurata nel 1981 dopo che per decenni, in nome di altre priorità economiche, si era quasi abbandonata l'idea di ricostruire quell'imponente edificio neorinascimentale distrutto dai bombardamenti nella notte del 23 marzo 1944.
Lungo lo Schaumainkai, il cosiddetto Museumsufer, sono sorti nuovi musei: il Deutsches Architekturmuseum, il Deutsches Filmuseum e altri ancora che visualizzano non solo la metamorfosi della città ma anche il risveglio di un nuovo sentimento dei cittadini nei confronti della "loro" Francoforte.

Un po' di storia

Nel 1994 Francoforte ha festeggiato i suoi 1200 anni di storia. Nel 794 appare infatti in un documento ufficiale il nome *Franconofurd:* Furt der Franken, il guado dei franchi. Indicava il luogo dove i franchi, trovato il guado sul Meno, si stabilirono. Proprio Carlo Magno vi tenne nel 794 una riunione imperiale e un concilio. Nel XIII sec. Francoforte fu un importante centro di scambi commerciali, nonché sede di una fiera che richiamava gente da tutta Europa. Alla già allora famosa Herbstmesse, fiera d'autunno, si accompagnò dal 1330 la Frühjahrsmesse, fiera di primavera. Parallelamente all'importanza commerciale crebbe anche quella politica, quando la Bolla d'oro del 1356 stabilì che l'elezione dell'imperatore dovesse avvenire a Francoforte. Successivamente, dal 1562, anche l'incoronazione si svolse a Francoforte (l'ultimo Kaiser a esservi incoronato fu Franz II nel 1792). Centro commerciale, centro politico: mancava solamente il potere finanziario per fare di Francoforte, ormai da tempo libera città imperiale, una vera metropoli. E nel 1595 venne inaugurata la borsa, con il compito di controllare i traffici finanziari nonché centro di cambio della moneta al servizio dei visitatori della fiera. Un nome viene subito alla mente parlando di soldi: Rothschild, la famosa famiglia di banchieri. Meyer Amschel

Rothschild (1743-1812) fondò proprio a Francoforte la sede di quella che sarebbe diventata una delle banche più quotate a livello mondiale; i figli espansero poi l'impero del padre aprendo filiali a Parigi, Londra, Vienna e Napoli.
Dopo il crollo del Sacro Romano Impero della Nazione Tedesca nel 1806 Francoforte aderì al neocostituito Rheinbund, la Confederazione renana voluta da Napoleone con l'intento di creare una sorta di stato cuscinetto tra Francia e Germania.
Al Congresso di Vienna Francoforte fu scelta come capitale del Deutscher Bund, la Confederazione germanica. Qui aveva sede il Bundestag, l'unico organo centrale dotato tuttavia di scarsi poteri.
La rivoluzione del 1848 fece di Francoforte il centro della opposizione liberal-democratica che vide concretizzare le proprie aspirazioni nella Nationalversammlung, il primo parlamento tedesco eletto democraticamente. Luogo di riunione fu la Paulskirche, divenuta poi il simbolo dell'unità nazionale e culla della democrazia.
Dopo il secondo conflitto mondiale (si è già detto dei terribili bombardamenti del 23 marzo 1944) Francoforte sembrava avere tutte le carte in regola per diventare capitale della costituenda Repubblica Federale Tedesca. Perse tuttavia, anche se per una manciata di voti, il ballottaggio con Bonn.

In giro per il centro

Un giro della città potrebbe iniziare dal **Römerberg**, la piazza più importante di Francoforte, che fu l'antica sede del mercato, con al centro il *Gerechtigkeitsbrunnen*, la fontana della giustizia (durante i festeggiamenti in occasione dell'incoronazione dell'imperatore dalla fontana sgorgava vino). Sul lato nord-occidentale si affaccia il *Römer*, il medievale Rathaus, ricostruito. Si tratta di tre case con frontone a scalini unite tra loro, di cui quella centrale, chiamata Zum Römer, ha poi dato il nome all'intero complesso. È un po' il simbolo della vecchia Francoforte (ed è anche l'unica parte fedelmente ricostruita; parlando di Altstadt a Francoforte si intende quindi il Römerberg). All'interno si trova il *Kaisersaal*, la sala dove la nobiltà tedesca rendeva omaggio all'imperatore. Vi si svolgevano sfarzosi banchetti e ricevimenti. Nella sala sono appesi i ritratti dei 52 imperatori del Sacro Romano Impero della Nazione Tedesca (di questi ben 36 furono eletti a Francoforte). Di fronte al Römer, dall'altra parte della piazza, si trova la cosiddetta *Ostzeile*, una serie di belle case a graticcio recentemente ristrutturate.

Sempre sul Römerberg, e precisamente sul lato sud, quello in direzione del Meno, si trova la *Nikolaikirche*, una chiesa a sala del XIII-XV sec., evangelica (dal campanile risuona tutti i giorni un grazioso carillon). Dietro la Nikolaikirche c'è l'*Historisches Museum* (Saalgasse 19), una combinazione tra architettura moderna e vecchi edifici tra i quali la Saalhofkapelle (1170, la chiesa più antica di Francoforte). Il museo illustra la storia della città dal Medioevo al XX secolo.
A poche centinaia di metri a ovest in direzione del Meno si incontra la *Leonhardskirche*, voluta da Federico II nel 1219. È una costruzione gotica con elementi tardoromanici, come le due torri ottagonali o, nella navata di sinistra, i due splendidi portali. Poco distante dal Römerberg, verso est, sorge il **Kaiserdom**. Costruito tra il XIII e il XV sec., prende il nome (la denominazione esatta sarebbe Dom St. Bartholomäus) dal fatto che qui vennero eletti a partire dal 1356 gli imperatori tedeschi, che dal 1562 vi furono anche incoronati. Il campanile, il *Westturm*, iniziato nel XV sec., fu ultimato solo nell'Ottocento. Dall'alto dei suoi 95 m (possibilità di salita a pagamento; abbiamo contato gli scalini:

Römer

dovrebbero essere 383) si ha una imponente vista sulla città.
L'interno ha struttura e proporzioni inconsuete: le tre navate a sala sono estremamente corte, il coro (belli gli stalli del XIV sec.) è addirittura più lungo delle navate stesse; e ancora più curioso è il fatto che il transetto sia l'asse più lungo dell'intera costruzione. Guardando la piantina della chiesa si potrebbe a prima vista confondere il transetto con la navata centrale. Queste proporzioni insolite si spiegano se si tiene presente che, durante l'incoronazione dell'imperatore, nel transetto sedevano tutti i dignitari, che erano veramente numerosi. Sotto la crociera c'è l'altar maggiore (1470) davanti al quale si svolgeva la cerimonia dell'incoronazione.
Di particolare interesse all'interno è il *Maria-Schlaf-Altar* (1434), situato nella Marienkapelle nel transetto di sinistra. Nel transetto di destra, oltre a due altari del 1500 e a un ciborio del 1474, c'è un gruppo della Deposizione del 1440 circa. Accanto all'altar maggiore, sulla destra del coro, una porticina conduce alla cosiddetta *Wahlkapelle*, la cappella dove si riunivano in preghiera i sette principi elettori che avevano il compito di scegliere il nuovo imperatore.
Di grande valore artistico è infine una Crocefissione dello scultore Hans Backoffen del 1509, posta contro il muro della torre (Turmhalle). Il chiostro ospita il *Dommuseum* (arte sacra, storia della chiesa).
Di fronte al duomo si trova l'*Historischer Garten* con resti di mura romane risalenti al I sec. d.C.
Se dal Römerberg si procede in direzione nord si arriva al Paulsplatz dove c'è la *Paulskirche*. Dell'importanza storica di questo edificio si è già detto. Nonostante il nome, la costruzione da tempo non è adibita a scopi religiosi, ma viene utilizzata per manifestazioni varie (cerimonie, mostre ecc.). All'interno un grande affresco, molto discusso, del pittore moderno Johannes Grötzke illustra gli avvenimenti centrali della storia tedesca.
A ovest della Paulskirche, al numero 23 del Großer Hirschgraben, c'è il **Goethehaus**, la casa dove il 28 agosto 1749 nacque il più celebre dei poeti tedeschi. Distrutta dalla guerra, è stata scrupolosamente e fedelmente ricostruita. Ospita oggi il *Goethe-Museum* che illustra l'ambiente familiare e la vita del poeta (morto a Weimar il 22 marzo 1832).
Il Großer Hirschgraben si congiunge al Kleiner Hirschgraben che porta alla Katharinenpforte. Percorrendo questa breve via (qui c'è la Katharinenkirche dove venne battezzato Goethe) si giun-

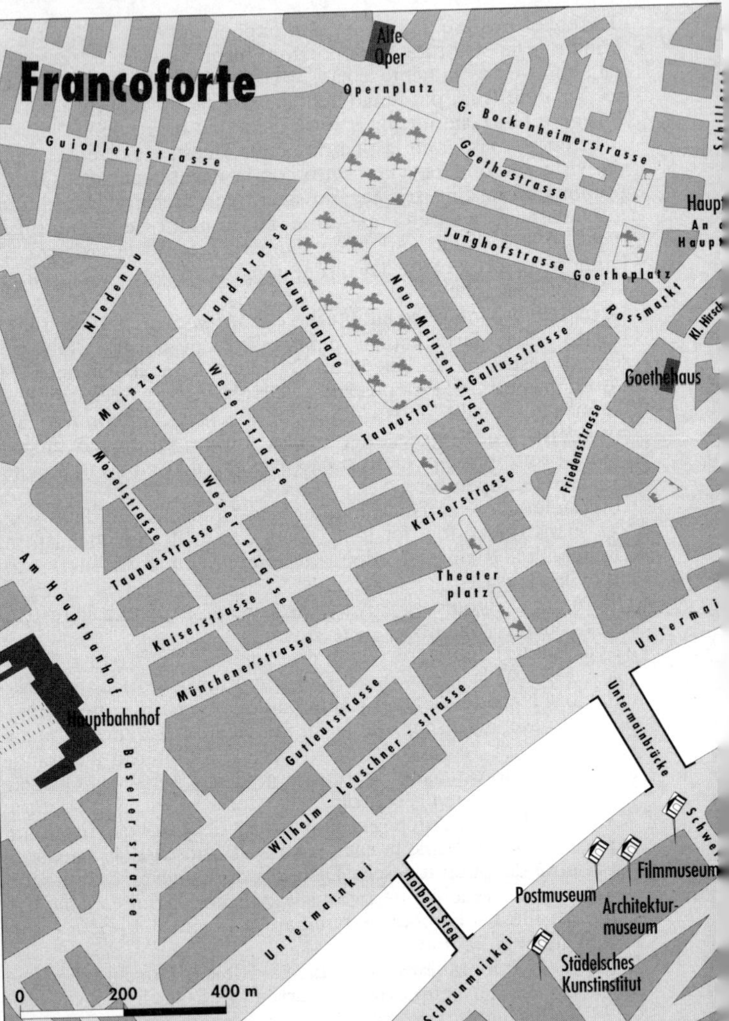
Francoforte
Alte Oper
Opernplatz
G. Bockenheimerstrasse
Goethestrasse
Guiollettstrasse
Junghofstrasse
Goetheplatz
Rossmarkt
Niedenau
Landstrasse
Taunusanlage
Neue Mainzer strasse
Gallusstrasse
Goethehaus
Mainzer
Weserstrasse
Taunustor
Friedensstrasse
Moselstrasse
Weserstrasse
Kaiserstrasse
Taunusstrasse
Am Hauptbahnhof
Theater platz
Kaiserstrasse
Münchenerstrasse
Untermai
Hauptbahnhof
Gutleutstrasse
Wilhelm - Leuschner - strasse
Untermainbrücke
Baseler strasse
Filmmuseum
Postmuseum
Architektur-museum
Holbein Steg
Untermainkai
Schaumainkai
Städelsches Kunstinstitut
0
200
400 m

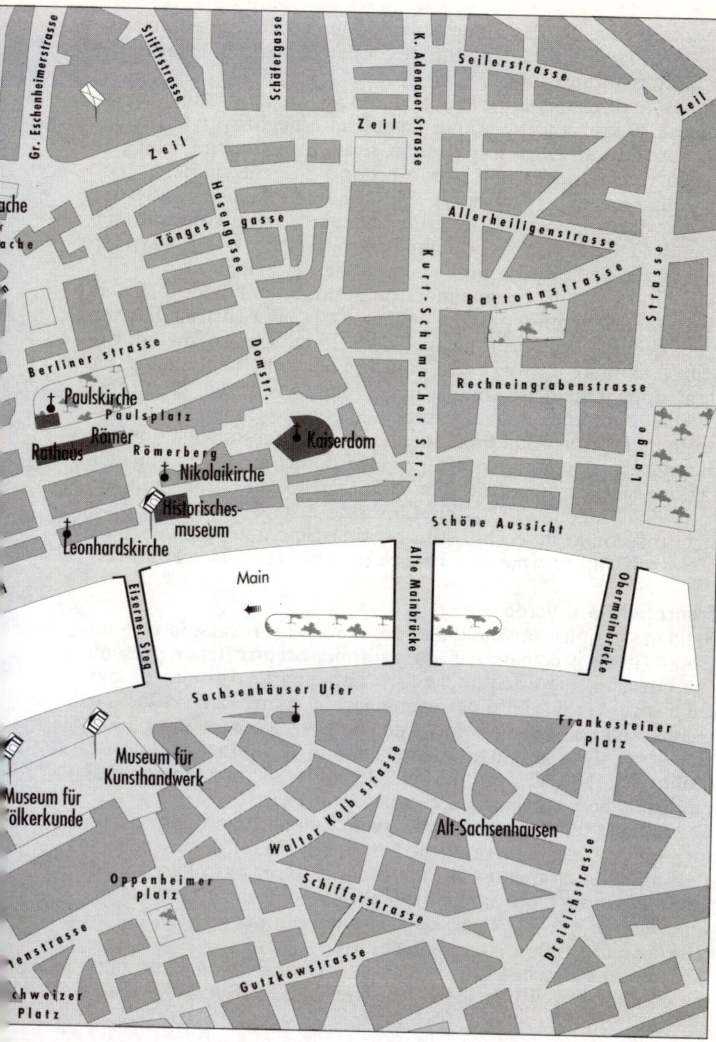

Gr. Eschenheimerstrasse
Stiftstrasse
Schäfergasse
K. Adenauer Strasse
Seilerstrasse
Zeil
Zeil
Zeil
Hasengasse
Tönges gasse
Allerheiligenstrasse
Battonnstrasse
Kurt-Schumacher Str.
Strasse
Lange
Berliner strasse
Domstr.
Rechneingrabenstrasse
Paulskirche
Paulsplatz
Römer
Rathaus
Römerberg
Kaiserdom
Nikolaikirche
Historisches-
museum
Leonhardskirche
Schöne Aussicht
Main
Eiserner Steg
Alte Mainbrücke
Obermainbrücke
Sachsenhäuser Ufer
Frankesteiner
Platz
Museum für
Kunsthandwerk
Museum für
ölkerkunde
Walter Kolb strasse
Alt-Sachsenhausen
Dreieichstrasse
Schifferstrasse
Oppenheimer
platz
Gutzkowstrasse
tenstrasse
chweizer
Platz

ge alla piazza An der Hauptwache, dominata da un edificio barocco, la *Hauptwache*, appunto, ex sede del posto di guardia, oggi caffè-ristorante.
Da qui in direzione est si snoda la *Zeil*, la via per lo shopping più famosa di Francoforte: grandi magazzini e negozi vari si trovano uno accanto all'altro. È un'ampia strada con fontane, ci si passeggia volentieri, ma non si può proprio dire che sia bella. Inoltre, alla sera, dopo l'orario di chiusura, è letteralmente deserta.
In direzione opposta si trova un'altra via ricca di ristoranti, negozi di Delikatessen e specialità gastronomiche: è la *Bockenheimerstraße*, detta anche Freßgasse, la via dei mangioni.
Alla fine della Bockenheimerstraße sorge, sull'Opernplatz, la *Alte Oper*, il vecchio palazzo dell'opera, la cui ricostruzione, iniziata nel 1964, si è protratta per oltre 15 anni. Si sperava di riuscire a ultimare i lavori entro l'ottobre del 1980, esattamente 100 anni dopo l'inaugurazione ufficiale che avvenne il 20 ottobre 1880 alla presenza dell'imperatore Guglielmo I; ma i calcoli, nonostante la famigerata precisione teutonica, questa volta non tornarono e si dovette lavorare per altri dodici mesi. Per l'inaugurazione si scelse un'altra data: il 28 agosto 1981, 232° anniversario della nascita di Goethe. L'esterno è stato fedelmente ricostruito secondo il vecchio stile neorinascimentale. All'interno si è costruita un'enorme sala capace di ospitare 2500 spettatori.

Francoforte e il verde

Sebbene la tipica skyline dia l'impressione di trovarsi in una metropoli dove il cemento fa da padrone, occorre tener presente che circa un terzo dell'intera area cittadina è costituito da parchi e spazi verdi. Tanto per cominciare, il centro della città è circondato da un'ampia fascia verde (lunghezza complessiva 5 km) che sorge dove originariamente c'erano le mura cittadine demolite nel 1806. C'è poi il Meno, le cui rive si prestano benissimo a lunghe passeggiate o escursioni in bici.
Tra le mete turistiche predilette dalle famiglie con bimbi c'è poi lo *zoo*, il primo inaugurato in Germania (1858) dopo quello di Berlino. Non da meno è il *Palmengarten*, senz'altro l'area verde più frequentata e più amata dagli abitanti di Francoforte. Ha una superficie di oltre 22 ettari ed è uno dei più bei giardini botanici in assoluto (ingresso a pagamento).
Accanto al Palmengarten si estende il *Grüneburgpark*, un enorme giardino che il banchiere Amschel Mayer Rothschild si fece allestire nel 1845. Dal 1940 è proprietà comunale. Ricorda per

FRANCOFORTE E LE FIERE

Francoforte ha una lunga tradizione fieristica che risale al XIII sec.: nel 1240 i viaggiatori che vi si recavano per affari godevano di una sorta di protezione imperiale, segno di come stesse a cuore all'imperatore lo sviluppo commerciale della città.
Dalle due fiere di allora, *Herbstmesse*, fiera d'autunno, e *Frühjahrsmesse*, fiera di primavera, si è passati alle oltre quaranta di oggi. Tre milioni di visitatori e oltre 28.000 espositori affollano ogni anno i dieci padiglioni della zona fiera (Messegelände).
Ultima novità architettonica è il Messeturm, la torre più alta d'Europa, simbolo della Francoforte moderna, proiettata verso il futuro: 256 m, 52 piani destinati a uffici.
La fiera più famosa è quella del libro: si svolge all'inizio di ottobre ed è la più importante del mondo nel suo genere.
Tra le altre ricordiamo:
- *Heimtextil*, Fiera internazionale dei tessili d'arredamento e dei tessili della casa.
- *Pelzmesse*, Fiera internazionale della pellicceria.
- *Internationale Musikmesse*, Salone internazionale degli strumenti musicali.
- *IAA*, Salone internazionale dell'automobile.
- *Infobase*, Fiera internazionale dell'informazione.

Informazioni: *Messe Frankfurt GmbH*, Ludwig-Erhard-Anlage 1, 60327 Frankfurt a/M - tel. 069/75.750, fax 069/757.564.33.

certi aspetti l'Englischer Garten di Monaco. Si incontra di tutto: gente che fa jogging, anziani a passeggio, coppiette, nudisti ecc. Tra il Palmengarten e il Grüneburgpark c'è poi il *Botanischer Garten*. E ancora l'*Holzhausenpark*, il *Bethmannpark*, il *Rothschildpark,* originariamente il parco di una villa dei famosi banchieri. Infine, a sud della città, l'immenso *Stadtwald*, il più grande bosco tedesco all'interno di una città (ben 4000 ettari). È il vero polmone di Francoforte. Unico neo: l'aeroporto non è molto lontano, e quindi l'idillio di una passeggiata bucolica viene bruscamente interrotto dall'assordante frastuono di un boeing che sta per atterrare o è appena decollato.

Musei

"Kultur für alle", cultura per tutti. Con questo motto, che l'amministrazione cittadina ha lanciato all'inizio degli anni Ottanta, Francoforte è riuscita a conciliare l'immagine di capitale finanziaria con quella di una metropoli culturalmente viva. Il panorama culturale che Francoforte offre è veramente unico in Germania. Volendo scegliere tra i quasi quaranta musei cittadini si ha solo l'imbarazzo della scelta.

Il visitatore ha però il vantaggio di trovare concentrati in un'unica zona, a pochi passi di distanza l'uno dall'altro, i maggiori musei. Basta attraversare l'Eiserner Steg, il ponte riservato ai pedoni che porta sull'altra riva del Meno, e ci si trova sul cosiddetto *Museumsufer*, la riva dei musei: qui sorgono otto dei più interessanti musei cittadini, mentre altri cinque sono nelle immediate vicinanze.

Una visita culturale dovrebbe iniziare dallo *Städelsches Kunstinstitut* con la Galleria cittadina (Schaumainkai 63), più comunemente detto *Stadel* dal nome del banchiere che con la donazione dei suoi 500 quadri personali e di un milione di fiorini permise nel 1816 la fondazione di questo istituto d'arte. Ospita una raffinata collezione che illustra lo sviluppo della pittura europea dal XIV sec. ai nostri giorni. È una tappa obbligata anche per una breve visita della città.

Chi ama invece la scultura non deve assolutamente perdersi la stupenda collezione nella vicina *Liebieghaus* (Schaumainkai 71), ex villa del barone Liebieg.

E ancora. Il *Postmuseum* (Schaumainkai 53) narra la storia della posta e dei mezzi di comunicazione. L'*Architekturmuseum* (Schaumainkai 43), in una villa di fine Ottocento, è il luogo dove l'architetto Oswald Matthias Ungers concepì nel 1984 una vera e propria "casa nella casa" creando corridoi, scale, nuovi spazi. Il museo ricostruisce la storia dell'architettura internazionale dell'età moderna. La forma architettonica del museo, forse più che le varie esposizioni, è il vero motivo di interesse dei tanti visitatori. Il *Filmmuseum* (Schaumainkai 41), situato in una bella villa, propone la storia e lo sviluppo della cinematografia. Il *Museum für Völkerkunde* (Schaumainkai 29), museo etnologico, presenta diverse esposizioni centrate sulla vita e la cultura delle varie popolazioni della terra (Oceania, Indonesia, Africa e America). Infine il *Museum für Kunsthandwerk* (Schaumainkai 17), museo dell'artigianato artistico, raccoglie collezioni di ceramiche, mobili, argenti e gioielli.

Shopping

Francoforte non può certamente competere con Monaco o Düsseldorf. Ma l'importanza che la città riveste nel mondo degli affari e della finanza, rendendola meta di business-men da tutto il mondo, l'ha fatta diventare sempre più interessante per il mondo della moda.

La zona pedonale che ruota attorno alla *Große Bockenheimer Straße*, alla *Kleine Bockenheimer Straße* e alla *Goethestraße* è indubbiamente la più esclusiva per lo shopping.

Vi si trovano filiali delle grandi case di moda internazionali, gioiellerie, negozi vari: offrono quanto di meglio e di più costoso si possa immaginare.

Anche le due piazze che delimitano per così dire questa zona, cioè l'*Opernplatz* e il *Goetheplatz/Rathenauplatz* offrono un'ampia scelta.

Poco distante inizia la *Zeil*, l'ampia zona pedonale compresa tra la Hauptwache e la Konstablerwache: con i suoi grandi magazzini raggiunge il più alto volume d'affari nella vendita al minuto. Anche la via che dalla Hauptwache porta al Römerberg, *Liebfrauenstraße, Liebfrauenberg e Neue Kräme*, offre, con i suoi innumerevoli negozietti, interessanti possibilità di shopping.

Altre vie, un po' lontane dalla city, certamente meno esclusive ma senz'altro più convenienti, sono la *Bergerstraße*, in particolare la parte compresa tra Merianplatz e Saalburgallee, e la *Leipziger Straße*, zona università. Più snob è invece la *Schweizer Straße*, dall'altra parte del Meno, nel quartiere di Sachsenhausen.

Se siete a Francoforte di sabato non perdetevi, al mattino, il *Flohmarkt*, il mercatino delle pulci che si svolge lungo lo Schaumainkai (Museumsufer).

Il souvenir di Francoforte è senz'altro il cosiddetto "Bembel", la tipica brocca per l'Apfelwein, il vino di mele dal gusto particolare che è un po' la bevanda-simbolo di Francoforte: è di ceramica ruvida, grigina, con decorazioni in blu ed è venduto con bicchieri nello stesso stile. La potete trovare in qualsiasi grande magazzino. Se però volete qualcosa di artigianale, recatevi personalmente dal produttore, in un piccolo negozio nella Wallstraße 5 (quartiere di Sachsenhausen, vicino alla Alte Brücke).

Un consiglio per la sera

La Kaiserstraße, che dalla stazione porta verso il centro, un tempo zona off limits per via dei suoi sex-bar, peep-shows, bordelli ecc., sta a poco a poco perdendo questo connotato "a luci ros-

se". Non che i locali a luci rosse siano del tutto scomparsi. Ma la decisione dell'amministrazione cittadina di ripulire la zona spostando altrove queste particolari "attrazioni" notturne, sta dando i suoi frutti: banche e uffici si stanno a poco a poco insediando nell'ex regno della prostituzione.
Se si vuole restare su qualcosa di più tranquillo e tradizionale, l'indirizzo ideale per una bella serata è *Alt-Sachsenhausen*, il quartiere dall'altra parte del Meno con le innumerevoli Apfelweinwirtschaften, i caratteristici locali, per lo più in edifici a graticcio, dove si beve innanzitutto Apfelwein, detto dalla gente locale anche Ebbelwei. Si tratta di un vino di mele che, contrariamente a quanto si potrebbe pensare, non è per niente dolce, anzi, ha un sapore un po' asprigno. Alt-Sachsenhausen è per così dire delimitato da due ponti, l'Alte Mainbrücke e l'Obermainbrücke. Volendo restringere il quartiere e citare alcune strade, ecco un paio di indirizzi: Klappergasse, Rittergasse, Paradiesgasse. Ma non ci sono solo Apfelweinwirtschaften: ristoranti, pub, pizzerie, discoteche non si contano.
Ma attenzione: non fate l'errore di recarvi nella zona di pomeriggio. È praticamente deserto. Ancora fino all'inizio degli anni Settanta Alt-Sachsenhausen era frequentato essenzialmente dal-

Francoforte di notte

la gente locale, che trovava in questo quartiere dalla tipica atmosfera di vecchio paese medievale una specie di oasi nel frastuono della metropoli. Oggi questa atmosfera si è un po' persa, la gente locale ha lasciato il posto ai turisti. Ciononostante vale senz'altro la pena farvi una capatina.

Informazioni

Prefisso telefonico: 069
Tourist Information Römer, Römerberg 27, 60311 Frankfurt am Main - tel. 212.387.08.
Consolato generale d'Italia, Beethovenstr. 17 - tel. 75.310.

Come arrivare

Auto. La via più diretta dall'Italia è attraverso la Svizzera, percorrendo la A5 da Basilea.
Treno. La stazione di Francoforte è una delle maggiori d'Europa, punto nodale del traffico ferroviario tedesco. Il collegamento più diretto è dalla Svizzera, cambiando poi a Mannheim.
Aereo. Collegamento diretto con le principali città italiane.

Trasporti

La rete dei mezzi pubblici comprende **U-Bahn**, metropolitana, **S-Bahn**, metropolitana leggera, **tram** e **bus**. I biglietti si acquistano ai distributori automatici posti nei pressi delle fermate. Il prezzo dipende dalla zona entro la quale ci si muove.
Interessante può essere il *24-Stunden-Ticket* col quale si può viaggiare a piacere nella zona centrale (anche fino all'aeroporto).

Dove dormire

Abbiamo provato per voi:
Hotel Westend (comfort), Westendstr. 15 - tel. 746.702, fax 745.396; tra la stazione e la zona fiera. Molto tranquillo. È un meublé che assomiglia più a una villa che a un albergo. Curato nell'arredamento. Col bel tempo si fa colazione sulla terrazza.
Altri nostri consigli:
Hotel Am Zoo (comfort), Alfred-Brehm-Platz 6 - tel. 490.771, fax 439.868; posizione tranquilla, non proprio centrale, vicino allo zoo. Tutte le camere sono con bagno. Buffet a colazione. Annesso ristorante.
Hotel Arcade (comfort), Speicherstr. 3/5 - tel. 273.030, fax 237.024; in prossimità del Meno, vicino alla Friedensbrücke, non lontano dalla stazione. Ristorante annesso.

Hotel Continental (comfort), Baseler Str. 56 - tel. 230.341, fax 232.914; in prossimità della stazione. Accogliente. Tutte le camere sono con bagno. Buffet a colazione. Annesso ristorante.
Hotel An der Messe (supercomfort), Westendstr. 104 - tel. 747.979, fax 748.349; zona fiera. Meublé molto curato e accogliente. Ricco buffet a colazione.
Parkhotel Frankfurt (lusso), Wiesenhüttenplatz 28 - tel. 26.970, fax 269.788.49; piscina, sauna, solarium e tutto ciò che distingue un hotel di prima categoria. Vicino alla stazione.
Steigenberger Frankfurter Hof (lusso), Am Kaiserplatz 17 - tel. 21.502, fax 215.900; posizione centralissima, a pochi passi dal Römer. È senz'altro uno dei più esclusivi della città.
Ostello. *Haus der Jugend*, Deutschherrnufer 12 - tel. 619.058.
Campeggio. *Campingplatz Stadt-Camp*, An der Sandelmühle 35 - tel. 570.332.

Indice dei luoghi

Indice delle carte

Legenda della cartografia

Le carte, se non diversamente segnalato, sono orientate a Nord

	0 - 200		Confine di Stato
	200 - 500		Limite di Länder
	500 - 1000		Strade principali
	1000 - 2000	Bodensee	Laghi
		Rhein	Fiumi
	oltre 2000 metri s. l. m.	Schwarzwald	Gruppi montuosi
O STUTTGART	Capitale di Länder	O Konstanz	Altre località

Ferrovia

Funicolare

Parco urbano

Palazzo

Torre

Porta

Museo

Ufficio postale

Posteggio

Teatro

Informazioni

Stazione della funicolare

Chiesa

Biblioteca

Galleria d'arte

Appunti di viaggio

CLUP-GUIDE: UN PROGETTO DA SVILUPPARE INSIEME AI LETTORI

Ci piacerebbe conoscere la tua opinione sul nostro lavoro in generale e, in particolare, su ciascuna delle ClupGuide che conosci: suggerimenti, consigli, indicazioni ci saranno molto utili, così come aggiornamenti e integrazioni sulle informazioni contenute nei nostri volumi.
Ti ringraziamo comunque per la preferenza che ci hai accordato e per qualunque contributo vorrai dare al miglioramento del nostro progetto.
Intanto, se insieme a questo breve questionario compilato vorrai inviarci il tuo indirizzo, riceverai gratuitamente il nostro catalogo.
Ancora grazie e buon viaggio.

CLUP-GUIDE utilizzate	ANNO	GIUDIZIO				
		ottima	buona	discreta	così così	pessima
....	......	❐	❐	❐	❐	❐
....	......	❐	❐	❐	❐	❐
....	......	❐	❐	❐	❐	❐
....	......	❐	❐	❐	❐	❐
....	......	❐	❐	❐	❐	❐

Hai utilizzato insieme o in alternativa alle ClupGuide altre guide? Se sì quali?

....

"GERMANIA DEL SUD" di G. Motta e G. Ferrando

Osservazioni e suggerimenti:

....

....

....

....

....

....

....

....

....

....

....

Nome e cognome

....

Professione

....

Età

....

Indirizzo

....

....

....

Indirizzare a: ClupGuide - Piazza Leonardo da Vinci, 7 - 20133 Milano

Appunti di viaggio